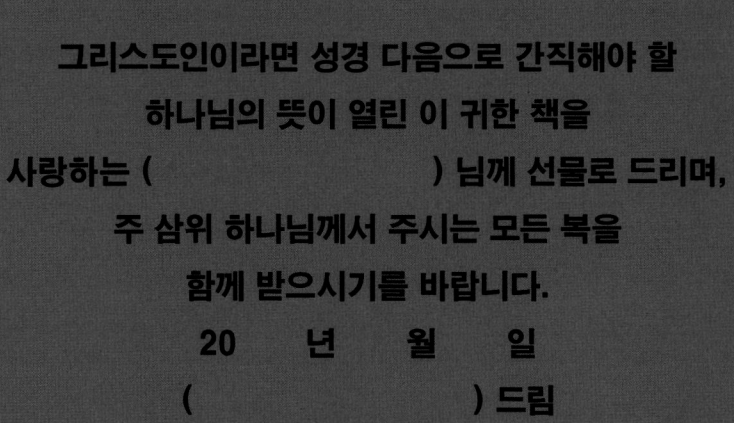

그리스도인이라면 성경 다음으로 간직해야 할
하나님의 뜻이 열린 이 귀한 책을
사랑하는 (   ) 님께 선물로 드리며,
주 삼위 하나님께서 주시는 모든 복을
함께 받으시기를 바랍니다.
　　　　20　　년　　월　　일
　　　(　　　　　　) 드림

예수님을 만나는 길

제 3 권 (성전의 관계)

신성엽 목사 말씀 시리즈

예수께서 가라사대 내가 곧 길이요 진리요 생명이니
나로 말미암지 않고는
아버지께로 올 자가 없느니라 (요14:6)
하신 예수님의 이 말씀은 곧 성전이신 자신을 말씀하신 것입니다.

신성엽 목사의 가르쳐 전하신 이 책의 말씀은
길과 진리와 생명에 대하여 잘 깨달아 알 수 있게 합니다.

너희가 하나님의 성전인 것과 하나님의 성영이
너희 안에 거하시는 것을 알지 못하느뇨 (고전3:16)

우리로 하여금 성전의 믿음이 되게 하는
참된 가르침이 여기에 있습니다.

일러두기

이 책을 비롯해 신성엽 목사의 가르쳐 전하신 말씀을 정리하여 책으로 엮은 모든 책에는 '성령'을 **'성영'**으로 '신령'을 **'신영'**으로, '심령'을 **'심영'**으로 표기하였습니다.

성영님은 본래 영이십니다. 또한 성영님은 하나님이십니다.

그렇기에 영이신 성영 하나님을 '령'이 아닌 '영'으로 부르는 것이 마땅합니다. 한자 문화권인 우리말의 특성상 'ㄴ' 'ㄹ' '음가 없는 ㅇ' 등의 경우 두음법칙이 적용돼 '영'을 '령'으로 표기해 불러왔고 그로 인해 '영'이신 하나님을 '신령하다.' '혼령' '죽은 사람의 혼백(넋)' '죽은 이를 높여 부르는 말' 등과 같은 뜻으로 오해하도록 한 측면이 있습니다.

그래서 예배하여 섬겨야 할 인격의 하나님이신 성영님을, 일종의 기(氣)나 기운, 능력, 신비적 현상 등의 비인격적 존재로 생각하도록 하여 하대하거나 부리는 존재로 여겨 온 경향이 있습니다.

이것은 우리의 믿음을 혼란케 하는, 잘못된 것임에 불과합니다. 아버지의 영이며, 아들 예수님의 영이신, 성영님의 인도를 받는 아들 된(롬8:14) 믿음이면 이 모든 것을 분별할 수 있습니다.

'성령'을 '성영'으로 표기하는 것은 우리말 어법에는 맞지 않는 것이지만, 영이신 하나님을 바로 알고 바로 부르는 것이 마땅한 것이기에, 믿음을 바로 하기 위해서라면 관계가 우선 돼야 하는 것이니 부득이 문법 규정이라도 벗어날 수밖에는 없습니다.

바로 알고, 바로 믿고, 바로 부르는 것은 그 어떤 행위나 제사보다 더 중요합니다. 우리 믿음의 마땅한 도리이자 권리입니다. 아멘

이와 관련한 내용은 예수님의 교회 홈페이지(http://www.jesusrhema.org) 게시판 「간증의 글」에 게시된 '성령인가, 성영인가?'와 「신성엽의 글」에 게시된 '(바르게 알자) 성영님이 금하라 하신 '성부' '성자'의 호칭'을 참고하시기 바랍니다.

발 간 사

수없이 많은 이들의 설교를 듣고 서적을 탐독하고 신학 공부도
해보았지만 참진리의 말씀을 접하지는 못했습니다.

말씀을 바로 깨닫기 원하는 목마름과 갈급함으로
마음이 헤매던 중에 신성엽 목사님의 말씀을 만나게 되었고,
듣는 내내 여태껏 어디서도 들어볼 수 없었던 말씀으로
'어떻게 이런 말씀이 다 있었나?!' '왜 이제야 듣게 되었나?!'하는 놀라
움과 아쉬움의 마음을 금할 수가 없었습니다.
그동안 풀리지 않았던 성경의 내용들을 바로 알게 되면서
예수님을 만나는 영광을 얻고 영혼의 큰 기쁨을 얻게 되었습니다.
이것이 많은 이들의 한결같은 고백입니다.

전국 곳곳에서, 멀리 국외에서 말씀을 듣고 말씀이 선포된 곳으로
찾아와 서로 기쁨의 간증을 나누며, 하나님께 영광을 돌리며,
같은 마음으로 소원하게 된 것은, 우리처럼 말씀의 해갈을 얻지 못하
여 영혼이 헤매는 이들과 말씀을 깨닫기 원하는 이들에게도
이 말씀이 전해져야 한다는 거였습니다.
그러한 방법이 책으로 출간하자는 것이었고, 뜻이 모여 서로 협력하고
또한 여러 수고를 거쳐서 마침내 출간하게 되었습니다.

바른 가르침의 말씀 안에서 돌이켜보니
그저 열심히 전도하고 말씀을 말하여 왔던 것이 얼마나 잘못된 말씀지식으로 행한 것이었는지, 하나님께 얼마나 잘못 행하였는지를 보게 되니 피차 마음에 통회하고 고백하며, 뒤늦게나마 이 책을 전하는 것이 우리의 사명이라 확신하여 기쁨과 감사함으로 행하게 되었습니다.

이 책이 모든 이들에게 읽혀서 예수님을 만나는 참 복을 얻기를
우리 모두가 간절히 소망하며
책을 출간하게 하신 하나님께 감사의 영광을 돌립니다.

심 재 현   장 로

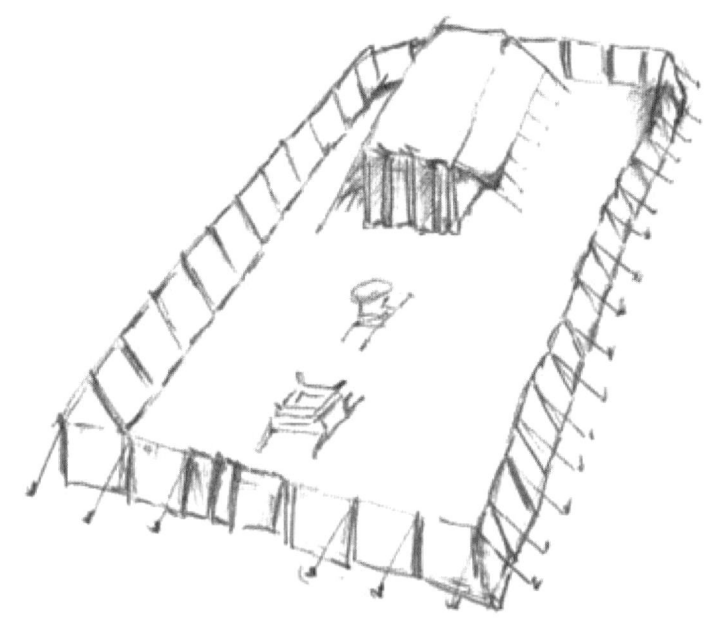

내가 그들 중에 거할 성소를 그들을 시켜 나를 위하여 짓되……

거기서 내가 너와 만나고…… (출25:8,22)

성전(성막)의 구조

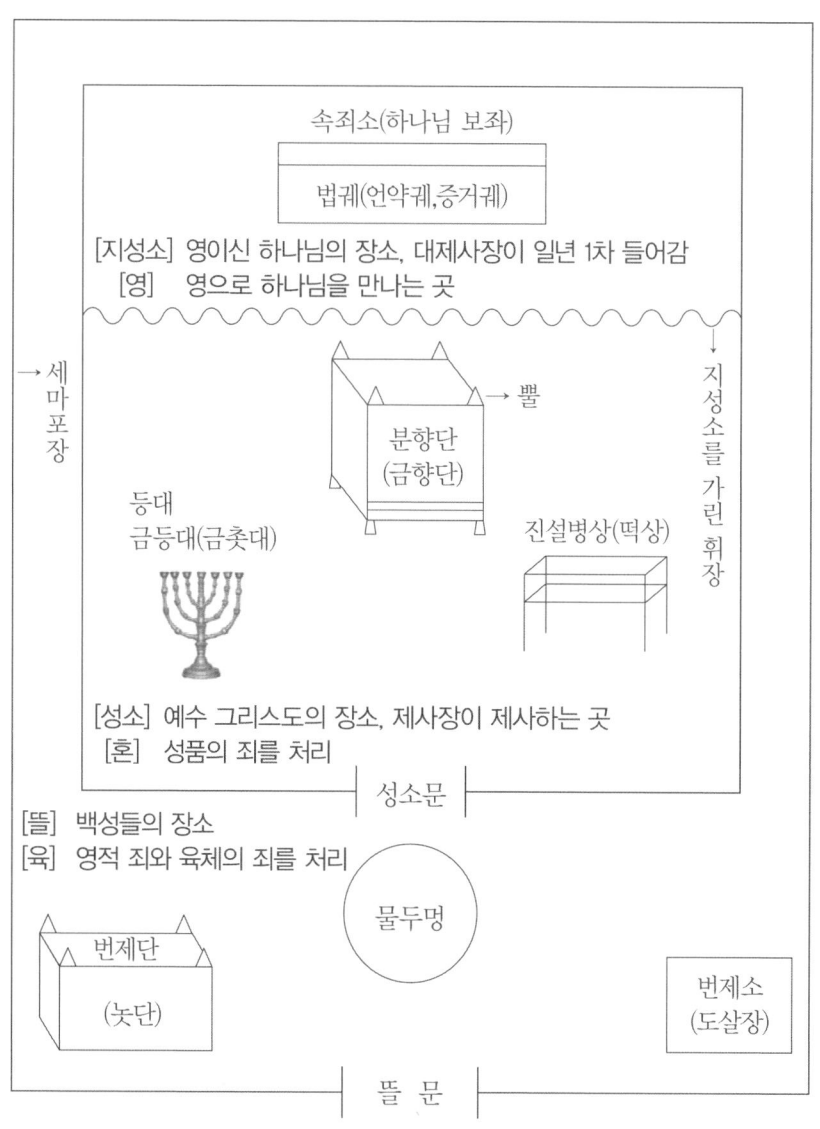

성전 목차

제1장　1　성전의 관계 (구약, 예수님, 나) · 15

〈성전 뜰〉

제2장　2　번제단 (처음 맺은 사랑이 없으면) · 31
제3장　3-1　물두멍 (수족을 씻어 죽기를 면하라) · 49
제4장　3-2　물두멍 (십계명의 죄들을 씻지 않으면) · 61
제5장　3-3　물두멍 (거룩함이 없으면 구원이 없다) · 87
제6장　3-4　물두멍 (귀신의 것들을 깨끗이 하라) · 105

〈성소〉

제7장　4-1　금 등대와 등불 (성품의 죄들을 따 내야) · 125
제8장　4-2　금 등대와 등불 (성영님께 받는 영적 연단) · 147
제9장　5-1　떡 상과 진설병 (생명의 떡을 먹여 주심) · 163
제10장　5-2　떡 상과 진설병 (십일조에 무지하여 망한 자) · 179
제11장　6　분향단 (유일한 중보, 예수 그리스도) · 203
제12장　7-1　성소의 믿음은 영생하는 양식을 위해 일함 · 221
제13장　7-2　성소의 믿음은 성영님의 열매를 맺음 · 239
제14장　7-3　성소의 믿음은 성영님의 나타남이 있음 · 255

〈지성소〉

제15장　8-1　지성소 법궤 (하늘 아버지를 만나는 영광) · 275
제16장　8-2　지성소 법궤 (내안에 오신 속죄소) · 293

〈성전 담〉

제17장　9-1　세마포 장 (성도들의 옳은 행실) · 313
제18장　9-2　세마포 장 (용서는 일흔 번씩 일곱 번이라도) · 329
제19장　10　은과 놋 (예수님을 비추는 빛이라) · 345

성전 1
성전의 관계 (구약, 예수님, 나)

성경은 말씀드리면서 찾아보는 것으로 하겠습니다. 일단 출애굽기 24장을 열어 놓으세요.

성전은 사람이 하나님께 나아가는 길을 알려주는 곳입니다.

성전은 사람이 하나님께 가는 길을 알려주는 곳이다 들으셨지요? 길을 모르면 목적지에 갈 수는 없습니다. 그러므로 나 예수님 믿는다 말해도 예수님께서 "내가 곧 길이다."하신 그 길에 대해서 알고 적용한 믿음이 아니면 그 믿음은 쭉정이에 불과할 뿐입니다. 하나님께서는 믿음이 무엇인가? 하는 믿음의 길을 구약의 성전을 통하여 정확히 알려주셨습니다. 이제 앞으로 수 주 동안 그 길에 대한 성전의 말씀을 배우게 되었으니 여러분 모두 마음을 다하고 믿음의 알곡이 되는 확증을 갖기를 바랍니다.

마태, 마가, 누가, 이 세 복음서를 보면 예수님이 사람들에게 비유로 말씀하실 때마다 먼저 하신 말씀이 있는데 바로 귀 있는 자는 들으라 입니다. 그리고 귀가 있어 듣는 자는 복이 있다고 하셨습니다. 예수님의 말씀을 듣는 귀가 있고 듣지 못하는 귀가 있다는 말입니다. 그러면 귀가 있어 듣는 자가 누구냐? 자신이 하나님께 죄 범한 죄인으로 영원한 지옥의 형벌에 놓였고 하나님의 아들 예수님께서 죄인의 구주로 오셔서 죄인을 위해 생명을 내놓아 피 흘리시고, 그 피로 죄를 씻어주시고 영생하는 생명을 얻게 하셨다는 그 복음의 말씀이 사실로 믿어져서 받아들인 것이 귀가 있는 것입니다.

그래서 이 복음을 받아들인 귀 있는 복된 사람은 복음의 말씀대로 예수님과의 관계, 즉 죄인과 구주로서의 관계에 초점을 맞추고 예수님의 말씀에 귀를 기울이게 되어 있습니다. 믿음을 영적인 것에다 둬야 하는 것을 이해하게 되고 예수님의 말씀에 관심을 기울이고 복된 길로 이끌림을 받는 것입니다. 들을 귀가 있는 자는 예수님의 말씀을 들을 때 자기 안에서 기쁨이 있고 행복함이 반응하는 것을 경험하기 때문에 영을 살리는 말씀, 영의 생명이 되는 말씀 듣기를 원하게 되어 있습니다. 영이요 생명인 예수님의 말씀을 듣는 것이 자기의 생명과 평안이 되기 때문에 그 말씀 듣기를 원하고 목말라 하게 되어 있다는 말입니다. 그래서 이 같은 사람을 들을 귀 있는 자로 '복 있다.'고 하는 것입니다. 여러분이 '들을 귀'라고 하니까 말씀을 들을 때 그 말을 알아듣는 것만 말하는 것으로 착각하면 안 됩니다. 그 말씀이 영혼으로 깨달아져 말씀의 능력을 갖추는 것을 말합니다. 마음에 말씀의 동함이 일어나고 변화가 일어나 그렇게 사는 것까지를 말한다는 말입니다. 그러므로 여러분이 예수님께서 '들을 귀 있는 자는 복이 있다.'고 말씀하신 대로 복 있는 분들이기를 진심으로 소원하는 겁니다.

우리가 성전 안으로 들어가기 전에 먼저 성전이 무엇인가? 또 그 성전은 우리와 어떤 관계인가? 하는 구약 성전과 예수님이 성전이신 것과 내가 성전인 이 관계에 대하여 말씀을 드릴 것입니다. 정확한 믿음이 되기 위해서는 너무나 중요하기 때문에 여러분이 잘 듣고 소화하여 바른 믿음으로 서게 되기를 진심으로 바랍니다.

사람은 하나님을 섬겨야 하는 존재로 지음을 받았습니다. 하나님이 지으신 사람은 하나님을 섬겨야 하는 것 외에는 다른 조건이 있을 수 없고 무조건입니다. 여기에는 어떤 조건이 붙을 수가 없습니다. 그래서 자기의 존재 이유가 '하나님을 섬기기 위해서'라는 것을 분명히 알고 하나님을 섬겨야 하는 것이 바로 하나님이 말씀하는 복입니다. 우리 인간은 '복'이라고 하면 재물이 많고 집안이 잘되는 것을 생각합니다. 예수님을 믿는다는 사람들도 사실은 이것을 생각하는 것 아닙니까? '복' 하면 그것을 생각하지 않느냐 말입니다. 그래서 누구는 참 복이 많다고 하면 재물이 많은 사람인 줄로, 뭔가 잘되는 집안인 줄로 생각하는 겁니다. 그래서 믿는다는 사람들이 하나님의 말씀대로 믿음이 되지 못하는 병폐가 여기에 있습니다. 성경(하나님)이 말씀하는 복은 하나님을 섬기는 것이라고 했습니다.

히브리어로 '복'을 '바라크'라고 합니다. 또는 발음상 '바락'이라고도 합니다. 그런데 하나님 앞에 '무릎을 꿇다.'도 '바라크'입니다. 그러니까 구약에서 '복' 하면 바라크 인데 무릎을 꿇다 하는 것도 똑같이 바라크라 했습니다(시95:6). 그리고 하나님을 섬기자, 하나님을 경배하자, 할 때 이 말의 기원이 바로 하나님 앞에 무릎을 꿇자 하는 데서 비롯된 것입니다. 무릎을 꿇는다는 것은 복종한다는 뜻이요, 섬긴다는 뜻입니다. 그래서 무릎을 꿇는 것은 복종하여 섬기는 것이요, 섬기는 그것이 곧 '복'인 것입니다. 다시 말하면 '내가 오직 하나님만 섬기고 하나님만 경배합니다. 나로 하여금 오직 하나님만 섬길 수 있게 하옵소서.'라고 무릎 꿇는 것이 하나님이 말씀하시는 복의 뜻이라는 말입니다.

창1:27,28에 **사람을 창조하시되 남자와 여자를 창조하시고 하나님**

이 그들에게 복을 주시며 했습니다. 하나님이 그들에게 뭘 주셨어요? 복을 주시며(창5:2), 바로 그 복이 바라크인데 '무릎을 꿇다'에서 파생된 단어로 하나님께 겸손히 무릎 꿇어 복종하여 섬길 때 받는 복을 말씀합니다. 세상적인 복을 말하는 것 아니에요. 세상에서 사는 것에 필요한 것은 하나님께서 육일 동안 창조하신 모든 것으로 다 주셨고 또 주시기로 작정된 것입니다. 작정된 것이기에 성경에 말한 '복' 하면 바로 하나님을 섬기는 것 하나님께 무릎을 꿇는 것을 말한다는 것 아셨습니까? 그것이 하나님이 말씀하시는 복의 뜻이기에 그렇습니다. 하나님께서는 '네가 하나님을 섬기는 그 자체가 복이다. 네가 오직 나에게만 복종하여 무릎을 꿇는 것이 복이다.'하신다는 말입니다. 그래서 복의 뜻을 정확히 알고 하나님을 섬기는 자가 바로 하나님의 모든 것을 누리는 복이 있게 되는 것입니다. 하나님께서 너희가 나를 섬기면 조건부로 무엇을 조금 주겠다하신 것이 아니라 하나님의 것이 곧 자녀의 것이라고 하셨습니다. 이 땅에서도 자녀에게 있어야 할 모든 필요를 아시고 채우신다고 하셨습니다.

그러면 사람이 하나님을 어떻게 섬겨야 하는가? 성경은 사람이 하나님을 섬겨야 하는 존재임을 말씀하면서 하나님을 섬기는 예법에 대해 잘 알려주었습니다. 사람 자기 마음대로 또는 아무 데서나 섬김이 되는 것이 아니라 하나님의 말씀대로, 하나님의 방법대로 섬겨야 한다는 것입니다. 섬기는 법을 가르쳐 주신대로 섬겨야 하나님께서 받으신다는 것입니다. 그래서 사람이 아무리 좋은 방법을 가지고 노력과 정성을 다해 하나님을 섬기려 해도 그 섬김은 절대로 하나님과 관계없습니다. 굉장히 중요한 것입니다.

첫 사람이 하나님께서 먹지 말라 먹으면 정녕 죽는다 하신 말씀을 불순종하여 선악과를 먹었으므로 사람에게 죽음이 들어왔고 그 후손

가인이 형제를 살인하는 악을 행하여 하나님과 아주 끊어진 관계가 되었지 않습니까? 하나님과 끊어진 관계, 단절된 관계가 되었다는 것은 사단이 들어갈 불못의 형벌을 면할 길이 없게 되었음을 말합니다. 그런데 그 형벌 받을 곳에서 건져주시는 하나님의 방법이 오직 하나 있는데 그것은 하나님이 친히 사람으로 오셔서 대신 형벌을 받는 일입니다. 그래서 하나님께서 죄지은 사람을 죄에서 구원하시고 그 형벌을 받으시기 위해, 첫 사람에게 여자의 후손에 대한 언약을 넣으시고 그 언약을 가진 신앙의 혈통이 이어가게 하시면서 그 언약을 반드시 이루신다는 뜻을 예표, 또는 상징으로 나타내 보이셨습니다. 하나님께서 그 일을 아주 열심을 다해 하셨습니다.

그 여자의 후손을 보내시려고 무자한 아브라함을 택하셨습니다. 하나님 독생자의 씨를 심기 위해 자식이 없는 아브라함을 택하셨다는 말입니다. 아브라함을 이방의 우상이 들끓는 가운데서 불러내 가나안 땅으로 들이시고 말씀하시길 나는 이 땅을 네게 주어 업을 삼게 하려고 가나안 땅은 무엇을 상징해요? 마침내 천국으로 들이시려고 너를 불러낸 것이라고 말씀하셨어요. '내가 그것을 무엇으로 알 수 있습니까?' 하는 아브라함의 질문에 하나님께서 "나를 위하여 삼년 된 암소와 삼년 된 암염소와 삼년 된 수양과 산비둘기와 집비둘기 새끼를 취하여 그 모든 것을 그 중간을 쪼개고 쪼갠 것을 마주 대하여 놓으라." 했습니다. 아브라함이 그 일을 다 행하고 또 쪼개 놓은 사체들을 솔개들로부터 지키기 위해 애쓰다 보니 그만 지치고 곤하여 잠에 취해 깊이 잠이 들었는데 하나님께서 깊이 잠든 아브라함에게 "네 자손이 사백 년 동안 이방의 객이 되어서 괴롭힘을 당하다 그 후에 큰 재물을 이끌고 나올 것이라."는 말씀을 하시고 풀무불과 같은 타는 횃불이 암소와 암염소와 수양의 쪼개진 그 사이로 지나더라 했습니다(창15장).

그것은 하나님께서 인간의 죄를 대속하시기 위하여 친히 오셔서 속죄 제물, 희생의 제물이 되시는 언약의 표징이었습니다. 그래서 아브라함의 후손으로 난 이스라엘은 그 구주가 오실 때까지 하나님과 화해의 표요 용서의 방편으로, 죄를 알지도 못하는 흠 없고 정결한 소나 양을 죽여 피 흘려 희생제를 드리게 하시므로 하나님과 화해가 되어 하나님을 섬기고 하나님을 만나는 복이 있게 하셨습니다. 그런데 하나님과 화해와 복을 받는 이 같은 희생 제사는 아무 곳에서나 할 수 있는 것이 아니요. 하나님께서 정하신 곳이라야 하는데 바로 모세에게 지으라 하신 성전입니다. 희생 제물로 피 흘려 번제로 드리고 성소 안 지성소에 임재하신 하나님께 그 피를 가지고 나가야 했습니다. 그러면 하나님께서 피를 보시고 용서와 평안의 복을 주시는 것이 되었습니다.

이것은 '사람이 성전을 벗어나면 살길이 없다.'는 것을 알게 하신 뜻입니다. 사람은 성전을 벗어나면 전혀 살길이 없는 존재라는 것을 알게 하셨다는 말입니다. 하나님과 인간이 성전에서만 화해가 되고 만나게 된다는 것을 알리신 하나님의 뜻이라는 것 여러분 분명히 아셨습니까? 그래서 하나님께서 아브라함과 언약하셨던 대로 그의 후손, 이스라엘 백성을 모세로 하여금 애굽의 노역에서 건져내시고 축복의 가나안 땅으로 인도하시던 중에 율법을 주셨습니다. 하나님의 백성이 지켜야 할 것과 하지 않아야 할 것 등의 규정인 율법을 주시고 또한 모세에게 하나님과 화해하고 하나님을 섬길 수 있고, 만날 수 있고, 복을 받을 수 있는 성전을 지으라고 명하셨습니다.

우리 출24:16-18까지 읽겠습니다. 여호와의 영광이 시내 산 위에 머무르고 구름이 육 일 동안 산을 가리더니 제칠 일에 여호와께서 구름 가운데서 모세를 부르시니라 산 위의 여호와의 영광이 이스라엘 자손의 눈에 맹렬한 불같이 보였고 모세는 구름 속으로 들어가서 산 위에 올랐으며 사십 일 사십 야를 산에 있으니라 이제 첫 번째 하나님의 율법을 받고 성전 지을 것을 말씀하시기 위해 모세를 산으로 불러올리셨어요. 모세가 사십 일 사십 야를 산에 있었다고 했습니다.

그다음 출25:8,9를 읽습니다. 내가 그들 중에 거할 성소를 그들을 시켜 나를 위하여 짓되 무릇 내가 네게 보이는 대로 장막의 식양과 그 기구의 식양을 따라 지을지니라 했습니다. 하나님께서 모세에게 장막의 식양, 그 기구의 식양을 따라 지으라고 모양을 다 보이셨습니다. 신 12:5,11, 16:2, 26:2, 왕상8:29에 성소가 **여호와께서 자기 이름을 두시는 곳**이라고 했습니다. 성소가 누구 이름을 두시는 곳이에요?(여호와라 하신 이름)

그다음 출25:22에 거기서 내가 너와 만나고 속죄소 위 곧 증거궤 있는 두 그룹 사이에서 내가 이스라엘 자손을 위하여 네게 명할 모든 일을 네게 이르리라 하셨습니다. 하나님께서 어디서 만나신다는 것입니까? 성전 속죄소라고 했습니다. 그리고 40에 너는 삼가 이 산에서 네게 보인 식양대로 할지니라 했습니다. 보인 그 식양대로, 그대로 지으라는 것입니다. 그래서 백성 진중에다 하나님이 함께 거하실 성소를 명하신 그대로 지었습니다. 그런데 이때는 자주 이동해야 하는 불편한 광야생활 중에 있었고, 가나안 땅에 들어가 안주할 때까지는 세웠다 거두었다 하는 일이 반복되었습니다. 그래서 모세가 세운 성전을 성막, 장막, 또는 회막이라고 불렀어요.

그다음 이스라엘 백성이 가나안 땅에 들어가 거주하게 되었을 때 솔로몬 왕이(삼하7:13, 왕상8:17-21,) 모세가 지었던 성전의 모양대로 예루살렘 정 중앙에다가, 그러니까 이스라엘의 수도 예루살렘 정 중앙 높은 곳에 7년에 걸쳐서 성전을 아름답게 건축했습니다. 솔로몬이 건축한 전을 이때는 '성전' 또는 '여호와의 전'이라고 불렀습니다.

그다음 왕상9:3에 저에게 이르시되 네가 내 앞에서 기도하며 간구함을 내가 들었은즉 내가 너의 건축한 이 전을 거룩하게 구별하여 나의 이름을 영영히 그곳에 두며 나의 눈과 나의 마음이 항상 거기 있으리니 했습니다. 건축한 전을 거룩하게 구별하시고 또 여호와의 이름을 영영히(영원히) 그곳에 두신다 하시고 하나님의 눈과 마음이 항상 거기 있으리라 하셨습니다. 나의 눈과 나의 마음, 또 여호와의 이름을 영영히 그곳에 두신다 하셨다는 것 알아들었습니까? 여러분이 참믿음이 되는 중요한 뜻이니 잘 새겨듣고 알기 바랍니다.

그래서 이스라엘 민족은 그 삶의 중심이 오직 성전이었습니다. 성전이 거룩히 구별된 하나님이 계신 곳이요, 그 성전에서만 하나님께 흠없는 소나 양을 잡아 피 흘려 제물을 드려 죄를 용서받고 하나님과 화해하고 하나님을 만날 수 있고 복을 내리셨기 때문에 성전을 떠나 살 수 없는 민족이었습니다. 성전을 향해 눈과 온 마음을 두고 있었고 전쟁에 포로가 되어 끌려가도 성전을 향해서 엎드려 하나님께 경배하고 기도했습니다. 그러다 아브라함과 맺은 독생자의 언약이 이루어져 예수님께서 세상에 오셨습니다.

예수님이 나신 그때의 이스라엘은 로마의 속국이 되어 지배하에 있었는데 헤롯이란 사람이 팔레스타인을 통치했습니다. 팔레스타인을 통치한 이 사람은 로마제국으로부터 임명을 받았으나 로마 사람도 아니고 유대인도 아닌 다른 지방의 왕가 출신입니다. 그래서 이방인인 이 헤롯이 유대민족을 통치한다는 것에 유대인들이 강하게 반감을 품고 있었습니다. 이에 헤롯이 유대인들의 반감을 알고 쿠데타가 일어날까 하여 두려워하던 중, 유대인들이 하나님께 제사하고 섬기는 그 성전이 오랜 세월 동안 많은 수난을 겪다보니 파괴된 곳도 많고 지저분하고 낚였지 않겠습니까? 그러니까 헤롯이 유대인들의 환심을 사 자기 신변을 보호하려고 그 성전을 다 헐고 사십육 년에 걸쳐서 건축을 했습니다.

우리 막13:1,2를 보겠습니다. 예수께서 성전에서 나가실 때에 제자 중 하나가 가로되 선생님이여 보소서 이 돌들이 어떠하며 이 건물들이 어떠하니이까 예수께서 이르시되 네가 이 큰 건물들을 보느냐 돌 하나도 돌 위에 남지 않고 다 무너뜨려 지리라 하시니라 눅21:5,6을 보겠습니다. 어떤 사람들이 성전을 가리켜 그 미석(美石)과 헌물로 꾸민 것을 말하매 예수께서 가라사대 너희 보는 이것들이 날이 이르면 돌 하나도 돌 위에 남지 않고 다 무너뜨리우리라

이처럼 성전이 미석과 헌물로 지어졌다고 했어요. 헤롯이 성전을 짓게 되자 주변의 작은 지역의 왕들 이하 또는 부자들이 많은 보물을 성전 짓는데 바쳐서 사십육 년에 걸쳐서 지어졌으니 얼마나 화려하고 웅장했지 않겠습니까? 그러니까 유대인들이 자랑스러운 거지요. 누군가 그 성전을 보며 예수님께 '이 돌들이 어떠하며 이 건물들이 어떠합니까?' 이 말은 '이렇게 엄청나게 좋게, 멋있게, 웅장하게, 아름답게 화려하게 지어진 이 성전에 대해서 선생님도 소감 좀 한마디 하시지요?' 입니다. 그런데 예수님께서 뭐라고 하셨습니까? '너희 보는 이것들이 날이 이르면 돌 하나도 돌 위에 남지 않고 다 무너뜨리우리라' 하셨습니다. 예수님 오신 이후에는 보이는 외형의 건축물 가지고 성전이라 섬기는 것이 아니라는 말씀입니다. **무너뜨리우리라**고 하신 이 원문의 해석을 보면 '파괴하여 조각조각 떼어놓는다.'라고 되어 있습니다. 너희가 지금까지 붙들고 온 구약의 성전은 그 성전이 아무리 아름답고 웅장해도 이제 성전이 감당하던 역할은 끝날 때가 왔다. 이제 사람이 손으로 지은 성전 시대는 끝날 때가 왔다는 말씀입니다. 예수님께서 예

언하신 그대로 이 성전이 돌 위에 돌 하나 남지 않고 다 허물어졌다는 것, 여러분 다 아시잖아요? 언제 이 예언이 성취되었습니까? AD 70년, 즉 서기 70년에 허물어졌어요. 유대인 저항군이 로마를 상대로 쿠데타를 일으켰는데 도리어 패했어요. 로마제국의 황제의 아들 디도라는 장군에 의해서 예루살렘이 함락당하고 성전은 완전히 허물어졌습니다.

그러면 왜 하나님께서 지으라 하시고 뜻을 두셨던, 자기 이름을 두시고 백성들 진중에 계시던, 자기의 눈과 마음을 거기에 두시겠다고 하신 성전을, 어떻게 그렇게 무참히 짓밟히도록 하셨을까요?

요2:13-22를 보겠습니다. 유대인의 유월절이 가까운지라 예수께서 예루살렘으로 올라가셨더니 성전 안에서 소와 양과 비둘기 파는 사람들과 돈 바꾸는 사람들의 앉은 것을 보시고 노끈으로 채찍을 만드사 양이나 소를 다 성전에서 내어 쫓으시고 돈 바꾸는 사람들의 돈을 쏟으시며 상을 엎으시고 비둘기 파는 사람들에게 이르시되 이것을 여기서 가져가라 내 아버지의 집으로 장사하는 집을 만들지 말라 하시니 제자들이 성경 말씀에 주의 전을 사모하는 열심이 나를 삼키리라 한 것을 기억하더라 이에 유대인들이 대답하여 예수께 말하기를 네가 이런 일을 행하니 무슨 표적을 우리에게 보이겠느뇨 예수께서 대답하여 가라사대 너희가 이 성전을 헐라 내가 사흘 동안에 일으키리라 유대인들이 가로되 이 성전은 사십육 년 동안에 지었거늘 네가 삼 일 동안에 일으키겠느뇨 하더라 그러나 예수는 성전 된 자기 육체를 가리켜 말씀하신 것이라 죽은 자 가운데서 살아나신 후에야 제자들이 이 말씀 하신 것을 기억하고 성경과 및 예수의 하신 말씀을 믿었더라 했습니다.

유대인들이 지키는 가장 큰 절기가 유월절입니다. 그래서 유월절을 지키기 위해 예수님도 성전으로 올라가시고 유대인들도 각처에서 올라왔습니다. 성전과 멀리 떨어져 있는 사람들은 희생 제사의 제물로 드릴 소나 양을 거주하는 곳에서부터 끌고 올 수 없는 연고로 성전 근방에 와서 제물을 구하여 제사를 했습니다. 그런데 제물로 바쳐질 것들의 매매가 진정한 제사의 목적보다는 수익을 보기 위한 상업적인 것이 되어 있었습니다. 예수님께서 이것을 보시고 채찍을 만들어 양이나 소를 다 쫓아버리고 상을 엎고 "내 아버지의 집으로 장사하는 집을 만들지 말라"고 외치셨습니다.

그러자 성전에서 큰 이익을 보고 있었던 성전 관리들이 나와서 '네가 무슨 권위로 이러느냐? 네게 이렇게 할 권리가 있다면 우리에게 그 표적을 보이라'고 요구하자 예수님께서 **너희가 이 성전을 헐라 내가 사흘 동안에 일으키리라** 하셨습니다. 이들은 이 말씀을 알아듣지 못했지만 21에서 무엇을 말씀했다고 했습니까? **성전 된 자기 육체를 가리켜 말씀하신 것**이라 했습니다. 그러면 이제 성전이 누구라는 것입니까? 바로 예수님 자신이 성전이시라는 것입니다. 결론적으로 예수님이 하늘로부터 오신 참성전입니다. 참성전이 왔으니 이제는 예수님 안에서만 하나님을 만나고 하나님께 복을 받고 하늘 성소도 들어가 영원히 산다는 것입니다. 참성전이신 예수님을 예표 한 성전은 끝날 때가 왔다는 말입니다. 하늘 성소이신 예수님, 하늘에 들어가는 길 되시는 예수님을 알게 하려고 땅에다 성소의 모형을 짓게 하시고 성전으로 예수님을 알고 만나도록 하신 것입니다. 이제 하나님은 사람의 손으로 지은 건축물에 계시지 않는다, 사람의 손으로 지은 성전은 필요 없으니 헐어버려도 좋다, 참성전을 알게 하시려고, 하나님께서 미리 예표로 보이신 모형이니 진짜 성전이신 실체가 왔으니 그 안으로 들어오라는 말씀입니다.

히8:5에 구약의 사람들이 섬기는 것은 **하늘에 있는 것의 모형과 그림자**라고 했습니다. 그림자가 있으면 무엇이 있습니까? 실체가 있기 때문에 그림자가 있습니다. 모형인 성전을 보면, 성전을 알면 누구를 알 수 있다는 것입니까? 예수님을 아는 것입니다. 그래서 구약의 성전은 사람 마음대로 지은 것 아니요, 하나님께서 모세에게 일일이 지시하시고 성전 재료 등, 식양을 다 보이시고 그대로 지으라 하셨습니다. 말씀대로 짓는 것입니다. 우리 자신이 말씀대로 성전이 돼야 한다는 말입니다. 성전은 예수님을 말하고 예수님을 알게 하시는 일이기 때문입니다. 성전과 성전 안의 모든 과정을 통해서, 즉 성전의 예법으로 하나님을 어떻게 섬겨야 하는 것인가를 보이셨습니다. 그러므로 구약 성전으로 보이신 뜻을 반드시 깨달아야만 바른 믿음이 되는 것입니다. 성전의 섬기는 예법과 성전의 관계를 알지 못하면 우리 믿음은 헛 것이라는 말입니다.

성전이신 예수님, 창조에 속하지 않으신 참성전이신 예수님께서 자기 백성에게 오셔서 이제 자신이 성전으로 왔으니 자기 안으로 들어오라고 전하셨습니다. 회개하고 예수님을 맞아들여 영접하라고 하셨습니다. 요한복음 4장에 이제 참성전이신 '예수님을 통해서 하나님께 예배할 때가 왔다.'고 자신을 메시아로 드러내셨습니다. 그런데 유대인들은 참성전이신 예수님의 말씀을 오히려 하나님을 모독하고, 율법을 폐하는 자로 여겨 예수님을 십자가에 못 박아 죽였습니다. 하나님의 뜻으로 오신 성전이신 예수님을 볼 눈이 없었습니다. 자신들이 옳다고 생각하고 행하여 그림자와 같은, 그 건축물을 붙잡고 하나님을 섬긴다고 했기 때문에, 그들은 스스로의 고집과 교만으로 인해 하나님께 멸망을 받게 되었습니다.

눅19:41-44를 보겠습니다. 가까이 오사 성을 보시고 우시며 가라사대 너도 오늘날 평화에 관한 일을 알았더면 좋을 뻔하였거니와 지금 네 눈에 숨기웠도다 날이 이를지라 네 원수들이 토성을 쌓고 너를 둘러 사면으로 가두고 또 너와 및 그 가운데 있는 네 자식들을 땅에 메어치며 돌 하나도 돌 위에 남기지 아니하리니 이는 권고 받는 날을 네가 알지 못함을 인함이니라 하시니라

성경에 예수님께서 우시는 장면이 세 곳인데 그중 한 곳입니다. 성을 보시고 예수님께서 우셨습니다. 왜 우셨습니까? 성전제사를 드리는 이 유대인들이, 예루살렘 성전을 중심으로 살아온 유대인들이 모두가 다 그 허물어질 겉껍데기의 건물만 붙들고 예수님을 메시아로 영접하지 않았기 때문에 자기 백성에게 닥칠 심판의 처참함을 내다보고 우셨습니다.

43에 날이 이를지라 네 원수들이 토성을 쌓고 너를 둘러 사면으로 가두고……, 바로 성전을 중심한 예루살렘을 전부 욱여싸서 예루살렘 안에 있는 자들이 다 죽임을 당한다는, 어린아이들까지……. 그 말씀입니다. 예수님이 오셔서 하나님이 오셨음에 대한, 하나님만이 하실 수 있는 표적과 이적을 나타내시고 하나님의 나라가 가까웠다고 전하셨지만 이미 사단의 자식이 돼 버린 그들은 예수님의 말씀을 배척하고 하나님을 모독한 죄인으로 몰아 백성들까지 선동하여 십자가에 못 박아 처형하라 외치게 하였습니다. 만일에 그렇지 않다면 그 피를 우리와 우리 자손에게 돌리라 외치며 예수님을 십자가에 달아 죽이는데 내주었습니다. 이제 필요 없는 건물을 붙들고 제사하는 그들을 하나님께서 원치 않으셨기에, 주후 70년에 로마 황제 디도 장군에 의해서 예루살렘은 포위를 당하고, 성전을 돌 하나도 돌 위에 남지 않고 다 무너지게 하셨습니다.

그때에, 그 환난이 있을 때에 밭에 있는 자는 집으로 들어가지 말고

산으로 도망하라고 마태복음 24장에서 말씀하셨잖습니까? 아이가 있는 자는 화를 당할 것이다. 아이가 있으면 아이 때문에라도 더디잖아요. 그같이 급속도로 멸망당할 것임을 말씀하신대로 예루살렘이 함락을 당했고 초토화됐습니다. 그때 구약 성전의 역사가 깨끗이 끝나게 되었고, 죽음에서 살아남은 유대인들은 뿔뿔이 각 나라로 흩어지게 되었습니다.

그래서 하나님께서 '성전에다 자기 이름을 영원히 두시고 눈과 마음이 항상 거기에 있으리라'하신 그 성전은 제 역할을 다 마치고 필요 없게 되었으니, 그러면 이제 하나님의 이름이 누구에게 있고 하나님의 눈과 마음이 어디에 있는 것입니까? 바로 예수님께 있습니다. 예수님께! 이 건축물들이 아닙니다. 그래서 건축물들을 교회라고 세워놓고 성전, 성전 하는 것 다 문제 있습니다. 성전을 거짓 것들로 바꾸어 놓는 사단의 일입니다. 그런 겉의 것들을 가지고 성전이라 하며 중시하는 모든 자들은 예수님을 십자가에 못 박으라 외치던 유대 종교지도자들과 똑같은 자들이라는 것 명심하기 바랍니다. 그러므로 하나님의 모든 관심 모든 초점이 예수님에게 있습니다. 오직 예수님에게만 하나님 자기의 이름을 두셨고 하나님의 마음, 하나님의 눈이 오직 예수님에게만 있습니다. 하나님의 사랑하심도 오직 예수님이요, 하나님의 기쁘심도 오직 예수님이십니다.

그런데 사람들이 예수님과 관계가 돼야, 예수님으로 말미암아 하나님께서 자기를 사랑하고 관심을 두신다는 것을 알아야 하는데 예수님과는 관계없음에도 하나님이 자기를 사랑한다고 말하는 겁니다. 봉사 열심히 했기 때문에 기도 많이 하고 성경 많이 보기 때문에 교회생활 열심히 하기 때문에 하나님이 날 사랑한다는 것으로 착각하는 겁니다. 이런 우습지도 않은 자기방식의 믿음들로 들떠있는 것입니다. 그런데 자기 믿음은 예수님을 받아들이지 않고 구약 성전만 붙들고 있었던 유대인들하고 똑같습니다. 멸망하는 자리에 있다는 말입니다. 하나님께서는 예수님이 아니면 어떤 것도 받지 않으실 뿐더러 상관없습니다. 예수님이 아니면 아무것도 받지 않아요! 그래서 우리의 믿음은 예수님을 사랑해서 믿는 것이 돼야 한다는 것 참으로 깨달아야 합니다. 오직 예수님이 자기 삶의 목적이어야 합니다. 그 믿음만이 하나님께서 나를 보시고 그것이 영원한 하늘의 상급이요 땅에서도 상급이요 예수님과 상관없이 믿는다고 하는 것 하나님과 전혀 상관없다는 것 알아야 할 것입니다.

그다음 고전3:16에 **너희가 하나님의 성전인 것과 하나님의 성영이 너희 안에 거하시는 것을 알지 못하느뇨** 했습니다. 바로 예수님과 연합된 한 사람 한 사람이 성전이라는 것입니다. 예수님을 영접하고 예수님 안에 들어가니 또한 성영님이 예수님의 생명의 피와 살을 가지고 들어오셨습니다. 영이요 생명의 말씀으로 살게 하십니다. 성전이신 예수님이 내 안에 통째로 들어오신 것입니다. 예수님의 흘리신 생명의 피와 찢기신 살을 먹여주시고 영이요 생명인 예수님의 말씀으로 먹이시니 어때요? 예수님 사신을 통째로 주신 것이 되었습니다. 성전이신 예수님이 통째로 들어오셨다는 말입니다. 그래서 '내가 예수님 안에 예수님이 내 안에'가 된 성전의 관계, 즉 예수님이 성전이니 나도 성전이 된 것입니다. 따라서 **너희가 하나님의 성전인 것과** 라고 했을 때는 이처럼 구약의 성전과 '예수님이 성전, 내가 성전'인 이 관계를 말하는 것으로써 우리가 믿을 때에 반드시 이 성전을 알고 성전의 관계가 되어야 합니다. 예수님과 친밀함의 관계로 한 몸이 되어야 한다는 말입니다. 구약 성전의 과정을 통해서 보이신 하나님의 뜻을 하나하나 깨달아 알고 그 믿음이 되는 것이 성전이 되는 것입니다.

고전3:17에 누구든지 하나님의 성전을 더럽히면 하나님이 그 사람을 멸하시리라 했습니다. 하나님의 성전은 거룩하니 너희도 그러하니라 했습니다. 너희도 그러하다는 것 너무나 귀하고 중한 우리 믿음의 관계를 여러분 모두 깨닫는 은혜가 있기를 바랍니다. 그러므로 우리가 참으로 성영님이 거하시는 거룩한 성전이 되기 위하여 예수님께서 '내가 길이요 진리요 생명이니.'하신 길 되시고 진리가 되시고 생명이 되시는 성전의 말씀을 앞으로 계속 배우는 기회를 가질 것입니다. 각자 성전이 되는 과정 하나하나를 배울 때에 자기 계산, 자기 잣대, 자기 경험, 자기 지식, 자기 이론 다 내려놓고 마음과 뜻을 다하여 듣고 배워서 거룩한 성전으로 지어져 가는 달란트의 일을 충실히 하기 바랍니다. 거룩한 성전으로 지어져야 한다는 것 여러분 모두 아멘입니까?

오늘은 성전과 성전의 과정에 대한 큰 윤곽만 다루었습니다. 바로 구약의 성전과 예수님이 성전이신 것과 내가 성전인 이 관계에 대해서 큰 틀만 나누었습니다. 오늘 말씀도 여러분께서 이해가 되었고 믿음으로 받았으리라 믿습니다. 우리에게 성전의 믿음이 되게 하시고자 말씀을 배울 수 있는 기회를 주신 하나님 아버지께 감사 올려드리면서 말씀을 맺습니다. 아멘

성전 뜰 2
번제단 (처음 맺은 사랑이 없으면)

¹그가 또 조각목으로 번제단을 만들었으니 장이 오 규빗이요 광이 오 규빗이라 네모 반듯하고 고는 삼 규빗이며 ²그 네 모퉁이 위에 그 뿔을 만들되 그 뿔을 단과 연하게 하고 단을 놋으로 쌌으며 ³단의 모든 기구 곧 통과 부삽과 대야와 고기 갈고리와 불 옮기는 그릇을 다 놋으로 만들고 ⁴단을 위하여 놋 그물을 만들어 단 사면 가장자리 아래 두되 단 절반에 오르게 하고 ⁵그 놋 그물 네 모퉁이에 채를 꿸 고리 넷을 부어 만들었으며 ⁶채를 조각목으로 만들어 놋으로 싸고 ⁷단 양편 고리에 그 채를 꿰어 메게 하였으며 단은 널판으로 비게 만들었더라

(출38:1-7)

오늘 읽은 본문은 우리가 성전에, 즉 예수님 안에 들어가는데 가장 처음 만나야 하는 번제단과 번제단에 필요한 모든 부속물 제작에 관한 내용입니다. 그래서 성전 첫째 문을 들어서면 성전 뜰인데 그 뜰에

서 처음 만나는 것이 번제단 입니다. 그렇기에 예수님을 믿는다 하면 그 믿음이 가장 먼저 만나야 하는 것이 바로 번제단의 일입니다. 아셨습니까? 아멘입니까?

예수님을 믿기로 하였거나 또 믿는다 하는 여러분 모두가 믿음에 있어서 처음 만나 맺어야 하는 것이 바로 이 번제단의 일이라는 말입니다. 그러므로 이 번제단과 우리의 믿음이 어떻게 관계가 되어야 하는지를 살펴보고 또한 각자 자신이 그 믿음에 있는가를 보겠습니다. 아직 되지 않았다면 오늘 말씀을 잘 듣고 받기를 바랍니다. 여러분이 참으로 믿기 원하면 바른 믿음의 길이 돼야 구원으로 들어간다는 것 다시 강조합니다.

앞에서 말했지만 구약 성전은 땅의 사람이 하늘 하나님께로 들어가는 그 하늘 길에 대해서 정확히 알려주는 곳입니다. 하나님을 섬길 수 있는 법이 오직 어디 안에만 있다고 했습니까? 성전 안에만 있다. 그래서 사람이 그 성전의 법대로 섬길 때만이 하나님은 섬김을 받으시고 만나주신다고 했습니다. 그렇기에 우리가 하나님의 뜻대로 믿는 믿음이 되려면 반드시 성전을 알아야 한다는 것 말씀드렸습니다. 구약 성전은 누구를 알게 하시는 것이라고요? 바로 예수 그리스도입니다. 그러므로 성전은 곧 예수님이 어떤 분이신가? 나는 누구인가? 예수님과 어떤 관계인가? 예수님을 믿는다는 것은 어떻게 믿어야 하는 것인가를 잘 알려주고 있기 때문에 이 성전의 과정 하나하나를 잘 배워서 자기 믿음이 돼야 한다는 것도 말씀드렸습니다.

성전의 처음 문에 들어서면 제일 먼저 만나는 것이 번제단이고 그다음 물두멍이 있습니다. 여러분이 반드시 기억할 것은 바로 이 번제단과 물두멍에 걸리지 않아야 성소로 들어간다는 것입니다. 물두멍에 걸리지 않아야 성소에 들어갑니다. 성소는 예수님이라고 말씀드렸잖습니까? 번제단이 내게 적용된 믿음이 되고 물두멍 말씀이 내게서 나타나야 예수님 안으로 들어가게 되는 것임을 반드시 아시란 말씀입니다.

그러면 번제단 본체의 재료가 무엇이라고 했습니까? 조각목입니다. 조각목의 겉을 무엇으로 싸라 했어요? 놋으로 싸라 했습니다. 조각목은 아카시아 나무를 말합니다. 아카시아 나무로 번제단 본체를 만들라 하셨어요. 그 이유는 아카시아 나무는 아무짝에도 쓸모가 없어요. 팔레스타인 지역의 아카시아 나무는 우리나라 아카시아 나무하고는 모양이 좀 다릅니다. 길고 가늘면서 잔가지도 많고 몸통 자체가 울퉁불퉁한 옹이가 많습니다. 또 가지에는 가시가 많이 달려있습니다. 또 재목감도 되지 못해 재목으로 사용치 못합니다. 나무 자체가 단단한 옹이가 많아서 화력도 없습니다. 그래서 땔감으로도 좋지 못해요. 그러면서 번식력이 좋습니다. 이렇게 쓸모도 없고 아무 가치도 없는 나무가 번식을 잘해 땅 차지하고 해를 입히니 잘라서 멀리 내버리든지 또는 모아놓고 뭐할까요? 불살라 버립니다. 그러니까 아카시아 나무가 아무 가치도 쓸모도 없는 거지요? 가시 노릇 하지요? 그런데 하나님께서 이 아카시아 나무로 성전의 모든 기구들을 만드는 데 사용하라고 모세에게 명하셨습니다.

이 번제단의 조각목은 하나님께 죄 범하고 하나님을 떠나버린 사람은, 하나님과 원수인 세상(사단의 세계)으로 나가버린 사람은, 하나님께 쓸모없게 되었다는 것을 상징합니다. 아담 이후에 인류는 타락한 죄악의 종자가 돼 버렸으므로 불에 던져 사르는 나무와 같게 되었다는 것을 보여줍니다. 본문 1에 **조각목으로 번제단을 만들었으니** 했습니다. 그다음 2에 그 단을 무엇으로 쌌다고 했습니까? 놋으로. 놋은 심판을 의미합니다. 하나님께 죄범하고 하나님과 원수 관계가 된 사람은, 번제단 불 속에 던져져 타고 있는 희생 제물처럼, 불에 던져진 것 같은 고통을 영원히 겪어야 하는 존재가 되었다. 그곳을 불못(계20장)이라고 하는데, 그 불못이 기다리고 있는 불가피한 존재가 되었음을, 이 번제단이 보여주는 것입니다. 인간이 어떤 처지에 놓였는가를!

그러나 하나님께서 사람이 이 심판에 들어가는 것을 원하셨습니까? 절대로 원치 않으십니다. 사람의 영혼이 지옥으로 들어가는 것 하나님의 뜻이 절대 아닙니다. 그래서 사람에게 처한 그 형벌을 하나님이 대신 받으시고 사람을 구원하시기 위하여 하나님 안에 인성이신 독생자가 육체로 오셔서 대신 심판을 받으셨습니다. 그래서 번제단이 놋으로 된 것과 제물을 번제단에 올려 태워드린 것은 하나님의 독생자 예수님이 오셔서 그같이 십자가에서 제물처럼 심판받으실 것을 의미한 것입니다.

민수기 21장에 보면 이스라엘 백성이 가나안 땅으로 나가는 도중에 광야 길에서 만나만 먹다 보니까 싫증이 나서 하나님과 모세를 향해 원망하며 불평을 했습니다. 그러자 하나님께서 불뱀을 보내 물리게 하셨어요. 이 광야는 물리면 치명을 입고 죽는 독을 가진 뱀이나 전갈의 집단 서식지입니다. 그러니까 광야를 지나가는 이스라엘 백성들을 그런 것들에서 보호하셨는데 보호의 손길이 떠나니 그 불뱀에 물려서 죽은 자가 많았다고 했습니다. 백성들이 모세에게 나와 우리가 하나님과 당신에게 범죄 했으니 하나님께 기도하여 우리에게서 뱀이 떠나게 해달라고 간청했습니다. 이에 모세가 기도하니 하나님께서 '불뱀을 만들어 장대 위에 달아라, 그러면 물린 자마다 그것을 보면 살 것이라.' 하셔서 놋으로 뱀을 만들어 장대 위에 달았습니다. 그리고 **뱀에게 물린 자마다 놋뱀을 쳐다본즉 살더라** 했습니다. 여러분! 뱀을 불뱀이라 한 것은 사망권세 잡은 간사한 사단과 그 무리를 상징입니다. 곧 불평하는 이스라엘 백성에게 보낸 심판의 도구가 되게 하셨기에 뱀이라 하지 않고 불뱀이라 했습니다. 그러니까 성령님을 불이라 착각하지 말라 말입니다.

그런데 예수님께서 요3장에 모세가 광야에서 뱀을 든 것 같이 인자도 들려야 하리니 이는 저를 믿는 자마다 영생을 얻게 하려 하심이니라 하셨습니다. 놋으로 만든 뱀을 높이 들어 쳐다본 자마다 죽지 않고 살았던 것처럼 예수께서도 죄인이 받는 심판처럼 십자가 위에 달려서 하나님의 심판을 받는다는 것입니다. 예수님이 죄인이 아님에도 죄인처럼 심판받는 것은 사람이 죄인인 자기를 알고 예수님을 믿으면 영생을 얻게 하려 하심이라는 것입니다. 예수님을 믿으면 영생으로 들어가는 것이요, 믿지 않으면 심판에 들어가 영원히 불 가운데서 사는 것 같이 고통 중에 있게 된다는 거예요. 이것을 불못이라고, 불못에 던져짐을 당한다고 계시록 19장, 20장에 묘사하고 있습니다.

그래서 하나님이 말씀하는 인간이 누구냐? 자기가 누구인가? 이 번제단의 가르침에서 받아들여야 합니다. 이것을 받아들이는 것이 믿음의 기초요 기둥이요 온전함으로 나가는 능력입니다. 그런데 예수님께서 죄인처럼 심판받으신 그 속에는 사람이 죄를 용서받고 영생 얻게 되는 하나님의 비밀 같은 뜻이 있습니다. 레17:11에 **생명이 피에 있으므로 피가 죄를 속한다** 히9:22에 **피 흘림이 없은즉 죄 사함도 없느니라** 다시 말해 피가 생명이기 때문에 죄 없는 생명의 피만이 죄를 속한다는 말입니다. 그래서 죄 없는 생명의 피를 내놓아야 그 피가 죄를 속할 수가 있습니다. 그런데 죄 없는 피는 온 인류 중에서 의인은 없나니 하나도 없는데, 오직 하나님의 아들 예수 그리스도뿐입니다. 죄 없는 생명의 피를, 죄를 속하는 피를 내놓을 수 있는 분은 오직 예수님뿐입니다.

그래서 구약 백성들에게 율법을 통해 자기의 죄를 보게 하시고, 그 피 흘리실 예수님을 상징한 제물을 죽여 피 흘리고 번제단에서 태워드리는 제사를 함으로써 예수님(메시아)을 기다리게 하셨습니다. 자기의 죄를 지고 죽으실 분, 피 흘려 죄를 사하여 주시고 영생을 주실 메시아를 기다리게 하셨습니다. 죄지었을 때마다 흠 없고 정결한 소나 양이나 염소를 데려다가 자기 죄를 그 머리에 안수하여 전가하고 자기 손으로 죽이는 그 처참함을 행하며 속히 독생자가 오셔서 이것을 마쳐주시기를 기다렸습니다. 제사장이 그 제물의 피를 받아서 지성소 하나님께로 나가 피를 보여드리는 것으로 속히 죄에서 놓이기를 소원하는 증거가 되게 하였습니다. 이렇게 피 흘림이 없으면 하나님께 한 발자국도 나아갈 수가 없고 반드시 생명의 피를 가지고 나가야만 죄가 사해져 하나님을 만날 수가 있었습니다. 이 모든 희생 제물의 흘린 피가 곧 예수님이 오셔서 십자가 위에서 피 흘려주실 예표였습니다. 이같이 우리 믿음이 처음 만나야 하는 것이 무엇인지 정확히 보이셨기에 지금 자기 믿음이 어디에 걸려 있는지? 무엇에 걸렸는지? 아는 것입니다. 성전 안의 성소, 즉 성소이신 예수님 안에 들어가려면 우리에게 이루어져야 하는 것, 이 성전 뜰의 번제단과 물두멍입니다. 우리 믿음의 첫 순서가 바로 번제단 입니다. 아셨습니까? 믿음의 첫 순서가 뭐냐? 도대체 어떻게 믿어야 믿음이냐? 묻고 헤맬 것도 없습니다. 번제단이 첫 순서입니다. 첫 순서! 예수님의 흘리신 그 피가 내게 증거요. 증거가 돼야 합니다.

우리 죄를 씻는 예수님의 그 귀하고 중한 피를 모르고 믿는다 한다면 하나님을 만날 길은 도무지 없습니다. 피 흘림이 없이는, 또한 피를 모르고는 하나님을 만날 수 있는 사람은 한 사람도 없다는 것이 하나님의 선언입니다. 피 없이 성소에 들어갈 수 없다는 것 피 없이 들어가면 죽임을 당한 것은, 바로 예수님의 피를 모르면 예수님의 피를 만나 피 뿌림을 받지 않으면 예수님 안으로 들어갈 수 없다는 것을 의미합니다. 나 위해 십자가 위에서 형벌을 받으시고 몸 찢겨 흘리신 그 거룩한 피가 내 죄를 씻으신 능력의 피로 받아 가진 믿음이 되지 않으면 구원받지 못합니다. 자기가 어떤 처지에 있는지, 예수님이 자기에게 없으면 어떤 형벌에 들어가는 것인지, 여기 번제단에서 봐야 합니다.

하나님께서는 '나 예수님 믿어요.'하는 사람에게 '그래 어떤 예수를 믿는지 나에게 증거를 보여라'하십니다. '내가 아들을 십자가에다 못 박아 피 흘리게 한 그 증거, 사람을 사랑해서 형벌 받을 죄를 대속하려고 죄인이 달릴 십자가에 못 박혀 고초를 겪으며 마지막까지 다 흘려야 했던 피, 너희가 가장 처음 만나야 하는 피, 사랑하고 사랑해야 하는 그 피가 너희에게 만난 피가 되었는지 내게 증거로 보이라.'고 하십니다. 하나님께서 사람을 사랑하신다는 증거로 내주신 것 바로 예수님의 십자가의 흘리신 죄 사함의 피입니다. 우리 믿음의 첫 만남이 되어 그 피를 사랑하여 증거로 가졌는지 보기를 원하십니다.

그러면 예수님을 믿는다고 하는 여러분! 자기의 죄를 사하시려고 흘려주신 그 거룩한 피를, 사랑하고 사랑해야할 능력의 피를 자기 안에 증거로 가졌습니까? 하나님께 보여드리는 피로 가졌습니까? 하나님께서 보시겠다는 것은 내겐 없지만 그래도 내가 얼마나 하나님을 사랑하는지 남보다 더 열심히 행하고 있지 않느냐 '저 기도 많이 하고 있고, 봉사 열심히 하고 있고, 저 헌금 떼먹지 않고 잘하고 있고. 전도 많이 하고, 어려운 이웃을 열심히 잘 도와주고 있지 않느냐'합니까? 하나님께서는 그런 행위 가지고 네 죄를 용서하고 만날 수 있다 하지 않았으니, 네가 하나님께로 오는 첫 순서가 무엇인지부터 깨닫고 하나님의 처음 사랑의 행위부터 가지라고 명하십니다. 네가 불 가운데로 던져질 죄인임을 알고 그 죄를 용서하시는 예수님의 피를 죄 사함 받은 증거로 가졌느냐? 입니다. 여러분, 죄 사함 받은 증거로 그 피가 여러분께 있습니까? 믿음으로 가진 여러분의 죄 용서의 피가 되었기를 바랍니다.

 구약의 성전 과정을 통해서 정결하고 흠 없는 그 수많은 소나 양이나 염소를 날마다 죽이면서 보이시고 알게 하신 그 예수님, 마침내 육체로 오셔서 십자가 위에서 흘리신 그 피를 우리가 모른다거나 믿지 않거나 자기에게 뿌려진 증거로 가지고 있지 않으면 하나님께 나갈 수도 만날 수도 없습니다. 예수님 안에 들어가지 못합니다. 구약의 제사에서 피를 그릇에 담아 성소로 들어가고, 마지막 하나님이 계신 지성소까지 가지고 들어갔던 것은 지성소에 계신 하나님의 얼굴을 뵐 때에 피가 있어야 함을 의미합니다.

 하나님께서 이스라엘 백성을 애굽 땅에서 이끌기 위해 모세를 애굽의 바로에게 보내 백성을 보내라 하셨습니다. 그러나 바로가 놓아주지 않아 모세에게 애굽에 마지막 열 번째 재앙을 내려 사람의 장자나 가축의 처음 난 것을 다 죽일 것이라 하시고 이스라엘 민족에게는 그 재앙을 만나지 않는 방법을 알려주셨습니다. 그것은 일 년 된 어린 수양을 잡아 피를 취하여 집마다 문 좌우 설주와 인방에 바르라는 것입니다. 그러면 내가 애굽 땅을 칠 때에 그 피가 너희의 거하는 집에 있어서 **너희를 위하여 표적이 될찌라 내가 피를 볼 때에 너희를 넘어가리니 재앙이 너희에게 내려 멸하지 아니하리라**(출12:13) 하셨습니다. 무엇을 볼 때에 재앙을 내리지 않는다는 겁니까? 애굽 사람이든 이스라엘 사람이든 간에 문설주와 인방에 피가 발라져 있으면 재앙 당하지 않는다는 말입니다. 하나님의 백성이라도 피를 바르지 않으면 그 집은 재앙을 만났습니다. 누구든지 문설주와 인방에 피를 바르면 하나님께서는 그 피 뒤에 있는 인간을 보신 것이 아니라, 피를 보시고 재앙이 넘어가게 하셨습니다. 행위 잘했기 때문에 재앙을 만나지 않은 것 아닙니다.

이처럼 우리가 죄 용서받고 구원 얻는 것이 사람의 행위로 말미암지 않고 무엇으로 된다는 겁니까? 그래서 우리가 '예수님을 믿습니다.'할 때 하나님께서는 '네 안에 예수님의 피가 뿌려졌느냐? 그 피가 네게 있어 사랑하고 있느냐? 있으면 죄를 형벌하지 않고 넘어가겠다. 너는 용서받았으니 의롭다.'고 하시는 것입니다. 하나님이 아버지가 되신 것도 하나님을 섬기고 영광을 돌릴 수 있는 자격도 하나님의 복을 받는 자격도 바로 하나님 아들의 피, 내 구주 예수님의 피를 믿고 받아들여 사랑하고 날마다 의지하는가에 있고 봉사하는 것도 헌금하는 것도 하나님을 위한 모든 것도 예수님의 피의 능력을 입은 그 사랑 때문에 행하는 자에게서만 받으시는 것입니다. 또한 내게 예수님의 피가 있으면 내 안에서 날마다 죄를 용서받는 것이요, 죄와 죽음에서 나를 살리신 귀하고 중함을 아는 경험의 피가 되었다면 죄를 이길 능력도 얼마든지 있는 것입니다. 예수님의 피로 죄 사함 받은 믿음이 영혼에 이루어진 고백이 없이는 성영님을 받을 수도 없어요. 성영님은 예수님의 피로 죄 사함 받고 그 영혼에 피를 믿는 자에게만 임하십니다. 죄를 온전히 사함 받은 그 안에만 임하신단 말입니다.

사람들을 전도할 때 병든 자에겐 '예수 믿으면 병 치료받는다.'는 것을 전하고 또는 사업의 실패 위기에 있는 사람에겐 '하나님께 나와서 기도하면 하나님이 도와주신다.'고 그에게 놓인 힘든 처지를 가지고 합니다. 그래서 교회 나와 하나님께 기도하면 병도 치료될 수 있고 사업도 회복될 수 있습니다. 그런데 예수님을 믿는 것에 대해 병 치료나, 삶의 문제나 해결하시는 분으로 믿게 해서는 안 됩니다. 하나님의 뜻은 그것에 있지 않아요, 예수님께서 피 흘리신 이유, 십자가에 달려서 하나님의 심판을 받아야만 했던 그 이유에 있습니다. 바로 심판을 받아야만 했던 그 이유! 그래서 복음도 하나님의 뜻대로 전해야 하는 것은 물론이고 교회는 예수님의 십자가의 피 흘리심의 증거를 가진 증인입니다. 교회 역할, 교회 사명, 바로 예수님의 피 흘리심의 증거를 가진 증인의 역할이라는 말입니다. 죄인으로 예수님의 피를 만난 것이 아니면 자기가 왜 죄인인가? 왜 죄인이라고 하는가? 깨닫고 죄의 문제가 예수님의 피를 만나 해결되지 않으면 하나님을 만날 길은 없기 때문입니다.

    그래서 교회는 죄를 알고 예수님의 피를 만나도록 해줘야 할 책임을 가졌습니다. 번제단이 예수님께서 심판받을 자처럼 십자가 위에서 처형당하실 것을 예표 한 것이라고만 말할 것이 아니라 예수님께서 왜 그렇게 십자가에 달려 죽으셔야 했는지 그것은 인간이 죄 때문에 지옥불못으로 들어가게 되었기 때문이라고, 인간의 죄를 대신 지시기 위한 것이었다고 분명히 전해야 합니다. 그래서 예수님을 믿는다는 모든 사람은 이 번제단을 눈을 떠서 참으로 보고 심판을 대신 받으신 예수님의 흘리신 피를 받아 자기의 가장 사랑하는 피가 되어야 합니다.

    과거 오래전에 삼십 대의 젊은 여 집사가 자궁암에 걸려서 의사에게 2개월 정도의 시한부 선고를 받았습니다. 제가 너무 마음이 아프고 안타까웠습니다. 아직은 엄마의 손길이 절실히 필요한 어린 두 아들이 있는데 그냥 죽게 버려둘 수가 없었습니다. 그래서 그 여인의 치료를 위해서 하나님께 아주 애쓰고 힘써 기도했습니다. 어느 날 기도하는 내 눈앞에 환상이 펼쳐지는데 십자가에 달리신 예수님으로부터 피가 흘러내리더니 십자가 밑 동산을 적시면서 흘렀습니다. 그리고 '이 피를 믿고 마시는 자마다 치료와 구원을 받고 저주에서 해방되리라'는 음성이 들렸습니다. 저는 그 여인을 치료하신다는 응답인 줄 알고 너무나 기뻤습니다.

 그래서 그 집사에게 예수님이 흘리신 피로 죄 사함 받고 구원받았는지 예수님이 누구이신지 예수님이 죄인의 구주시라는 그 믿음이 돼 있는지 확인하려고 물어보니 그가 예수님이 누구인지도 왜 피를 흘렸는지도 모르고 있었어요. 왜 죄인인지도 모르고 있었습니다. 예수 믿으면 하나님이 자기 생활을 좀 잘되게 해주실까 해서, 예수 믿으면 복 받는다고 하여 다닌 것이지 모른다고 했습니다. 그런데 어떻게 그 여인이 집사가 되고 구역장이 되었는지 기가 막혔습니다. 그를 위해 일주일을 예배드리면서 예수님이 누구인지 자기가 누구인지를 열심히 가르쳐주고 시인케 하면서 기도를 참으로 간절히 했습니다. 그러나 뒷날 물어보면 그걸 잊어버렸다고, 무엇을 말해야 할지 몰랐습니다. 이 여인이 교회 나오는 이유를 잘못 가졌기 때문에 또한 교회는 예수님의 피 흘리심과 죄인의 관계에 대한 진짜 복음의 메시지를 희미한 등불과 같은 정도로만 전하기 때문에 마귀가 그 영혼을 자기 것으로 낚아채 양심에 인을 쳐버렸다는 것을 후에 깨닫게 되었습니다.

 그래서 예수님의 복음을 전하기 위해 세워진 예수님의 몸 된 교회가 십자가에서 흘리신 예수님의 피가 흐르지 않는다면 그 생명의 피가, 죄 용서의 피가, 치료의 피가 흐르고 있지 않다면, 그래서 믿는 자 안에 피가 없다면 그 교회는 마귀가 운영하는 죽은 교회입니다. 예수님이 육체로 오신 이유가 죄 때문입니다. 죄인 때문이에요. 죄인을 구속하기 위해 피 흘리러 오셨습니다. 그래서 예수님은 죄인이 필요하다고, 죄인을 부르시는 겁니다. 그렇다면 여러분이 죄인으로 예수님께 부름 받아 죄 사함 받았으므로 의롭다 함을 받은 것이 되었습니까? 예수님은 죄인이 필요하다고 죄인을 부르십니다. 예수님의 피로 죄 씻음 받고 예수님의 의로써 영원히 함께 살고자 하여 죄인오라 하신 것입니다.

오늘 성전의 첫 순서 번제단이 그것을 말하고 있습니다. 번제단의 예수님, 피 흘리신 예수님을 죄인으로 만나지 못하면, 그 피 흘려주신 은혜 때문에 그 능력을 입고 일하는 것이 하나님께 보이지 않으면 계 2:5에 뭐라고 말씀합니까? 네 촛대를 그 자리에서 옮긴다고 하셨습니다. 회개하여 처음 행위를 가지지 아니하면 회개하지 아니하면 예수님이 그곳에서 떠나신다 하셨습니다. 너희들 착한 일도 많이 했고 고난 가운데서도 수고를 아끼지 않았고 또 악한 자도 용납하지 않고 하나님이 세우지 않은 거짓 선지자도 잘 드러나게 했고 인내하여 사명을 감당하고 예수님의 이름을 위해서 잘 견디고 게으르지 않았지만 한 가지 책망할 것이 있다 너의 처음 사랑을 버렸다고 하지 않았습니까?

사람들은 이 말씀을 가지고 '나 처음 예수님을 믿을 때 아주 얼마나 열심히 했는데 기도도 봉사도 전도도 정말 열심히 했는데……. 그런데 지금 그 열심이 사라졌어요. 그렇게 처음에 열심히 하던 그 첫사랑을 찾아야 할 텐데 회복해야 할 텐데 그게 안 돼요'하고 나오는데 안 되면 지옥 가야지 뭐, 그거 어떡하겠습니까? 지옥 가야지! 성영님이 교회들에게 하시는 말씀을 들으라 하셨음에도 들을 귀가 없으니까 앞뒤 문맥은 다 무시하고 자기 생각에서 나는 것에다 맞추고 자기 틀이 되어서 탄식하는 것 아닙니까? 안 된다고……. 또한, 그런 첫사랑을 회복하라고 강단에서는 외치고 있으니 바로 이런 것을 거짓 선지자라고 하는 것입니다. 징그러운 일입니다.

너의 처음 사랑을 버렸다는 것은 어디서 떨어졌는지를 생각하고 회개하여 처음 행위를 가지라 하신 그것은 하나님께서 우리를 사랑하신다는 증거로 예수님을 심판에 내어주신 것 십자가에 못 박혀 피 흘리신 그것을 말하는 것입니다(롬5:8). 십자가 위에서 피 흘리신 것을 말하는 거예요. 우리 죄를 위하여 피 흘리셔야만 했던 것 성전 문을 들어서면 맨 처음 만나야 하는 것 내 죄를 알고 예수님의 피를 받아들이는 이것이 하나님께서 우리를 사랑하신 증거로 행하신 일입니다. 번제단의 제물이 되어 피 흘리고 죽으신 일입니다. 그 피를 모르면 자신이 죄인인지도 모르는 것이요, 죄인인지도 모른다면 죄 사함을 받지 않은 것이요, 하나님의 일한다고 하는 것은 자기 능력으로 행한 것이니 멸망이라는 말입니다.

그래서 처음 만나야 하는 것이 예수님의 죄 사함의 피입니다. 이것 모르고 처음 사랑의 피를 모르고 네가 열심히 게으르지 않고 부지런히 내 이름을 위해서 예수님의 이름을 위해서 그같이 칭찬 들을 일을 했어도 다 소용없는 것이 된다고 하는 섭니다. 예수님의 이름을 위해서 칭찬 들을 일을 많이 했을지라도 예수님의 피가 없이 피를 모르고 하는 것은 다 관계없다는 것입니다. 예수님의 피를 알기는 했어도 그 피의 능력을 입지 않으면, 네가 열심히 예수님의 이름을 위해서 했어도 다 관계없다 그 말입니다. 내가 너를 위하여 처음 에덴에서부터 흘려온 피, 처음 죄인과 맺은 사랑의 피, 잃어버렸다면 회개하여 그 처음 행위부터 가져라, 십자가 위에서 너의 죄를 다 뒤집어쓰고 생명을 내놓아 피 흘려야 했던 그 처음 피 흘림으로 맺은 행위를 가져라 하는 겁니다. 만일 그리하지 아니하고 회개치 아니하면 너와 나는 관계없다고 하신 거예요.

아니, 도대체! 여러분! 예수님이 왜 피 흘리셔야 했습니까? 십자가에 달리신 이유가 무엇입니까? 그런데 그 피가 자기의 죄 용서의 피로 가진 처음 맺은 사랑의 증거도 없는데 무슨 행위 열심 떨어졌다고 그것을 첫사랑이라고 하는 것입니까? 자기의 처음 열심의 그 행위가 어디서부터인지 한번 자신들을 돌아보십시오. 새 언약의 피, 예수님이 자기 죄를 위해 흘려주신 그 피를 받아 죄 용서받았으므로 그 피를 사랑하는 것부터 시작이 되었습니까? 그래서 처음 사랑을 그 피로 맺었는데 혹 예수님의 일 한다고 자기 열심을 앞세우다 떨어졌는지, 예수님의 이름을 위해서라고 하면서 예수님의 피 흘리심은 중요치 않은 것으로 여겨버리고 행위만 앞세우고 있는지 너를 살펴 회개하라는 말입니다. 죄와 상관없이, 피와 상관없이 아까 그 여자처럼 세상 것 좀 채움 받으려고 행하고 다니는 것인지 자기를 들여다보라는 것입니다. 그런데 사실 예수님의 피 흘림의 이런 지식과 믿음이 도무지 없는 가운데 믿는다 하는 것이 대부분인데 이런 말씀 또한 들려질지 참 의문입니다. 믿음의 뿌리들이 없는데 어떻게 이 말씀들을 들을 귀가 되겠습니까?

수천 년 동안 지속하며 언약하신 피, 선지자들을 통해서 예언하시고 그 많은 소와 양과 염소를 날마다 죽이면서 알려주셨던 그 예수님의 흘리신 피, 그 피를 모른다거나 부정한다거나 잊어버렸다면 멸망받을 것밖에 없다는 거예요. '처음 주님 믿을 때 열심내고 다녔는데 처음에 주님 믿는다고 열심히 할 때는 참기쁨이 넘쳤는데 그 열심히 식었어요. 그 사랑이 식었어요.' 하는 그따위 것들을 말하는 것 아니에요. 예수님의 피의 증거를 가지고 있지 않은 자기의 열심, 그것이 하늘에 닿을 만큼이라도 그따위 것들을 처음 사랑이라고 하는 것 아니에요. 그런 것을 가지고 인간이 처음 사랑이라고 한다면 그것은 하나님께서 가증이 여기십니다.

여러분! 성경 창세기부터 열어보지 않았습니까? 창세기부터 요한계시록까지 피가 줄줄 흐르고 있습니다. 그러므로 예수님의 흘리신 그 피가 여러분의 영혼으로 흘러들어가야 합니다. 여러분 속에서 철철 흘러넘쳐야 합니다. 예수 그리스도의 거룩한 피 영적인 죄와 혼적인 죄와 육체의 죄 과거 현재 미래의 죄까지도 다 대속하신 완전하고도 완전한 능력의 피, 죄 사함 받게 하신 그 예수님의 피가 너희 증거가 되지 않으면 더는 길이 없다는 말씀입니다. 오직 예수님의 피만이 하나님께 가지고 나아갈 수 있는 능력입니다. 그래서 교회는 예수님의 피가 끊임없이 흘러야 합니다. 예수님의 피가 끊임없이 흘러서 교회에 들어오는 자마다 예수님과 피로써 맺는 처음 사랑의 관계가 되게 해야 합니다. 예수님을 믿는 여러분 모두 자기의 믿는 예수님의 그 피를 받아 자기 안에 증거로 가지고 그 피를 사랑하고 영혼에 철철 흘러넘치는 피가 되게 해야 한다는 말입니다.

제가 아는 어떤 목사가 자기의 간증을 했습니다. 목회를 그냥 생각으로만 되는 줄 알고 기도가 없이 하다 보니 교회에 문제가 아주 많았다는 것이지요. 그래서 깨닫게 된 것이 기도해야 한다는 것 기도 없이는 할 수 없음을 깨닫고 그 뒤부터 예배당 강단에서 아주 살다시피 하면서 밤이면 세 시간씩 기도했다는 거예요. 그러던 어느 날, 기도 중에 환상을 보았는데 그분을 삼켜버릴 만큼 큰 뱀이 목사의 코앞에서 아가리를 쩍 벌리고 혀를 널름거리며 한입에 삼키려고 하는 그 순간에 강단 벽 십자가가 걸려 있는 그곳에서부터 예수님이 흘리신 붉은 피가 흘러내려 오더니 순식간에 그 피가 예배당에 반쯤 찼다는 겁니다. 거기에 보니 뱀도 있고 용도 있고 더러운 짐승들이 많이 있었는데 그것들이 예배당 문을 통해 차올랐던 피에 홍수가 나 떠밀려가듯 다 떠내려가더라는 것입니다. 그리고 예배당 안에는 군데군데 몇 사람이 앉아서 기도를 하고 있었는데 그들에게 붙어있던 더러운 것들이 깨끗이 씻겨서 함께 다 떠내려갔다는 것입니다. 그리고 사람들과 예배당 안이 깨끗하게 됐다는 것이지요.

그러니까 교회를 놓고 기도하니 뭐예요? 복음의 능력이 무엇인지 복음의 핵심이 무엇인지 교회가 선포해야 하는 그 복음에 대해 깨닫지를 못하니 그것을 좀 깨달으라고 보인 것인데 그런데 안타깝게도 어떻게 연결하는가 하면 교회 건물 그 장소가 마귀의 역사가 심한 곳이 되어서 문제가 많고 부흥이 안 되는 곳인데 기도하니까 마귀 역사가 떠난 것이라고 그렇게 자기 형편에다 맞추어서 해석하더란 얘기예요. 성영께서는 지금 교회가 교회의 본질을 모르고 있기 때문에 마귀가 운영하고 있다는 것을 알게 하려고 그것을 보게 하였던 것입니다. 강단에서 선포해야 하는 것, 예수님의 피 흘리심의 복음을 주어 죄를 알게 하고 죄 사함 얻게 하라는 뜻입니다. 오직 예수님의 피만이 마귀를 이기고 내쫓을 수 있는 능력이요, 더러운 죄를 깨끗하게 하는 것이요, 죄에서 자유를 얻게 하시는 것이요, 죄를 이기는 능력이 되는 것이요, 예수님의 피를 알 때만이 자유하게 됨을 선포하라는 뜻이었다는 말입니다.

그러므로 우리는 누가 무슨 말을 하더라도 예수님 안으로 들어가 하나님을 만날 수 있는 첫째 조건, 그것은 오직 예수님의 피를 알고 그 피를 믿고 그 피를 가져야 하는 것이기 때문에 오늘 이 말씀을 듣는 여러분 모두는 하나님 사랑의 처음 순서, 이 피 흘리신 예수님의 은혜를 자기의 확실한 믿음의 증거로 가지고 하나님께 들어가는 승리가 되기를 바랍니다. 예수님의 피를 더욱 깊이 사랑하여 여러분의 영혼에 가득 차서 철철 흘러넘쳐 나게 되기를 바랍니다. 아침에 눈을 떠도 저녁에 잠자리에 들어도 길을 가다가도 무엇을 하든지 '나를 위해 흘려주신 예수님의 피, 내가 죄 사함 받은 증거의 피가 되시니 감사합니다. 내게 증거는 예수님이 나 위해 흘려주신 죄 사함의 피 입니다.' 하는 감사의 고백이 심영에서 넘쳐나기를 진심으로 바라는 것입니다.

이제 우리가 성전으로 지어지는데 가장 먼저 연합되어야 하는 것이 무엇인지 분명히 아셨습니까? 몇 달 지난 후에 희미해져서 자기가 앞서고 자기 열심이 되어 자기가 행하는 것이 되지 않아야 한다는 것 아셨습니까? 영혼에 피가 철철 흘러넘쳐야 한다는 말입니다. 그 피를 사랑해야 한다는 말입니다. 이 번제단의 조각목과 놋이 인간을 상징한 것이요 곧 또 예수님이 그 인간처럼 형벌을 받으실 것에 대한 상징인 것을 여러분이 분명히 알았습니까?

놋은 심판입니다. 성전 안의 놋은 무조건 다 심판이에요. 심판을 상징합니다. 그러므로 예수님이 심판받아 주셨으니 예수님을 믿는 우리는 이제 심판받지 않고 그대로 물두멍을 거치고 성소로 들어가는 것입니다. 오늘 이 말씀을 들은 여러분은 과연 예수님의 피를 얼마나 사랑하는시 일마나 예수님의 피의 능력을 입고 사는지 자신을 살펴 회개하는 시간이 되기를 바랍니다.

성전을 들어가면 가장 먼저 만나는 것이 번제단입니다. 예수님을 믿는 믿음이 가장 먼저 만나야 하는 것이 번제단의 일입니다. 여러분이 믿음으로 받은 말씀이기를 바라면서 말씀을 맺습니다. 오늘 우리에게 믿음의 첫 순서를 바로 할 수 있는 예수님의 흘려주신 죄사하신 능력의 피를 만나게 하신 하늘 아버지께 감사와 영광을 돌립니다. 아멘

성전 뜰 3-1
물두멍 (수족을 씻어 죽기를 면하라)

17여호와께서 모세에게 일러 가라사대 **18**너는 물두멍을 놋으로 만들고 그 받침도 놋으로 만들어 씻게 하되 그것을 회막과 단 사이에 두고 그 속에 물을 담으라 **19**아론과 그 아들들이 그 두멍에서 수족을 씻되 **20**그들이 회막에 들어갈 때에 물로 씻어 죽기를 면할 것이요 단에 가까이 가서 그 직분을 행하여 화제를 여호와 앞에 사를 때에도 그리할지니라 **21**이와 같이 그들이 그 수족을 씻어 죽기를 면할지니 이는 그와 그 자손이 대대로 영원히 지킬 규례니라

(출30:17-21)

그가 놋으로 물두멍을 만들고 그 받침도 놋으로 하였으니 곧 회막문에서 수종 드는 여인들의 거울로 만들었더라

(출38:8)

오늘 읽은 본문이 무엇에 대한 말씀입니까? 성전 뜰에 들어와서 번

제단 다음에 만나는 물두멍입니다. 제가 말씀을 말할 때마다 바라는 것은 말씀을 배워야 한다니까 배워서 알면 다 된 것인 줄로 아는 것에 그쳐서는 안 된다는 것입니다. 듣고 배웠으면 그 말씀대로 변화가 일어나야 하는 것이지 말씀을 이론으로만 듣고 만다면 그것은 거짓 믿음입니다. 진심으로 믿음이 되었으면 하는 바람입니다. 큰바람이에요.

하나님께서는 자기의 뜻을 성전을 통해서 확실히 보이셨습니다. 하나님이 사람을 만나시는 것도 성전을 통해서만 만나시고 사람 또한 성전을 통해서만 하나님께 나아가 하나님을 만나고 하나님 나라로 영원히 들어간다는 것을 알게 하셨습니다. 그러므로 하나님께 나아가는 데 있어서 성전의 과정 하나하나가 주는 뜻을 반드시 깨달아 행하는 참믿음이기를 원해야 합니다. 참으로 성전의 믿음이 되기를 원해야 한다는 말입니다. 참으로 믿는 믿음은 성전의 믿음입니다.

성경은, 예수님이 성전이신데 그 예수님을 믿는 자들도 성전이라고 했습니다. '예수님이 성전 내가 성전' 하는 것은 내가 예수님 안에 있고 예수님이 내 안에 계신 그 관계를 말합니다. 그래서 거룩한 성소, 제가 '성소' 하면 여러분은 누구로 생각해야 합니까? 그러면 '예수님'하면 여러분은 무엇으로 생각해야 할까요? 성소입니다. 성소에 들어가면 내가 예수님 안에 들어간 것이고 또한 예수님이 성영님으로 내 안에 오신 것입니다. 예수님을 구주로 영접해 모셔 들였으면 예수님의 모든 말씀을 하나하나 듣고 깨달아 행하는 것이 될 때에 예수님이 내 안으로 들어오시는 경로가 됩니다. 예수님과 내가 성전의 관계가 되는 것이 하나님의 뜻이요, 성전이 된 자에게서만 하나님은 영광을 받으시는 것이요, 하늘과 땅의 복을 받은 것입니다.

그래서 우리가 성전의 관계가 되기 위한 첫 순서가 무엇인가 하는 것을 번제단을 통해서 잘 깨달아 보았습니다. 즉 성전이신 예수님 안에 들어가기 위하여 우리에게 이루어져야 하는 것, 우리 믿음이 되고 고백이 되어야 하는 첫 순서, 그것이 무엇인가를 번제단으로 잘 알게 되었고 여러분의 믿음이 되었으리라 믿습니다.

번제단의 조각목과 놋은 하나님께 죄 범한 인간은 하나님을 대적한 사단에게로 나가버렸기 때문에 사단이 들어갈 불못으로 함께 들어가게 된 불가피한 존재가 되었다 그러나 예수님께서 대신 형벌을 받아 온전한 제물이 되시고 죽으셨으나 다시 살아나셨기 때문에 예수님의 죄 용서의 피를 믿는 자마다 용서 받고 구원 받아 영생 얻게 된다는 것을 보이신 것이라고 했습니다. 그래서 롬4:25에서 **예수는 우리 범죄함을 위하여 내어줌이 되고 또한 우리를 의롭다 하심을 위하여 살아나셨느니라** 했습니다. 하나님께서 나를 사랑하신 증거로 예수님께서 흘려주신 피, 나의 죄를 사하시고 나를 만나시는 생명의 피가 내게 증거의 피가 되어야 하는 것이 우리 믿음의 첫 순서라고 말씀드렸습니다. 첫 순서가 되어야 한다. 알아들었습니까? 그런데 나의 죄를 사해주신 예수님의 피를 믿음으로 가졌다고 해서 그대로 성소로 들어갈 수 있는 것이 아닙니다. 본문 말씀에 무엇을 만들라는 것입니까? 물두멍입니다. 그 물두멍을 거쳐야 성소에 들어갑니다. 씻게 하려고 물두멍이 있는데 물두멍에서 씻음이 되어야 성소에 들어갑니다.

성소는 누구라고 했습니까? 예수님을 말한다는 것 이제 다 아십니다. 그래서 성소는 거룩한 곳입니다. 예수 그리스도이신 성소는 거룩하다, 구별된 장소다, 하늘에 들어갔음을 말한다. 예수님 안에 들어온 자는 이제 거룩한 자요 하나님 아버지를 만나는 자녀입니다. 그러므로 '깨끗이 씻었느냐?' 그러면 성소 안으로 거치는 것 없이 들어가는 것입니다. 거룩한 성소로 들어갈 수 있는 그 자격을 갖추는 것이 오늘 우리가 두 번째 만나는 물두멍입니다.

오늘 읽은 본문이 물두멍 제작 과정입니다. 여기서 '회막'은 성소를 말합니다. 물두멍을 회막과 단 사이에 두라는 것은 성소와 번제단 사이에 두라는 말씀입니다. 그래서 번제단 다음이 물두멍입니다. 그 **물두멍에 물을 담으라** 하시고 물두멍의 물로 씻어야 함을 정확히 말씀하셨습니다. 그러면 씻어야 하는 것이 무엇입니까? 이미 여러분은 다 아십니다. 육체에서 나는 죄들입니다. 하나님과 원수 맺은 죄들입니다.

사람들이 자기의 믿음을 말할 때 '나는 예수님 믿고 구원받았다'고 말합니다. 구원받았으면 그 말대로 예수님 안에 들어간 것이 되었다는 말인데 구원받았다면 그 삶이 성소의 삶으로 드러나게 되는데, 그런데 거룩함의 모습, 세상과 구별된 삶의 모습이 없습니다. 갈 곳과 가지 않아야 할 곳, 있을 곳과 있지 않아야 할 곳, 할 것과 하지 않아야 할 것들로부터 구별된 거룩함의 모습은 없습니다. 실제로는 여전히 세상 사람과 똑같습니다.

구원받은 것은 성영님이 자기 안에 오신 것을 말합니다. 그래서 어둠의 것들은 성영님과 절대로 배치되기에 빛과 어둠이 공존할 수 없듯이 성영님이 계시면 자기 안에서 죄와 어둠의 것들에 거부와 책망과 싫어짐이 성영님으로부터 반드시 있게 되어 구별된 삶의 능력을 갖게 됩니다. 그것이 구원받은 증거입니다. 누구의 강요나 지적을 받고 당부받기에 삼가는 것이 아니라 성영님의 빛에 의해 자기 안에서 거부가 있게 되어 알고 삼가게 되는 것입니다. 구원받았으면 정사와 권세의 자리, 즉 어둠의 영들에 의하여 이루어진 전통, 세속문화, 유적지 등 종교들에서 이룩해 놓은 것들을 감각 없이 접하고 구경하고, 감상하고 하는 일들은 있을 수 없습니다.

그것은 다 어둠이기 때문에 만일에 믿는다는 사람이 삼가는 거룩함이 없다면 그것은 성영님이 그 안에 계시지 않는 증거입니다. 그런데 구원은 받았다고 말은 하는데 그 삶과 행동은 구원이 보이지가 않습니다. 사람들이 구원받는 것은 원하면서도 여전히 씻지 않는 넓고 편한 길을 가고 있습니다. 하나님께서는 사람이 가져야 하는 믿음에 대해서 성전을 통해 자세히 보이시고 말씀하셨습니다. 그러므로 여러분이 참으로 믿고 확실한 구원에 들기 원한다면, 좁고 협착한 길을 가야 될 것임을 분명히 알고 성전을 배울 때에 자기의 믿음을 진단해보고 마음을 다하여 반드시 믿음의 개혁을 맞는 때로 삼아야 할 것입니다.

그러면 물두멍에 물을 담으라 하셨으니 이 물의 용도가 무엇이겠습니까? **두멍에서 수족을 씻되** 하셨으니 씻어야 하는 것임을 알 수 있습니다. 예수님을 믿는다는 사람들이 만일에 씻는 것을 씻지 않았으면 예수님 안에 들어갈 수 없습니다. 여러분이 말씀을 건성으로 듣지 않길 바랍니다. 하나님께서는 피 흘리시면서 까지 우리를 죄에서 건져 의롭다 하셨는데 그리고 이제 씻어야 할 것들을 씻으라 하셨는데 만일 씻어야 하는 것들에 감각 없이 한다면 거룩한 그 예수님 안으로 어떻게 들어가겠습니까. 씻지 않으면 들어갈 수 없습니다. 예수님 안에 들어가는 것은 혈과 육이 아닙니다. 죄 사함 받은 거룩한 피를 가지고 수족을 물로 씻어 깨끗하게 된 자가 들어가는 것입니다.

오늘 우리가 읽은 본문 20에 회막에 들어갈 때에 회막은 성소(예수님)라고 했습니다. **물로 씻어 죽기를 면하라** 하셨잖아요? 구약 성전을 통해서 거룩한 성소에 들어갈 때에 피를 가지지 않으면 또 씻지 않고 들어가면 죽임을 당한다는 것을 잘 알게 되었잖아요? 그런데 성전에서 손발 씻으라 하신 것을 문자 그대로 보고 성전 제사를 맡았던 그때의 제사장들에게만 해당하는 것인 줄로 착각하면 큰 오산입니다. 만일에 그렇게 알고 가르친다면 자기도 죽고 남도 죽이는 것입니다. 오늘날도 성전이신 예수님 안에 들어가려면 하나님이 더럽게 여기시는 육체의 죄들과 영적 죄들을 깨끗이 씻어야 하는 것으로 동일합니다. 우리가 잘 알고 있는 고전3:16,17이 말씀하는 것은 너희가 하나님의 성전인 것과 하나님의 성영이 너희 안에 거하시는 것을 알지 못하느뇨 누구든지 하나님의 성전을 더럽히면 하나님이 그 사람을 멸하시리라 하나님의 성전은 거룩하니 너희도 그러하니라 하잖습니까?

그러면 성전을 더럽히는 것이 무엇입니까? 예수님을 믿는다면 성영님이 거하시는 성전인 것을 알아야 하는데 알지 못하는 자처럼 자신을 더럽히면 그 사람은 바로 성전이신 예수님을 더럽히는 것이고 자신도 더럽기 때문에 멸함을 받는다는 것입니다. 그러므로 나의 죄 사해 주신 예수님의 피를 가졌으면 이제 그 피의 능력을 힘입어 성소에 들어갈 자격을 자신이 갖춰야 합니다. 예수님이 십자가에서 흘리신 피로 죄 사함 받았으면 하나님이 수족을 씻어 사망을 면하라 명하셨으니 지금까지 죄인 줄 모르고 하나님을 대적하듯 거스르며 짓고 살아온 더러운 모든 죄들에서 돌이켜 떠나 나와야 합니다. 그래서 이 물두멍에서는 자기가 씻어야 함을 말합니다. 죄 가운데 살던 손과 발을 씻고 성소에 들어갈 자격을 갖추라는 곳입니다. 씻으라고 담은 물로 자기가 씻어야 한다는 말입니다.

여러분, 우리가 하나님께 범죄하고 하나님을 떠나 산 죄인인 것을 인정하고 '예수님의 피가 내 죄를 사해 주신 것을 믿습니다.'를 진심으로 믿고 고백하면 죄가 사해졌습니까? 사해지지 않았습니까? 하나님께서는 예수님의 피 흘리심으로 이미 죄를 다 사하셨기에 이것을 믿고 자기의 것으로 받아들이는 자는 죄 사함이 이루어졌습니다. 그래서 '너는 죄 없다' 즉 의롭다고 하셨습니다. 그런데 죄를 용서받은 것이면 용서받은 자의 그 의가 나타나야 하는데 그것이 바로 수족을 깨끗이 씻는 일입니다. 씻는 것이 의롭다 하신 하나님의 은혜에 대한 나의 대답입니다. 다시 말하면 죄 사함 받은 자의 증거는 바로 물두멍의 씻음으로 나타난다는 말입니다. 하나님께서 의롭다 해주셨는데, 그러면 자기가 참으로 형벌 받을 자의 죄를 알고 그 죄를 용서받은 의를 가졌다면 그 증거는 입으로만 아멘이 아니라 '제가 그것을 믿습니다.'만 하는 것이 아니라, 실제로 하나님이 죄라고 하시는 것을 깨끗이 씻고 돌이키는 것이 의롭다 하신 말씀에 당당케 되어서 성소이신 예수님 안으로 들어가는 것입니다.

　이 성전 뜰의 번제단과 물두멍은 바늘과 실의 관계와 같습니다. 바늘이 왜 있습니까? 무엇을 꿰매기 위함입니다. 그러면 바늘만 가지고 꿰맬 수 있습니까? 반드시 실이 있어야 합니다. 실이 없다면 바늘은 무용지물입니다. 또 실이 있어도 바늘이 없으면 실은 무용지물입니다. 바늘과 실이 있을 때 아름다운 옷도 지을 수 있고 여러 가지 필요한 것들을 만들어 사용할 수도 있고 떨어진 옷도 꿰매 입을 수가 있습니다. 바로 물두멍과 번제단이 이 실과 바늘 관계와 같다는 말입니다. 번제단의 죄 사함이 이뤄졌어도 물두멍의 씻음이 없으면 죄 사함은 없습니다. 육체의 죄들이 처리되어야 하는 곳이요, 육이 죽어야 하는 곳이요, 그래서 영적 사람의 능력을 갖추고 성소로 들어가는 겁니다.

　오늘 본문에 물두멍이 무엇으로 만들어졌다는 것입니까? 그 물두멍에 물을 담으라 했는데 그 물로 20에 회막에 들어갈 때에 어떻게 하라고요? 씻으라 했습니다. 21에 이와 같이 그들이 그 수족을 씻어 죽기를 면할지니 그러면 씻지 않으면 어떻게 된다는 말입니까? 죽는다는 겁니다. 죽는다! 멸망 받는다 말입니다. 성소에 들어갈 때에 죽지 않으려면 씻으라는 것입니다. 그러면 물두멍을 놋으로 만들었는데 놋은 무엇을 상징한다 했습니까? 심판을 상징한다 했으니 이 물로 씻지 않으면 어떻게 된 다고요? 씻지 않으면 그대로 심판의 자리에 있다는 것을 의미합니다. 씻지 않으면 '피 흘려 죄 사함 받으니 감사합니다.'해도 그것은 입으로만 말한 것일 뿐 여전히 심판에 자리에 있다는 것을 물로 씻어 죽기를 면할지니 말씀하심과 함께 물두멍을 놋으로 만든 것으로 알게 하셨습니다.

그다음 21에 이는 그와 그 자손이 대대로 영원히 지킬 규례니라 했습니다. 그러니까 성전 뜰에서 하나님께 희생제를 드리고 하나님을 섬기기 위해서 성소에 들어가 예수님과 화목하기 위한 제사를 드리는 자로 세워진 구약의 제사장들이 영원히 지켜야 할 규례라고 분명히 말씀하셨습니다. 여기서 '영원히'라고 하는 것은 세상 끝날까지 예수님의 재림 때까지를 말합니다.

그래서 벧전2:5에 예수 그리스도로 말미암아 하나님이 기쁘게 받으실 신영한 제사를 드릴 거룩한 제사장이 될지니라 하였고, 벧전2:9에 왕 같은 제사장이라고 했고, 계1:6에 5:10에 아버지 하나님을 위하여 우리를 나라와 제사장으로 삼으셨다고 하셨습니다. 예수님을 믿는 이들에게 "거룩한 제사장이 될지니라."하셨다는 말입니다. 그러면 제사장은 성전 어디에 들어갔습니까? 성소입니다. 성소에서 제사 드렸습니다. 이것은 예수님을 믿는 한 사람 한 사람이 예수님과 화목을 이룬 제사장으로써 이제 하나님 아버지께 제사 드리는 제사장이 되었다는 말입니다. 그래서 성소에는 제사장만 들어갔는데 성소에 들어갈 때에 씻어야 하는 것이 영원히 지킬 규례라 하셨기 때문에 그러므로 씻지 않으면 아무리 자신이 구원받았다고 외치고 노래한다 해도 예수님 안에 들어가지 못했습니다. 구원받지 않았다는 말입니다. 예수님 안에 들어간 것이 구원입니다. 더러움을 씻지 않으면 그것은 죄에 대한 감각이 없는 것이요, 죄 사함을 받지 않겠다는 것이요, 참믿음이 아니라는 것이지 않겠습니까? 죄 사함 받은 것을 믿는다 말해도 씻지 않으면 죄 사함 받은 것은 아니라고 한다는 말입니다. 예수님이 내 죄를 대신하여 피 흘려주신 것을 믿는다고 고백을 했어도 그 믿음이 참인지의 증거는 수족을 씻는 것으로 증명되는 것입니다.

본문 20에 하나님께서 제사장들에게 성소에 들어갈 때만 수족을 씻으라 한 것 아닙니다. 출40:30-32에서도 말씀했습니다. 번제단에 가까이 가서 그 직분을 행하여 **화제를 여호와 앞에 사를 때에도 그리 할지니라**. '수족을 씻고 할지니라.' 그 말입니다. 씻지 않으면 예수님의 피 흘리심과는 무관한 것임을 분명히 보이셨습니다. 여러분이 이 성전 뜰의 물두멍을 몰라도, 놋이 심판 의미라는 것을 몰라도, 구원받는 것에 문제 될 것은 없습니다. 그러나 분명한 것은 육체의 더러운 죄들을, 하나님을 격노케 하는 가증한 죄들을 자기가 씻어야 하는데 씻지 않으면 여전히 심판의 자리에 있다는 것을 분명히 알아야 합니다.

이것을 히브리서 6:1-8에 10:26-31에서 구약 성전과 성전 제사와 예수님과의 관계에 대하여 잘 설명하고 있습니다. 여러분이 성전을 이해하려면 히브리서를 좀 관심을 가지고 읽어보십시오. 그러면 쉬울 것입니다. 인간이 육으로는 하나님의 나라, 즉 성소이신 예수님 안에 들어갈 수가 없기 때문에, 번제단의 피 흘리심은 예수님의 생명을 얻게 하시려고 길을 열어 놓으신 것이고, 육체의 죄, 영적 죄들을 깨끗이 씻어야 하는 물두멍은 예수님의 생명을 가지신 성영님이 들어오실 수 있는 길을 열어 놓는 일인 것입니다.

히10:22의 말씀을 보겠습니다. 우리가 마음에 뿌림을 받아 양심의 악을 깨닫고 몸을 맑은 물로 씻었으니 참마음과 온전한 믿음으로 하나님께 나아가자. 무슨 말씀입니까? 위에 19부터 말하자면 예수님이 십자가 위에서 몸을 상하시고 피 흘려 죽으신 순간 인간과 하나님 사이에 원수 되었던 담이 허물어졌다는 것입니다. 죄로 말미암아 하나님께 들어갈 수 없게 되었는데 예수님이 대신 형벌을 받아 피 흘리자 그것은 하나님이 받으시는 산 제물이 되어 하나님과 인간과의 사이를 막고 있던 휘장이 열려서 새롭고 산 길이 되었다는 것입니다. 구약 성전에서 대제사장이 일 년 한 차례 지성소에 피를 가지고 들어가 속죄소에 뿌림으로써 이스라엘의 죄가 사해졌던 것처럼 이제 예수님께서 대제사장으로 단번에 피 흘리고 하늘에 하나님이 계신 지성소 보좌 앞 속죄소에 그 피가 뿌려졌음으로 그 피를 보신 하나님께서 아주 만족하시고 온 인류의 죄를 용서하신 것이 되었다는 거예요.

그래서 예수님을 죄인처럼 형틀에 달아 피 흘려 죽기까지 내주신 하나님의 인간을 사랑하신 그 은혜를 보니 그것이 곧 내 죄를 사하시기 위함이었다는 것을 깨닫게 되지 않을 수가 없게 된 것입니다. 예수님의 피를 나의 죄 사해주신 피, 나를 지옥의 불구덩이에서 건져주신 피로 믿고 예수님의 그 보배로운 피를 사랑하여 그 피를 죄 사함 받은 증거로 가지고 살게 되었으니 그것을 22에서 뭐라고 했습니까? "우리가 마음에 뿌림을 받아" 예수님의 피로 마음에 뿌림을 받았다는 말입니다. 예수님의 피가 마음에 뿌려졌다는 것은 양심의 악을 깨닫게 되었다는 말입니다.

인간의 양심은 하나님에 대하여 죽었습니다. 그래서 양심으로는 도무지 죄를 깨달을 능력이 없습니다. 양심으로는 예수님이 십자가에서 피 흘려 죽으신 것을 깨달아 볼 능력도 없습니다. 그런데 예수님의 피가 자기의 죄를 사하시기 위해 흘리신 피라는 것을 믿고 받아들이니 그 피가 마음에 뿌린 바 되어 양심의 악을 깨닫는 능력이 된 것입니다 (물론 이것은 성영님의 개입이십니다.). 인간양심은 죄지은 양심이요 자기 양심으로 사는 것이 큰 악이라는 것을 깨닫고 거울과 같은 하나님의 말씀, 하나님의 율법 앞에 자기 양심을 비춰보니 다 죄악으로 드러난 것입니다. 그래서 **몸을 맑은 물로 씻었으니** 하나님의 말씀에 비추어 죄로 드러나는 것들을 더럽게 여겨 회개하고 깨끗하게 하였으니, 더러운 몸을 물로 씻어 깨끗케 된 것과 같게 되었으니, 라는 말입니다. 그러면 이것은 성전 어디의 일입니까? 바로 물두멍입니다.

참마음과 온전한 믿음으로 하나님께 나아가자(22하반) 예수님의 피로 죄를 씻은 깨끗한 마음, 악을 깨닫고 하나님의 새 마음을 받았으니, 예수님의 피를 힘입어 성소에 들어갈 담력을 얻었으니 그 온전한 믿음으로 하나님께 나아가자 하여 성소이신 예수님 안에 담대히 들어가니 하늘 지성소까지 들어간 것입니다. 너무나 크고 엄청난 이적이 일어난 것입니다. 예수님 안에 들어가니 아버지 계신 하늘 지성소까지 들어간 것이 되었단 말입니다. 할렐루야!!! 이 같은 복이 여러분의 것이기를 진심으로 소망합니다. 여러분, 우리가 믿을 때에 하나님이 말씀하시는 죄들을 씻지 않으면 하늘 성소에 들어갈 수는 없습니다. "몸을 맑은 물로 씻었으니 하나님께 나아가자!" 한 것 아닙니까? 씻지 않으면 나아갈 수 없다는 것 재차 강조합니다. 하나님께 들어가려면 수족을 씻어야 죽기를 면한다 하셨으니, 내가 지은 죄들에서 나오는 수족 씻는 것은 내가 하는 것입니다. 내가! 그러면 우리가 씻어야 하는 것들은 무엇인가? 수족을 씻지 않으면 하나님의 심판 아래 있게 될, 그 더러움은 무엇인가? 물론 하나님께서 죄라고 하는 것들입니다. 그래서 성경에서 죄라고 하는 것들을 찾아보겠습니다만 오늘은 여기까지고 다음에 이어서 말씀을 나누기로 하겠습니다.

여러분, 오늘 이 말씀에 대한 결론을 무엇으로 받았습니까? 오늘 말씀의 결론이 뭐예요? 예수님의 피로 죄 사함 받은 것 믿는다 해도 씻지 않으면 예수님 안으로 들어갈 수 없다는 것이지요. 수족을 씻어야 한다는 것이잖습니까? '나 예수님 믿습니다.'해도 씻지 않으면 그것은 무효라고 말씀드리잖아요. 믿는 것 무효다! 왜? 하나님이 피 흘리시면서까지 죄를 사하시고 '깨끗하다' 하셨는데 피 흘리신 이유가 뭐예요? 죄 때문이다 말이지요. 그래서 죄들을 버리지 않으면, 그 죄들에서 돌이키지 않으면, 그 피를 무시하고 짓밟는 것이 되고. 모독하는 것이 되는 겁니다. 그래서 무효입니다.

오늘 예수님을 믿는 믿음을 어떻게 가져야 하는가? 먼저 수족을 씻어야 한다는 것 확실히 각인(刻印)되었으리라 믿습니다. 수족인 손과 발은 자기 자신과 자기의 삶 전체를 말한다는 것도 아셨으리라 믿습니다. 우리에게 복 주시기 원하신 이 귀한 아버지의 뜻을 알게 하신 성령님께 감사드리며 말씀을 맺습니다. 아멘

성전 뜰 3-2
물두멍 (십계명의 죄들을 씻지 않으면)

그가 놋으로 물두멍을 만들고 그 받침도 놋으로 하였으니 곧 회막문에서 수종드는 여인들의 거울로 만들었더라.

(출38:8)

성막뜰에서 번제단 다음에 만나는 물두멍에 대한 두 번째 말씀입니다.

물두멍을 놋으로 만들었고 그 놋은 회막문에서 수종드는 여인들의 거울이라고 정확하게 말씀했습니다. 회막문에서 수종드는 여인들은 성막뜰에서 매일 희생제물을 태워 제사 하는 일, 물두멍에서 씻는 일 등등의 모든 잔 수발을 드는 봉사의 직무로써 레위지파 여인들의 일이였습니다. 이 같은 일로 회막문에서 수종드는 여인들은 죄인을 예수께로 인도하는 율법의 역할을 상징합니다. 율법이 인간을 죄인으로 정죄하여 예수께로 인도하는 것이지 않습니까? 레위지파 여인들의 성전 제사의 수발이 바로 그 역할의 상징이라는 말입니다.

그러면 여인들의 쓰는 거울은 용도가 무엇일까요? 여기에는 여러 가지 답이 있지 않습니다. 자기를 비쳐보기 위해서, 자기 모습을 보기 위함입니다. 자기 손에 들고 있는 거울은 자기 모습 들여다보기 위한 거잖아요. 여자들은 수시로 자기 모습을 보려고 거울을 지니고 다니잖습니까? 얼굴에 뭐가 묻었나? 혹시 화장은 잘못되지 않았나? 머리 모양은 흐트러지지 않았나? 치아 사이에 이물질이 끼어있지는 않나? 그것도 부족해서 어디 큰 거울만 보이면 자기의 전체적인 모습에 문제는 없나? 하고 들여다보는 겁니다. 아침에도 보고 점심에도 보고 하루에도 몇 번씩 거울을 들여다보고 잘못되었으면 바로 고치고, 무엇이 묻었으면 씻고, 이처럼 자기 모습을 깨끗하고 예쁘고 단정하게 하려고 계속 비쳐보잖습니까? 그러므로 물두멍을 회막문에서 수종드는 여인들의 거울로 만들었다는 것이 무슨 뜻인지 쉽게 아는 것입니다.

사람이 하나님의 율법 앞에 서니 "의인은 없나니 하나도 없는"전부 죄인으로 걸려든 겁니다. 사람은 율법을 범하였으므로 사망의 법에 걸려 심판을 피할 수 없게 되었다는 것을 율법을 통해 보는 겁니다. 그러므로 성막 뜰에 있는 번제단의 놋과, 물두멍의 놋을 통해서 인간은 심판아래 놓였음을 보는 겁니다. 그런데 물두멍은 회막문에서 수종드는 여인들의 놋 거울로 만들었다고 하는 이것은 하나님께서 율법에 정죄된 인간을 심판하시는 것이 뜻이 아니라, 죄인이라는 것을 보게 하여 (롬3:20 율법으로는 죄를 깨닫고. 롬7:7 율법으로 말미암지 않고는 죄를 알지 못함) 그 죄에서 건짐 받아 살기 원하는 자는 살게 하신다는 것이 하나님의 뜻이라는 것을 나타내신 것입니다. 여인은, 율법이 복음을 만나면 산다. 정죄되었으나 살길이 있다. 하나님께서 사는 방법을 예비하셨다는 것을 의미한다는 말입니다.

이같이 하나님의 말씀, 거울과 같은 율법의 말씀으로 너를 비추어 죄가 무엇인지를 보고 더러운 것을 물로 씻어 깨끗하게 하듯, 그 죄들을 깨끗이 하라는 것을 물두멍을 놋 거울로 만들었다는 것으로, 물로 수족을 씻으라는 것으로 가르쳐주신 것입니다. 여인들이 자기 치장을 위해 거울을 몸에 지니고 다니면서 틈만 나면 자기 모습을 비춰보고 무엇이 잘못되었나? 머리는 흐트러지지 않았나? 옷 입은 것은 괜찮은가? 여기저기 비춰보고 자기 모습을 잘 다듬는 것처럼 바로 하나님이 주신 율법으로 그렇게 좀 비춰보고 자기를 죄들에서 깨끗이 하여 자신을 거룩 되게 하라 말입니다.

그러니 믿는다는 사람들이 성경 안 보는 것 참으로 문제 있습니다. 여러분, 성경 말씀 보지 않고 예수님 믿을 수는 없습니다. 자기의 예수님이면 자기가 예수님을 알기 위해 자기가 애쓰고 힘써야 하는 것이지, 다른 사람이 애쓰고 힘쓰는 것 가지고 자기 것이 되게 할 수는 없습니다. 그것은 자기 속의 능력이 되지 않습니다. 말씀으로 너 자신을 보고 죄로 드러나면 그 죄에서 나오라는 겁니다. '아 뭐, 성경 안 봐도 양심적으로 죄는 알고 있는데…….' 그것은 인간 자기양심이 알고 있는 것이지 성경이 말씀하는 죄를 아는 것은 아닙니다. 하나님이 말씀히는 죄들에서 물로 발을 씻고 손을 씻듯 그렇게 씻고 나오라는 거예요. 거룩한 하나님의 말씀에 자꾸 비쳐보고 너를 깨끗하게 하라는 것입니다.

놋은, 심판의 의미요, 거울은, 율법에 자신을 비추어 보라는 뜻이요, 물두멍의 물은, 말씀이 말하는 죄들에서 돌이켜 자신을 깨끗하게 하라는 뜻입니다. 물로 더러운 몸을 씻어 깨끗하게 하듯이 바로 말씀이 말하는 것 즉 '도적질하지 말라.'하셨으면 도적질하던 것에서 돌이켜 자신을 깨끗이 하고 '탐심을 버리라. 탐심은 우상숭배니라.'하셨으면 그 우상숭배를 버리고 자신을 깨끗이 하라 말입니다. '형상을 만들지 말라.'하셨으면 만들지 말라 그 말입니다.

시119:9에 청년이 무엇으로 그 행실을 깨끗게 하리이까 주의 말씀을 따라 삼갈 것이니이다 했습니다. 청년이 행실을 삼가는 것이 자기를 깨끗하게 하는 것인데 그것은 말씀을 따라 삼가는 것이라고 했습니다. 나는 도덕적이기 때문에 나는 양심적이기 때문에 나는 죄 안 짓기 때문에가 아니라 말씀이 말하는 것을 삼가라는 말입니다. 말씀이 도적질하지 말라 하셨으면 도적질하지 않는 것 우상을 섬기지 말라 하셨으면 우상 섬기던 것에서 깨끗이 돌이키는 것 형상 만들지 말라 하셨으면 만들지 않는 것으로 삼가는 것을 말씀합니다.

엡5:26에 이는 곧 물로 씻어 말씀으로 깨끗하게 하사 거룩하게 하시고 했습니다. 바로 물두멍에 대한 말씀입니다. 몸을 맑은 물로 씻어 깨끗하게 된 것처럼 말씀이 죄를 지적하시니, 그 죄들을 씻고 나오게 되었으니, 깨끗하게 하사 거룩하게 하셨다는 말입니다. 말씀이 죄라고 하는 것들에서 돌이키니 깨끗하게 되고 거룩하게 하셨다 그 말입니다. 그래서 믿음의 행함이 뭐냐? 바로 말씀이 말하는 죄들에서 깨끗이 떠나 나오는 것입니다. 이것이 예수 그리스도를 믿기 원하는 자가 먼저 가져야 할 자세입니다.

여러분이 성경의 성품을 좀 알면 좋겠습니다. 성경은 '너희가 좀 씻어라.' '얘, 이것 좀 씻었으면 좋겠다.' '너 언젠가는 씻을 거지?' '언제 씻을 거냐?'이런 식의 사정하지 않습니다. 우리는 예수님을 믿게 하려니까 어찌할 수 없어서 그냥 사정해보는 것이지만 성경은 들었으면 즉시 복종이 일어나는 것을 말씀하고 있다는 것 여러분이 분명히 알아야 합니다. 말씀이 말하였으면 즉시 행동이 일어나야 합니다. 성경은 예수님을 자기의 생명의 구주로 믿는 자는 그대로 예수님을 따른다고 했습니다(요10:26,27). 하나님께서 인간을 두 종류로만 보십니다. 첫째 아담이냐? 둘째 아담이신 예수님이냐? 즉 '사록스' 육의 사람이냐? '소마' 영의 사람이냐? 하나님은 전 인류를 이렇게 두 사람으로만 보십니다. 너는 아담이냐? 너는 예수께 붙은 가지로 예수님을 열매로 맺었느냐? 이것만 보십니다. 여러분 제발 알아듣기 원하고 들려지기를 원하고 믿음의 적극적이 되기 원합니다.

요8:47에 하나님께 속한 자는 하나님의 말씀을 듣나니 라고 했습니다. 그래서 예수님을 자기의 구주로 믿는 자는 예수님의 말씀을 절대로 듣게 되어 있습니다. 예수님을 따르게 되어 있습니다. 하나님께 속한 자는 예수님을 따르기 위해 걸림이 되는 것들을 말씀에 비추어서 자꾸 씻게 됩니다. 거룩하기 위해서, 예수님의 성품으로 변화되어 예수님의 형상을 입기 위해서 씻게 되어 있습니다. 이것이 없으면 예수님을 믿는 것 아닙니다. 요15:3에 너희는 내가 일러준 말로 이미 깨끗하였으니 내 안에 거하라 나도 너희 안에 거하리라 하셨습니다. "말씀으로 씻어 이미 깨끗하게 되었으니 내 안에 들어와 거하라 나도 너희 안에 들어가 거하겠다."는 말씀입니다. '너랑 나랑 연합하자'입니다. '함께 프로스가 되자'입니다. "내가 네 안에 들어가 먹고 네가 내 안에 들어와 먹는 관계 한 몸 되는 관계"를 말씀했습니다.

그러면 예수님이 일러주신 말씀이 무엇입니까? 바로 성전에 대한 말씀입니다. 예수님 자신이 성전이기에, 이 제자들은 번제단의 제물을 드려왔고 물두멍의 죄들을 씻고 깨끗하였으니 "이제 너희는 내 안에 거하라 나도 너희 안에 거하리라"하신 것입니다. 말씀으로 씻어 깨끗하게 되었으니 예수님 안에 거하게 되었고 예수님도 그의 안에 거하시게 된 관계, 예수님이 성전 내가 성전인 관계가 된 것임을 말씀한 것입니다.

예수님께서 제자들에게 '나를 따르라.'하셨을 때 이들은 즉시 모든 것을 버려두고 좇았다고 했습니다. 그러므로 예수님을 참으로 믿으면 말씀으로 자신을 깨끗하게 하는 행동이 즉시 일어나는 것입니다. 왜입니까? 성소는 죄가 없는 거룩한 곳으로써 예수님 안에 들어가기 위해서입니다. 예수님 안에 들어가야만 구원이기 때문입니다. 예수님은 분명히 말씀하셨습니다. 너희는 내가 일러준 말로 이미 깨끗하였으니 내 안에 거하라 나도 너희 안에 거하리라 여러분이 별의별 말을 다 가지고 제게 와서 구원을 말한다 해도 저는 단 한 마디 '말씀대로 예수님 안에 거하기를 원하여 물두멍의 죄들에서 깨끗이 씻었느냐? 그래서 예수님이 흘려주신 죄 사함의 피가 네 안에서 보증하시는 피가 되었느냐?'입니다. 예수님과 '깨끗하였으니 내 안에 거하라 나도 네 안에 거하겠다.'하신 관계가 되었느냐 입니다.

'나 예수 믿지요. 나 구원받았지요.'가 구원이 아니라 '물로 씻어 깨끗하였으니'이것이 구원받았다는 증거입니다. 예수님께서 말씀으로 깨끗하게 해야 구원에 들어가는 것임을 분명히 말씀하셨습니다. 그러므로 번제단과 물두멍을 거치지 않고는 구원으로 들어갈 수 없습니다. 자기 기분으로 구원받는 것 아닙니다. 자기 계산으로 구원받는 것 아니에요. 자기를 자기가 믿는 것으로 구원받는 것 아니에요.

또한, 예수님은 하나님께 속한 자는 하나님의 말씀을 듣는다고 하셨습니다. 듣지 않는 것은 하나님께 속하지 않았기 때문이라고 분명히 말씀하셨습니다. 그러므로 하나님께 속한 자는 듣고 속하지 않은 자는 듣지 않는다는 것 이미 결정되었음을 알 수 있습니다. 다시 말해 하나님께 속한 자는 하나님의 말씀을 듣는다. 말씀에 비추어 자기를 씻는다. 듣지 않는 것은 씻지 않는 것은 하나님께 속하지 않았기 때문이다. 이처럼 둘 중 하나인 것이지 '언젠가는 너희가 씻을 날이 있겠지 그 날을 내가 기다리겠다.'하신 것 아닙니다. 지금 현재 네가 하나님께 속한 자면 하나님의 말씀을 듣는다는 것입니다. 씻는다는 것입니다. 맑은 물과도 같은 말씀으로 자신을 비추어 깨끗이 씻는다는 것입니다. 우리가 말이지요. 더러워진 몸의 때를 깨끗이 씻고 나면 얼마나 기분이 상쾌하고 마음도 깨끗해진 것 같지 않습니까? 마찬가지로 말씀에 비추어서 죄를 씻으면 영혼이 깨끗하게 되기 때문에, 생기가 돌고, 아주 가볍고, 믿음의 용기가 나고, 자신감이 충천하고, 마음에 자유가 임한 것을 느끼는 겁니다. 그래서 이 같은 경험으로 기쁨이 넘치니 죄를 씻기를 또한 아주 원하는 것입니다.

그래서 오늘 놋 거울로 물두멍을 만들고 그 물두멍에 깨끗한 물을 담아 수족을 씻으라 하신 것은 율법 앞에 너를 비추어 보니 네가 죄인임을 인정하지 않을 수 없지 않느냐? 그 죄들로 네가 죽게 되었으나 하나님의 아들 예수님이 대신 심판을 받고 죄를 다 사하시고 의롭다 하셨으니 그 죄들에서 네가 떠나라는 말씀입니다. 만일, 그 죄들에서 자신을 깨끗이 씻지 않으면 그것은 예수님이 죄 없이 하신 은혜를 받지 않겠다고 하나님께 보이는 것이 되어서 죄인의 심판에 들어간다는 것을 알라는 것입니다. 물두멍을 놋 거울로 만든 것 이것을 말씀합니다.

우리에게 죄를 보게 하시는 율법 중에 근본이 되는 큰 계명은 십계명입니다. 십계명으로 죄를 보게 하셨습니다. 하나님께서 자기 백성에겐 이 십계명을 돌판에다 직접 새겨주셨습니다(출31:18). 돌판에 새긴 것은 지워지지 않습니다. 하나님께서 직접 새기셨다는 것은 이 계명의 법을 육체의 죄들과 영적인 죄들을 경계하는 법으로 마음에 새기라는 의미입니다. 고린도후서 3장에 이제는 돌판이 아니고 예수님을 믿는 사람은 성영님으로 심비에 새겨진 것이라고 분명히 말했습니다. 심비에 새겼다는 것은 이제 그 계명을 억지로가 아니라 누가 강요해서가 아니라 또는 '지켜야 한다.' '지켜라.'의 문제가 아니라 그 삶이라는 것을 말합니다. 십계명은 사단의 죄입니다. 그래서 십계명을 어기는 것은 하늘이 무너져도 구원받지 못합니다. 여러분이 잘 알아야 합니다. 그래서 예수님의 구속의 은혜를 입었는지 입지 않았는지의 여부는 그 계명의 삶이 따라 나타나는 것으로 알 수 있습니다. 그런데 실지로 거룩한 삶이 된 자가 없습니다. 이 거룩한 계명이 믿는다는 사람들 속에서 얼마나 경시 당하는지 말로 다할 수 없습니다. 앞으로 몇 번에 걸쳐 이것을 말할 것입니다.

여러분이 구원받기를 원하면 먼저 이 계명의 죄들에서 나와야 합니다. 이 죄들에서 깨끗하게 되면 성소에 들어가는 자격이 됨으로 성영님이 그 안에 오시게 됩니다. 성영님이 그 안에 오시면 성영님으로 말미암아 더욱 거룩한 삶을 살게 됩니다. 십계명의 죄들을 깨끗이 하여 계명에 완전하신 예수님이 성영님으로 오시면 더욱더 계명에 걸림 없는 거룩한 삶을 살기를 사모하게 됩니다. 거룩하신 성영님이 와 계시면 거룩한 심영이 되었으므로 거룩하지 않는 것들은 아무리 작은 것이라도 용납하지 않습니다. 사실은 여러분, 그가 구원받았는지 구원받지 않았는지의 여부도 그 사람의 모습에서 알 수 있습니다. 그 사람의 말에서도 그냥 알 수 있습니다. 예수님과 거룩함의 인격적 관계가 되어 있지 않으면 아무도 구원받지 않았습니다. 분명히 말합니다.

그래서 하나님께서는 십계명을 통해서 하나님께 범한 죄들을 보게 하셨고, 예수님의 흘리신 피의 은혜를 입은 자면 삶으로 나타나는 것임을 말씀합니다. 하나님의 계명은 거룩한 법이요, 영원한 법입니다. 여러분, 십계명 다 알잖아요? 여러분이 예수님을 믿기 전에 다른 신들

섬겼잖아요? 우상들 섬겼지 않습니까? 하나님의 이름을 욕되게 하고 망령되이 하고 살았잖아요? 안식일 범한 것이지 않습니까? 이 죄에 걸리지 않을 분 있으면 손들어 보세요. 천하가 다 모여도 손들 사람 아무도 없습니다. 예수님 믿기 전에 다 그 죄들 속에서 살았습니다. 계명을 보니 거울과 같아서 다 죄로 드러났지 않습니까?

그러나 예수님께서 이 죄의 값을 다 치르셨고 또한 계명에 완전하신 분이시니 예수님이 자기 안에 오셨으면 계명의 죄들은 지을 능력은 없습니다. 예수님이 자기 안에 계신 자는 깨끗하기를 소원합니다. 여러분 구원을 받았든 받지 않았든 관계없이 누구든지 예수님을 믿기 원하면 십계명이 말씀하는 죄들에서부터 돌아서야 합니다. 특히 1계명에서 4계명의 죄들에서 깨끗이 나와야 합니다. 1계명에서 4계명의 죄들에서 나오면 그 뒤 계명들은 자연히 범치 않는 능력을 갖게 됩니다. 십계명을 열심히 잘 외우라고, 외우는 데 충실하라고 주신 것 아닙니다. 십계명이 무엇인지 잘 알고 있으라고 하는 것 아닙니다. 그 죄목들을 보았으면 그 죄들에서 깨끗 돌아서라는 겁니다. 제가 이 계명의 죄들에서 나와야 한다는 말씀은 수 없이 했습니다. 그럼에도 마음에 농함이 없고 늦지 않은 자같이 한다면 그는 구원과는 관계없습니다. 방금 말한 대로 은혜 입기 원하면, 또한 입었다면 계명의 죄들에서 기쁘게 나오게 되어 있기 때문입니다.

첫 사람(여자가)이 하나님께서 '먹지도 말고 만지지도 말라 너희가 죽을까 하노라.'하신 것을 먹었으므로 첫 사람 이후의 모든 인간은 영적 죄를 가진 영혼이 되었고 육이 힘을 얻은 육의 사람이 되었습니다. 그러므로 인간은 이제 생명을 얻어 살 것이냐? 사망을 택할 것이냐? 선택해야 하는 자기 본위의 사람이 되었습니다. 인본의 사람이 되었단 말입니다. 그런데 인간은 하나님을 버렸고 자기 본위로 사는 자아가 되어 아예 육만을 위해 사는 죄악의 사람이 돼 버렸습니다. 이 성전 뜰의 번제단과 물두멍이 바로 그 육의 죄들과 영적인 죄들을 못 박았음을 의미하는 것이요, 십자가에 못 박은 육의 사람을 장사지내 버렸음을 의미하는 것으로써 이제 하나님을 거스른 그 같은 영적인 죄들과 육체의 죄들에서 깨끗이 씻고 돌아서야 하는 것을 가르쳐 보이시는 장소입니다.

십계명 중에 4계명까지는 하나님에 대한 계명으로 하나님께 죄를 범한 죄목들입니다. 그래서 이 죄목들을 하나님과 원수 맺었던 자기의 죄로 보는 자마다 그 죄들에서 깨끗이 돌아설 수 있습니다. 하나님과의 죄들에 대한 감각이 있어 그 죄들에서 깨끗이 돌아서는 자만이 또한 육체의 모든 죄들에서도 놓여나게 되고 인간과의 관계의 죄도 짓지 않을 능력이 있게 되는 것입니다. 하나님과 나와의 죄들에 대한 감각이 없으면 그는 여전히 하나님을 대적하는 이기적인 죄 가운데 있기를 좋아하는 사단과 같은 것일 뿐입니다. 하나님께 속한 자는 하나님의 말씀을 듣는다고 분명히 말씀하셨기 때문에 만일에 감각 없고 듣지 않으면 하나님께 속하지 않았음을 말합니다.

여러분, 제발 좀 감각이 있으십시오. 제발, 제발입니다. 성영님을 의지하여 죄의 감각이 있게 해달라고 인내하여 기도 하십시오. 정말 제발입니다, 제발……. 종교인이 아니길 정말 원하고 또 원합니다. 사람이 하나님께 대한 영적인 죄들에서 떠나오면 그 뒤의 계명들도 다 지킬 능력이 있는 겁니다. 그래서 예수님 안에 들어갈 자격은 예수님의 피를 나의 죄 사해주신 피로 받아들이는 겁니다. 예수님의 피를 내 죄 사함의 피로 받아들였다는 증거로 내게서 가장 먼저 나타나야 하는 것이 다른 신을 따라다니고 섬기던 것들에서 회개하고 깨끗이 돌아서는 일들입니다.

하나님보다 더 사랑하고 좋아하는, 우상화하고 있는, 우상이 돼 있는 것들에서 온전히 돌아서야 합니다. 단호히 배척하고 문화라고 취미라고 예술이라고 전통이라고 붙들고 있는 것들, 주변에 들어와 있는 모든 것들을 아무리 작은 것일지라도 깨끗이 다 내던져야 합니다. 의상도 마찬가집니다.

사단으로부터 좇아 나온 것들, 사단의 이용물인 하나님의 가장 싫어하시고 미워하시고 가증이 여기시고 더럽게 여기시는 것들을 삶에 용납하지 않는 것이 바로 수족을 씻는 일입니다. 예수님을 참으로 믿는다면 하나님과 원수 관계를 맺고 살았던 그 같은 죄들에서 돌이키지 않으면 그것은 죄 사함의 은혜입기를 원치 않고 하나님의 심판을 받아들이겠다는 것으로 보신다 하셨습니다. 하나님의 계명을 무시하는 자는 하나님을 미워하는 것이니 죄를 갚되 그 죄가 자손 삼사 대까지 이른다고 하셨습니다(출20장).

우리나라가 복음이 들어온 지 120년이 넘었는데 먼저 믿은 윗대와 그다음 자손, 그다음 자손, 지금 삼사 대까지 이른 이때에 여러분, 오늘날 희귀병들이 얼마나 많습니까? 또한, 정신질환들이 얼마나 많습니까? 상상도 못 할 병들을 뱃속에서부터 가지고 나옵니다. 믿는 가정들 속에서 질고를 대신 담당하신 예수님의 치료의 능력 그 진리가 없습니다. 애굽에 내린 모든 질병의 하나도 내리지 아니하신다 했는데 왜 그렇게 병명도 알지 못하는 희귀병들이나 정신병자들이 그렇게 많아야 하는가 말입니다. 이것은 하나님의 말씀대로 믿는 것이 아니었기 때문이라는 것 말하지 않아도 잘 아는 것입니다.

윗대에서부터 하나님에 대한 믿음을 바로 하지 않았기에 예수님을 믿어도 예수님과 관계없는 것이 되어서 하나님의 표적에서 빗나가 잘되게 해주시는 하나님을 믿고 바라는 신심의 열심을 낸 종교인들이었기 때문입니다. 하나님과 하나님의 말씀에 대한 지식 없이 행하는 모든 것은 결국 인간 마음에서 나는 것일 뿐이요, 기도 또한 하나님의 뜻과는 상관없는 여전히 이방인이 하는 기도의 연속일 뿐입니다. 열심을 말한다고 하면 우리나라 기독교인들이 단연 세계 최고일 것입니다. 그러나 그 열심은 자신을 속이고 남도 속이는 열심입니다. 그래서 저주가 떠난 것이 아니라 도리어 영적 저주가 더욱 기승을 부리도록 힘을 준 것이 되어 예수님을 믿는 영적인 복이 영혼에 없게 돼 버렸습니다. 하나님이 죄를 갚되 그 죄가 자손 삼사 대까지 이르게 하신다고 한 말씀이 삶에 응하고 있는 겁니다. 참으로 개탄할, 깨달아야 할 일입니다.

사람들의 믿음이 다 번제단에서도 걸려있고 물두멍에서는 말할 것도 없습니다. 믿는다 해도 호화로운 삶을 추구하고 안위를 위해 믿고 육체를 위한 삶이 되고 부풀어 오른 명예심들에 열심을 품고 뛰어다닙니다. 이와 같이 믿음이 잘못 되니 그 후대의 믿음도 여전히 변함없습니다. 온통 사단이 지배하고 있는 것들을 좇아가기에 바쁘고 그것을 복이라 여기니 저주가 떠날 수가 없습니다. 지금, 인간 머리들이 말하는 것은 교회도 시대 따라 시대 반영이 돼야 한다 말하고 청소년들에게도 시대적인 성향에 맞춰줘야 한다고 말합니다. 그러니 이것이 얼마나 더러운 인본입니까?

성경엔 하나님의 말씀을 무시하고 그 같은 영적인 죄들을 범함으로써 심판을 받은 예는 얼마든지 있습니다. 하나님께서 이스라엘 백성에게 "너희가 내 말을 잘 듣고 내 언약을 지키면 너희는 세상의 모든 민족 중에서 하나님의 소유가 되고 하나님에 대하여 제사장 나라가 되어 거룩한 백성이 될 것이라"하시니 백성들이 일제히 다 응답하여 '우리가 여호와의 명하신 대로 행하겠습니다.' 했습니다. 아멘 했다는 말입니다(출19장). 하나님께서 그들에게 십계명을 말씀하시니(출20장) 또 아멘 하여 '여호와의 명하신 모든 말씀을 우리가 준행하겠습니다'했습니다(출24장). 그런데 아멘으로 응답한 이 백성이, 모세가 하나님의 말씀을 받으려고 시내산에 올라간 날짜가 한 달이 넘자 초조하고 불안해 집니다(출32장). 그러자 금으로 송아지 형상을 만들어 애굽에서 우리를 인도해낸 우리의 신이라고 그 금송아지 앞에서 제사하며 먹고 마시고 뛰어놀았습니다. 이 광경을 보신 하나님께서 진노하셔서 그들을 심판하셨는데 죽임을 당한 자가 삼천 명가량이었다고 했습니다. 혈육이 혈육을 죽이는 그 비극의 역사가 그때 일어났습니다.

민33:50-53에 하나님께서 자기 백성에게 당부하여 이르시기를 여리고 맞은편 요단 가 모압 평지에서 여호와께서 모세에게 일러 가라사대 이스라엘 자손에게 말하여 그들에게 이르라 너희가 요단을 건너 가나안 땅에 들어가거든 그 땅 거민을 너희 앞에서 다 몰아내고 그 새긴 석상과 부어 만든 우상을 다 파멸하고 산당을 다 훼파하고 그 땅을 취하여 거기 거하라 내가 그 땅을 너희 산업으로 너희에게 주었음이라

하나님의 백성으로 세계 위에 뛰어난 민족이 되고, 하나님에 대하여 거룩한 제사장의 나라가 되어 하늘 성소를 유업으로 받을 엄청난 복에 대하여 하나님과 피로써 언약을 맺은 백성의 할 일은, 이제 약속하신 젖과 꿀이 흐르는 가나안 땅에 들어가거든 그 땅 거민을 저희 앞에서 다 몰아내는 것이라 하셨습니다. 그 땅 거민의 새긴 석상들 부어 만든 우상들을 다 파멸하고 산당도 다 훼파하고 거민을 몰아내고 그 땅을 취하여 거기 거하라 하셨습니다.

그러면 여러분은 어떻습니까? 금송아지 만들어 신이라고 했던 그

들을 하나님께서는 목이 곧은 백성이라고 했습니다. 교만하고 악하다는 말입니다(출32:9). 말씀을 믿지 못하고 마음을 지키지 못한 그들은 멸망했습니다. 그러면 여러분은 하나님 앞에 겸손하십니까? 마귀와 함께 영원한 불못으로 들어가게 된 곳에서 구원을 받아 영생케 하신 이 엄청난 복을 안다면, 이처럼 하나님이 가증이 여기시는 죄의 것들에서 하나님을 만날 수 없게 하는 죄들에서 자기를 깨끗이 하는 것이 마땅하지 않겠습니까? 예수님을 믿고자 하면 이제 우상을 섬기고 다른 신들을 두고 좇는 것들에서 세상 풍조를 따라 사는 것들에서 떠나 나와야 하지 않습니까? 마귀의 것들에서 세상을 좋아하던 것들에서 의지하고 빌고 붙들고 살아왔던 것들에서 깨끗이 돌아서고 다 청소해야 하지 않는가 말입니다. 진정 복음을 받았다면 의의 말씀을 경험하고 지각을 사용하여 분별하는 믿음이 되고 딱딱한 것도 먹을 수 있는 장성한 자가 돼 있어야 합니다. 이제 예수님을 믿으러 나온 사람이라도 열심을 품고 배워 말씀이 말하는 행함으로 즉시 이어져야 합니다.

그러면 여러분은 하나님의 명하신 말씀대로 행하셨습니까? 만일 자기를 깨끗하게 하지 않으면 다음 55, 56에 뭐라 했습니까? 너희가 만일 그 땅 거민을 너희 앞에서 몰아내지 아니하면 너희의 남겨둔 자가 너희의 눈에 가시와 너희의 옆구리에 찌르는 것이 되어 너희 거하는 땅에서 너희를 괴롭게 할 것이요 나는 그들에게 행하기로 생각한 것을 너희에게 행하리라

눈에 가시와 옆구리에 찌르는 것이 되어 괴롭게 할 것이라 했습니다. 눈에 가시가 되면 그 눈이 어떻게 되겠습니까? 눈을 잃는 겁니다. 하나님을 영영히 보지 못한다 말입니다. 옆구리를 찔리면 영적 힘을 빼앗겨 결국은 영도, 혼도, 육체도, 생활도, 어둠에 처하고 마는 것입

니다. 자기가 깨끗이 씻지 않으므로 영혼을 마귀에게 내주는 것이라는 겁니다. 하나님께서 그들에게 행하기로 생각한 것이 무엇입니까? 심판입니다. 예수님을 믿기를 거절하는 자들, 하나님을 무시하는 자들, 다 하나님의 심판을 피할 길은 없습니다. 그들과 함께 멸망당하는 것입니다. 그렇기에 예수님을 믿는다는 사람들이 믿음의 능력이 없고 믿지 않는 자들보다 더 비참하고 복이 따르지 않는 것은 다 여기 번제단과 물두멍에 걸렸기 때문입니다. 스스로 저주에 있으니 하나님의 복이 임할 길이 없습니다. 따라서 죄 사함도 잊어버리는 겁니다. 죄 사함 받지 못했다는 말입니다. 처음엔 깨달으라고 눈에 가시와 옆구리의 찌르는 것으로 괴롭힘을 당케 하시나 여전히 돌이키지 않으니 결국 그들과 멸망에 들어가는 것입니다.

사무엘상 15장에 이스라엘 초대 왕 사울에게 사무엘 선지자를 통해 하나님이 말씀하셨습니다. 아말렉이 이스라엘 민족에게 행한 일, 곧 가나안을 향해 나갈 때 까닭 없이 이스라엘 민족에게 시비를 걸어와서 뒤에 쳐진 백성을 죽였습니다. 그것은 하나님을 대적하는 행위였기 때문에(신25상) 모세가 이스라엘 백성에게 마지막 고별 설교에 당부하기를 반드시 아말렉을 잊지 말고 이후에 천하에서 도말하라고 일렀는데 이후 하나님께서 사울 왕에게 지금 가서 아말렉을 쳐서 그들의 모든 소유를 남기지 말고 진멸하되 남자나 여자나 어린아이나 젖먹는 아이나 소나 양이나 낙타나 나귀나 다 죽이라고 명하셨습니다.

여러분! 하나님께서 이거 너무하신 것 아닙니까? 어찌 됐건 하나님이 지으셨고 영혼이 있는데 어떻게 그렇게 잔인하게 죽이라 하실 수가 있습니까? 어떻게! 심지어 젖 먹는 어린아이까지 죽이라 하셨으니 말입니다.

사람들은 성경에도 없는 헛말로, 하기 좋은 자기들의 말로 바꿔서 하나님은 한 영혼을 천하보다 귀하다 하셨다고 자기에게 도취한 말들을 열심히 주워섬기고 다니는데 그런 하나님이 더구나 원수도 사랑하라고 가르치신 하나님이 다 죽이라고 하시니 여러분! 한 영혼이 천하보다 귀하다고 하는 것에 도취된 사람들이 생각할 땐 너무하신 것 아니겠습니까? '야, 이스라엘 백성아! 너희가 할 일은 세상 사람들에게 하나님이 계신 것을 알리고 그들을 설득하고 어찌 되었든 끝까지 깨닫도록 해주어라.'하셔야 맞는 것 아니겠어요? 그러나 하나님은 죽이라고 하셨습니다. 그리고 가축들은 또 무슨 죄가 있습니까?

　그러나 하나님의 명성을 듣고도 하나님의 백성을 죽인 것은 고의적으로 하나님을 대적한 행위로써 하나님의 심판을 자초한 것입니다. 한갓 피조물인 인간이 하나님을 상대로 전쟁을 선포한 것이 되었으므로 하나님은 그 아말렉을 깨끗이 진멸하여 후대에 교훈이 되게 하셨습니다. 오늘날 믿는다는 사람들에게 주시는 교훈입니다. 그런데 사울 왕이 어떻게 했습니까? 아말렉 백성은 다 죽였지만 아말렉의 왕은 사로잡고 양과 소의 가장 좋은 것 그리고 기름진 것과 어린양의 모든 좋은 것은 다 진멸키를 즐겨하지 않았다고 했습니다. 하나님께서 사무엘 선지자를 보내 하나님의 말씀을 순종하지 않았음을 책망하자 여러 가지 변명을 늘어놓았습니다. 그러자 선지자가 무엇을 말했습니까? **하나님의 말씀을 거역하는 것은 사술의 죄와 같고 완고한 것은 사신 우상에게 절하는 죄와 같다**고 했습니다. 말씀을 순종하지 않는 것은 점치는 자의 죄와 같고 변명하는 것은 더러운 귀신, 재앙을 가져다주는 귀신에게 절하는 죄와 같다고 하셨단 말입니다. 하나님의 말씀을 순종하는 것이 제사보다 낫다고 했습니다. 하나님의 말씀을 듣는 것이 하나님의 마음을 기쁘게 하는 수양의 기름보다 낫다고 했습니다.

그래서 예배 수천 번 드려도 순종하지 않는 예배는 하나님을 기쁘시게 할 수도, 받지도 않으십니다. 인간이 어떻게 하나님 앞에서 겸손을 모르고 자기가 하나님이 되어 있을 수는 없습니다. 그러면 우리는 특별해서 해당 없습니까? 하나님이 날 사랑하셔서 응답해 주셨다고 착각하지 않는 것이 지혜일 것입니다. 그래서 왕이 여호와의 말씀을 버렸으므로 여호와께서도 왕을 버렸다고 했습니다. 하나님의 말씀을 순종하지 않는 것을 하나님께서는 하나님의 말씀을 버린 것이라고 하셨다는 말입니다.

그러므로 하나님의 계명이 말씀하는 모든 죄들에서 마귀로부터 좇아 나온 모든 가증하고 더러운 죄들에서 깨끗이 씻고 돌아서지 않으면 그것은 여전히 마귀에게 속한 사술의 죄와 같고 우상에게 절하는 것과 같아서 버림받습니다. 물두멍에 걸려서 번제단의 심판을 받는 것입니다.

사울 왕은 하나님께 버림받으니 악신이 들렸다고 했습니다. 자기 영혼을 마귀에게 넘겼습니다. 정신을 지배당하여 사망의 권세 잡은 자에게 끌려갔습니다. 오늘날 이 같은 저주가 믿는다는 가정들에 임했습니다. 정신이 미쳐서 돌아다녀야 정신병자라고 하는 것 아닙니다. 하나님에 대한 믿음을 정신 그 이상으로 갖지 못하는 것, 즉 영적인 믿음이 되지 못하는 것이 정신병입니다. 하나님께서 미워하시고 더럽게 여기시는 것들에서 수족을 씻어 죽기를 면하라 하신 명령을 듣고도 순종하지 않으면 변명하고 이유를 붙이면 그는 그것을 하나님이 주시는 영생복락보다 더 중한 것으로 여기는 것이어서 결국 마귀에게 자신을 내주는 것입니다. 예수님이 대신하여 심판 받으신 번제단의 피를 믿는 증거는 곧 물두멍에서 씻는 일입니다. 씻어야만 성소로 들어가게 되고 제사장으로 하나님께 예배를 드리는 것입니다. 씻지 않아 성소에 들어간 것이 아니면 예배는 성립되지 않습니다. 하나님과 관계없어요.

약2:14에 만일 사람이 믿음이 있노라 하고 행함이 없으면 무슨 이익이 있으리요 그 믿음이 능히 자기를 구원하겠느냐고 분명히 말했습니다. '나는 예수님이 구주이신 것 믿는다. 나는 죄 사함 받고 구원받았다.'해도 수족을 씻는 행함이 없다면 구원받을 수도 없지만 구원받지 않았습니다. 씻어야만 믿음이 있는 증거이기 때문입니다. 약2:22에 **믿음이 그의 행함과 함께 일하고 행함으로 믿음이 온전케 되었느니라** 했습니다. 믿음은 행함과 함께 일합니다. 그렇기에 행함으로 믿음이 온전케 되었다는 것 아닙니까? 약2:24에 **사람이 행함으로 의롭다 하심을 받고 믿음으로만 아니니라** 했습니다. 예수님의 피로 죄 씻음 받아 죄 없다, 의롭다 하시는 것은 물두멍의 씻는 것까지를 말한다는 말입니다. 번제단은 예수님이 이루셨고, 그 일을 믿는다면 이제 물두멍은 내가 씻는 것입니다. 씻어야만 의롭다 하심이 됩니다. 그래서 **영혼 없는 몸이 죽은 것같이** 하는 것은 거듭난 영이 아니면 죽었다는 말인데, 거듭나게 하시는 성영님은 거룩한 영이시기에 죄 사함 받은 자 안에만 들어가실 수가 있습니다. '죄 사함 받았다.'는 것은 물두멍의 씻는 것까지를 말합니다. 거룩한 영이신 성영님은 죄 사함의 피를 가진 거룩케 된 자 안에만 들어가실 수가 있습니다. 여러분이 이것을 분명히 알아야 합니다. 그래서 **행함이 없는 믿음은 죽은 것**이라고 믿음의 정의를 말했습니다.

그러면 야고보서의 말씀을 여러분은 어떻게 받았습니까? '행함이 없는 믿음은 죽은 것'이라고 하니 하나님이 가증이 여기는 죄들을 씻는 것은 아는 바도 없고 감각도 없으면서 그저 교회 일에 매달려 무엇인가 열심히 하는 것인 줄 착각하고들 있지만, 이 말씀은 '네가 의롭다 하심을 받은 믿음으로 산 자냐? 십계명의 죄들을 씻지 않으므로 여전히 죽은 자냐?'를 묻는 것입니다. 하나님의 미워하시는 것들을 씻지 않으면 하나님과 상관없습니다. 아무리 내가 예수님 믿는다는 말, 죄사함의 피를 증거로 가졌다고 해도 그 증거가 확실한 것은 하나님과의 관계에 문제가 되는 것들에서 깨끗이 씻는 것에 있습니다.

여러분, 신13:6이하에 무엇을 말하고 있습니까? 여러분 자신에게 주신 경계의 말씀으로 들었습니까? 자기 귀로 듣고 능력을 갖췄느냐 말입니다. 자기 마음에서 복종이 됐는가 말입니다. 하나님께서 미워하시는 죄, 더럽게 하는 죄에 대하여 얼마나 경계하여 깨끗하게 할 것을 원하시는지 여러분의 말씀으로 받아야 삽니다. 네 어머니의 아들 곧 네 형제나 네 자녀나 네 품의 아내나 너와 생명을 함께하는 친구가 가만히 너를 꾀면서 뭐 조상신 섬기자 무슨 민족 신 섬기자 족집게처럼 그 목사가 예언을 잘해준다더라 등등의 삼위 하나님과 관계되지 않는 모든 것들(저는 교회 속에서 있는 일들을 말하는 겁니다.), 우리 그쪽으로 가자 우리 가서 그것 섬기자고 할지라도 **너는 그를 따르지 말며 듣지 말며 긍휼히 보지 말며 애석히 여기지 말며 덮어 숨기지 말고 너는 용서 없이 그를 죽이라** 하셨습니다. 하나님은 이런 가증한 죄에 대하여 죽이라고 단호하고 엄격한 명을 하심으로 다 멸하신다는 하나님의 의지를 분명히 보이셨습니다.

그러므로 믿는다면 믿음이 살았으면 죽은 것들을 절대로 좋아 할리 없습니다. 자기 생활 속에 두거나 보지 않습니다. 생명이 어떻게 죽음과 같이 있습니까? 자기가 산 자면 죽은 것들을 어떻게 두고 볼 수가 있습니까? 성영님이 계시면 어떻게 사단에게서 난 것들을 두고 좋아합니까? 만일에 그렇다면 그것은 그 자신이 죽었기 때문입니다. 또한,

이런 가증한 것들에 감각 없는 자 죽은 것들을 좋아하고 섬기는 자들과 함께 마음을 나누고 동조하면 그들의 주인이 된, 또는 그들이 섬기는 사단의 영들을 그 자신도 인정하고 섬기는 것과 같게 되어서 그들보다 더한 심판에 들게 됩니다. 육체의 병이 들고 평안도 없고 감정의 기복이 심하고 우울증이 들어오는 것입니다. 가족도 물론입니다. 믿음이 살았다면 거룩함에 들었다는 것이니 그런 관계들로 자신을 더럽히지 않습니다. 그러므로 단호하지 않으면 함께 심판에 참여하는 자가 된다는 것 크게 기억하기를 바랍니다.

그다음 성소 안에 들지 못하는 죄들이 무엇인가 성경에서 보겠습니다. 성소는 예수님이신 것 여러분이 다 압니다. 고전5:9-13을 찾아 읽겠습니다.

> 내가 너희에게 쓴 것에 음행하는 자들을 사귀지 말라 하였거니와 이 말은 이 세상의 음행하는 자들이나 탐하는 자들과 토색하는 자들이나 우상 숭배하는 자들을 도무지 사귀지 말라 하는 것이 아니니 만일 그리하려면 세상 밖으로 나가야 할 것이라 이제 내가 너희에게 쓴 것은 만일 어떤 형제라 일컫는 자가 음행하거나 탐람하거나 우상 숭배를 하거나 후욕하거나 술 취하거나 토색하거든 사귀지도 말고 그런 자와는 함께 먹지도 말라 함이라 외인들을 판단하는데 내게 무슨 상관이 있으리요마는 교중 사람들이야 너희가 판단치 아니하랴 외인들은 하나님이 판단하시려니와 이 악한 사람은 너희 중에서 내어 쫓으라

9에 음행하는 자들을 사귀지 말라는 것은 교회 밖의 사람들을 말하는 것 아닙니다. 교회공동체 안에서 형제라 일컫는 자들을 말합니다. 음행하거나 탐람하거나 우상 숭배하거나 후욕하거나 술 취하거나 토색하거든 사귀지도 말고 그런 자와는 함께 먹지도 말라 했습니다. 음행이 뭐예요? 남자나 여자나 성적으로 문란한 자 도무지 사귀지 말

라는 것입니다. 탐람이 뭐예요? 탐하고 욕심내는 것 성경은 있는 바를 족한 줄로 알라 했는데 더 쌓으려고 더 가지려고 탐하고 욕심내는 그런 자와는 사귀지도 말라 했습니다. 우상 숭배, 이것은 아는 것이고 그다음 후욕하는 자 남을 흉보고 비방하기 좋아하는 것 뒤에서 남의 험담하고 욕하기 좋아하는 자들을 사귀지 말라.

그다음 술 취하지 말라. 술에 대한 말씀 한 곳을 보겠습니다. 레 10:9,10입니다. 너나 네 자손들이 회막에 들어갈 때에는 포도주나 독주를 마시지 말아서 너희 사망을 면하라 이는 너희 대대로 영영한 규례라 그리하여야 너희가 거룩하고 속된 것을 분별하며 부정하고 정한 것을 분별하고 했습니다.

포도주나 독주를 마시지 말아야 하는 것이 너희 대대로 영영한 규례라고 하셨습니다. 회막에 들어갈 때 성소에서 제사직무를 행하는 사람들은 포도주나 독주를 마시지 말아서 사망을 면하라고 했습니다. 그러면 성소에 들어가는 것은 누구 안에 들어가는 것입니까? 진짜 예수님 안에 들어갔다면 술 마시고 싶을까요? 술을 의존할까요? 그러니까 이유 붙이지 마세요. 어느 집사도 먹던데요? 어느 장로도 먹던데요? 집사가 먹든 장로가 먹든 그게 자기와 무슨 상관있습니까? 그 사람들이 구원 줍니까? 그들이 진짜 예수님을 믿는 답니까? 예수님 안에 들어가려면, 즉 구원받기 원하면 술 먹는 것 금하라는 것입니다. 성소에 들어가는 자에게 명하셨습니다. 영영한 규례라고 분명히 말씀하셨습니다. 술 좋아하고 술 취하고 사는 사람치고 바른 사고력을 갖고 있는 경우는 그리 없습니다. 술 먹으면 거룩한 것하고 속된 것하고 부정한 것 정한 것 분별할 능력을 갖출 수가 없습니다. 알겠습니까?

다시 고린도전서로 와서 **토색하거든 사귀지도 말고** 토색이 뭐예요?

남의 것을 속여 빼앗거나 사기 치는 것 남의 것을 가벼이 여기고 책임감 없이 제 것처럼 하는 자들에서 돌아서라는 것입니다. 교회 안에 이런 자에게서 돌아서라. 사귀지도 말라는 것입니다. 그러므로 하나님뿐만 아니라 사람에게도 싫어버린바 되지 않도록 하나하나 자신을 비추고 이런 것들에서 자신을 깨끗이 해야 합니다. 왜요? 구원받지 못하기 때문입니다. 이 같은 육체의 죄들 가지고는 예수님 안에 들어갈 수 없기 때문입니다.

또 고전6:9-11 읽습니다. 불의한 자가 하나님의 나라를 유업으로 받지 못할 줄 알지 못하느냐 미혹을 받지 말라 음란하는 자나 우상 숭배하는 자나 간음하는 자나 탐색하는 자나 남색하는 자나 도적이나 탐람하는 자나 술 취하는 자나 후욕하는 자나 토색하는 자들은 하나님의 나라를 유업으로 받지 못하리라 너희 중에 이와 같은 자들이 있더니 주 예수 그리스도의 이름과 우리 하나님의 성영 안에서 씻음과 거룩함과 의롭다 하심을 얻었느니라

이 같은 것들은 다 하나님의 나라를 유업으로 받지 못한다고 분명히 말하고 있습니다. 이런 죄목들에 걸려 있는 자 성소에 들어갈 수 없습니다. 불의한 자가 하나님의 나라를 유업으로 받지 못할 줄 알지 못하느냐? 알라는 것입니다. 음란하는 자 우상 숭배하는 자 간음하는 자 탐색하는 자 남색 하는 자 도적질하는 자 탐람하는 자 술 취하는 자 후욕하는 자 토색하는 자는 하나님의 나라를 유업으로 받지 못할 죄들입니다. 음란 간음 이런 더러운 죄들은 다 하나님 나라를 유업으로 받지 못합니다. 탐색이 뭐예요? 육신적인 즐거움을 찾는 자들 그리고 의상 같은 것도 과시하기 위해 입는 것, 남색이 뭐예요? 동성애 오늘날 동성애를 어떤 국가에서는 국법으로 허용하고 있지만 예수님 안에서는 용납되지 않습니다. 절대로 용납되지 않습니다. 하나님의 창

조질서를 정면으로 깨트리는 일입니다 도적질 탐람 술 취함 후욕 토색 이런 육체의 죄목들은 하나님의 나라를 유업으로 받지 못한다는 것을 강조하고자 반복합니다.

다음 또 갈5:19-21을 봅니다. 육체의 일은 현저하니 곧 음행과 더러운 것과 호색과 우상 숭배와 술수와 원수를 맺는 것과 분쟁과 시기와 분냄과 당 짓는 것과 분리함과 이단과 투기와 술 취함과 방탕함과 또 그와 같은 것들이라 전에 너희에게 경계한 것 같이 경계하노니 이런 일을 하는 자들은 하나님의 나라를 유업으로 받지 못할 것이요

이런 육체의 일이 하나님의 나라를 유업으로 받는다는 말입니까? 예수님 안에 들어갈 수 없습니다. 하나님 나라를 유업으로 받지 못할 죄들입니다. 더러운 것이 뭐예요? TV나 동영상, 음란한 서적 그런 더러운 것들에 심취하는 것, 호색이 뭐예요? 남자가 여자를 여자가 남자를 밝히는 것 전 지금 이런 단어조차도 입에 담기 거북해서 정말 속이 울렁거려 싫습니다. 술수는 남을 속이기 위해서 꾀를 쓰는 것 원수 맺는 것 아무리 저 사람이 내게 원수라 할지라도 내 쪽에서 원수 맺고 있으면 하늘나라 들어가지 못합니다. 또 분쟁 시기 남 잘되는 것 시기하는 거지요? 분냄 분을 내도 어떻게 하라고 했습니까? 에베소서에서 하루를 넘기지 말라 했습니다(엡4:26). 서로 화해하고 하루로 끝내라는 것입니다. 부부지간에도 다퉜으면 그날을 넘기지 말라고 분명히 말했습니다. '네가 잘 했냐? 내가 못 했냐?'하고 자존심 세우려 말고 잘못은 인정하여 사화하고 손 내밀어 화해하라는 것입니다.

당 짓는 것 교회 안에서 편 가르는 것들 고린도교회 사람들이 그랬지요? '나는 아볼로 파요 나는 게바 파요' 파가 어디 있어요, 파가! 예수님의 한 지체일 뿐입니다. 지체! 예수님에게 속한 것일 뿐입니다. 예

수님으로 구원받고 예수님으로 사는 지체들인데 무슨 파가 있습니까? 당 짓는 것 분리하는 것 절대로 성영님 없는 자들입니다. 이간질로 쪼개 놓으려고 하는 사단의 자식들입니다. 이단 투기 술 취함 여기서도 술 취함 술과 함께 따르는 방탕함 이런 것들은 하나님 나라를 유업으로 받는다는 것입니까? 받지 못한다는 것입니까? 받지 못한다잖아요.

다음 골3:5,6을 봅니다. 그러므로 땅에 있는 지체를 죽이라 곧 음란과 부정과 사욕과 악한 정욕과 탐심이니 탐심은 우상 숭배니라 이것들을 인하여 하나님의 진노가 임하느니라 "땅에 있는 지체를 죽이라" 육체에서 나는 죄들을 죽이라는 겁니다. 음란 부정 사욕 악한 정욕과 탐심 우상 숭배 설명하지 않아도 다 알지 않습니까? 탐심은 마음에 탐하고 있는 것 그것이 우상 숭배라고 분명히 말하고 있습니다. 지금까지 열거한 죄목들은 다 육체의 죄들이요, 성소, 즉 예수님 안에 들어갈 수 없는 것들입니다. 이런 육체의 죄들 가지고는 하나님 나라를 유업으로 받지 못합니다.

요한복음 8장에서 **진실로 진실로 너희에게 이르노니 죄를 범하는 자마다 죄의 종**이라고 분명히 말씀하셨습니다. 그러니 죄의 종이 어떻게 거룩한 성전에 들어가겠습니까? 하늘이 무너진다 해도 들어갈 수 없습니다. 제가 이렇게 강조하는 이유가 왜겠습니까? 여러분이 성경을 봐야 하는데 혹 안 볼 수도 있으니 이 씻는 것에 걸리지 않아야 한다는 것 강조하고 강조해서라도 지체를 죽이는 씻음의 일이 나타나기를 소원해서입니다. 지체의 죄들을 짓기 위해 하나님 나라를 버리는 비극은 없기를 바라서입니다.

성경은 **내가 거룩하니 너희도 거룩하라**는 말씀을 성경 전체를 통해 요한계시록까지 계속 강조했습니다(레11:44,19:2,20:7,벧전1:16). 왜입니까? 거룩한 자만이 성소에 들어가기 때문입니다. 에베소서에서는 무릇 더러운 말은 너희 입 밖에도 내지 말고 했습니다. 모든 악독과 노함과 분 냄과 떠드는 것과 훼방하는 것을 모든 악의와 함께 버리고 했습니다. 음행과 온갖 더러운 것과 탐욕은 너희 중에서 그 이름이라도 부르지 말라 했습니다. 누추함과 어리석은 말이나 희롱의 말이 마땅치 아니하니 했습니다.

빌립보서에서는 항상 복종하여 두렵고 떨림으로 너희 구원을 이루라고 했습니다. 영적 죄와 육체의 죄들로 인해 구원에 들어갈 수 없기 때문에 '항상 복종하여'강조했습니다. 땅의 지체의 모든 죄들에 대하여 엄히 경고하고 반복하여 경고하고 있습니다. 그것은 스스로 하나님을 저버리는 것이 되어 구원이 없기 때문입니다(살전4:8).

고전3:17에 누구든지 하나님의 성전을 더럽히면 하나님이 그 사람을 멸하시리라고 했습니다. 물두멍에 걸려 있으면 멸하신다는 것입니다. 그래서 성경은 너희는 믿지 않는 자와 멍에를 같이 하지 말라 했는데 사실은 지금 여기에 다 걸려 있다 해도 과언이 아닙니다. 고후 6장에 의와 불법이 어찌 함께하며 빛과 어두움이 어찌 사귀며 그리스도와 벨리알이 어찌 조화되며 믿는 자와 믿지 않는 자가 어찌 상관하며 하나님의 성전과 우상이 어찌 일치가 되리요 했습니다.

하나님 나라에 들어가려면 고후7:1에 하나님을 두려워하는 가운데서 거룩함을 온전히 이루어 육과 영의 온갖 더러운 것에서 자신을 깨끗게 하자고 했습니다. 이것이 바로 거룩케 되는 일입니다. 물두멍에서 육과 영의 온갖 더러운 것들을 깨끗하게 씻지 않으면 성소이신 예수님 안에 들어갈 수는 없습니다. 참으로 구원을 원하면 회개가 일어나야 합니다. 회개가! 타성에 젖고 안일에 젖고 형식에 젖고 타협에 젖은 그런 안일한 것들에서 개혁이 일어나야 합니다. 교회 오면 교인이고 세상에 나가면 세상 사람이고 한다면 거기에는 구원 없습니다. 믿음도 구원도 자기의 것이지 다른 사람이 주는 것 아닙니다. 자기의 믿음과 구원을 위해 자기가 스스로 힘쓰고 행하지 않으면 또한 자기의 구원도 없습니다.

오늘 저는 물두멍에 관하여 두 번째 말씀을 마치면서 너무나 소원하는 것은 여러분이 믿음의 방향을 바로 하는 것입니다. 오늘 말씀이 십계명에 대하여 인데 이 십계명의 죄들에서 나오지 않으면 여기에 걸려 있으면 구원 안으로 들어갈 수 없다는 것 다시 또 강조합니다. 다음도 물두멍 말씀입니다. 모든 영광을 삼위 되신 아버지와 예수님과 성영님께 돌립니다. 아멘

성전 뜰 3-3
물두멍 (거룩함이 없으면 구원이 없다)

14모든 사람으로 더불어 화평함과 거룩함을 좇으라 이것이 없이는 아무도 주를 보지 못하리라 **15**너희는 돌아보아 하나님 은혜에 이르지 못하는 자가 있는가 두려워하고 또 쓴 뿌리가 나서 괴롭게 하고 많은 사람이 이로 말미암아 더러움을 입을까 두려워하고 **16**음행하는 자와 혹 한 그릇 식물을 위하여 장자의 명분을 판 에서와 같이 망령된 자가 있을까 두려워하라 **17**너희의 아는 바와 같이 저가 그후에 축복을 기업으로 받으려고 눈물을 흘리며 구하되 버린 바가 되어 회개할 기회를 얻지 못하였느니라

(히12:14-17)

물두멍에 관한 말씀 세 번째입니다. 첫 번째는 예수님을 믿는 자면 수족을 씻게 되어 있다, 만일 수족을 씻지 않으면 그것이 예수님을 믿는 것이 아니다, 예수님을 믿는 증거는 수족을 씻는 것으로 나타나는 것이라 했고. 그다음 두 번째는 수족을 씻어야 하는 것은 무엇인가 하

는 것이었습니다. 물론 오늘도 씻는 것에 대한 말씀입니다.
　물두멍이 놋인데 놋은 무엇을 상징합니까?(심판) 회막 문에서 수종 드는 여인들의 거울로 만들었다고 한 거울은 무엇을 의미합니까? 율법, 또는 말씀입니다. 그다음 물두멍의 물은 무엇을 의미합니까? 말씀을 의미하면서 곧 물로 더러운 것을 깨끗이 씻고 빨듯이, 말씀이 지적하는 죄들을 깨끗이 씻는(회개) 것을 말한다고 했습니다.
　오늘 제가 씻는 말씀을 또 하게 되는 것은 사실 사람들의 믿음이 성경대로인가? 하고 묻는다면 '아니다. 하나님의 말씀을 하나님의 말씀으로 대하지 않는다.'는 것을 말할 수밖엔 없기 때문입니다.

　사람이 하나님의 말씀을 참으로 듣고자 하는 것은 왜입니까? 말씀에 복종하고자 함입니다, 그런데 말씀에 복종하고자 성경을 대하는 사람이 그리 없다는 것입니다. 자기의 실체를 알고 하나님을 알기 때문에 그 말씀 앞에 겸손함의 무릎 꿇어 복종하여 섬기는 자가 그다지 없다는 것입니다. 그리고 말씀 위에다 자기 생각을 두고 있습니다. **저희가 하나님께 열심이 있으나 지식을 좇은 것이 아니라**고 하신 롬10:2에 말씀처럼, 열심이긴 하나 실제로 하나님 말씀의 지식을 좇아서 믿음이 되었기에 열심인 것이 아니라 종교성에 의한 것입니다.
　자기 생각에 맞으면 듣고 맞지 않으면 듣지 않는 자기 방식, 자기가 하나님이 되어 있습니다. 사람이 복음을 받고 예수님을 믿기로 하였으면 아무리 작은 일, 작은 하찮은 것이라도 하나님께서 금하신 것이면, 우리 머리는 이해가 되지 않아도 복종이 일어나야 합니다. 그것이 하나님을 알고 나를 아는 겸손이요, 하나님이 보시는 믿음입니다. 하나님과의 관계가 잘 되는 것입니다. 하나님께서 '네 생각에 맞으면 듣고 맞지 않으면 듣지 않아도 된다.'하지 않았습니다. '네게서 나오는 모든 것은 죄로 부패되었다'고 하셨습니다(렘 17: 9). 인간이 살 길은 오직 하나님의 말씀을 듣는 것이라고. 하나님의 말씀을 들어야 산다고 하셨습니다. 이 말은 귀로만 듣는 것이 아니라 복종을 말합니다.

하나님께서는, 사람의 죄가 무엇인지 십계명을 주어 알게 하시고 그 계명을 지키라 명하셨습니다. 지킬 때에 거룩하게 되어 하나님의 복을 얻게 된다고 하셨습니다. 또한 경계하여 금해야 하는 것들을 구체적으로 말씀하셨습니다. 여러분이 오늘 이 말씀을 들을 때에 구원받는 것이 행함으로 된다는 말로 오해해서 들으면 안 됩니다. 구원은 반드시 우리 주 예수님으로 말미암아서입니다. 그런데 행함은 예수님을 믿는 믿음의 증거입니다. 믿음은 행함으로 나타나기 때문입니다. 오늘 그것을 말하고자 하는 것입니다.

하나님께서 금하시는 것 그것들은 다 사단으로부터 또 타락한 죄로부터 좇아 나온 것으로 그 같은 것들에 걸림이 없어야 거룩한 자가 들어가는 성소이신 예수님 안에 들어갑니다. 만일에 행함에 있어서 기쁨이 아니라 하는 수 없이 마지못한 것이라면 그것은 믿음으로 보지 않습니다. 믿는 자로 보시지 않습니다. 씻는 것의 말씀을 읽고 들었음에도 모른 척, 듣지 않은 것같이 한다면 그것이 어떻게 하나님의 구원을 귀히 여기는 것이라 할 것이며 어떻게 구원 얻기를 원하는 것이라 하겠으며 어떻게 구원에 들 수가 있겠습니까? 그것은 예수님을 믿는 것 아닙니다.

하나님께서 죄를 경계하여 거룩하게 되는 계명을 주신 것은 억지로 또는 강요에 의해서 행하라는 것 아닙니다. 하나님께 벌 받을 것이 두려우니 행하라는 것도 아닙니다. 영원한 불못으로 들어갈 곳에서 구원을 받아 예수님으로 말미암은 구원에 들기 원하면 하나님을 거스르는 더럽고 가증한 것들에서 자신을 깨끗하게 하기를 당연히 원하고 거룩한 삶을 추구하는 것이요, 기뻐하여 행하는 것입니다. 약1장22에 너희는 도를 행하는 자가 되고 듣기만 하여 자신을 속이는 자가 되지 말라. 25에 자유하게 하는 온전한 율법을 들여다보고 있는 자는 듣고 잊어버리는 자가 아니요 실행하는 자니 이 사람이 그 행하는 일에 복을 받으리라고 분명히 말했습니다. 믿음은 도를 행하는 것이요 행하는 일에 구원의 복이 있고, 삶의 복이 있고 믿음이 있다는 증거라는 말씀입니다. 여러분이 이 야고보서의 말씀을 정독을 좀 하십시오. 믿음은 무엇이라 하는지 좀 살펴보라 말입니다. 야고보서뿐만 아니라 히브리서 데살 전후서 에베소서 등등을 마음을 다해 읽고 믿음을 바르게 갖고자 하는 그 수고를 아끼지 말고 하시란 말입니다. 하나님을 가까이 하기위한 그 노력은 여러분이 시간을 아끼지 않는 것이 복입니다.

거룩한 성도의 삶이 되는, 예수님의 생명으로 다시 난 하나님의 자녀의 그 어마어마한 복을 안다면 어찌 그 부정하고 가증한 죄들에서 돌이키지 않을 수가 있습니까? 자기가 참으로 용서받은 하나님의 자녀이기를 원하면 하라, 하지 마라가 아니라 참으로 원하여 기쁘게 행하여야 하지 않겠습니까? 하나님 자녀의 신분이기를 원하면 말입니다. 내가 하나님의 자녀임을 안다면 하나님의 거룩하심이 곧 자기의 거룩함이 되어야 함도 당연히 아는 것이요, 그 복이 얼마나 귀하고 높은 것인가를 아는 것이요. 그 기쁨 때문에 거룩케 하시는 아버지의 계명을 마땅히 사랑해서 지키고 행하는 것입니다. 그것을 믿음이라고 하는 것이요, 성소에 들어가 영원히 거하는 복입니다.

오늘날 많은 설교들이 있습니다. 그러나 대부분 사람이 듣기에 맞고 좋은 것입니다. 기분에 맞고 사람의 도덕성에 맞고 사람의 양심에 맞는 것이기 때문에 그래서 제가 전하는 말씀이 협박하는 것처럼 들려지는 건 아닐까? 하는 생각이 들 때도 있습니다. 그러나 협박이 아님을 하나님 앞에서 분명히 해두겠습니다. 참으로 깨닫는 은혜가 있기를 바랍니다. 믿는 사람들에게서 제가 보고 크게 느끼는 것은, 믿음이 있다면 거룩함의 능력이 있어야 하는데 어찌 된 것인지 참으로 그 능력이 없습니다. 나는 예수님을 믿는다, 하나님 살아 계신 것 믿는다, 자기가 죄인인 것도 안다, 십계명도 안다고 말합니다. 그러나 사실은 알지 못합니다. 하나님을 모르는 이방인들과도 다를 바 없습니다. '아니, 참으로 알고 믿는다면 어떻게 그렇게 하나님의 계명에 감각들이 없습니까?' 실제로 수족을 씻어야 하는 계명에 너무 무감각하고 자기 삶 속에서 나타나야 하는 거룩함이 부재(不在)입니다. 안다는 것은 삶에 변화가 일어나 거룩함의 열매, 의로움의 열매를 맺었다는 것인데 그 거룩함의 모습, 의로운 모습은 부재라는 것입니다.

약1:21,22에 그러므로 모든 더러운 것과 넘치는 악을 내어 버리고 능히 너희 영혼을 구원할 바 마음에 심긴 도(道)를 온유함으로 받으라. 너희는 도를 행하는 자가 되고 듣기만 하여 자신을 속이는 자가 되지 말라 했습니다. 무슨 말씀입니까? 행하시 않으면서 말씀 안나는 것으로 자신을 속이는 자가 되지 말라는 말입니다. 자기가 믿는다고 말하고 안다고 말하지만 자기 마음을 속이면, 즉 행하는 자가 아니면 그 사람의 경건은 헛것이라 믿음은 헛것이라는 말입니다.

여러분, 오늘 본문이 무엇을 말합니까? **모든 사람으로 더불어 화평함과 거룩함을 좇으라 이것이 없이는 아무도 주를 보지 못하리라** 하셨으니 그러면 화평함과 거룩함을 좇지 않아도 성소에 들어간다는 것입니까? 들어가지 못한다는 것을 말한 것이지요? **모든 사람으로 더불어 화평함과** 하니까 믿지 않는 사람들이 하나님의 계명을 거스르는 죄지을 곳으로 이끌어 들여도 '모든 사람으로 더불어 화평 하라.'했으니 하고 어울려 죄의 멍에 메라는 말 아닙니다. 그 같은 것들에서 깨끗해야 하는 것은 말할 것도 없지만 육체의 것 때문에 싸우고 다투고 미워하고 원수 맺지 말라는 말입니다. 육신의 것 때문에 싸우고 다투고 분쟁하는 이유가 뭐냐? 그가 육신의 사람이기 때문이다, 육을 위해 사는 사람이기 때문에 그 속에서 싸움이 나고 다툼이 나고 시기와 분쟁이 나는 것이니 그런 자는 아무도 주를 보지 못한다는 말입니다.

만일에 육을 위해 산다면 예수님 필요 없는 겁니다. 육의 죄 때문에 예수님이 피 흘려주셨는데 육을 위해 사는 것이면 거기엔 예수님이 필요치 않습니다. 그러니까 본문 말씀 16, 17에 뭐라고 합니까? 육체의 것을 위해 한 그릇 식물로 에서가 장자의 명분을 팔았습니다. 그 뒤에 장자의 축복을 기업으로 받으려고 눈물 흘리며 간청을 했어도 그는 이미 잠시 받는 육체의 배고픔 때문에 장자의 명분을 팔았으므로 돌이킬 수 없게 되어 하나님의 기업에 들지 못했다고 했습니다. 그러니까 육체의 것 때문에 하나님 나라에 들어갈 명분을 파는 것처럼 하는 것은 결국 하나님의 심판에 들어가는 것이니 두려워하라는 것 아닙니까? 한 그릇 식물 때문에 장자의 명분을 팔아버린 에서와 같지 않아야 한다는 말입니다.

여러분, 예수님을 팔았던 가룟 유다가 예수님의 제자로 삼 년 반 동안 동고동락하며 따라다녔으니 예수님 만난 것 아닙니까? 여러분의 생각은 어떻습니까? 가룟 유다가 예수님 만난 것입니까 만나지 못한 것입니까? 예수님과 함께 있었지만 예수님을 만나지 못했습니다. 왜 만나지 못했습니까? 인간 눈으로 볼 때는 예수님 만나 삼 년 정도를 함께 생활했으니 당연히 만난거지요. 그러나 그가 예수님을 만났으면서도 만나지 못했습니다. 영으로는 예수님을 만나지 못했다는 말입니다. 왜 그랬을까요? 그 사람은 자기 속에 세상을 품고 있었습니다. 예수님과 동행했지만 세상을 품은 육으로는 함께할 수 없는 것이기에 예수님에게서 떨어진 것입니다. 그 사람은 죄인을 용서하시는 예수님을 보면서도 자신이 죄인이라는 것은 보지 못했습니다. 죄사하시는 예수님을 필요로 한 것이 아니라 육의 것을 얻기 위해서 예수님을 따라다녔습니다. 자신이 예수님을 필요로 하는 죄인임을 보지 못한 것은 그 속에 육의 욕망을 품고 그것을 이루어 보고자 따라다녔기 때문입니다. 세상의 것에서 만족을 얻기 위해 따라다녔고 그의 속의 관심은 돈이었기 때문에 예수님을 깨닫지 못하고 결국 예수님을 판자가 되었습니다. 장자의 명분을 돈 때문에 팔았다는 말입니다.

그러면 여러분의 마음은 어디에 있습니까? 어디에다 마음을 두고 있으며 마음에 무엇을 품었습니까? 여러분 각자 자기를 한번 들여다 보기를 바랍니다. 육의 것입니까? 영의 것입니까? 육의 것 때문에 싸우고 다투고 미워하고 분쟁하고 원수 맺는 것이면 그것은 세상을 품은 것이요 예수님을 보지 못합니다. 예수님 만나지 못합니다. 육이 살았기 때문에 육이 나오는 것이요, 육이 펄펄 살아 주인 노릇하고 있으니 예수님 만날 수 없습니다. 인간은 육으로 살겠느냐? 영으로 살겠느냐? 육으로 살면 세상이요, 정욕이요, 마귀적인 것으로(약3:13-16), 예수님을 보지 못한다고 야고보서가 분명히 증언하고 있습니다. 본문 15에 **너희는 돌아보아 하나님의 은혜에 이르지 못하는 자가 있는가 두려워하고** 했습니다. 하나님의 은혜가 뭡니까? 예수 그리스도로 말미암아 죄사하시고 구원하신 것을 말합니다. 화평함과 거룩함을 좇지 않음으로, 구원을 팔아버리는 자가 있을까 두려워하라는 것입니다. 구원에 이르지 못할까 두려워하라는 말입니다.

또 **쓴 뿌리가 나서** 했습니다. '쓴 뿌리'가 뭡니까? 육의 본성의 것들입니다. 하나님의 모든 말씀을 거스르는 육입니다. 씻어야 하는 육의 죄들, 특히 음욕으로 인한 죄, 성적인 문란함으로 많은 사람이 더러움을 입을까 두려워하라고 했습니다. 그런 것들이 구원에 이르게 하지 못할 더러운 죄 구원을 팔아버리는 죄라는 것입니다. 하나님의 거룩함에 참여하지 못할 이러한 육의 죄들을 가지고는 성소에 들어갈 수 없습니다. 모든 사람으로 더불어 화평함과 거룩함을 좇으라 그렇지 않으면 아무도 주를 보지 못하리라 하셨으니 '나는 예수 믿고 구원받았다.'고 말하고 '예수님의 피를 믿는다.'말하고 예수님을 말한다 해도 진짜 이 모든 것을 믿는 믿음은 무엇으로 증명되는 것인가? 물두멍의 수족을 씻음 같이 하나님이 죄라고 하시는 것들을 깨끗이 씻었느냐 로 증명되는 것입니다. 그래서 약2:22에 "믿음이 있으면 행함으로 나타난다, 그 행함으로 믿음이 온전케 된다."고 말한 것입니다.

또한, 오늘날 너무나 감각 없이 범하고 있는, 하나님께서 가증하게 여기시는 죄들에 대해 십계명을 통해 구체적으로 말씀하셨기 때문에 그것을 보겠습니다. 먼저 출20:3-6입니다. 믿는다는 이들이 잘 안다고 하는 십계명입니다. 암송 잘하고 있는 계명입니다.

[3]너는 나 외에는 다른 신들을 네게 있게 말지니라 [4]너를 위하여 새긴 우상을 만들지 말고 또 위로 하늘에 있는 것이나 아래로 땅에 있는 것이나 땅 아래 물속에 있는 것의 아무 형상이든지 만들지 말며 [5]그것들에게 절하지 말며 그것들을 섬기지 말라 나 여호와 너의 하나님은 질투하는 하나님인즉 나를 미워하는 자의 죄를 갚되 아비로부터 아들에게로 삼사 대까지 이르게 하거니와 [6]나를 사랑하고 내 계명을 지키는 자에게는 천대까지 은혜를 베푸느니라

3에 너는 나 외에는 다른 신들을 네게 있게 말지니라 하시고 그다음 4에 '누구를 위하여'입니까? 하나님을 위하여가 아니라 너를 위하

여 하셨습니다. 그러니까 너를 위하여 우상 만들지 말라는 거지요? 그리고 하늘과 땅과 물속에 있는 그 어떤 형상이든지 어떻게 하라고요? 만들지 말라 그다음 그것들에게 뭐하라고요? 절하지 말라 그다음 그것들을 또 뭐하라고요? 섬기지 말라 하셨습니다. 그러니까 만들지 말라, 절하지 말라, 섬기지 말라 하셨습니다. 나 여호와 너의 하나님은 질투하는 하나님인즉 다른 신을 두면 하나님을 미워하는 것으로 하나님과 관계두지 않겠다는 것으로 아시겠다는 말씀입니다. 그래서 하나님을 미워하는 자의 죄를 갚되 아비로부터 아들에게로 몇 대까지요? 삼사 대까지 이르게 할 것이라 하셨습니다.

그러나 하나님을 사랑해서 계명을 지키는 자에게는 천 대까지 은혜를 베푸신다 하셨습니다. 하나님의 구원의 복이 계속 대물려 내려간다는 말씀입니다. 부모의 믿음이 하나님의 뜻대로 번제단과 물두멍의 믿음이 되어 성소로 들어가 예수님과 사귐의 관계로 확실히 맺어진 것이면 그는 지성소 아버지를 만난 것이니 그 믿음의 부모에게 자녀가 배우고, 또 그 믿음을 배운 자녀가 자녀에게 그 믿음에 들게 함으로써 영적인 복이 계속 자손 대대로 흘러내려가는 복이 있다고 하시는 약속입니다. 그런데 오늘날 우리는 어떻습니까? 자손 삼사 대에 이르는 저주가 있을 뿐 영적인 복이 흘러가는 믿음의 능력들이 없습니다.

그다음 출20: 23에 하나님께서 너희는 나를 비겨서 은이나 금으로 신상을 너희를 위하여 만들지 말고 하셨습니다. 그다음 신4:15 이하에 두렵건대 스스로 부패하여 자기를 위하여 아무 형상대로든지 우상을 새겨 만들되 남자의 형상이라든지, 여자의 형상이라든지, 땅 위에 있는 아무 짐승의 형상이라든지, 하늘에 나는 아무 새의 형상이라든지, 땅 위에 기는 아무 곤충의 형상이라든지, 땅 아래 물 속에 있는 것의 아무 어족의 형상이라든지 만들까 하노라 하셨습니다. 여러분, 하나님께서 하나님의 백성이 스스로 부패하여 이 같은 것들을 만들까 두렵다고 하셨습니다. 하나님께서 두렵다고 하셨다는 말입니다. 왜 두려우실까요? 만드는 이유는 다른 데 있지 않습니다. 자기를 위해서입니다. 그것들에 절하고 섬기기 위해서입니다. 이것은 스스로 부패하였기 때문이라는 것입니다.

그런데 여러분! 하나님께서도 만들까 두렵다고까지 말씀하신 남자의 형상 여자의 형상 짐승의 형상 하늘과 땅과 물 속에 있는 것들의 모든 형상들을 오늘날 믿는다는 사람들의 삶 속에 들여와 그것들과 함께 동고동락하는 관계이지 않습니까? 그런 형상들 집에 있어도 절하고 섬기는 것은 아니라고 말하고 싶어서 지금 마음에 안달나지요? 단도직입적으로 묻겠습니다. 그것 섬기는 것입니까 아닙니까? 아무리 아니라고 말하고 싶어도 섬기는 것입니다. 왜 섬기는 것인지 이미 다 말한 것이니 여러분이 다 알고 있습니다. 부패했다는 것은 뭐예요? 사단이 그의 하나님이 되어 있다는 말입니다. 그래서 하나님의 백성이 자기를 위해 형상을 만들거나 두거나 하여 그것을 하나님이라고 할까 두려우니 하나님의 아무 형상도 보지 못하였으니 너희는 깊이 삼가라 했습니다. 깊이 삼가라!

또 두렵건대 네가 하늘을 향하여 눈을 들어 일월 성신 하늘 위의 군중 곧 너희 하나님 여호와께서 천하 만민을 위하여 분정(分定)하신 것을 보고(즉 하늘에 떠 있는 해와 달과 별을 보고) 미혹하여 그것에 경배하며 섬길까 하노라(신4:19) 하셨습니다. 여러분, 제가 교회라고 이름 한 단체들이 해가 바뀌는 첫날에 해 뜨는 것을 보겠다고 해 뜨는 것과 제일 가까운 곳이 동해 쪽 어디 정동진이라던가 하는 그곳에 쫓아가 해 뜨는 것 보며 기도하고 오는 그런 가증하고 망측한 일들이 있다는 것을 들었습니다. 어떤 단체에서는 송구영신 예배하고 관광차

열 몇 대로 해 뜨는 것 보기 위해 다녀오다가 차가 뒤집히는 바람에 대형 사고를 당해 사람이 죽기도 했다는 이야기를 제가 그 교인에게 직접 듣기도 했습니다. 여러분! 교회라면 어떻게 이런 짓들이 있을 수가 있습니까? 교회라면 하나님이 가증히 여기는 그런 짓들을 할리는 절대로 만무합니다. 절대로 있을 수 없습니다. 그건 성영님이 세우신 교회가 아니라 귀신을 섬기는 집단입니다. 혼합주의 종교 집단입니다. 신4:24에 네 하나님 여호와는 소멸하는 불이시요 질투하는 하나님이시니라 하셨습니다. 신4:25-27에 그 같은 일들로 여호와 앞에 악을 행하여 그의 노를 격발하면 속히 망하고 전멸될 것이라 했습니다. 따라서 그런 행위들은 하나님을 격노케 하는 더러운 것이니 여러분 자신들도 정신 차린 믿음이 되기를 바랍니다.

또 신7:25,26에 너는 그들의 조각한 신상들을 불사르고 그것에 입힌 은이나 금을 탐내지 말며 취하지 말라 두렵건대 네가 그것으로 인하여 올무에 들까 하노니 이는 네 하나님 여호와의 가증히 여기시는 것임이니라 (하나님이 어떻게 여기신다고요? 가증히 여기신다는 겁니다.) 너는 가증한 것을 네 집에 들이지 말라 (어디에 들이지 말라는 겁니까? 네 집에 들이지 말라는 말입니다.) 너도 그와 같이 진멸당할 것이 될까 하노라 너는 그것을 극히 꺼리며 심히 미워하라 그것은 진멸당할 것임이니라 하셨습니다. 신27:15에 장색의 손으로 조각하였거나 부어 만든 우상은 여호와께 가증하니 그것을 만들어 은밀히 세우는 자는 저주를 받을 것이라 했습니다.

시편115:4-8에 저희 우상은 은과 금이요 사람의 수공물이라 입이 있어도 말하지 못하며 눈이 있어도 보지 못하며 귀가 있어도 듣지 못하며 코가 있어도 맡지 못하며 손이 있어도 만지지 못하며 발이 있어도 걷지 못하며 목구멍으로 소리도 못하느니라 우상을 만드는 자와 그것을 의지하는 자가 다 그와 같으리로다 했습니다.

사44:9이하에 우상을 만드는 자와 그것을 숭배하는 자가 무지와 수치를 당할 것이라 말씀하셨고 그들 중에서는 사람의 아름다움을 따라 인형을 새겨 집에 두게 한다고 했습니다. 그러니까 오늘날 어린아이들에게 인형을 안겨줘서 그 인형이 아이들의 마음에 위안의 도구가 되어 있고 사귐의 도구가 되어 있고 친구 관계가 되어 있고 놀이 도구가 되어 있습니다. 사단과 그 악의 영들, 귀신은 죽음의 영입니다. 하나님이 금하신 것들은 다 사단의 소유입니다. 귀신들은 사람에게도 짐승에게도 들어가는 것이지만 그런 인간의 수공물에도 집처럼 붙어 있거나 들어가 거하면서 사람의 마음을 미혹(혼미케)하여, 좋아하고 사랑하고 섬기는 대상, 우상이 되게 합니다.

그래서 그 인형들에 더러운 귀신들이 집을 삼고 있게 되어 어린 자녀들을 혼미케 하고 정신을 지배한다는 것을 여러분이 알아야 합니다. 아이들이 그 인형과 교감합니다. 인형이 무슨 귀가 있고 눈이 있고 감정이 있습니까? 그러나 아이들은 그런 인형들을 인격화하여 대화하고 교감합니다. 인형에 대한 미스터리한 일들도 많지 않습니까? 그러므로 그리스도인의 가정에서는 이런 하나님이 금하신 것들은 다 미운 물건들이 확실히 되어야 합니다. 하나님이 미워하시는 것이면 우리도 반드시 미워해야 합니다. 조금도 양보해서는 안 됩니다. 작은 것이라도 절대로 그런 형상들은 금해야 하는 것이 곧 믿음의 일입니다.

에스겔 8장에 보면 이스라엘의 장로들과 백성들이 하나님께 대한 신앙이 타락하자 곧 나타난 것이 있었습니다. 하나님께서 선지자 에스겔에게 오셔서 말씀하시기를 인자야 이스라엘 족속의 행하는 일을 보느냐 그들이 여기서 크게 가증한 일을 행하여 나로 내 성소를 멀리 떠나게 하느니라 하시고 곧 환상을 보여주셨는데 성전에다 각양 곤충과 가증한 짐승과 이스라엘 족속의 모든 우상을 그 사면 벽에 그려 놓았더라고 했습니다. 그리고 여호와가 우리를 떠났고 우리를 돌보지 않는다 하고 그려놓고 새겨놓은 것들을 바라보고 섬기고 있었다고 했습니다. 에스겔 9장에 하나님께서 이와 같은 이스라엘의 모든 가증한 일로 인해서 탄식하며 우는 자의 이마에 표를 하여 빼놓고 그 나머지는 아껴보지도 말고 긍휼을 베풀지도 말고 늙은 자나 젊은 자나 처녀나 어린아이나 부녀를 다 죽이라 하셨는데 그 말씀하신 대로 준행했다고 했습니다(겔9: 4-6). 그러니 여러분이 잘 듣고 믿음을 어떻게 가져야 하는지 잘 아십시오. 오늘날은 하나님이 즉시 죽이는 것이 아니고 자기 스스로가 절대로 영(구원, 생명)의 복을 얻지 못한다는 것을 말합니다.

출애굽기 23장에 삼가 그의 목소리를 잘 청종하고 그를 노엽게 하지 말라 했습니다(21). 네가 그의 목소리를 잘 청종하고 내 모든 말대로 행하면 내가 네 원수에게 원수가 되고 네 대적에게 대적이 될찌라 하셨습니다(22). 우리가 정말 하나님의 말씀대로 죄를 버리고 깨끗한 삶을 살게 된다면 하나님께서는 내 원수에게 원수가 되어 수시고 내 대적에게 대적이 되어 주십니다. 그리고 너는 그들의 신을 숭배하지 말며 섬기지 말며 그들의 소위를 본받지 말고 그것들을 다 훼파하며 그 주상을 타파하고(24) 너의 하나님 여호와를 섬기라 그리하면 여호와가 너희의 양식과 물에 복을 내리고 너희 중에 병을 제하리니(25) 네 나라에 낙태하는 자가 없고 잉태치 못하는 자가 없을 것이라 내가 너의 날 수를 채우리니(26)하셨습니다.

하나님께서 약속하신 복은 너무나 엄청나서 다 말할 수는 없습니다만 그러면 여러분, 하나님이 가증하게 여겨 금하시는 것들이 오늘날 우리의 믿음과는 상관이 없습니까? 이것은 하나님께서 자기 백성에게 주신 계명입니다. 오늘날 우리는 예수님의 피 흘리심의 은혜로 말미암아 성영님으로 난 하나님의 자녀입니다. 하나님과 자녀의 관계는 백성보다 더 큽니다. 백성과 자녀라는 신분은 하늘과 땅 차이와 같습니다. 하나님에게서 난 자녀면 하나님의 그 거룩함은 당연히 자녀의 거룩함입니다. 자녀면 아버지에게서 난 자입니다. 하나님의 그 거룩하심이 자녀 속에서 그대로 나타나야 합니다. 그래서 자녀는 심영에서부터 깊은 경외심을 가지고 아버지의 거룩함은 곧 자녀의 거룩함인 것이기에 사랑하여 행하는 것입니다.

하나님께서 금하시는 모든 것들은 다 사단에게서 나온 사단의 것이요, 사단의 성품으로 자란 부패한 인간에게 자연 만물을 대상으로 하여 섬기도록 미혹한 것입니다. 형상을 만들어 세우고 우상이 되게 하고 그려 넣고 새겨놓은 모든 것들은 다 부패한 인간 속에서 나온 사단의 것들입니다. 그러므로 참으로 믿기 원하면 생활 속에 들어온 하나님이 금하시는 것들은 깨끗하게 청소해 버려야 합니다. 여러분, 집안에 사람의 손으로 만든 형상, 가증한 짐승 그림, 박제 등 아무튼 하나님을 거스르는 것들은 삶 속에 용납해서는 안 됩니다. '아니, 절하지 않으면 되지 섬기지 않으면 되지 누가 거기다 절하고 섬기나? 사람이 자기 취미도 있는 것이고 사람이 고상한 구석이 좀 있어야지 예술도 모르는 무식한 소리나 하냐?' 하고 싶겠지만 만일에 그런 생각 앞세워 합리화하는 것이면 그것은 그의 마음에 예수님을 믿고 따르고자 하는 진정의 뜻은 없습니다. 자기가 하나님 노릇하는 것입니다. 집 안에 그런 것으로 장식해 놓고 고상한 척 문화인인 척하는 것은 육체의 정욕 안목의 정욕 이생의 자랑에 종노릇하는 부패한 망할 육, 죽은 육에서 나는 것일 뿐입니다.

예뻐서 멋있어서 보기 좋아서 집안 장식용으로 사용할 뿐인데 절하고 섬기는 것 아닌데 그것이 뭐 그리 상관이 되냐? 당연히 상관이 됩니다. 하나님께서 뭐라 말씀합니까? 만들지도 말라 명하셨습니다. 우리가 집에다 시계를 왜 걸어 놓습니까? 달력 거울 냉장고 옷장을 왜 준비합니까? 그것은 필요입니다. 그런데 하나님께서 가증하다고 금하신 것을 예뻐서 멋있어서 보기 좋아서 집안에다 장식하고 가보(家寶)나 되는 것처럼 한다면 그것은 마음이 미혹된 것임을 말합니다. 자기가 좋아하지 않으면 그 같은 것들에 관심 두지 않습니다. 좋아하는 것이기에 집안에 들여 장식하고 들여다보며 감상하는 것입니다. 하나님께서는 분명히 **자기를 위하여 만들지 말라** 하셨는데 그러면 그것들은 하나님을 위한 것입니까? 자기를 위한 것입니까? 자기를 위한 것입니다. 그러므로 하나님께서 가증이 여겨 금하시는 것들을 자기가 모셔 놓고 들여다보고 감상하고 예쁘다 좋다 멋있다 한다면 미혹된 자기 마음이 그것들에 절하는 것이요 섬기는 것입니다. 사단에게 하는 것이란 말입니다.

하나님께서 창조하신 자연(물질)은 인간의 필요를 위해서입니다. 그것들을 놓고 섬겨라 절하라 하신 것이 아닙니다. 하나님이 창조하시고 **보시기에 좋았더라** 하셨으니 보기에 좋고 아름다운 창조(뜻을 넣으신 것들)에 대하여 하나님께 찬송을 돌리는 것이지 사람의 수공품들에 영광 돌리라 하신 것 아닙니다. 사람이 나무를 잘라 대패로 밀고 조각을 뜨고 형상을 만들고 남은 것은 불태우고, 자기가 손으로 만든 것을 올려놓고 섬기고 바라보니 얼마나 무지합니까? 필요로 주신 것을 섬길 대상으로 삼고 절하는 행위가 하나님의 진노만 크게 사는 미련이요, 불행입니다.

신7:26에 너는 그것을 극히 꺼리며 심히 미워하라 했습니다. 여러분 극히 꺼리라고 했습니다. 심히 미워하라 하셨습니다. 심히 미워하라 말입니다. 그럼에도 하나님의 미워하시는 것들을 왜 삼가지 않습니까? 그것이 믿는 것입니까? 믿는 것이 아니라는 것 변명의 여지없잖습니까? 그러므로 하나님에 대한 경외와 존중감이 마음에 없습니다. 너는 가증한 것을 네 집에 들이지 말라 하셨습니다. 너도 그같이 진멸당할 것이 될까 하노라 하셨습니다. 신27:15에 장색의 손으로 조각하였거나 부어 만든 우상은 여호와께 가증하니 그것을 만들어 은밀히 세우는 자는 저주를 받을 것이라 했습니다. 예수님을 믿는다는 사람들이 사람이 손으로 만든 사단의 가증한 물건들을 끌어들여 장식해 놓고 들여다보고 감상하는 것들은 자기를 위한 것이니 저주를 받을 것이다, 같이 진멸 당한다는 말입니다.

이 물두멍의 수족을 씻는 것이 바로 이 같은 것들이기에 교회 나오기 전에 여러분이 당연한 것인 줄 알고 행하고 살아온 하나님이 가증하게 여기시는 것들을 자기의 취미라는 문화라는 보기 좋다는 좋아한다는 예술이라는 그런 이유들로 생활 속에 끌어들였던 자기의 모든 것을 이제는 들은 즉시 하나님께 철저히 회개하고 깨끗이 처리하는 개혁이 있어야 합니다. 하나님 앞에 늦지 않았기를 바라면서 강력히 충고합니다. 여기에 다소라도 불만스런 마음이 있다면 듣지 않은 것으로 하고 그냥 그대로 사십시오. 그러면 되는 것이지 불만 품을 것 없습니다.

여러분, 정신에 문제가 있지 않고는 더러운 그릇에다 밥 담아 먹는 사람은 없습니다. 마찬가지로 믿노라 하면서 믿음의 거룩함이 없으면 하나님께서 거기에다 하나님 자신을 담으실 수 있겠습니까? 또한, 무슨 역술이니 철학이니 심령술이니 점치는 것 손금, 관상, 사주, 무슨 운세니 또는 요가니 하는 것들을 쫓아다니고 마음을 두는 것도 다 다른 신을 두고 있는 가증입니다.

어느 젊은 청년이 귀신의 조종으로 점치는 일을 했다고 했습니다. 그가 전도를 받아서 교회라는 곳에 나오게 됐습니다. 그에게 목사가 간증을 하라 하고 '교인들이 점치러 많이 오는가?'를 물었더니 교인들이 많이 오는데 대부분 권사들이 많이 온다고 했답니다. 그러자 목사가 '우리 교회 권사들도 오느냐'고 물으니 그 질문에는 대답을 꺼리더랍니다. 이런 부분들을 교회가 정확히 알려주고 정말 깨끗이 하여 믿음의 능력을 갖추도록 교육이 되어야 합니다. 예수님을 믿는다면 어떻게 점치러 갑니까? 믿지 않기 때문에 가는 것입니다. 언젠가 제가 여러분께 말했잖아요? 어느 집사가, 자식이 도대체 장가를 갈 희망이 보이지 않으니 우리 자식 언제 장가가겠나? 하고 점치러 갔습니다. 그런데 그 자식이 큰일을 당해서 죽었습니다. 그렇게 한번 귀신에게 내주면 끝장나는 것입니다. 예수님을 믿는다면서 그런 것들을 쫓아다니고 마음이 끌려다닌다면 다른 신을 두고 있는 가증한 것이므로 하나님에게서 끊어지는 것입니다. 땅에서도 저주의 저주를 받고 영영한 지옥의 불에 떨어질 것밖에는 없습니다. 참으로 정신들 차리기 바랍니다.

그래서 이런 것들에서 온전히 돌이키고 떠나는 거룩함이 되기를 바라 오늘도 물두멍에 걸려 있는 것들을, 깨끗이 회개해야 하는 것들을 말씀드렸습니다. 또한 혹이라도 여러분의 금송아지는 무엇인지 여러분이 우상시하는 것은 무엇인지, 자신을 살펴 돌이키는 지혜가 지금 바로 즉시 있기를 진심으로 바라면서 늦지 않았기를 바라면서 오늘 말씀은 여기서 맺습니다. 아멘입니까?

모든 영광을 내주 예수님의 이름에 돌립니다. 아멘

성전 뜰 3-4
물두멍 (귀신의 것들을 깨끗이 하라)

¹⁴너희는 믿지 않는 자와 멍에를 같이 하지 말라 의와 불법이 어찌 함께하며 빛과 어둠이 어찌 사귀며 ¹⁵그리스도와 벨리알이 어찌 조화되며 믿는 자와 믿지 않는 자가 어찌 상관하며 ¹⁶하나님의 성전과 우상이 어찌 일치가 되리요 우리는 살아 계신 하나님의 성전이라 이와 같이 하나님께서 가라사대 내가 저희 가운데 거하며 두루 행하여 나는 저희 하나님이 되고 저희는 나의 백성이 되리라 하셨느니라 ¹⁷그러므로 주께서 말씀하시기를 너희는 저희 중에서 나와서 따로 있고 부정한 것을 만지지 말라 내가 너희를 영접하여 ¹⁸너희에게 아버지가 되고 너희는 내게 자녀가 되리라 전능하신 주의 말씀이니라 하셨느니라 ¹그런즉 사랑하는 자들아 이 약속을 가진 우리가 하나님을 두려워하는 가운데서 거룩함을 온전히 이루어 육과 영의 온갖 더러운 것에서 자신을 깨끗게 하자

(고후6:14-7:1)

오늘도 물두멍에 대한 말씀입니다. 그만했으면 좋겠는데 사실 믿음이 다 여기에 걸려 있기 때문에 성영님의 탄식이시기에 또 말씀합니다. 예수님을 믿는다는 사람들이 도대체가 말씀의 가르침대로가 아니고 믿음이 자기가 다 주도적이 되어 자기 편리한 대로 믿는다 하고 있습니다. 그래서 예수님 안에 들어가지 못하고 여기 물두멍에 다 걸려 있기에 본문 말씀을 중심하여 물두멍의 말씀을 드릴 때에 그동안 여러분이 들었던 말씀과 함께 자신의 믿음을 비추어 점검하고 믿음을 바로 하는 기회가 되기를 참으로 바랍니다. 믿음의 능력을 갖추기를 바랍니다.

천지 만물을 창조하시고 사람을 지으신 창조주 하나님은 인격이십니다. 그 하나님께서 사람도 하나님의 형상과 모양대로 지으셨습니다. 그래서 하나님을 닮았다고 말합니다. 그러면 '하나님의 형상과 그 모양대로'는 무엇을 말합니까? 창2:7에 **여호와 하나님이 흙으로 사람을 지으시고 생기를 그 코에 불어넣으시니 사람이 생영이 된지라** 해서 사람에게 생기를 불어넣음으로 하나님의 영이 있게 되었고 인격이 있게 되었습니다. 그래서 인간은 영적 존재라고 하는 것이요 인격적인 존재라고 합니다.

또 영을 가진 인격의 특징이 무엇인가 하면 언어입니다. 말을 할 수 있다는 것 언어를 가지고 서로 소통할 수 있는 것 이처럼 언어를 사용할 수 있는 것 이것이 하나님을 닮았다고 말하는 것입니다. 그렇기에 하나님께서 인간을 찾아오신 방법이 바로 말씀입니다. 또한 우리도 언어로 하나님께 신앙을 고백할 수 있고 우리 인격은 하나님의 말씀을 받아들여 그 말씀으로 대화할 수 있고 우리 영은 하나님을 받아들여 교제 교통을 하는 것입니다. 그러면 인격의 분야는 무엇입니까? 지 정 의 입니다. 지성 지적인 것 감정 마음에서 일어나는 슬픔이나 기쁨이

나 즐거움 노여움 따위입니다. 의지 생각하여 판단을 내린다든지 뜻을 정할 수 있는 것 이것을 인격이라고 하지 않습니까?

그래서 인격의 관계라고 하는 것은 서로서로 뜻을 맞추고 지식을 나누고 교제를 이루고 감정까지도 서로 맞아서 대화가 되는 것을 말합니다. 그것을 '인격의 관계다 인격체의 관계다.'라고 말합니다. 그러므로 인간은 영적인 존재요 인격이 있는 존재요 언어가 있는 존재라는 이것이 하나님의 형상대로 지음을 받았다는 것이요 '하나님을 닮았다.'하는 것입니다. 그러니 여러분이 하나님을 닮았다고 하는 것이 무엇을 말하는지 알고 또한 하나님을 닮은 자신을 정확히 알고 믿는 것이 돼야 하지 않겠습니까? 이처럼 우리 자신이 하나님을 닮았다 할 때 무엇을 닮았다고 하는 것인지 분명히 알기를 바랍니다.

그러면 짐승에게는 영이 있다고 했습니까? 인격이 있습니까? 짐승과 인격적 교제가 될까요? 짐승과 뜻을 맞추고 지식을 서로 나눌 수 있고 감정이 맞을 수 있습니까? 없습니다. 짐승은 영이 없습니다. 영이 없으니 인격이 없습니다. 그래서 인격적인 교제도 관계도 될 수 없습니다. 언어가 없으니 대화도 할 수 없습니다. 그런데 에덴동산의 하와가 뱀과 대화를 했습니다. 대화가 되었다는 것은 서로 뜻을 구하기도 하고 지식을 나누기도 했다는 말입니다. 인격 없는 들짐승인 뱀과 대화가 되었다는 것은 무엇을 말합니까? 그 뱀과 대화가 이루어지게 하는 다른 영적 존재가 배후에 있다는 말입니다.

레17:11에 육체의 생명은 피에 있음이라고 했습니다. 그래서 짐승의 피에는 짐승의 성품이 들어 있습니다. 피가 성품이라는 말입니다. 이 성품이 바로 혼의 부분입니다. 짐승은 영도 없고 인격도 없고 언어도 없습니다. 흙으로만 된 끝나는 흙일뿐입니다. 살덩어리 고깃덩어리일 뿐입니다. 그래서 짐승은 자신을 지은 하나님도 알지 못할뿐더러

종교적인 것도 없고 사모하는 영도 없기 때문에 짐승들이 예배할 필요 없지요? 그리고 자기가 누구인지 모르지요? 깨달을 능력이 없어요. 이것이 짐승입니다. 흙에 붙은 숨, 짐승의 수준만큼만 있는 흙에서 난 혼의 짐승으로의 본능적인 감각기관만 있습니다. 배고픈 것을 알고 또는 경계해야 할 적을 알고 또는 두려워하는 것도 있고 또는 사람과 가까이 있는 짐승은 주인을 안다든가 저를 싫어하거나 예뻐하는 것을 아는 정도의 그런 흙의 육감이 가진 아주 열등한 지능이나 감정 따위의 본능적인 감각은 있습니다. 그래서 짐승을 사람이 길들이게 되면 어느 정도의 말귀는 알아듣기 때문에 짐승을 다스릴 수가 있는 것입니다. 그같이 짐승은 사람이 다스려야 하는 것이고 다스림 받는 것이지 절대로 인격적인 관계가 될 수 없습니다. 대화할 수도 없고 대화의 인격체가 아니란 말입니다.

그런데 하와가 인격이 없는 뱀과 지식을 나누는 대화가 이루어졌습니다. 성경이 그것을 정확히 보여주고 있습니다. 그러면 짐승과 서로 뜻을 나누며 대화가 이루어졌다는 그것으로 우리가 무엇을 알 수 있습니까? 인간의 눈에는 보이지 않는 영적 존재인 사단이 보이는 뱀 즉 짐승을 이용하여 인간과 대화할 수 있는 존재로 나타나는 존재라는 것을 분명히 알 수가 있는 것입니다.

우리가 잘 알고 있듯이 하나님께서 아담에게 먹지 마라 하신 선악과를 하와가 뱀의 말을 듣고 따 먹었잖습니까? 그것은 첫 사람이 뱀의 지식을 자기 의지로 받아들인 것이 되어서 **하나님이 그들에게 복을 주시며 그들에게 이르시되 생육하고 번성하여 땅에 충만하라 땅을 정복하라 바다의 고기와 공중의 새와 땅에 움직이는 모든 생물을 다스리라 (창1:28)**고 명하신 그 권세의 통치권을 사단에게 넘겨준 것이 되었다는 것을 다 잘 알고 있는 바대로 사단이 세상을 지배하고 권세를 잡은 임금이 되었습니다. 세상 권세 잡은 세상 임금 사망으로 사람을 끌고 가는 사망의 권세 잡은 자가 되어 물질의 주인 노릇을 하고 있습니다. 아담이 부여받은 권세를 사단에게 넘겨준 것이 되었다는 말입니다.

그러므로 사단은 사람으로 하여금 하나님을 섬기지 못하게 하려고 모든 만물을 섬길 대상으로 미혹하여 신인 것처럼 섬기게 하고 있습니다. 사단과 그 악한 영들이 사람을 미혹할 수 있는 존재로 군림하고 있다는 말입니다. 그래서 인간은 사단의 종이 되어 피조물이 피조물을 신처럼 섬기는 것에 어떤 거부감도 느끼지 못하고 말 못하는 우상에게 끄는 그대로 끌려다니며 피조물을 섬기는 데 전력하여 살아왔고 살고 있습니다. 그같이 어둠에 잡혀 지옥의 불못으로 끌려가는 우리에게 하나님께서 빛의 복음을 듣게 하시고 믿기 위해 말씀 앞에 나오는 이들에게 예수님의 구원 안으로 들어올 수 있게 하시는 계명으로 죄를 보게 하셨고 그 죄들에서 나와 계명에 마땅한 삶이 되어야 할 것임을 명하셨습니다. 그리고 우주 만물 하늘에 떠 있는 해도 달도 별도 만물이 다 하나님의 창조물이요 창조하신 모든 것들은 인간의 삶에 필요를 위한 것이니 미혹하시 말고 속지 말라고 분명히 명하시고 어떤 우상도 형상도 만들지 말고 그것들을 섬기지 말라 명하셨습니다.

하나님만이 창조주이시며 참 신이시요 섬김을 받으셔야 하는 분이시요 그렇기에 하나님만 섬기고 사랑해야 한다고 그분이 바로 피 흘리기 위해 사람으로 오신 예수님이라고 말씀하셨습니다. 그분을 섬기고 사랑하되 '마음을 다하라 뜻을 다하라 목숨을 다하라'고 하셨습니다. 그럼에도 예수님을 믿는다는 사람들이 마음을 다하지 않는 것 뜻을 다하지 않는 것 목숨을 다하지 않는 것은 사실 자기 속에 무엇인가 다른 신을 두고 있고 자기 마음에 다른 것을 두고 우상하고 있기 때문입니다.

하나님께서는 이스라엘 백성이 송아지 형상을 만들어 우리를 애굽에서 인도해낸 우리의 신이라고 하며 그 앞에 제사하고 먹고 마시고 춤추던 그들에게 목이 곧은 백성이요 부패하였다고 하셨습니다. 그 우상하고 같기 때문에 멸망밖에 받을 것이 없다는 말씀입니다. 하나님께서 타락한 그들을 진멸하시려하자 모세가 간청하여 그들에게 하나님 편으로 설 것이냐? 우상 편에 설 것이냐? 하는 선택의 기회를 주셨습니다. 그럼에도 그들은 악함을 돌이키지 않고 하나님께 나오지 않았으므로 하나님의 명을 받은 모세가 하나님의 편에 있는 자들에게 명하여 외치기를 "너희는 각각 칼을 차고 진 이 문에서 저 문까지 왕래하면서 형제든 친구든 이웃이든 다 죽이라 하셨으니 우상 편에 선 자들을 모두 죽이라"고 했습니다. 그때 하나님을 섬기고자 하는 백성이 하나님의 명하심을 따라 혈육도 동족도 돌아보지 않고 모두 쳐 죽였는데 그날에 삼천 명가량이 죽인 바가 되었다고 했습니다.

하나님께서 어떻게 그렇게 형제가 형제를 죽이고 부모가 자식을 쳐 죽이는 잔인한 일을 하게 하실 수가 있는가? 너무하신 것 아니냐? 할지 모르겠지만 그러나 회개할 기회를 주셨으나 하나님을 버리고 (살길을 버렸다는 말입니다) 우상 편에 서서 심판을 자청하였으므로 진멸하셔야 했습니다. 하나님의 백성이면 하나님을 섬겨야 하는 것임에도 자기 신분을 망각하고 하나님이 진멸하라 하셨다는 외침을 듣고도 우상 편에 선 것은 바로 사단을 섬기겠다는 선언이요 스스로 진멸 당할 것을 택하였기 때문에 그들의 행위대로 진멸한 것입니다(출32장).

이로써 이 사건은 하나님께서 인류에게 '네가 사단을 따를 것이냐?

하나님을 따를 것이냐? 어느 편에 설 것이냐? 네게 택할 자유의지를 주었으니 택하라 네가 택하는 대로 행할 것이라.'는 선포입니다. 진멸이 하나님의 뜻이 아니라 자기 스스로 택한 것이요 그에 따라 그대로 행하시겠다는 의지를 나타내셨어요. 하나님을 버리고 사단을 따라 나간 인류에게 하나님께로 돌아올 기회를 주셨음에도 예수님을 택하라고 기회를 주셨음에도 예수님께 돌아오지 않는다면 그것은 스스로 세상을 따라 가겠다고 선택한 것이니 그대로 갚으신다는 선포입니다. 여러분은 하나님께서 베푸신 은혜의 부르심을 따라 예수님을 믿기로 선택하였으니 그 믿음을 절대 경홀히 하지 않기를 진심으로 바랍니다.

여러분 성경을 전체를 좀 읽으면서 깨달으십시오. 하나님이 자기의 지으신 사람을 얼마나 사랑하시고 얼마나 복 주기를 원하시는지 하늘의 영광을 다 주어 그 영광 가운데 함께하길 원하는 그 소원이 얼마나 크신지 성경을 보면서 좀 깨닫자는 말입니다. 그리고 하나님께서 복 주고 복 주시기를 원하신 그 복된 언약의 뜻을 맺은 하나님의 백성이 곧 마음이 부패하여 진멸당한 그 일이 그들에게만 국한된 일이 아니라는 것을 여러분이 스스로 살펴보시란 말입니다.

예수님을 믿는다는 사람들에게 보이시고 묻는 생생한 교훈입니다. 네가 지금 어느 편에 있느냐? 어느 편에 있는지 태도를 분명히 확실히 하라는 것입니다. 네가 영원한 불못으로 들어갈 죄인이었음을 알고 예수님을 네 구주로 믿어 그 죄 사함의 은혜를 입었으면 예수님을 믿기 전에 네가 좋아하고 섬겨왔던 모든 우상들 너를 멸망으로 끌어 가려고 네 마음을 끈질기게 붙잡고 있는 정욕의 것들을 그래서 '이 정도쯤이야 뭐!'하고 타협하는 더러운 부패함이 네 마음에 있는가? 너를 들여다보고 깨끗이 하라는 것입니다. 예수님 편으로 확실히 서라는 말입니다. 오늘 본문7:1의 말씀이 뭡니까? 하나님을 두려워하는 가운데서 거룩함을 온전히 이루어 육과 영의 온갖 더러운 것에서 자신을 깨끗케 하라는 것 아닙니까? 육의 온갖 더러운 죄들 가증하고 더러운 영적 죄들을 깨끗이 씻고 거룩함을 온전히 이루라는 것입니다.

성경은 귀신의 정체와 하는 일과 활동 영역을 분명하게 드러내고 있습니다. 사람 안에 들어가 그의 정신을 피폐케 하고 멸망으로 끌고 가는 존재요 짐승에도 들어가는 존재임을 드러내셨습니다. 성경은 귀신을 두 가지로 말합니다. 하나는 원어로 '프뉴마'라 하는데 '영'이라는 뜻입니다. 사람의 영을 말할 때도 프뉴마 바람을 말할 때도 프뉴마 그러니까 성경에서 프뉴마 하는 것은 '영'을 뜻합니다. 또 하나는 '다이모니온'입니다. 낮고 천한 인격이라는 말입니다. 알고 느끼고 감정이 있고 생각하고 행동하는 영이라는 겁니다. 활동하는 영입니다.

그래서 예수님께서 오셔서 복음을 전파하시고 귀신을 쫓아내시고 병을 고치는 일을 하셨습니다. 병은 대부분 귀신이 가져다주는 것이기에 귀신을 쫓아내는 것으로 병을 낫게 하셨어요. 구약에는 귀신이라는 단어가 없습니다. 귀신을 말하고 있지 않습니다. 그렇다고 귀신이 존재하지 않았다는 것이 아니라 예수님께서 오셔서 구약에서 드러나지 않던 사단과 그 악의 영(귀신)들의 정체를 드러내셨습니다. 그것은 천국이 땅에 왔다는 표시입니다. 사람에게 병을 주고 정신을 피폐케 하는 그것들의 정체를 드러내시고 사람에게 들어왔던 귀신들을 쫓아내신 일을 하셨습니다. 그래서 악의 영들이 '사람이나 짐승에게 들어가 거처로 삼는다.'해서 귀신이라고 하는 겁니다.

오늘날 예수님의 재림이 가까운 종말의 때가 된 이때는 사람이 귀신과 함께 동질이 되고 동업의 관계가 되었어요. 귀신과 인류가 함께 자라온 것을 나무로 비유하여 본다면 뿌리로부터 나무가 자라서 오늘날은 무성한 가지를 이루고 그 가지마다 어마어마한 열매를 풍성하게 잘 맺은 것과 같은 때입니다. 귀신이 사람들 속에 들어가서 함께 기거하고 함께 자란 열매의 때라는 말입니다. 음욕의 귀신 더러운 귀신 추한 귀신 탐욕의 귀신 등등의 귀신들로 인간이 지배당하고 잡히고 인간 또한 귀신과 맞는 성품과 성향으로 얼마나 더럽고 음란한지 세상이 온통 음란과 더러움으로 기세등등한 시대가 되었습니다. 스스로 더러워도 더러운 줄도 모르고 스스로 음란해도 음란인지 모릅니다. 개가 토한 오물 속에서 뒹구는 것과 같습니다. 또한 온 세상이 귀신에 잡혀서 우상과 사신을 섬기는 일에 전념합니다.

그래서 귀신들이 인간의 지 정 의를 지배하고 함께 자라서 오히려 사람보다 더 뛰어난 지능을 가지고 사람을 조종합니다. 사람들 속에서 함께 자라 사람의 흉내를 내고 있습니다. 사람들 속에서 귀신들이 좋아하는 것 섬김을 받는 온갖 도구들을 개발하고 만들어 내도록 정신을 조종해 왔습니다. 물론 그것을 사람들도 똑같이 좋아합니다. 사람들의 마음을 조종하고 사로잡아 버렸습니다. 사람들은 잡혀서 귀신들의 천국을 이루었습니다. 사람이 귀신과 같고 귀신이 사람과 같게 되어 버렸다는 말입니다. 그래서 예수님을 믿겠다고 교회에 나왔어도 여전히 귀신이 좋아하는 것들로 귀신들을 섬기는 행위들을 하면서 하나님 섬긴다고 거짓말들을 합니다.

믿는다 해도 절대로 거룩하라고 명하신 하나님의 말씀에 관심 두지 않습니다. 관심을 둬야 할 지각이 도무지 서지 않습니다. 여러분이 한 번 솔직히 자신들을 돌아보십시오. 참으로 하나님의 말씀에 복종하여 말씀대로 살려는 뜻을 스스로 두고 성경 알려고 했는지 성경을 읽었던 것인지 하나님의 말씀에 어긋남이 없이 하나님과 관계를 이루는 거룩한 삶이 되기 위해 얼마나 계명에 자신들을 비추고 깨끗이 하는데 마음을 다했는지 돌아보자는 말입니다. 말씀의 합한 삶을 살아 예수님의 형상을 이루고자 말씀에 비춰보아 자기 생활과 삶을 깨끗이 하는 진정의 모습들이 사실 너무나 없다는 것을 영으로 보는 것입니다. 하나님께서 내 마음에 합한 자가 없다고 하시는 것이 무엇을 말씀한 것인지를 영으로 보더라는 말입니다.

오늘날 보십시오. 온갖 다양한 종류의 인형들을 만들고 개발하고 디자인하고 만들어내고 또 개발하고 만들어내는 그와 같은 일들이 무엇을 보여주고 있는지 아십니까? 어둠의 영들에, 거짓의 영들에 인간이 잡혀서 아주 가치 없는 것들에 마음과 정신이 몰두되어 함께 동업하고 있는 것을 여실히 드러내 보여주는 것입니다. 또한 사람마다 생명 없는 허무한 그 같은 것들을 좋아하고 사랑하고 아끼고 안고 입 맞추고 온갖 인형의 형상들을 끌어모으는 이유가 다 무엇입니까? 거짓의 영에 어둠의 영에 속했음을 드러내는 일입니다.

어둠의 거짓 영들이 그 같은 허무한 것들을 가지고 사람들의 마음을 빼앗는 도구로 삼고 생활에서 함께 기거하는 매개물이 되고 정신의 병 육체의 병을 주고 자제력을 잃게 하고 정신을 산만케 하고 풍파를 일으키는 역할을 하고 있습니다. 오늘날 사람들의 의상을 봐도 특히 어린아이들의 의상은 더 그렇습니다. 온갖 짐승의 문양들 형상들 온갖 사람의 문양이나 형상들을 그려 넣고 달아놓고 새겨 넣어서 패션이니 감각이 있느니 유행을 아느니 상표니 하는 것으로 스스로 자랑이 되고 문화인인 척하지만 그것은 '나는 귀신의 영에 짐승의 영에 지배받고 있는 짐승'이라는 자기 표시를 스스로 나타내는 것입니다.

또한 사람들이 온갖 형상의 인형들을 수집하여 모으는 것이 하나의 취미처럼 되어 있습니다. 심지어 집 안에 가득 채워 장식하고 진열하는 것으로 큰 즐거움을 삼고 그것이 삶의 의미라고 하는 것을 봅니다. 그러니 귀신들과 동역하는 누추한 그런 것들이 큰 소식이나 되는 것처럼 TV가 열심히 찍어다 방송합니다. 그래서 사람들이 이런 전파 방송들을 통해 마음과 생각에 전염되어 허무한 허상들에 빠지고 집착하게 하는 데 큰 역할을 하고 있습니다. 사단의 종노릇을 열심히 한다는 말입니다. 물론 사단은 자기 일을 자기의 도구들을 이용하여 열심히 하는 것이지만 믿는다는 사람들이 도무지 세상에 그대로 머물러 사단과 함께 동업하고 있다는 말입니다. 참으로 예수님을 믿는 거룩함이 아니라 자신의 더러운 욕구들을 채우려 자신과 사단을 하나님으로 섬기고 있습니다.

앞에서 말했듯이 귀신들이 사람보다 더 뛰어난 지능을 가지고 사람을 지배하고 조종합니다. 인격이 없는 짐승이 인격이 있는 것처럼 보이는 일은 이제 놀라운 일도 아닙니다. 왜 그렇습니까? 귀신은 아주 저급한 인격이 있다고 했지 않습니까? 사람이 짐승과 교감합니다. 짐승이 사람의 마음을 읽습니다. 집안의 주인이 되어 있습니다. 함께 이부자리를 씁니다. 인간이 짐승의 부모가 돼 있고 형제가 돼 있습니다. 이 같은 누추하고 더럽고 어리석은 모습들을 당연한 것처럼 보여주는 그런 영상 프로들이 얼마나 많습니까? 하와가 뱀과 대화했던 것처럼 오늘날 그 뱀을 이용한 사단은 온갖 짐승을 이용하여 인간들과 교감하여 지식을 나눕니다. 한마디로 사람들도 짐승이 됐다는 말입니다.

계16:13,14에 또 내가 보매 개구리 같은 세 더러운 영이 용의 입과 짐승의 입과 거짓 선지자의 입에서 나오니 저희는 귀신의 영이라 했습니다. 입에서 나오는 것이 귀신의 영이더란 말입니다. 제가 왜 이 말을 합니까? 세상이야 어차피 스스로 그것을 선택하여 한 몸 되어 귀신들의 천국을 이루고 있지만 예수님을 참으로 믿기 원하면 영생하기 원하면 그러면 좀 이런 귀신(세상)의 더러운 것들부터 분별하여 좀 깨끗이 하는 것부터라는 것을 충고하기 위해서입니다. 사단의 더러운 것들에서 좀 깨끗이 돌아서고 청소하라는 말입니다. 이런 영적 세계의 지식이 좀 있어서 귀신의 이용물이 되는 것들을 아는 것의 지각부터 세워지고 자기 자신과 자기 주변부터 깨끗이 하는 거룩함을 이루기를 원해서 이 말을 하는 것입니다. 만일 예수님을 믿는 사람이 하나님이 금하신 것들을 짐승이 되었든 형상이 되었든 무엇이 되었든지 간에 좋아하고 사랑하고 붙들고 애착하면 그것은 귀신과 연합이요 자기 우상(하나님)입니다. 하나님께서는 그것들과 똑같은 것으로 여기시겠다고 하셨습니다.

저는 하나님께서 이같이 금하시는 것들에 대해서 하나님의 말씀으로 권위를 두지 않고 무관심하고 무성의한 태도들을 보면 더러운 귀신을 섬기겠다는 태도를 스스로 드러내는 것이어서 안타까운 마음이지만 사실 그들과 마주 대하고 싶은 생각 참으로 없습니다. 솔직한 심정입니다. 믿음이면 말씀에 의하여 적극적으로 스스로 행하는 것이지 반복하여 사정하고 설명하고 설득하듯이 하는 이런 것이 절대 아닙니다. 그런데 대부분 여기에 속했습니다. 야고보서의 말씀이 뭡니까? 1장 25에 "예수님을 믿는 것이면 이제 그 믿음 안에서 율법을 듣고 잊어버리는 것이 아니라 실행하는 자니 실천하는 자니 그 행함으로 복을 받는다."고 했습니다. 그런데 2:14에 "믿음이 있다고 하면서 행하지 않으면 그런 믿음이 어떻게 자기를 구원하겠느냐."고 했습니다. 1:22에 너희는 도를 행하는 자가 되고 듣기만 하여 자신을 속이는 자가 되지 말라고 했습니다.

　예수님께서 오셔서 사람들에게서 귀신을 쫓아내신 것은 바로 예수님을 믿기 위해 나왔으면 먼저 네 속에 든 귀신부터 쫓아내라는 뜻입니다. 그리고 믿는 자는 표적이 따르는데 그것은 곧 예수님의 이름으로 귀신을 쫓아내는 것이라고 하셨습니다. 그러면 자기 속에 든 귀신을 어떻게 쫓아냅니까? 예수님의 이름으로 나가라고 명령한다고 나갑니까? 아니요! 지금까지 여러분에게 계속 말했던 하나님이 금하시는 가증한 육의 것에서 돌아서는 것 그것이 자기에게서 귀신을 쫓아내는 것입니다. 말씀이 말하는 죽은 귀신의 것들에 대한 지식을 가지고 자기가 그것들을 깨끗이 할 의지(뜻)를 세우고 그다음 귀신의 것들을 다 치우고 깨끗이 하는 것이 자기를 거룩케 하는 첫걸음이요 귀신이 있을 곳을 없게 하는 것이 됩니다. 그런 다음 예수님의 이름으로 명할 때에 다 쫓겨나가는 것입니다. 예수님의 이름으로 쫓아냈어도 귀신이 좋아하는 매개물들이 있으면 오히려 더 많은 귀신을 불러들이게 됩니다. 그래서 빌붙을 곳이 없도록 해버려야 합니다. 믿기 원하면 절대로 빌미를 줄 이유가 없습니다.

　여러분이 자녀에게도 그런 귀신의 처소가 될 허무한 허상들을 안겨 주면 안 됩니다. 정말 너무너무 중요한 일입니다. 부모가 자녀에게 귀신과 같은 역할을 해서는 안 된다는 말입니다. 좀 심한 말 같지만 그러나 성경의 가르침이라면 그래서 여러분을 살릴 수만 있다면 더 심한 말이라도 못할 것 없습니다. 자녀 양육을 살아 계신 하나님의 말씀을 따라서 하십시오. 기회가 되면 자연을 통해서도 하나님의 창조와 생명을 가르치십시오. 그러면 꽃 한 송이에서도 하나님의 사랑과 엄청난 생명의 신비함을 볼 수 있는 눈과 마음이 열리게 되어 하나님에 대하여 감각을 갖게 될 것입니다.

여러분에게 참고로 몇 가지만 더 말하겠습니다. 우리나라도 진즉부터 몸에 문신하는 것이 하나의 문화로 자리 잡고 있습니다. 하나님께서는 레19:28에 "몸에 무늬(문신)를 놓지 말라."하셨습니다. 만일 그리스도인이 몸에 문신을 놓게 되면 자신을 귀신(죽은 자)에게 내주는 것이 되어서 같은 죽은 자에 속합니다. 제가 몇 년 전에 TV에서 문신을 신앙하는 외국의 어떤 집단의 종교 의식을 본 적이 있습니다. 그러니까 중이 매직 타투의 영에 의해 사람들에게 문신을 놓는데 16년 동안 엄청난 집단을 이뤘습니다. 그가 죽자 후임자가 나와서 죽은 그 중의 시신을 미라로 만들어 그 앞에 경배하면서 종교 의식을 행하는데 그들의 온몸을 각양 짐승들로 무늬 놓은 것에서 어떤 강렬한 힘이 나와 의지와 정신이 지배당하는 것을 보았습니다. 꼭 전기에 감전된 것 같았습니다.

호랑이 문신이면 호랑이처럼 난폭한 행동을 합니다. 닭의 문신이면 그대로 닭 행동을 하고 원숭이 문신이면 원숭이더란 말입니다. 실제 짐승들보다 더 난폭한 행동이었는데 그야말로 광란의 현장이었습니다. 그 의식이 끝나 각자 본연으로 돌아왔는데 자기가 무엇을 어떻게 했는지 기억하지 못한다고 했습니다. 그런 중에서도 부상당한 사람은 한 사람도 없었습니다. 짐승의 행동을 그대로 하며 머리와 몸을 기둥에 박고 땅바닥에 비비고 별의별 행동을 다 했는데 부상당한 짐승(사람?)은 없었습니다. 아픔도 느끼지 않았어요. 그러니까 인간이기를 스스로 거절하고 짐승이 되더라는 거예요. 그래서 하나님께서 문신하지 말라는 이유를 제 눈으로 똑똑히 확인했습니다.

요사이 주위에서 많이 듣고 보는「달마도」라고 하는 것 TV 보는 이들이면 모르는 사람 없을 것입니다. 그것은 탱화(불교 그림) 그리는 사람들이 위대한 불교 수행자를 그린 것이라고 말하는데 그 그림을 놓고 사람을 현혹하는 일이 많습니다. 물론 예수님을 믿는 사람은 그것까지 집 안에 걸어 둘리는 없겠으나 혹 예수님을 믿겠다고 교회 처음 나오는 이들이 생각 없이 그런 것들에 현혹될 수도 있겠다는 생각이 들어서 언급합니다. 그런 것은 절대로 용납해서는 안 됩니다. 그런 선전을 들어서도 안 되고 쳐다보고 감상하는 것도 안 됩니다. 또는 호랑이 그림이나 모든 그림 등도 마찬가집니다. 이미 다 말했지만 처음 교회에 나오신 이들이 이 말씀을 혹 듣는 복이 있다면 새겨듣기를 바라서입니다. 몇 년 전에 TV에서 호랑이 그림을 판매했어요. 달마도 그림도 팔았어요. 왜요? 거기에서 기가 나온다 하더군요. 그래서 호랑이 그림을 붙여놓으면 집안이 잘되고 수험생이 있는 집은 머리가 좋아지고 몸에 병이 있는 사람은 병이 낫고 귀신이 있는 집은 귀신이 떠나고. 귀신이 귀신 떠난다고 이런 현혹하는 허무맹랑한 속임으로 TV에서 판매하는 것을 보았습니다. 또한 과거에 제가 그리스도인 집을 방문하면서 보게 된 것은 이런 달마도라는 것과 호랑이 등, 이와 유사한 그림 등을 걸어놓은 것들을 어렵지 않게 보았습니다.

그렇지 않으면 예수님이라고 하는 그림 초상화를 걸어 놓는 일이 대부분이었습니다. 참으로 탄식할 일입니다. 영적으로 얼마나 캄캄함에 있는지 여실히 보여줍니다. 교인 가정의 이사에는 그것들을 선물로 안겨줍니다. 지도자들이나 교인들이나 다 말씀의 빛이 없습니다. 영혼이 구원받지 않았음을 보이는 증거입니다. 물론 예수님은 사람으로 오셨습니다. 그러나 예수님께서 자신의 초상화를 그려서라도 섬기라고 그 초상화 앞에서 기도하라고 하시지 않았습니다. 예수님은 자기의 생긴 모습을 세상에 남기지 않으셨습니다. 왜 여러분이 도대체 말씀에서 깨닫지 못합니까? 함께 동고동락했던 제자들도 예수님의 생김새를,

예를 들어, 코가 어떻다 눈이 어떻다 잘생겼다 못생겼다 등의 언급조차도 없습니다. 얼굴의 생김새를 추측해 볼 수 있는 흔적도 없습니다. 예수님의 초상화가 우상이 될 것이기에 남겨놓지 않았습니다. 기독교(성경)는 보는 것을 금합니다. 예수님은 자신을 그려서 자신의 형상을 만들어서 그것을 예수님이라고 섬겨달라고 바라봐 달라고 하신 적 없습니다. 여러분 정신 차리기 바랍니다.

하나님께서는 말씀을 들으라고 하셨지 만들어 바라보라고 하지 않으셨습니다. 말씀을 듣고 그 말씀을 순종하느냐 불순종하느냐로 결정나는 것입니다. 예수님이라고 그려놓은 그림 앞에서 무엇을 합니까? 예수님의 생김새에 대해서 감상하는 것 아닙니까? 도대체 왜 그것이 예수님입니까? 부패하고 타락한 인간 본성은 자기 눈앞에 어떤 형상이 있어야만 눈에 보여야만 거기에 무엇이 있는 것인 줄 착각합니다. 그것이 미신이요 종교인의 전형입니다. 송아지 형상 만들어 놓고 그것을 신이라고 섬기며 하나님께로 기어코 돌아서지 않았던 멸망당한 이스라엘 백성과 똑같습니다.

제가 언젠가 여러분에게 예수님이라고 초상화 그려놓은 액자에 대한 간증을 그 당사자들이 직접 이야기한 경험담을 녹음한 테이프를 가져와서 들려주었지 않습니까? 액자 속 초상화가 예수님인 줄 알고 그 앞에서 무릎 꿇고 기도하고 예수님처럼 대하다가 귀신이 들렸습니다. 귀신들린 이의 딸이 자기 목사에게 어머니가 귀신 들렸으니 기도해주십사 하여 기도를 하는데 귀신이 자기 정체를 드러낸 겁니다. '이 사람이 하도 저 그림이 자기 예수님이라고 하면서 빌고 그 앞에 기도하고 그러기에 내가 거기 붙어서 경배받았다. 그 액자에 붙어서 내가 경배받았다. 며칠만 참아주면 내가 이 사람을 데려갈 텐데 좀 참아 달라. 제발 참아 달라!' 그러니까 죽이러 왔다는 것입니다. 그 사람의 생명을 끊어서 자기가 데리고 가려고 했다는 것입니다. 목사가 자신도 그런 일을 처음 대하는 것이라 얼마나 놀라고 당황했다고 그 귀신 들렸던 당사자도 함께 있는 그 자리에서 간증한 내용을 여러분에게 테이프를 틀어서 들려주었잖습니까?

  그래서 아이들에게도 참으로 조심할 것은 제가 들은 말인데 교회들이 그림을 그려서 아이들에게 성경 이야기를 한다는 것입니다. 흥미를 돋우기 위해서 예수님이라고 그림을 그려 가리키며 '이게 예수님이야!'하는 겁니다. 예수님이라고 하는 초상화를 집에다 걸어 놓거나 교회 내부에다 장식으로 걸어 놓거나 하면 아이들은 (성인들도 마찬가집니다.) 곧 생각이 어때요? '아 예수님이 저렇게 생겼구나!'하고 정신에 인식 돼 버리기 때문에 '예수님' 하면 먼저 그림 속의 그 형상을 떠올려 상상 속의 예수님이 되게 합니다. 그래서 말씀으로 예수님을 만나지 못하도록 막는 큰 역할을 합니다. **주는 그리스도시요 살아계신 하나님의 아들이시니이다**(마16:16) 하는 그 하나님을 눈에 보이는 형상이나 그림으로 설명하는 것이 절대 아닌 것입니다. 아이들이 그것으로 각인이 되어 '예수님' 하면 그림을 떠올리게 된다면 그것이 바로 형상이요 우상입니다. '우상' 하니까 귀신 섬기는 그런 것만 말하는 것 아니에요. 알아듣습니까? 제발 알아듣기를 바랍니다. 하나님의 말씀은 영이요 생명이니 영혼의 귀로 들어야 하고 말씀으로 영의 믿음이 되어야 합니다. 그래서 말씀을 말하고 말씀을 가르치고 말씀을 듣게 해야 합니다. 예수님은 이 온 우주를 다해도 포용할 수 없을 만큼 측량할 수 없을 만큼 크신 분이니 예수님을 말씀으로 만나도록 해야 합니다. 예수님을 눈으로 바라보고 감상할 분이 아니기 때문에 아이들에게 그런 그림 놓고 예수님이라고 가르쳐 귀신 노릇 하는 일이 없어야 할 것입니다.

오늘 우리가 읽은 말씀이 무엇입니까? 너희는 믿지 않는 자와 멍에를 같이 하지 말라 의와 불법이 어찌 함께하며 빛과 어둠이 어찌 사귀며 했습니다. 여러분 빛과 어둠이 사귈 수 있습니까? 어둠은 빛이 오면 물러가는 것이지 빛과 어둠이 사귈 수는 없습니다. 그러므로 믿지 않는 자와 멍에를 같이 하지 말라는 것입니다. 그리스도와 벨리알이(사단과) 어찌 조화되며 믿는 자와 믿지 않는 자가 어찌 상관하며 했습니다. 믿지 않는 자가 믿는 자를 상관할 수 없고 믿는 자가 믿지 않는 자를 상관할 수 없다는 말입니다. 믿지 않는 자에게 복음을 전하여 예수님을 믿을 수 있도록 인도하는 것 외에는 서로 상관할 수는 없습니다. 하나님의 성전과 우상이 어찌 일치가 되리요 우리는 살아 계신 하나님의 성전이라 했습니다.

이처럼 "하나님께서 내가 저희 가운데 거하며 두루 행하여 나는 저희 하나님이 되고 저희는 나의 백성이 되리라 하셨다"고 하셨습니다. "그러므로 주께서 말씀하시기를 너희는 저희 중에서 나와서 따로 있고" 즉 이방인들과 함께 멍에를 같이 메지 말라 멍에를 같이 하지 말라는 말씀입니다. 부정한 것을 만지지 말라. 부정한 것은 우리 속에서 다 깨끗이 하라는 것입니다. 이와 같이 거룩함을 온전히 이루게 되면 "내가 너희를 영접하여 너희에게 아버지가 되고 너희는 내게 자녀가 되리라 전능하신 주의 말씀이라"고 하셨습니다. 사람의 말이 아니라 천지와 만물을 지으시고 심판과 구원의 권세를 가지신 예수님의 말씀이라는 말입니다.

그러므로 예수님 믿는다는 말 가지고 구원받는 것인 줄 착각하지 마십시오. 귀신과 동고동락하면서 구원받았다고 스스로 속이는 귀신짓 하지 말란 말입니다. 여러분이 예수님을 믿기 원하면 이 같은 하나님의 말씀에 순종하여 오늘 고후7장 1이 말씀하는 참으로 "거룩함을 온전히 이루어 육과 영의 온갖 더러운 것에서 자신을 깨끗케 하는 복이 있기를 바랍니다."

 말씀을 맺습니다. 이 말씀을 말하게 하신 우리의 주 예수님께 감사와 영광을 돌립니다. 아멘

성전 4-1
금 등대와 등불 (성품의 죄들을 따 내야)(1)

³¹너는 정금으로 등대를 쳐서 만들되 그 밑판과 줄기와 잔과 꽃받침과 꽃을 한 덩이로 연하게 하고 ³²가지 여섯을 등대 곁에서 나오게 하되 그 세 가지는 이편으로 나오고 그 세 가지는 저편으로 나오게 하며 ³³이편 가지에 살구꽃 형상의 잔 셋과 꽃받침과 꽃이 있게 하고 저편 가지에도 살구꽃 형상의 잔 셋과 꽃받침과 꽃이 있게 하여 등대에서 나온 여섯 가지를 같게 할찌며 ³⁴등대 줄기에는 살구꽃 형상의 잔 넷과 꽃받침과 꽃이 있게 하고 ³⁵등대에서 나온 여섯 가지를 위하여 꽃받침이 있게 하되 두 가지 아래 한 꽃받침이 있어 줄기와 연하게 하며 또 두 가지 아래 한 꽃받침이 있어 줄기와 연하게 하며 또 두 가지 아래 한 꽃받침이 있어 줄기와 연하게 하고 ³⁶그 꽃받침과 가지를 줄기와 연하게 하여 전부를 정금으로 쳐 만들고 ³⁷등잔 일곱을 만들어 그 위에 두어 앞을 비추게 하며 ³⁸그 불집게와 불똥 그릇도 정금으로 만들찌니 ³⁹등대와 이 모든 기구를 정금 한 달란트로 만들되 ⁴⁰너는 삼가 이 산에서 네게 보인 식양대로 할찌니라

(출25:31-40)

²⁰너는 또 이스라엘 자손에게 명하여 감람으로 찧어낸 순결한 기름을 등불을 위하여 네게로 가져오게 하고 끊이지 말고 등불을 켜되 ²¹아론과 그 아들들로 회막 안 증거궤 앞 휘장 밖에서 저녁부터 아침까지 항상 여호와 앞에 그 등불을 간검하게 하라 이는 이스라엘 자손의 대대로 영원한 규례니라

(출27:20,21)

    구약 성전은 믿음이 무엇인가 믿음은 어떻게 가져야 하고 어떻게 되어야 하는가를 정확하고 분명하게 가르치시는 하나님의 뜻이라고 말씀드렸습니다. 하나님께 범죄하고 떠난 인간은 **죄의 삯은 사망**이라고 하신 법에 걸려 사망에 들어가게 되었는데 예수님께서 죄를 대신 지고 십자가에 달려 생명을 내놓아 피 흘리셨으므로 용서받고 놓이게 되었습니다. 그러므로 사람이 하늘 성소(예수님)안으로 들어가는 조건은 자신이 하나님이 말씀하시는 죄인이라는 것을 인정하여 예수님의 피로 죄가 용서받았음을 믿는 것이요 그 믿음의 증거는 하나님의 계명이 말씀하는 모든 영적 죄와 육체의 죄들에서 자신을 깨끗케 하는 것이다 하는 것을 말씀드렸습니다. 깨끗케 하는 그것이 예수님의 죄 사하신 피를 믿는 증거요 또한 그 증거를 가져야만 성소이신 예수님 안에 들어간다는 것도 말씀드렸습니다(고후7:1). 그러므로 영의 죄 육체의 죄들에서 자신을 깨끗이 하지 않으면 성소이신 예수님 안에 들어갈 수 없다는 것을 성전 뜰의 번제단과 물두멍에서 알게 되었습니다.

    성소는 거룩케 된 자가 들어가는 거룩한 곳입니다. 성소는 누구를 말합니까? 그래서 예수님 안에 들어갔으면 하나님 나라를 유업으로 받은 것입니다. 마태복음 7장에 예수님께서 **좁은 문으로 들어가라** 하

셨습니다. 예수님을 믿고 따르는 길은 생명이므로 그 길이 얼마나 좁고 협착한지 찾는 이가 적다고 하셨습니다. "생명으로 가는 문은 좁고 협착하다. 그래서 찾는 이가 적다." 그러면 예수님을 믿는 여러분은 어떻습니까? 생명으로 가는 문은 좁고 협착하여 찾는 이가 적다고 하신 예수님의 이 말씀을 받아 좁은 문 협착한 길로 가고 있습니까?

우리가 신앙고백을 하기는 매우 쉽습니다. '예 예수님이 구주이신 것 믿습니다. 예, 나는 죄인입니다. 예수님을 나의 구주로 믿으니 구원 얻은 것을 믿습니다.'하는 고백을 하기는 매우 쉽단 말입니다. 그러나 그 고백으로는 실제 생명을 얻지는 못합니다. 왜냐면 생명을 얻는 길은 좁고 협착한 길이어야 하기 때문입니다. 그런데 그 길은 매우 좁고 협착한 길이므로 찾는 이가 적다고 하셨습니다. 예수님에 대한 믿음을 고백했다고 해서 구원(생명)이 되는 것은 절대로 아니란 말입니다.

그러면 여러분 생명으로 인도하는 문은 좁고 길이 협착하여 찾는 이가 적다고 하신 그 생명은 어디에 있습니까? 예수님께 있습니다. 그렇다면 성소이신 예수님 안에 들어가는 것이 생명인데 그 생명으로 인도하는 문은 좁고 길이 협착하다 그래서 찾는 이가 적다 하셨으니 그러면 성소에 들어가는 것이 고백만으로 된다는 말입니까? 절대로 들어갈 수 없습니다. 그러면 오늘날 대부분의 사람들이 가진 구원관은 어떻습니까? '예수님이 죄를 사해 주셨으니 그걸 믿으면 된다. 믿음으로 구원 얻는다고 했으니 믿으면 구원 얻는 것이지 예수님이 다 이루셨는데 우리가 뭘 또 해야 하느냐? 그러면 행위로 구원 얻는 것이냐? 행위 구원이냐?'하고 나오는데 이것은 방자하고 이기적인 자기 생각이요 자기 말입니다. 예수님의 말씀을 정면으로 부정하는 교만입니다. 여러분이 말씀의 귀가 있기를 참으로 바랍니다. 물두멍을 거치는 것이 곧 생명으로 들어가는 좁은 문입니다. 성소의 문, 즉 예수님을 문으로 하여 예수님 안으로 들어가는 것은 좁고 협착한 길입니다. 또한 오늘 등대에서 불을 하나하나 켜주고 그으름 없이 불을 맑고 밝게 하기 위하여 시커먼 불똥을 밤새도록 따 내야 하는 일도 좁고 협착한 길입니다.

물두멍을 거치는 것은 구원 얻기 위한 행위가 아닙니다. 죄 사함을 받은 자에게서 나타나는 행위입니다. 번제단의 피 흘려 죽으심이 바로 자기 죄 때문이요 그 피로 자기의 죄가 사해졌다는 것을 참으로 믿으면 그 믿음은 곧 행함이 따르게 되어 있습니다. 그래서 물두멍은 번제단 믿음을 보이는 것입니다. '예수님께서 피 흘려 네 죄를 사하셨음을 믿는 믿음이 있느냐? 있으면 그 믿음을 보여 봐' 할 때에 물두멍의 그 행함이 믿음을 보이는 것입니다. 야고보서가 이것을 계속 말하였고 바울의 에베소서 등 서신서가 다 이것을 말하고 있는데 그리고 성전을 벗어난 말씀이 없는데 왜 그렇게 오늘날 믿는다는 사람들이 집을 지어 완성하는 데 필요한 벽돌 한 장 같은, 한 구절 말씀으로 구원을 단정 짓는 것인가 하는 것입니다. 두려운 일입니다. 성경의 확실한 답은 어떤 한 구절이 아니라 전체에서 뜻을 봐야 합니다.

성경은 믿음이 있으면 믿음은 행함이라고 분명히 말합니다. 그것을 가르치시는 말씀 앞에서 행함의 믿음을 부정하니 눈으로 읽을 수 있는 말씀도 깨닫지 못하여 부정하는데 하물며 보이지 않는 영의 생명이 되는 레마를 어떻게 볼 수가 있겠습니까? 어떻게 생명(구원)을 얻을 수가 있겠습니까? 네가 죄사하신 예수님의 피를 믿느냐? 믿는다면 죄를 사함 받았으니 이제 그 죄의 자리에서 그 세상에서 나와야 예수님 안으로 들어가게 되니 빨리 나오라는 말씀입니다. 세상에서 나와야 예수님(천국) 안에 들어가는 것이지 않겠습니까? 네가 죽지 않으려면 그곳에서 빨리 나오라는 것입니다. 네 손도 발도 씻고 돌이켜 깨끗이 나와야 거룩한 자가 들어가는 성소로 들어간다는 것입니다.

만일에 예수님이 나의 죄 때문에 피 흘려 구원해 주신 것 믿는다. 이것을 믿으면 구원 얻는다 했으니 나는 말씀대로 그것을 믿는 것이지 사람이 구원을 위해서 무엇을 할 수 있냐? 나는 믿음으로 구원 얻는 것을 믿는다는 고백만으로 구원이 이루어진다면 그렇게 쉬운 것이면 성경을 이렇게 두껍게 기록할 필요는 없습니다. 또한 예수님이 좁고 협착하다 들어오는 자가 적다는 말씀 절대 하지 않으셔야 합니다. 아니 예수님이 피 흘려 구원을 다 이루셨으니 그것만 믿으면 되지 좁고 협착하다 들어오는 자가 적다 말씀하셔야 할 이유가 뭐 있습니까? 좁고 협착한 것은 세상에서도 나와야 하는 것이요 영적 죄 육체의 죄들을 깨끗이 해야 하는 것이요 성품의 죄들에서 나와야 하는 것이요 자아의 죽음이 따라야 함과 함께 따르는 핍박 등을 말합니다.

예수님은 우리를 거짓된 곳으로 가게 하시는 분이 아니기 때문에 좁고 협착하다 그래서 찾는 이가 적다고 말씀하심으로써 우리가 어느 길을 선택해야 하는지 결단력이 요구되는 것임을 분명히 알게 하셨습니다. 그러므로 믿음의 길, 하늘의 길 되신 예수님을 따르는 것은 좁고 협착하다는 것이니 좁고 협착한 길을 갈 것으로 아주 결단하고 가야 합니다. "좁고 협착하다 찾는 이가 적다."하신 말씀을 아주 전제로 하고 그 길을 가야 합니다. 그 믿음의 길을 가는 자를 성영님께서 함께하여 도우시기 때문에 넉넉히 갈 수 있는 것이요 또한 영적인 기쁨과 천국의 행복을 영혼에 부으시니 기쁘게 가는 것입니다. 그래서 찾는 이가 적고 좁고 협착한 생명으로 가는 길을 가는 것은 먼저 물두멍의 명하신 말씀이 걸리지 않아야 하는 것부터입니다.

그것이 예수님의 흘리신 죄 사함의 피를 믿는 것이요 행함을 통하여 피를 증거로 가졌으니 이제 성소 즉 예수님을 만나 예수님 안에 들어가는 겁니다. 예수님의 흘리신 피가 내게 증거의 피가 되어 있지 않으면 예수님 안에 들어갈 수 없습니다. '저는 예수님 십자가의 피 흘린 공로를 믿음으로 가졌습니다.'말한다 해도 성소이신 예수님께 예수님의 피가 보여야 합니다. 죄 씻은 피가 예수님께 보이지 않으면 물두멍의 죄들을 씻지 않았음을 의미합니다. 물두멍에 걸려 있으면 예수님의 피가 그에게서 보이지 않는 것입니다. 알아듣습니까?

그러면 물두멍에서 깨끗이 씻고 예수님의 피를 가지고 성소에 들어가니 거기는 무엇만 보입니까? 성전 요약 편에서 먼저 살펴보았던 대로 성소 안에 놋이 있습니까? 없습니다. 성전 뜰에서는 모든 것이 놋이지만 이 성소에는 놋이 보이지 않습니다. 여기저기 다 둘러보아도 놋은 전혀 보이지 않고 금만 보입니다. 풀무 불에 단련되어 나온 금은 어떤 불순물도 섞여있지 않습니다. 또한 절대로 변질되지 않는 것이 특징입니다. 바로 성소가 금으로 된 것은 성소이신 예수님 안에 들어온 자는 연단을 받아 성영님으로 거듭났다는(믿음) 것을 의미합니다. 이제 심판과는 무관하다 심판의 대상이 아니다. 성영님으로 거듭나 성영님이 오셔서 계신 거룩한(구별된)성도가 되었다는 것을 의미하는 것이기에 그래서 금입니다. '거룩'이라는 '하기오조'는 '구별되었다.'입니다. 세상으로부터 구별되었다 예수님의 의로 사는 자다. 그래서 성도 입니다. 성영님으로 거듭났다는 뜻에서 부르는 호칭입니다. 육의 사람 육의 삶이 아니라 영적인 삶을 사는 예수님의 사람으로 예수님과 함께 있는 자라는 뜻입니다.

다시 말해 예수님 안에 들어온 믿음은 물과 성영님으로 거듭났음을 말합니다. 거듭났다는 것은 성영님이 번제단과 물두멍을 거친 자에게 죄 사함의 확실한 증거의 피와 살을 먹여주시고 예수님 부활의 생명을 얻게 하셔서 하나님의 자녀로 다시 나게 하셨음을 말합니다. 자녀의 인을 쳤다는 말입니다. 그것을 성도라 부릅니다. 그러면 여러분 성도입니까? 여러분 참으로 성도입니까? 진실로 성도이기를 바랍니다.

그런데 본문 31에서 등대는 그냥 금이 아닌 정금으로 만들라 했습니다. 금하고 정금은 그 의미가 다릅니다. 정금이라 했을 때는 예수님을 상징합니다. 또한 성영님도 포함합니다. 금이라 했을 때는 위에서 말한 대로 성영님으로 거듭난 성도요 그 믿음을 의미합니다. 그래서 등대를 정금으로 한 것은 바로 이스라엘의 그 신앙이 풀무 불에 단련되어 나온 정금같이 고난을 받은 속에서 예수님께서 오셨고 예수님께서 그 고난의 바통을 받아 풀무와 같은 십자가의 고난을 통해 흘리신 피로 인류를 죄와 사단과 사망에서 구원하시고 성영님으로 사람 안에 오셔서 그 일을 믿는 자에게 이루신다는 것을 의미합니다. 죄 용서와 구원과 영생은 오직 삼위 하나님께만 있다는 것과 예수님의 이루신 구원과 부활은 성영님에 의해서만 이루어지는 것임을 의미하여 정금으로 만드는 것이란 말입니다.

금으로 싸라 하신 금도 예수님으로 말미암아 죄 용서를 받고 구원받아 성영님으로 거듭난 영적 사람을 의미합니다. 예수님과 한 몸을 이룬 믿음을 의미합니다. 그래서 '예수님을 믿는다.'하는 것은 육의 사람이 아니라 '나는 영의 사람이다.' '나는 예수님을 믿는 믿음으로 산다.' '예수님 안에서 영을 좇아 사는 영적인 사람이다.'라는 말인 것입니다. 그렇기에 '나는 예수님을 믿습니다.'하면 하나님께서 '네가 성영을 좇아 사는 영의 사람이라는 것이구나.'로 들으시는 겁니다. 그래서 예수님을 믿는다 하는 그 믿음은 입으로만 믿는 것이 아닌 영과 혼과 육, 전인으로 믿는 것을 말하는 것이요 성소 안에 들어온 것을 말하는 것입니다. 그 외에는 다 육(신심, 종교심)으로 믿는 거짓 믿음입니다.

그런데 이 같이 전하는 말씀을 알아듣고 '아멘'한다고 해서 거듭나는 것도 아니지만 사실은 사람들이 자기도 모르게 거짓말을 열심히 남발하고 있습니다. 예수님을 믿는다는 믿음의 말은 다 잘합니다. 입의 말에는 예수님이 있는데 그 영혼에는 예수님이 계시지 않습니다. 세상 것과 육의 것을 좋아하고 믿고 목말라하고 사랑하고 바라고 향해 있고 마음에는 세상이 물질이 주인 되어 있는 겁니다. 예수님의 피 흘리심도 물두멍의 하나님을 거스르는 죄들도 무감각하여 자신과 전혀 관계없는 것들이 되어 있습니다. 육의 것들로 다투고 싸우고 미워하고 분쟁을 일삼고 있습니다. 그것은 구원받은 영의 사람이 아닙니다. 사람들이 예수님은 말하고 부르긴 하나 실제로는 예수님과 먼 자기 삶을 위한 육의 믿음으로 있습니다. 예수님 안에 들어가는 영혼이 되지 못하고 자꾸 성전 문밖으로 밀려 나오는 성전 밖에 세상 사람들과 똑같은 곳에 있다는 말입니다.

믿음에 대하여 여러분이 들어도 되고 듣지 않아도 되는 것이 아닙니다. 여러분의 삶에 예수님이 전부가 되어야 합니다. 모든 것 다 마음에서 버리고 예수님 안으로 들어와야 여러분 삽니다. 오늘 들어온 성소 안에는 모든 기물들이 다 금으로 되어 있다고 했지 않습니까? 성소는 구원받았음을 말하는 장소기 때문에 심판의 상징인 놋이 없습니다. 그래서 천국은 예수님으로 옷 입고 한 몸 된 믿음을 말하는 금 길이라고(성의 길은 맑은 유리 같은 정금이더라(계21:21).) 하는 겁니다. 구원을 받은 뒤에 물두멍(계명이 말씀하는 죄)의 죄들에서 서서히 나오면 되는 것이 아니라 세상과 죄에서 나와야 구원으로 들어간다는 말입니다. 아시겠습니까?

성소 안에 등대는 본문 말씀대로 다 정금으로 되었고 그다음 떡 상이나 분향단은 조각목에다 금을 입혀서 조각목이 보이지 않게 금으로 쌌다고 했습니다. 여러분 왜 금으로 쌌을까요? 조각목이 무엇을 의미하는지 이미 다 들으셨으니 알잖아요? 하나님을 거역하고 사단의 길로 나가버린 인간이 아무짝에도 쓸모없게 되었음에도 불구하고 다시 또 기회를 주어 회개하고 돌이키는 자는 살려주시겠다고 예수님이 대신 심판을 받아 주신 것이잖아요? 그래서 성소의 금은 다시 말하지만 그 삼위의 하나님과 하나님의 뜻을 확실히 알고 이루어졌으므로 구원받은 믿음입니다. 성영님으로 믿는 믿음입니다. 예수님 때문에 용서받고 예수님 때문에 구원받고 예수님 때문에 영생하는 생명을 얻고 그 예수님으로 사는 산 믿음입니다. 믿음은 오직 예수님과 함께 연합입니다. 그래서 이제 믿음의 길을 올라가는 것입니다.

그러면 그에게서 하나님의 눈에 누가 보여야 합니까? 예수님이 보여야 합니다. 만일에 하나님의 눈에 예수님이 보이지 않으면 그는 구원받지 못했고 하나님과 관계없습니다. 조각목을 금으로 다 쌌다는 것은 예수님으로 옷 입었음을 의미하고 그에 대한 믿음을 의미합니다. 하나님께서 예수님을 믿는다는 내게서 나를 보시는 것이 아니라 예수님을 보시겠다는 뜻입니다. 쓸모없는 죄인을 상징한 조각목을 금으로 다 싸라 하신 것은 예수님의 의로 옷 입어야 함을 말하는 것이요 옷 입지 않은 자는 그대로 조각목이니, 벌거벗은 자니 불에 던져진다는 것입니다.

여러분이 잘 이해하고 들으세요. 성소는 누구라고 했습니까? 바로 예수님입니다. 그러면 성소의 주인이 누구입니까? 예수님이시니 그 예수님 안에 여러분이 들어왔으면 누구의 말을 들어야 합니까? 예수님이 주인이면 주인의 말을 들어야 하는 것 아니겠어요? 마17:5에 하나님께서 물두멍이 말씀하는 죄들에서 깨끗하게 씻은 제자들에게 이는 내 사랑하는 아들이요 내 기뻐하는 자니 너희는 저의 말을 들으라고 명하셨습니다. 그다음 요2:5에 이스라엘 신앙의 마지막 주자인 여자(마리아)가 공생애를 시작하시는 예수님의 때에 사람들에게 당부하기를 너희에게 무슨 말씀을 하시든지 그대로 하라고 했습니다. 하나님께서는 "이제 내 사랑하는 아들의 말을 들으라."하셨고 구약의 성도는 메시아를 기다리던 예수님이 오신 때의 신약 사람들에게 당부하기를 '무슨 말씀을 하시든지 그대로 하라'였습니다. 그래서 예수님의 말씀 하나하나가 믿는 자의 마음에 들어와 깨달아 새겨지고 그 말씀으로 사는 능력이 되어야 합니다. 그런데 '예수님의 말씀을 듣는 자가 그리 없다 참으로 예수님을 인격적으로 사랑하여 믿고 자기를 부인하고 말씀을 따르는 자가 그리 없다.'는 말씀을 성영님이 저에게 하셨습니다. 제가 이후 이 십 여년을 보면서 확실히 깨달은 것은 사람들이 믿는다 해도 예수님을 만나 예수님 안에 들어갈 수 있는 번제단과 물두멍의 자격을 갖춰야 하는 것에 도무지 개념도 없고 지식을 따라 믿는 것이 아니더란 것입니다. 주초를 반석위에 놓은 연고가 없습니다. 그래서 다 예수님과 다른 방향에 가서 도취해 있으면서 그것을 믿음이라고 말하는 것을 너무나 보는 것입니다. 영으로 예수님을 만난 믿음이 없습니다.

이제 성소에 들어오면 주인이신 예수님의 말씀을 들어야 하고 성영님과 함께 예수님의 성품으로 변화 받는 훈련을 적극적으로 해야 합니다. 그것이 자기 부활의 몸이 될 재료입니다. 아셨습니까?

성소 밖의 물두멍과 번제단은 여호와 하나님의 말씀을 들어야 하는 곳입니다. 그래서 예수님을 믿기로 하였으면 심판과 구원을 담고 있는 여호와 하나님의 말씀, 율법을 통해서 죄를 보고 그 죄들에서 돌이켜야 하는 것인데 그것은 성영님이 해주시는 것이 아니라 자기가 하는 일입니다. 여러분이 이것을 분명히 아십시오. 물두멍에서 씻어야 하는 하나님과의 관계되는 영적인 죄와 육체의 죄들에서 자신을 깨끗이 하는 것은 자기 의지의 문제입니다. 자기 의지가 결단하여 행하는 것입니다. 그것이 예수님 안에 들어올 수 있는 자격이요 하나님께 대한 인간이 가져야 할 겸손입니다.

성전 뜰은 여호와 하나님의 말씀을 들어야 하는 곳으로 영적 죄와 육체의 죄가 처리 돼야 하는 곳이고 이제 성소에 들어와 처음 만나는 등대에서는 성품에서 나오는 죄들이 처리되어야 하는 곳으로 예수님의 말씀을 듣는 곳입니다. 그래서 예수님의 성품으로 변화를 받는 것입니다. 다시 말합니다. 성전 뜰은 육체의 죄들과 십계명이 말씀하는 영적 죄들을 처리하는 곳이고 성소에 들어와 등대는 우리의 혼 인격이 예수님의 인격으로 변화 받는 곳이다 하는 것 이해됐습니까? 성전 뜰은 자기 의지에 달려 있는 문제이고 성소의 등대에서는 예수님의 말씀으로 성영님의 도우심에 의해 속사람의 능력 곧 예수님의 성품으로 변화를 받아가므로 예수님(성영님)과 하나가 돼야 하는 예수님으로 열매를 맺어야 하는 것이란 말입니다. 이것이 등잔에 불을 밝히고 맑고 환하게 했던 의미입니다. 그래서 '우리 믿음이 무엇인가? 믿음을 어떻게 가져야 하는가.'를 이같이 성전으로 자세히 알도록 하셨기 때문에 저는 지금까지 여러분 자신이 참으로 믿기 원하면 자기의 믿음을 들여다보고 알도록 끊임없이 믿음의 길을 말하여 온 것입니다.

그러면 성소가 예수님을 말하면서 또 믿는 우리에겐 영 혼 육중에서 어디에 해당이 됩니까? 혼입니다. 예수님 안에서는 이제 우리의 혼 지정의가 말씀으로 사는 능력을 갖추어야 하고 예수님의 신영한 인격으로 변화를 받아야 하는 곳입니다. 우리의 자아 중심인 인본은 십자가에 못 박아 버렸고 예수님 안에서는 죽었기 때문에 이제 예수님으로 사는 능력 예수님이 중심이 돼야 합니다. 우리 지성은 오직 예수님을 아는데 예수님의 말씀으로 사는데 마음을 다하고 감정은 오직 예수님만 사랑하고 예수님으로만 기뻐할 수 있는 뜻이 되어야 하고 의지는 오직 예수님께 두고 지정의의 인격이 예수님으로 세워져야 하는 것입니다. 이것이 하나님께서 성전을 통해 보여주신 하나님의 전 뜻입니다.

이 등대에서 자기를 부인하는 영적인 능력을 갖추어 나가지 않으면 다시 성소 밖으로 밀려 나가게 됩니다. 그래서 예수님이 마10장과 16장에 **자기 십자가를 지고 나를 좇지 않는 자도 내게 합당치 않고 자기 목숨을 얻는 자는 잃을 것이요 나를 위하여 자기 목숨을 잃는 자는 얻으리라**고 하셨습니다. 마13장에 '보화 비유'나 '진주 비유'에서도 천국을 소유하려면 즉 예수님을 소유하려면 자기의 소유를 다 팔아 버리지 않으면 자기중심인 인본을 팔지 않으면 소유할 수 없다는 것을 말씀하셨지 않습니까? 그러므로 여러분이 예수님을 믿는다면 예수님 안에 들어가기 전의 행할 일과 예수님 안에 들어가 예수님과 영혼으로 온전한 연합을 이루기 위하여 하는 일이 무엇인지 확실히 구분이 되어야 합니다. 우리가 믿는다면 예수님의 마음과 뜻과 목적이 같아져야 예수님과 한 몸을 이루게 되는 것입니다. 그래서 예수님과 인격적인 사귐이 되는 것이 믿음입니다.

오늘 성소 문에서 첫 번째로 만나는 것은 금 등대입니다. 예수님 안으로 확실히 들어가 온전한 구원이 되기 위해서는 먼저 이루어져야 하는 것 바로 금 등대의 일입니다. 오늘 본문 말씀 33-36의 내용을 다 설명하기는 여러분이 듣기에 복잡하니 생략하고 여기서 중요한 금 등대 일곱 가지와 불을 밝히는 것 등에 대해서만 다룰 것입니다. 이

금 등대는 가운데 줄기를 중심하여 양쪽에 세 개씩 가지를 내었고 모두 일곱 개로 돼 있습니다. 불을 밝히는 등잔과 불집게, 불똥 그릇 등 대에 쓰이는 부속물도 다 정금입니다. 이것은 내가 구원받아 예수님 안에 들어가고 예수님이 내안에 오시는 성전의 관계가 되려면 바로 성영님을 영접하여 모시고 오직 성영님으로 믿음이 되고 성영님을 따라야 하는 것임을 의미합니다. 믿음의 유익이신 성영님의 인도를 받지 않으면 안 됩니다. 제사장들에게 저녁 해질 때부터 아침 동틀 때까지 어두운 성소 안이 밝도록 일곱 등잔에다가 불을 다 켜놓고 절대로 꺼지지 않게 하라고 명하셨습니다. 이것이 이스라엘에 영원한 규례라고 했습니다. '영원하다'는 것은 규례가 주는 의미는 영원한 것임을 일일이 말씀드리지 않아도 여러분이 기본으로 알고 계세요.

계1:20에 일곱 촛대는 일곱 교회라고 했습니다. 바로 성소의 이 등대 이야기입니다. 일곱 교회는 예수님으로 구원받은 성영님이 세우신 교회들을 말합니다. 교회의 기초요 머리가 되시는 예수님이 중심이 된 교회들입니다. 등대의 중심이 된 기둥이 예수님을 의미하고 그 기둥에 붙은 여섯 개의 가지는(여섯은 세상 수 인간 수예요.) 성영께서 세운 예수님이 중심이 된 교회와 예수님이 중심이 된 성영님으로 믿는 개개인을 상징합니다. 예수님께 붙은 가지가 되어 예수님의 말씀으로 자라나 예수님으로 열매가 된 것을 상징합니다.

그러면 예수님께서 이 등대를 비유하여 말씀하신 곳이 있는데 어디일까요? 요15장 포도나무 비유입니다. 나는 포도나무요 너희는 가지니 저가 내 안에 내가 저 안에 있으면 이 사람은 과실을 많이 맺나니 나를 떠나서는 너희가 아무것도 할 수 없음이라 바로 등대의 원리, 가운데 줄기와 가지와 열매에 대한 원리를 말씀하셨습니다. 예수님께 붙어

있는 가지만 예수님으로 열매를 맺는 것임을 분명히 말씀한 것입니다

그래서 그 일곱 개의 등잔에 불을 밝히기 위해 출27:20에 읽어본 바대로 **이스라엘 자손에게 명하여 감람으로 찧어낸 순결한 기름**을(아무것도 섞이지 않은 순수한 감람 열매의 기름) 등불을 켜기 위해 제사장에게로 가져오게 하여 끊이지 말고 등불을 켜라고 하셨습니다. 이 순결한 기름은 백성에겐 오직 하나님만 바라고 하나님만 섬기고 말씀에 복종하는 신앙을 말하고 또한 오늘날도 백성의 신앙 순결의 뜻을 가진 번제단과 물두멍을 거쳐 성소로 들어와야 하는 것임을 말합니다. 그래서 이 등대가 주는 의미, 물두멍을 거친 순결(깨끗)한 자만이 성영님으로 거듭나는 것이요 거듭난 자만이 순결한(마음이 청결한)자입니다. 예수님을 따르고 영생 얻기 위하여 자기의 영적 죄와 육체의 죄들로부터 자신을 깨끗이 하여 예수님을 사랑하는 자가 순결이요 성영님이 그의 안에 들어오실 수가 있는 것입니다.

성소에는 구별된 제사장들만 출입했습니다. 그러면 신약에서 예수님을 믿어 구원받은 자를 무엇이라 했습니까? 제사장이라고 했습니다. 예수님(성소)안에 들어오면 이제 제사장입니다. 계1:6에 **나라와 제사장으로 삼으신** 계5:10에 **나라와 제사장을 삼으셨으니** 벧전2:9에 **왕 같은 제사장이요** 했습니다. 벧전2:5에 **너희도 산 돌 같이 신영한 집으로 세워지고 예수 그리스도로 말미암아 하나님이 기쁘게 받으실 신영한 제사를 드릴 거룩한 제사장이 될지니라** 했습니다. 그렇다면 예수님 믿는 여러분! 여러분은 하나님이 기쁘게 받으실 신영한 제사를 드리는 거룩한 제사장입니까? 성소이신 예수님 안에 들어와 예수님의 사람으로 하나님께 신영한 제사를 드리는 제사장입니까? 구원받았으면 제사장입니다. 여러분이 제사장이 아니면 하나님과 관계없습니다. 오늘날 제사장은 성영님으로 거듭나 예수님으로 사는 자요 신영과 진

정의 예배자입니다.

계4:5에 보좌 앞에 일곱 등불 켠 것이 있으니 이는 하나님의 일곱 영이라 계5:6에 일곱 눈이 있으니 이 눈은 온 땅에 보내심을 입은 하나님의 일곱 영이더라 했습니다. 하나님의 보좌 앞 일곱 등불(하늘 성소 안에 있는 등대) 켠 것은 바로 오늘 이 성소의 등대를 말합니다. 일곱은 하나님의 수로 완전수입니다. 온 땅에 보내심을 입은 하나님의 일곱 영이라 한 것은 일곱의 영이 있다는 말이 아니라 성영님의 완전하신 전지성을 말합니다. 하나님이 십자가 위에서 이루신 구원의 뜻을 전지하신 하나님의 영이신 성영님께서 사람들 속에 이루어지게 하시려고 온 땅에 보내심을 입었다는 말입니다. 그러므로 예수님 안에 들어오면 하나님께 제사드릴 제사장입니다. 죄 사함 받아 수족을 씻어 죽은 행실들에서 온몸이 깨끗케 되었으므로 성영님이 내주하시게 되었습니다. 제사장이 등잔에 불을 켜 성소 안을 환하게 밝혔던 것처럼 내주하신 성영님께서 기름 부음의 가르치심으로 예수님(삼위 하나님)을 밝히 알게 하시고 예수님과 함께 죽고 사는 믿음으로 서게 하십니다. 예수님(삼위의 하나님)과 영혼으로 맺은 관계가 되게 하시는 겁니다. 그래서 성소는 예수님과 온전한 연합이요 한 몸 됨을 의미합니다.

등잔에 등불 켠 것을 가지고 혹시 또 성영의 불이라고 말할지 모르겠습니다. 그래서 굳이 설명합니다. 하나님께서 성소에 불을 켜라 하신 이유가 무엇입니까? 등불을 켜는 것은 어둠을 밝히기 위함입니다. 무엇을 태웠거나 무엇을 씻은 것이 아니에요. 어떤 현상이 나타난 것이 아니에요. 등불을 켜서 성소 안을 밝게 한 것처럼 예수님은 빛이시오 그러므로 천국의 속성은 밝음이요 성영님께서 사람 안에 오시면 죽음(어둠)이 물러가 밝음(천국)이 되고 생명이신 예수님을 아는 것에

밝아져 온전한 한 몸을 이루는 것임을 의미하는 것입니다. 예수님을 아다는 것은 삼위 하나님을 알고 말씀 안에서 하늘 성소를 보고 아는 것임을 말합니다. 그러므로 생명의 빛으로 오신 예수님과 사람 안에 오시는 성영님(예수님)은 생명의 빛이시라는 그 속성을 의미한 것입니다. 아셨습니까?

이제 성영님으로 말미암아 예수님을 깊이 알고 함께하는 예수님의 사람, 신부로서의 영적 능력을 갖추는 것입니다. 이것이 성영님으로 기름 부음을 받은 신영한 제사장이요 성전의 관계입니다. 여기에는 자기 지식 없습니다. 자기 생각 없습니다. 자기감정 없어요. 자기 기분 없습니다. 오직 예수님과 예수님의 성품이신, 성영님으로 맺은 열매가 있는 것입니다. 그래서 여러분께 이 모든 성전의 뜻에 대하여 다 말씀드리고 설명을 한다 해도 여러분의 것이 될 수는 없습니다. 맞다하고 그렇다고 아멘 한다고 해도 되는 것이 아닙니다. 성전 말씀을 통해서 자기 믿음이 지금 어떤 상태인가? 무엇에 걸렸나? 하는 것은 비추어 볼 수는 있어도 비추어 안다 해도 될 수는 없습니다.

여러분의 것이 되는 것은 이 믿는 일이 본분인 줄 알아 자기 믿음을 위해서 성영님을 의지하여 소원하고 마음과 뜻을 다해 전투의 노력으로 쟁취하여야 합니다. 말씀과 함께 성영님의 도우심을 구하여 영적 사람으로 서기 위한 훈련을 사명으로 알고 해야 합니다. 또한 그것이 여러분 한 사람 한 사람에게 하나님이 주신 사명이에요. 그것이 달란트입니다. 이것은 누구도 해줄 수 없습니다. 자기가 하는 것입니다. 구원은 자기의 것이지 누가 구원을 줄 수도 없는 것이고 구원받아 줄 수도 없는 것이고 구원을 나누어 줄 수도 없는 것입니다. 자기 구원은 자기가 쟁취하는 것입니다.

그래서 성경을 많이 안다고 하는 것만이 능력은 아닙니다. 아무리 많이 알아도 예수님의 성품이신 말씀으로 변화가 없으면 교만일 뿐입니다. 하나를 알아도 똑바로 알고 행하는 똑바른 믿음이 돼야 합니다. 그런 자만이 열을 알면 열을 다 하는 것입니다. 그러니까 남 볼 시간이 어디 있습니까? 자기를 봐야 하는데 자기 볼 시간도 없는데 남 볼 시간 어디 있느냐는 얘기입니다. 자기 안 보고 남 보는 사람 다 성전 밖의 사람입니다.

교회 와서도 인간적 사랑을 왜 찾습니까? 인간의 친절을 왜 바랍니까? 교회가 인간의 위로나 바라고 인간적인 친절이나 바라고 인간 감정에 좋고 인간 기분 얻으려고 오는 곳입니까? 교회 와서 그런 것을 바란다면 그것은 종교 믿으러 나왔습니다. 교회는 종교가 아닙니다. 예수님을 믿기 위해 나왔다면 지금 자기 볼 시간도 없는데 말씀에 비춰 자기를 들여다볼 생각은 안 하고 티에 불과한 것들에 눈과 마음을 뒀다면 그것이 예수님을 믿으려고 나온 것이겠습니까? 예수님을 왜 믿어야 하는지 모르는 종교인입니다. 그렇게 예수님 믿는 것을 종교처럼 알고 있는데 거기다 예수님을 기분으로 감정으로 믿고 만나려 하니 만날 수는 없고 그러니 자기 믿음 안 되는 것이 자기에겐 없는데 교회가 책임 있고 저 사람 때문이고 사기 눈 속에 들보를 두고 티밖에 되지 않는 것들에 책임 있는 것처럼 하는 겁니다. 교회의 사랑은 인간으로는 냉정한 것 같으나 그러나 영혼의 멸망을 보고 애통하여 우는 것입니다. 진짜 믿음이 무엇인가를 깨닫게 되기를 원하여 영혼들을 위한 애통의 기도예요. 여러분 지금 남을 볼 때 아닙니다. 참으로 믿기 원하면 자기가 지금 '예수님 안에 들어와 예수님과 함께 있는 자가 되었는가?' 하는 자신부터 말씀에 비쳐 들여다보고 하나님이 말씀하시는 믿음이 되기를 힘써야 할 것입니다.

우리 성품은 혈과 육입니다. 혈과 육으로는 하나님 나라 들어갈 수 없습니다. 예수님이 십자가에 못 박혀 죽으셨을 때 혈과 육도 함께 못 박혀 죽었습니다. 우리 혈과 육은 죽었다는 것을 분초마다 인식하고 자기가 죽은 십자가, 자기를 부인하는 십자가를 지고 예수님 따라가야 합니다. 육은 온전히 죽고 영으로 사는 능력을 갖추어 가야 합니다. '믿음' 하니까 내 쪽에서 그것을 그냥 믿는다 하기만 하면 된다는 식의 그런 오만한 것을 믿음이라고 하는 것 아닙니다. 성경은 그런 얄팍하고 이기적인 것을 믿음이라고 말하지 않습니다. 믿음인 것처럼 자신을 속이는 그 같은 거짓에서 속히 돌이켜 말씀이 말하는 대로 믿음이 돼야 합니다. 참으로 믿는 결단을 하고 다른 곳을 보던 눈을 돌려 성영님께서 자신을 보는 눈이 되어 주시길 애통하며 간구하는 진정(진실)의 모습이 있어야 합니다. 예수님을 믿어 예수님과 함께 있기를 진정으로 원하면 다른 곳을 향하고 있는 눈과 귀를 속히 자기 쪽으로 돌려야 한다는 말입니다.

잠깐 다른 방향이었는데 다시 돌아와서 이제 성소 즉 예수님 안에 들어왔으면 지성도 감정도 의지도 다 예수님께 복종하고 예수님의 말씀으로 살아야 한다는 것 이제 다 아십니다. 우리 마음에 원망이 있고 불평이 있고 분노가 있고 혈기가 있고 미움이 있는 이 같은 죄의 성품들을 성영님의 도우심을 힘입어 말씀으로 끊임없이 고침을 받으며 예수님의 성품으로 변화를 받아야 합니다. 예수님의 용서가 차고 넘쳐야 합니다. 제사장들에게 매일 저녁마다 일곱 개의 등잔에 불을 켜고 다음 날 아침까지 불이 꺼지지 않도록 간검(看儉)하라고 했습니다. 밤새도록 등불을 살피며 불똥으로 그을음이 생기지 않도록 흘러내린 그 불똥들을 금 집게로 떼어내고 등불을 맑고 밝게 하여 성소를 비추라 했습니다. 예수님 안에 들어온 우리의 믿음은 이처럼 성품에서 나오는 부정한 그 불똥들을 따 내는데 힘써야 합니다. 삼위의 하나님을 알고 사귐의 밝음이 되도록 계속 따 내야 합니다. 온전히 죽어야 함에도 순간순간 성품에서 올라오는 미움이나 원망이나 불평 분노 등 세상 것에 욕심 등 육체의 정욕 안목의 정욕 이생의 자랑의 것이 올라올 때마다 쳐서 말씀 앞에 복종하고 성영님이 양심에 지적하시는 죄들을 버리는 연단으로 거룩한 성전이 되는데 힘써야 합니다.

번제단과 물두멍을 뜻대로 거쳐 예수님 안에 들어왔어도 성품의 죄들을 예수님의 말씀과 성영님의 도우심을 입고 처리하지 않으면 거듭나지 못할 수도 있습니다. 여러분이 믿음을 이해하려면 등대에 대한 이해가 좀 더 있어야 합니다. 번제단과 물두멍을 거쳐 성소로 들어와 등대를 만났다고 거듭나지는 것 아니라고 말씀드렸습니다. 금 등대는 한마디로 예수님과 성영님을 의미한다 했습니다. 그래서 제사장이 등대에 불을 켜듯이 거듭남으로 들어가려면 성영님을 알고 성영님의 인도를 받고자 하는 간절함으로 성영님을 영접해 모셔 들이고 인본의 성품 즉 사단이 중심인 죄의 성품이 성영님과 말씀으로 변화를 받아가는 훈련을 적극적으로 받아야 합니다. 그리할 때에 하나님의 자녀로 거듭남이 있게 되고 예수님과 한 몸을 이루는 영적 능력으로 서게 되는 것입니다. 만일에 성영님과 함께 받는 이 같은 연단과 훈련이 없다면 거듭날 수는 없습니다.

등대의 가운데 줄기는 곧 예수님을 의미하고 그 줄기에 연하여 있는 여섯 개의 가지는 예수님을 믿는 자들을 의미합니다. 제사장이 가운데 원줄기 등잔에 불을 키고 그다음 그에 붙은 가지에다 하나하나 불을 켜 나간 것과 같이 성품에서 올라오는 자기 속의 죄들을 말씀과 성영님으로 하나하나 따 내는 연단을 받아 예수님의 성품으로 변화가 나타나 밝음이 되지 않으면 거듭나지 못할 수가 있다는 말입니다. 물두멍의 죄들을 깨끗케 하였다 해도 등대의 불을 밝히지 않으면 여전히 어둠(죽음)에 있는 증거란 말입니다. 혈과 육의 성품에서 올라오는 죄들을 예수님의 가르치신 신영한 말씀을 받아 자기에게 적용하여 따 내야 합니다. 또한 지성도 감정도 의지도 다 예수님께 두고 따라야 합니다. 그렇지 않으면 저주가 다른 누구 때문이 아니라 자기 안에 있으니 버려진다는 거예요. 성품의 죄들을 양심에 지적하여 주시던 성영님이 떠나버리신다는 거예요. 성영님이 한번 떠나시면 예수님이 오셔서 다시 죽으시지 않는 한 성영님은 오시지 않는다고 히브리서가 말했습니다.

복음의 사람은 원수가 없는, 원수를 맺지 않는 용서의 사람이 되었다는 것이요 비난이나 비웃거나 정죄하지 않는 사람이 되었다는 것이요. 마음에 미움을 품지 않는 사람이 되었다는 것이요 미움이나 원망이나 불평이나 분노 등의 이 같은 혈기의 것들이 얼마나 하나님의 말씀과 거룩하심을 거스르는 육의 죄라는 것을 아는 것이요 그러므로 말씀이 지적하고 성영님이 양심에 명하시는 것들을 다 따 내기를 힘써 행하는 것입니다. 죽은 육의 것들을 세우고 육의 것들을 붙잡고 놓지 않으려는 것이 얼마나 하나님과 원수가 되게 하는 것인지를 분명히 알아야 합니다.

여러분 지금 이 자리에 왜 계십니까? 하나님을 예배하려고 나온 것 몰라서 묻느냐? 하지 않겠습니까? 그러나 예배의 모든 순서가 다 중요하지만 가장 중요한 것은 자기가 하나님의 말씀을 받아 삶이 되고자 하는 그 신앙 정신이 예배의 가장 중요한 요소입니다. 그것이 하나님께 대한 믿음이요 예배의 본질입니다. 말씀에 관심 없는 것 예배의 의미가 전혀 없습니다. 그것은 예배 아닙니다. 말씀을 듣고 행하는 삶으로 나타내 하나님께 제사장이 되지 않으면 아무 의미 없습니다.

여러분 예수님을 참으로 믿습니까? 그러면 여러분은 십자가에서 죽었습니다. 참으로 예수님을 믿는다면 자기는 이미 십자가에서 죽었습니다. 따라서 예수님을 믿는다면 죽었음을 아는 것입니다. 그래서 그 삶을 사는 것입니다. 아직 모른다면 예수님을 믿는다는 말 함부로 말하여 죄 정함을 받지 마십시오. 아직 모른다면 예수님을 믿는다는 말 함부로 함으로써 죄 정함을 받지 마시라는 얘기입니다. 그래서 세상이 자기를 판단하도록 하지 마십시오. 믿지 않는 사람이 자기를 판단하도록 하여 죄를 쌓지 마시라는 말씀입니다. 말씀을 맺습니다. 예수님을 사랑하는 자가 이 말씀을 전하였습니다. 모든 영광을 예수님께 돌립니다. 아멘

성소 4-2
금 등대와 등불 (성영님께 받는 영적 연단)(2)

⁵나는 포도나무요 너희는 가지니 저가 내 안에 내가 저 안에 있으면 이 사람은 과실을 많이 맺나니 나를 떠나서는 너희가 아무것도 할 수 없음이라 ⁶사람이 내 안에 거하지 아니하면 가지처럼 밖에 버리워 말라지나니 사람들이 이것을 모아다가 불에 던져 사르느니라

(요15:5,6)

성소에는 금 촛대(등대) 떡 상(진설병) 분향단(금향로)이 있습니다. 성전에 대한 말씀을 처음 듣는 분들은 등대니 떡 상이니 분향단이니 하는 이름들에 익숙하지 않아 좀 혼란스러울 수도 있을 것입니다. 이 말은 믿은 지 오래되지 않은 분들에게 하는 말입니다. 신앙생활 오래된 이들이 모른다면 그것은 예수님을 믿기 위해 교회 나오는 것은 아닐 것이라 봅니다. 그러나 오래지 않은 분들이라도 바른 믿음이 되기 위해서는 익숙한 이름들이 되어야 하고 뜻에 대해서 잘 깨달아 믿음의 능력을 갖추어야 한다는 것 당부 말씀드립니다. 등대 떡 상 분향단

등을 통해서 주시는 것이 바로 예수님과 연합을 이루는 생명의 뜻이기 때문에 자기 믿음을 위해서 마음을 다한다면 충분히 이해가 되고 깨닫게 될 것입니다.

성경은 하나님 뜻을 말씀하신 것이기에 그래서 믿는다는 것은 자기 방식대로가 아니라 절대로 하나님의 뜻에 의한 하나님의 방식이어야 한다는 것 여러분 다 아는 바입니다. 그런데 성영님에 의하여 하나님의 마음과 생각을 알고 뜻을 바르게 깨닫기까지는 사실 오랜 연단과 시간이 걸리는 일입니다. 성경에서 하나님의 뜻을 정확하게 알 수 있게 하신 것이 바로 성전입니다. 성전을 통해 믿음을 어떻게 가져야 하는가를 알 수 있습니다. 성경에는 별의별 이야기가 많지만 그 모든 중심은 하나님의 뜻을 이루는 성전에 대한 이야기입니다. 성전이 성경의 전 내용을 담고 있는 집이라는 말입니다. 여러분이 성전을 들으면서 하나님의 뜻대로 믿음이 되었는가? 그 길을 잘 가고 있는가? 하는 자기 믿음을 점검하여 보고 진실과 겸손으로 바른 믿음이 되는 선한 싸움을 싸우는 때로 삼아야 한다는 것을 당부합니다.

성소가 예수님을 말한다는 것은 여러분이 아십니다. 예수님 안에 들어오면 예수님의 가르치시는 말씀을 행하고 자기 십자가를 지고 따르는 것이라는 것 그것이 예배자로 제사장임을 말씀드렸습니다. 그리고 놋으로 된 번제단과 물두멍에서 뜻대로 거치고 성소에 들어오면 이제 심판의 상징인 놋은 없고 금으로 된 것만 보이는데 그것은 심판과는 무관하다 예수님 안에 들어갔으므로 구원받은 것이요 그 구원은 영원한 것이라고 말씀드렸습니다.

지난 말씀에서 다 들으셨지만 혹이라도 오해가 없기를 바라서 성소에 대한 부연설명을 다시 합니다. 성소는 다 금으로 되었으니 성소 문만 들어가면 하나님의 심판과는 무관한 것으로 오해하여 들으면 안 됩니다. 왜냐면 자기가 예수님을 믿는다는 것만으로도 예수님 안에 들어간 것처럼 착각하고 심판과는 무관한 것인 줄로(구원받은 것인 줄로)생각해 버릴 수 있기 때문입니다. 물론 예수님(성소) 안에 들어왔고 예수님이 그의 안에 오셔서 함께 계시면 하나님의 심판은 받을 일 절대로 없습니다. 죄 용서받고 구원받아 성영님으로 거듭났으면 심판받을 일은 없는 것입니다. 그런데 성소 안에 들어왔다고 해서 무조건 구원은 아닙니다. 이것을 잘 이해해야 합니다. 구원과 관계되는 것은 금 등대와 떡 상과 분향단입니다. 등대 떡 상 분향단과 관계되지 않았음에도 자기가 예수님을 구주로 분명히 믿기 때문에 예수님 안에 들어간 것이고 '예수님을 내 구주로 모셔 들입니다.'했으니 예수님이 자기 안에 오셨다는 것으로 알고 하나님의 심판과는 무관하다는 말로 받아서는 안 된다는 말입니다.

등대와 떡 상과 분향단이 바로 예수님을 말하고 예수님과의 연합에 대한 뜻을 말합니다. 자기만 알고 있는 믿음으로 구원이 되는 것이 아니라 이 등대와 떡과 떡 상과 분향단의 뜻으로 연합된 믿음 영혼에 가진 믿음이어야 성전(구원)이요 성전의 일이요 성전의 믿음입니다. 번제단의 믿음이 물두멍에서 행함으로 됐으면 이제 심판과는 상관없는 성소에 들어와 등대와 떡 상과 분향단의 뜻을 가진 성소의 믿음이 되어야 분명한 구원입니다. 제가 '믿음'하면 믿음은 행함과 함께 일하는 것을 믿음이라 하기 때문에 여러분은 반드시 "믿음=행함"으로 들어야 한다는 것 분명히 명심해야 합니다. 아셨습니까? 그것이 바로 들을 귀입니다. 믿음의 사람이면 그런 지각이 있는 것이지요.

우리 믿음은 성소가 가르쳐 보이신 예수님으로 연합되어야만 하늘에 확실히 들어간 것입니다. 등대, 떡 상의 일, 분향단의 일, 다시 말해 금 등대가 말씀하는 뜻으로 연합되어야 하고 떡 상이 말씀하는 뜻으로 연합되어야 하고 분향단이 말씀하는 뜻으로 연합되어야 온전한 구원으로 예수님과 함께 하늘 성소에 들어간 것이란 말입니다. 이 중에 어느 것은 관계되었는데 어느 것은 안 되었다는 그것을 믿음이라고 하는 것은 하나님께는 없습니다. 이 성소의 뜻으로 행하는 것이어야 온전하여 예수님과 연합(한 몸)인 것이요 속(영적)사람의 믿음입니다. 이 성소의 뜻으로 세워진 믿음이 아니면 성소 밖으로 밀려납니다. 성영님은 떠나시고 버려지는 것입니다. 그래서 여러분이 성소의 믿음으로 기초가 되고 완성이 되는 이 뜻을 분명히 알고 말씀을 듣고 배우기를 바랍니다. 오늘은 지난번 말씀에서 등대에 대하여 다 말하지 못하였기에 좀 더 나누려고 합니다. 성소의 믿음으로 예수님과 동고동락 한다면야 더 들을 이유 없지만 믿음이 돼야 할 이들을 위해서입니다.

갈5:24에 그리스도 예수의 사람들은 육체와 함께 그 정과 욕심을 십자가에 못 박았느니라고 했습니다. 여러분이 성전에 대한 말씀을 듣고 번제단의 믿음을 가졌고 그 믿음을 행함으로써 물두명을 거쳤으면 이제 이 갈 5장 24의 말씀이 능력이 되었을 것입니다. 아멘은 입으로만 하는 것이 아니라 삶으로 사는 것임을 말합니다. 죄짓고 불의하고 부패한 우리의 육체와 그 정과 욕심은 십자가에 못 박았다고 했습니다. 육체와 정과 욕심은 하나님을 거스르고 대적하는 죄입니다. 하나님과 원수입니다. 그러므로 육체와 정과 욕심은 예수님이 십자가에 못 박힐 때 같이 박혔으므로 성소의 믿음이 된 예수님의 사람은 십자가에 못 박힌 육체와 정과 욕심으로 살지 않습니다. 영으로 사는 자 예수님으로 사는 자입니다. 십자가에 못 박힌 육체가 뭡니까? 갈5:19에서 **육체의 일은 현저하니** '우리가 분명히 보고 있는 것이니' 하는 말이지요. 그 뒤 21절까지 육체의 일을 하는 자는 하나님의 나라를 유업으로 받지 못한다고 했는데 그 일이 무엇입니까? 이것은 물두명에서 다루었기 때문에 생략합니다. 그리고 정은 무엇입니까? '정'은 '뜻'이라는 말입니다. 육체의 뜻, 즉 자기의 뜻이라는 말이에요. 그래서 육체의 자아가 가진 뜻 그것은 욕심인데 그러면 육체가 가진 뜻 그 욕심이 뭡니까? 바로 육신의 정욕 안목의 정욕 이생의 자랑이지 않습니까? 이것이 바로 육체가 가진 뜻이요 욕심입니다. 그러므로 예수님이 십자가에 못 박히실 때 육체와 함께 그 정과 욕심을, 자아의 뜻인 욕심을 못 박아 버렸는데 만약에 예수님을 믿는 사람이 못 박아 버린 그 육체와 정과 욕심에 끌려 산다면 그것은 아직 구원받지 않았습니다. 성소는 예수님 안에서 예수님과 함께 있음을 의미하므로 거기에는 결코 육체와 함께 그 정과 욕심이 있을 수가 없습니다. 육체와 함께 그 정과 욕심은 예수님을 만나지 못하는 것이니 성소에 들어갈 수가 없습니다. 여러분이 이것을 분명히 알아야 합니다.

그러므로 예수님 안에 들어간 믿음은 예수님과의 관계가 부부가 함께 사는 것보다 더 친밀한 관계가 되었음을 의미합니다. 잠시 잠깐도 떠나 살 수 없음을 말합니다. 예수님의 말씀을 따라 사는 것이 큰 행복이요 기쁨이 되고 진리로 자유케 된 영에서 생명수가 흘러나와 큰 기쁨과 안식이 있는 영적 삶입니다. 자기 안에 오신 성영님이 기름 부으심으로 가르치십니다. 성영님이 지혜가 되시고 눈이 되시고 귀가 되시고 혀가 되시고 생각과 마음을 다스려 주시는 역사가 있는 것입니다. 예수님을 성영님으로 사랑하고 예수님의 말씀을 성영님이 깨닫게 하여 예수님의 성품으로 변화를 받게 하십니다.

그래서 성소에서 처음 만나는 등대의 의미가 바로 예수님이 십자가에 못 박힐 때 육체와 정과 욕심을 못 박아 버렸으니 그 죄의 대표인 우리의 육체와 함께 정(자아의 뜻)과 욕심도 같이 못 박혔으므로 이제 성영님으로 말미암아 예수님의 생명을 얻고 그 생명으로 살기 위하여

서는 말씀을 통해 성영님이 양심에 지적하시고 보게 하시는 성품의 죄를 끊임없이 따 내야 합니다. 제사장들이 성소를 밝히기 위하여 불똥을 따 내어 불을 맑고 밝게 하였던 것처럼 그같이 예수님의 말씀과 성영님으로 성품을 다스림 받아 변화를 받게 됨으로써 예수님의 성품이신 성영님의 열매를 맺는 성전이 되어야 하는 것입니다. 자기 안도 맑고 밝은 성소가 돼야 한다는 말입니다.

그래서 등대는 온전히 정금으로만 된 것입니다. 십자가에서 예수님이 이루신 능력을 입어야만이 새로운 피조물이요 참생명이요, 참부활이요, 그 능력을 입게 하시는 것은 오직 성영님이시라는 것 오직 성영님으로만 된다는 것을 의미하기에 정금으로 된 것입니다. 그러므로 우리 안에 성영님이 오셔야 삽니다. 물론 성영님은 온 우주 안에 충만히 계신 분이고 믿는 자들 가운데 충만히 와 계십니다. 그러나 우리의 영안으로 오셔야 거듭나 구원인 것이요 예수님의 생명을 얻은 것이요 영생인 것입니다. 성영님은 거짓된 곳에 임하시지 않습니다. 육이 살아 있으면 십자가에 못 박혀 죽은 육체와 정과 욕심이 죽지 않았으면 성영님을 영접해 모셔 들인다 해도 성영님은 절대로 그 영안으로 들어오실 수가 없습니다. 성영님은 거짓이 없으신 분이시니 거짓에 계실 수도 없고 거룩하신 분이시니 거룩하지 않은 곳에 오실 수도 계실 수도 없습니다. 교회 열심히 다닌다고 또는 교회 일 열심히 한다고 해서 나는 믿음 있다 그런 것이 아닙니다. 하나님의 일이라고 하나님의 일 한다고 하는 것보다 먼저 네가 성영님으로 행하는 산 자냐? 예수님의 생명을 얻었으므로 그 기쁨이 네 영혼에서 운동하고 있느냐? 예수님의 말씀이 자기 속에서 능력이 되어 그렇게 사는 것으로 행복이 되어 있느냐? 자신의 영혼부터 거듭나야 함을 알아야 합니다.

거룩하신 하나님과 우리 주 예수 그리스도가 보내신 성영님은 예수님을 자기의 구주시며 하나님이요 자기의 왕이요 신랑으로서 예수님만 듣고 예수님만 보고 예수님만 따르며 예수님만 사랑하여 섬기는 진실함이 없으면 그의 안에 절대로 오실 수가 없습니다. 성영님은 예수님의 영이시기에 예수님과 예수님의 말씀을 절대로 벗어나시지 않습니다. 그래서 성영님께서는 사람들이 예수님을 믿도록 믿음을 도와주시기 위해 사람들 가운데 와 계시지만 그러나 사람이 예수님을 진심으로 믿는 것이 아니면 사람 안에는 오실 수가 없다는 것을 알아야 합니다.

육체와 정과 욕심의 것들에서 진실한 회개가 아니면 거짓과 속임이 그 속에 있다면 그가 '성영님 내게 오셔서 나를 도와주세요.'하고 성영님을 애원하고 부른다 해도 성영님은 그 안에 오실 수가 없습니다. '나 정말 예수님을 믿습니다. 예수님만이 나를 죄에서 마귀에게서 지옥에서 구원하시는 분인 것을 믿습니다. 그래서 나는 그 예수님을 믿습니다.'말하고 고백하고 눈물을 비처럼 흘리며 애원한다 해도 십자가에 못 박아버린 육체와 함께 정과 욕심에서 회개한 것이 아니면 그의 안이 육체와 정과 욕심으로 차 있는 굴혈이면 성영님은 그 안에 들어오실 수가 없다는 말입니다. 예수님에 대한 믿음이 신실치 못한 서짓된 믿음에는 '성영님을 모셔 들이기 원합니다. 성영님 내 안에 오시옵소서.' 한다 해도 성영님이 오시는 것이 아니라 거기에는 마귀가 대답하고 오는 것입니다.

마가복음 11장에 예수님께서 예루살렘에 올라가 성전 안에 들어가니 그 성전 안에서 제사에 쓸 물건을 사고팔고 돈 바꾸고 하는 광경을 보셨습니다. 예수님은 거기에 있는 물건과 상을 다 엎으시고 그 장사치들을 내쫓아 버리시고 누구든지 그 일로 성전에 드나들지 말라 외치시고 내 집은 만민의 기도하는 집이라 칭함을 받으리라고 하지 아니하였느냐 너희는 강도의 굴혈을 만들었도다 하셨습니다. 강도의 굴혈이 뭡니까 여러분? 성전이 마귀의 영들이 신나게 활동하는 소굴이 되었다는 말씀입니다. 마귀의 영들의 무대가 되었다는 말씀입니다. 성전이 인간 자기의 유익을 위한 육의 것들을 채움 받기 위한 뜻으로 가득 차 버렸다는 것입니다.

오늘날도 강도의 굴혈로써 운영되는 교회는 부지기수입니다. 예수님은 성전을 "내 집이라" 하시고 "내 집은 기도하는 집이라"하셨습니다. 기도하는 집이라는 말은 "너와 내가 만나는 곳"이라는 말입니다. 바로 예수님이 성전이요 또한 예수님을 믿는 자를 성전이라 하셨습니다. 그래서 성전은 예수님과 내가 만나서 함께 있는 집입니다. 그러면 여러분이 성전이면 여러분은 지금 누구의 집이 되어 있습니까? 예수님이 성영님으로 오셔서 거하시는 집이 되어 예수님과 동고동락으로 함께 살고 있습니까? 아니면 마귀에게 넘겨줘 버려야 할 육체와 정과 욕심을 넘겨줘 버리지 않은, 다 팔아버려야 할 자기 소유를 팔아버리지 않은, 강도의 굴혈로 마귀의 집입니까? 둘 중 하나에 속할 뿐입니다.

예수님을 믿는다는 것은 곧 자신이 성전이라는 말입니다. '나는 예수님을 믿는 사람입니다.'하는 것은 곧 '나는 성전입니다.'라는 말인 것입니다. 그런데 만일에 성전이라고 말하는 자기 자신이 여전히 육체와 정과 욕심에 끌려 사는 강도의 굴혈이라면 그것은 예수님을 믿는다는 말밖에 없는, 속사람은 쭉정이니 내 입에서 토하여 내치리라 하신 종교인이니 그 영혼은 불에 던져질 수밖에 없는 것입니다. 예수님의 생명이 없는 마른 가지밖에 되지 않으니 거두어 불에 던져질 것밖엔 없는 것입니다. 예수님으로 열매가 맺지 않으면 또한 쓸모없으니 잘라다가 불에 던져버린다 하신 것입니다.

여러분 이거 저~ 나무 이야기 아닙니다. 저~ 벼의 쭉정이 이야기 아닙니다. 착각하여 듣지 마십시오. 예수님을 믿는다면서 예수님의 말씀을 무시하면서 자기가 예수님이 계신 집이 되었지 않으면서 '나는 예수님 믿으니 구원받았다.'라고 말한다면 그것은 자신을 자기가 속이는 것입니다. 그러므로 잘못 가진 믿음의 착각들에서부터 벗어나야 합니다. 자기가 예수님의 집이 되었지 않으면 자기 안에 예수님이 성영님으로 와 계시지 않으면 '나 예수님 믿으니 구원받았다.'하는 것은 자신을 속이는 말이요 속고 있는 것일 뿐입니다. 마귀는 자기가 하나님이 된 것처럼 착각하고 행세하는 존재입니다. 그래서 그 마귀와 함께 망하는 것입니다. 여러분이 참으로 예수님을 믿는다면 예수님은 자기의 거처하는 집이어야 하고 자기는 예수님이 거처하실 수 있는 예수님의 집이어야 합니다. 그래서 너희가 내 안에 내가 너희 안에 즉 내가 성전이니 너희도 성전이라는 이 관계로 연합이 돼야만 예수님을 믿는 자요 확실한 구원이요 천국인 것입니다.

그러므로 믿는다는 것은 이같이 믿음의 삶의 중심이 예수님이 되어야 하기에 예수님을 믿는다면 그 믿음은 자기에게 맞추는 것이 아니라 오직 예수님께 맞추는 것입니다. 내 안에 오신 예수님이 온유하셨다면 나도 온유한 것이요 겸손하셨다면 나도 겸손한 것이요 예수님이 물질을 따르지 않으셨다면 나도 물질을 따르지 않는 것이요 예수님이 생명을 말씀하셨다면 내게서도 생명이 나가야 합니다. 그러므로 자기 성품으로 살지 않습니다. 그러므로 믿을 수 있는 언어가 나오는 것입니다. 그러므로 육체를 위한 삶이 목적이 되지 않습니다. 여러분이 예수님을 믿는다는 것 믿음으로 산다는 것 하나님의 입에서 나온 모든 말씀으로 살 것이라 하신 것이 무엇인가를 말씀드리는 것이니 참으로 믿기 원하면 깊이 새겨듣기 바랍니다. 성경이 말씀하는 믿음이 무엇이고 믿음으로 사는 것이 무엇이냐? 자기가 그냥 '예수님이 내 구주이심을 믿지요.'하는 그것이 믿음이라 하는 것이냐를 분명히 갈라 말씀드리는 것입니다.

우리가 마음과 뜻과 목숨을 다해 믿음으로 사는 중에 참으로 예수님을 진심으로 사랑하여 따르고 말씀대로 사는 중에 마음에 원함이 없음에도 불구하고 때로는 육의 생각이 올라올 때가 많이 있습니다. 죄의 요소들이 때때로 올라와서 자기 영에 상처를 내고 성영님을 거스르는 때가 있다는 말입니다. 순간 내 자아가 살아서 주인 노릇 하려고 올라올 때가 있고 순간 미운 마음이 들어 눈을 곱게 뜨지 못할 때가 있고 순간 내가 의를 드러내고 싶어 할 때가 있고 순간 물질의 욕심이 들어올 때가 있고 아무튼 육의 성품에서 쓴 뿌리가 올라와 영을 괴롭게 할 때가 있습니다.

그러나 그때마다 성영님께서 곧바로 도우시기 때문에 그때그때 애통한 마음으로 그것을 하나님 아버지께 고백하여 아뢰면 아버지께서는 그것을 귀히 여기시고 마음에 큰 위로를 주시며 은혜 베푸시기를 기뻐하십니다. 그 죄들을 예수님의 죄 용서의 피로 덮으시고 영혼에 큰 위로를 베푸시는 것입니다. '얘야 그래서 내가 너 위해 피 흘려주었지 않느냐? 너를 사랑해서 내가 피 흘렸으니 너는 죄에서 자유다. 네가 무슨 죄를 지었든지 나는 기억에도 없단다. 너는 평안 하라.'하시는 아버지의 큰 위로가 있다는 말입니다. 정말 내 성품이 가진 더러운 정욕의 죄들을 짓지 않으려고 내 육의 성품에서 나오는 미운 맘 미운 말 물질의 욕심 등의 죄가 너무 싫어서 죄를 짓지 않으려고 하지만 어느 순간 돌아보면 내가 죄지은 모습을 발견하는 것입니다. 그렇지만 아버지께서는 이런 자기의 성품에서 올라오는 죄를 애통하여 우는 자를 위해서도 용서하시는 피를 흘리셨기 때문에 아버지께 잘못을 아뢰기만 하면 아버지 안에는 얼마든지 용서의 은혜가 하해(河海)와 같이 있습니다.

믿음을 위해, 정말 믿음 때문에 예수님을 사랑하기 때문에 내가 잘 되었던 못되었던 내가 가난하든 가난하지 않던, 내게 아픔이 있든 없든, 모든 것을 초월해 버리고 자기가 사는 이유 오직 예수님을 믿는 믿음인 것을 알고 그같이 몸부림 하다가 어쩔 수 없이 짓는 죄는 얼마든지 아버지 앞에 용서가 있습니다. 오히려 하나님 아버지께서는 육에 겨서 지은 죄 때문에 아파하고 애통해 하는 자를 더 깊이 사랑하십니다. 그래서 아버지의 애절한 사랑을 오히려 그런 자에게 나타내시는 것입니다. 그런 자는 오히려 자신의 약함을 알고 더욱더 예수님을 붙들기 때문입니다. 알아들으십니까? 그러나 하나님께 고백하면 용서해 주신다는 그런 계산 가지고 죄인 줄 뻔히 알면서도 짓는 죄는 하나님을 경외하지 않는 두려운 마음이 없는 고의적 죄로써 용서받기에는 어려움이 있다는 것을 알아야 합니다. 하나님은 그의 폐부까지 다 꿰뚫어보시는 것이니 그의 진정성 그의 거짓됨 하나님께 숨길 수 없는 것입니다.

제가 여러분께 참고하시도록 간증을 하나 하겠습니다. 약한 달 남짓 된 것 같습니다. 성영님께서 느닷없이 제게 "구원이 가로막힌다."는 말씀을 하셨습니다. 다시 말해 '그들의 입의 말이 자기의 구원을 막는다.'는 말씀을 하셨단 말입니다. 그리고 그 대상들이 누구인지도 즉시 알게 하셨습니다. 제가 그들을 위해 기도하고 있었던 것도 아니고 생각하고 있었던 것도 아닌데 뜬금없이 말씀하셨습니다. 곧 따라 뒤에 든 생각은 '그들에게 마지막 기회를 주시겠다는 말씀이구나.'였습니다.

세속적인 저속한 말투 자기 맘에 들지 않으면 '저거 왜 살아 저런 것이 사람이냐' '미쳐 죽겠네.' '못 살겠네' '지지리도 못난 놈'등등의 이런 비인격적인 저속한 말투들 자기 기준, 자기 잣대에 맞지 않으면 또는 도덕적이지 않은 것을 보거나 들으면서 비판하는 말들로 인하여 자기의 구원이 막힌다 하신 것입니다. 그러니까 입의 말들을 심각하게 돌아보기 바랍니다. 자기가 지금 무슨 말을 하며 살고 있는지 자기 마음과 입을 점검하십시오. 진심으로 당부합니다. 그리고 근거 없는 헛말들 심판 날에 그 말들로 심문받는다 했으니 그래서 지나치게 말 많은 것 좋을 것 절대 없으니 말을 삼가 함이 있어야 할 것입니다. 예수님은 마음에 가득한 것을 입으로 말함이라 하셨습니다(마12:34). 입에서 나오는 것들은 마음에서 나오나니 이것이야말로 사람을 더럽게 한다 했습니다(마15:18). 그러므로 마음이 더러우면 성영님이 계실 수가 없습니다. 오실 수가 없습니다. 그러므로 그 사람의 언어생활을 통해서도 성질 쓰는 것을 통해서도 그가 구원받은 것인지 성영님의 사람인지 마귀의 사람인지 아는 것입니다.

 사람이 교회 나와 하나님의 말씀을 들을 때 하나님이 말씀하시는 죄에 대하여 어느 때부터 들려져서 마음으로 그것을 인정하고 고백하면 자기가 하나님이 말씀하시는 죄인이라는 것에 대한 감각이 살아나게 되어 죄인임을 긍정하게 됩니다. 그래서 '하나님 이제 깨닫고 보니 내가 죄인이었습니다.'하는 고백을 정말 마음을 찢는 마음으로 울며 고백하게 되는 것입니다. 이 같은 죄에 대한 고백을 성영님의 깨닫게 하심을 따라 하는 사람은 육이 바로 죄라는 것에 대한 말씀의 감각이 있게 되고 죄짓고자 하는 마음이 점차 없어지는 것입니다. 그럼에도 어느 순간 자기 속에서 올라오는 죄의 소욕 육의 소욕이 있기 때문에 그럴 때마다 애통하며 하나님께 죄를 고백하는 자에게 하나님은 은혜 베푸시기를 기뻐하시고 그를 더욱 사랑하십니다. 그래서 이 관계가 될 때 비로소 성영님에 의하여 영적 사람으로 성장하는 믿음의 훈련을 받게 되므로 열매를 맺는 좋은 신앙인이 되는 것입니다.

　정금은 용광로 불 속에 몇 번 들어갔다 나오는 과정을 통해서 불순물이 다 제거되고 변질되지 않는 순수한 금으로 제련되어 나옵니다. 그래서 불 속에 들어가 제련되어 나오는 정금처럼 예수님이 오시면 그 같이 고난을 당하실 것이지만 그로 인해 만왕의 왕 만주의 주로 영광을 얻게 되실 것을 의미한 것이요 그러므로 예수님을 믿는 예수님의 사람들이 예수님의 고난을 성영님과 함께 짊어지고 나갈 믿음의 상징이요 육은 온전히 죽고 예수님과의 연합으로 성영님의 지배를 받는 것을 의미한 것입니다.

　성영님이 사람 안에 오신 등대의 믿음은 성영님께서 예수님의 말씀으로 세워지게 하시는 연단을 하십니다. 예수님의 사람으로 능력을 갖추게 하기 위한 영적 훈련입니다. 육의 성품이 날마다 죽는 훈련 깨끗이 죽는 훈련 그래서 예수님의 성품으로 변화를 받게 하십니다. 육이 죽는 만큼 영적으로는 행복을 경험합니다. 육이 죽는 만큼 평안을 경험합니다. 육이 죽는 것이 능력입니다. 육이 죽어야 성영님으로 천국을 보고 소유합니다. 이것이 금 등대입니다. 등대에서 부딪히는 절대적인 원수는 바로 인본, 인간 자아라는 것을 반드시 알아야 합니다. 인간 자기는 예수님 안에 들어갈 수 없다 예수님과 만날 수 없다 예수님을 만나 예수님 안에 들어가지 못하게 하는 것이 자기 본위라는 것을 알기 바랍니다.

　마태복음 16장에 예수님께서 베드로에게 **사단아 내 뒤로 물러가라 너는 나를 넘어지게 하는 자**라고 청천벽력 같은 말씀을 하셨습니다. 왜 그렇게 말씀하셨다고 했습니까? 베드로가 하나님의 일을 생각하지 않고 도리어 사람의 일을 생각했기 때문이라고 했습니다. 예수님께서 내가 장로들과 대제사장들과 서기관들에게 많은 고난을 받고 죽임을 당하고 제삼 일에 살아날 것이라는 말씀을 하시자 베드로가 얼른 나서서 예수님을 붙들고 '예수님 그러지 마십시오. 저 예수님 그렇게 죽는 데다 내주지 않겠습니다. 절대로 그런 일이 예수님에게 미치지 않게 할 것입니다.' 한 겁니다. 베드로가 예수님을 정말로 사랑했기 때문에 만일에 예수님이 어떤 고통을 당해야 할 일이면 차라리 자기가 당할지언정 예수님이 당하는 것 원치 않았습니다. 그래서 베드로가 예수님의 말씀을 하나님의 일로 생각한 것이 아니라 바로 사람의 일로 생각한 것이었기 때문에 '사단'이라 하셨던 겁니다.

그러므로 여러분 분명히 아십시오. 하나님의 일을 사람의 일로 끌어내리는 것이 다 사단입니다. 내가 지금 하나님의 일을 한다고 하는 것이 내 기분이냐? 내 양심이냐? 인간의 정으로 하는 것이냐? 이 같은 것은 전부 다 육으로 하는 것이 되어서 사단의 것입니다. 자기가 하나님 은혜를 받고 보니 하나님이 내 죽을병을 고쳐 죽었던 목숨 살려주셨으니 그 은혜 보답하려고 또는 이래저래 감사해서 등등으로 하나님의 종 되어 일하겠다고 나와 행하는 것 다 사단의 것입니다. 그리고 곧바로 예수님이 뭐라고 하셨습니까? 아무든지 나를 따라오려거든 자기를 부인하고 자기 십자가를 지고 나를 좇을 것이라 하셨습니다. 자기는 인본은 자기중심은 십자가에 못 박혀 죽었다는 것입니다. 그래서 예수님을 좇으려면 그렇게 자기가 못 박혀 죽은 십자가를 지고 좇으라 하신 것입니다. 자기가 죽었음을 아는 자 예수님은 생명이시니 죽은 자기는 예수님 따를 수가 없는 것임을 알고 자기의 죽은 십자가 지고 예수님을 따르라 하신 것입니다.

그래서 성소 안에 들어왔으면 이제 주인이신 예수님의 말씀 영이요 생명이신 말씀으로 자기 영의 양식이 되어 사는 것입니다. 예수님의 모든 말씀은 육을 위한 말씀이 아니라 자기는 죽었음을 믿는 자에게 주시는 영의 양식 그 양식으로 살게 되는 것 생명을 얻는 영의 말씀을 하신 것임을 분명히 말씀하셨습니다. 그러니까 예수님의 말씀은 육으로 알 수 있는 것이 아니요 육으로 받아들여질 수 있는 것도 아니요 오직 성영님으로만 깨달아 알 수 있는 말씀이요 성영님으로 난 사람만이 받아들이는 말씀이어서 혼이 예수님의 인격으로 변화를 받고 예수님의 성품으로 자라가므로 좋은 열매 즉 성영님의 열매를 맺는 것입니다. 그래서 예수님께서는 그의 열매로 그를 알 수 있다고 하셨습니다. 그의 안에 예수님을 사랑함이 있으면 그래서 예수님의 말씀이 그의 속에 거하는 것이면 그에게서는 당연히 성영님의 열매가 나타날 것이요 그의 안에 예수님을 사랑함이 없으면 그의 속에 또한 예수님의 말씀이 거할 수 없는 것이기에 여전히 육에서 나는 가시와 엉겅퀴의 열매들이 나타날 것이라 그래서 그의 열매로 그가 육인지 성영님으로 믿는 영인지를 안다고 하셨습니다.

그러니까 '나 예수 믿습니다.'하고 열심히 교회 다니고 열심히 하나님의 일 한다고 했는데 하나님이 보니까 뭐 하고 있어요? 하나님의 일을 끌어내리는 인본주의가 하더라는 것입니다. 예수님 없이 예수님의 말씀이 그 속에 없어 자기가 열심히 해서 사람의 일이 되게 하더라는 것입니다. 그래서 그의 열매가 아름다운 열매가 아니라 성영님으로 맺은 성영님의 열매 예수님의 성품이 열매로 나온 것이 아니라 육에서 나온 자기의 것 육으로 행한 일이 돼서 찍혀 불에 던져진다고 하신 것입니다. 그래서 오늘 요15:56의 본문 말씀이 오늘 말씀의 결론이 되겠습니다. 이제 여러분이 등대의 뜻이 무엇인지 이해가 되었습니까? 등대의 말씀은 이것으로 마칩니다. 말씀을 맺습니다. 말씀을 말씀 되게 깨닫게 하시고 능력이 되게 하신 성영님께 모든 감사를 올립니다. 아멘

성전 5-1
떡 상과 진설병 (생명의 떡을 먹여 주심)

⁵너는 고운 가루를 취하여 떡 열둘을 굽되 매 덩이를 에바 십분 이로 하여 ⁶여호와 앞 순결한 상 위에 두 줄로 한 줄에 여섯씩 진설하고 ⁷너는 또 정결한 유향을 그 매 줄 위에 두어 기념물로 여호와께 화제를 삼을 것이며 ⁸항상 매 안식일에 이 떡을 여호와 앞에 진설할지니 이는 이스라엘 자손을 위한 것이요 영원한 언약이니라 ⁹이 떡은 아론과 그 자손에게 돌리고 그들은 그것을 거룩한 곳에서 먹을지니 이는 여호와의 화제 중 그에게 돌리는 것으로서 지극히 거룩함이니라 이는 영원한 규례니라

(레24:5-9)

²³너는 조각목으로 상을 만들되 장이 이 규빗, 광이 일 규빗, 고가 일 규빗 반이 되게 하고 ²⁴정금으로 싸고 주위에 금테를 두르고 ²⁵그 사면에 손바닥 넓이만한 턱을 만들고 그 턱 주위에 금으로 테를 만들고 ²⁶그것을 위하여 금고리 넷을 만들어 그 네 발 위 네 모퉁이에 달되 ²⁷턱 곁에 달라 이는 상 멜 채를 꿸 곳이며 ²⁸또 조각목으로 그 채를

만들고 금으로 싸라 상을 이것으로 멜 것이니라 ²⁹너는 대접과 숟가락과 병과 붓는 잔을 만들되 정금으로 만들지며 ³⁰상 위에 진설병을 두어 항상 내 앞에 있게 할지니라

(출25:23-30)

　성소에 들어와 가장 먼저 이루어져야 하는 일이 금 등대의 일로 그 것은 바로 보혜사 성영님을 영접하는 것이다 그래서 육은 죽었다는 것을 진심으로 아는 것이 믿음이요 그러므로 성영님을 자기 안에 모셔 들여 영으로 다시 났으면 그 삶은 예수님이 중심이 되어 사는 것이다 삶의 목적을 예수님으로 맞추어야 한다는 것 말씀드렸습니다. 그래서 예수님을 믿는 것은 정욕과 죄악에 물든 육은 예수님과 함께 십자가에 못 박혀 죽었으므로 이제 그 죽은 육으로 사는 것이 아니라 영을 따라 사는 것이다 성영님과 함께 말씀을 따라 사는 영적 삶이 되어야 한다. 그것이 예수님과 화목을 이루는 것이다 하는 것을 말씀드렸습니다. 그래서 성소에 들어와 첫 번째로 만나는 이 금 등대의 뜻을 잘 알게 되었습니다.
　다시 말해 성소의 등대는 사람이 하나님 안에 들어갔고 하나님이 사람 안에 오신 엄청난 이적이 일어난 것임을 말합니다. 십자가에서 죄가 죽었고 육의 사람도 죽었기 때문에(그 믿음으로 죄와 세상 정욕에서 떠나 나와 말씀과 성영님을 따르는 삶이 되었기에)성영님이 사람 안에 임하여 오실 수가 있게 되었고 하늘의 신영한 말씀으로 사는 거룩한 복된 사람이 된 것입니다. 이 같은 참믿음은 육체와 함께 그 정과 욕심을 십자가에 못 박아 버린 좁고 협착한 길을 가는 자입니다. 만일에 예수님을 믿는 사람이 여전히 육체와 함께 그 정과 욕심을 가

지고 사는 것이면 그것은 예수님 십자가의 죽으심과 구원하심의 은혜를 거절하는 것이라는 것을 알아야 한다고 말씀드렸습니다.

그다음 등대 다음에 만나는 것이 무엇입니까? 떡 상과 진설병입니다. 그래서 금 등대는 성영님으로 다시 났으면 진설병과 분향단의 뜻을 성영님으로 적용하여 예수님의 장성한 분량에 이르러 가는 것입니다. 성영님으로 다시 나고 진설병과 분향단의 뜻을 깨달아서 성영님이 먹여주시는 떡을 먹고 향을 사르고 예수님과 함께 뜻도 목적도 같은 신영한 제사장의 삶으로서, 예수님으로 온전한 열매를 맺는(성영님의 열매)성전이 되는 것입니다. 등대의 불을 켜고 그 불이 어둡지 않도록 밤새 불똥을 따 내 맑고 환하게 했던 것처럼 삼위 하나님에 대한 믿음으로 밝아지고 자기 안에 오셔서 계시는 삼위 하나님으로 속사람의 밝음이 되고, 믿음과 영적 삶이 예수님의 장성한 분량으로 성영님과 함께 연단을 받으며 힘써 행하며 올라가는 것입니다. 이것이 하나님 아버지의 뜻이요 아버지의 뜻이 온전히 이루어진 성전입니다. 이것이 얼마나 어마어마한 복인지 얼마나 엄청난 복인지 여러분 감이 있습니까? 참으로 성영님으로 예수님의 꿈을 꾸고 예수님의 환상을 보고 예수님을 예언하는 것이냐는 말입니다.

이처럼 자기 안에 오신 성영님으로 예수님과 화목하고 교제하며 더불어 먹는 관계가 되기 위한 떡 상에 왔습니다. 앞서 말했던 대로 떡 상이나 분향단이 조각목으로 본체를 만들었지만 그 조각목이 보이지 않도록 금으로 다 쌌다고 했습니다. 떡 상의 본체인 조각목을 금으로 싼 이유 다시 설명합니다. 조각목은 하나님께 쓸모없게 돼 버린 인간을 상징한다 했습니다. 이것은 번제단 말씀에서 언급했으니 생략합니다. 금으로 싼 것은 성전 뜰의 번제단과 물두멍이 말씀하는 영적 죄와 육체의 죄들에서 자기를 깨끗하게 하고 등대에서 말씀하는 거듭남의 경험으로 성품의 죄들을 다스림 받아 거룩한 성도가 된 온전한 구원으로 들어온 믿음, 하나님의 심판과는 상관없는 성영님의 믿음을 의미한다고 했습니다. 한마디로 예수님으로 거듭나고 예수님으로 옷 입었다는 말입니다. 속(성품)도 겉(삶)도 예수님의 형상이 보입니다. 하나님이 보실 때 예수님이 보이는 것입니다. 속도 겉도 예수님의 흔적입니다. 속도 싸고 겉도 싸니 하나님이 보실 때 나는 보이지 않고 예수님이 보이는 것이라고 했습니다. 그래서 죄인의 심판과는 절대로 무관하다고 했습니다.

오늘 본문 6에서 떡 상을 뭐라고 했습니까? "여호와 앞 순결한 상"이라고 했습니다. 깨끗하고 거룩한 상이라는 말입니다. 성전 뜰에서 깨끗하게 되어 등대에서 거듭나 거룩케 된 믿음이 순결한 상입니다. 순결한 상이라야만 영원한 언약이신 예수님 자신을 온전히 내주신다는 의미입니다. 그러면 순결한 상 위에다 무엇을 놓으라 했습니까? 떡 열둘을 구워서 두 줄로 한 줄에 여섯씩 진설하라, 8에 항상 매 안식일에 이 떡을 여호와 앞에 진설하라 하셨습니다. **이는 이스라엘 자손을 위한 것이요 영원한 언약이라** 그러니까 여호와 앞에 진설한 그 떡은 여호와 하나님을 위한 것이 아니고 누구를 위한 것이라는 겁니까? 예수님이 오시기까지는 이스라엘 자손을 위한 것이지만 그것은 영원한 언약으로 그 의미와 뜻을 적용하는 것은 예수님의 재림 때까지를 말합니다. 성소에서는 이 떡을 매 안식일마다 진설했습니다. 안식일 날 구운 떡을 상에 진설하고 다음 안식일까지 두었다가 또 그 안식일에 교체했습니다(삼상21:6).열두 덩이의 떡은 이스라엘 민족의 열두 지파를 의미합니다.

그러니까 야곱이 얍복 강가에서 자신을 축복하지 않으면 가게 하지 않겠다고 밤새도록 하나님과 씨름하여 기어코 하나님의 축복을 받았습니다. 사람이 자기를 축복하지 않으면 놓아주지 않겠다고 아주 목숨 걸고 붙잡고 매달리니 하나님이 축복하지 않으면 안 되게 되었다는 말입니다. 물론 이것은 하나님의 섭리입니다. 영적인 복을 얻어야 할 자기의 사람으로 하여금 그 복을 얻어내도록 하신 뜻입니다. 하나님께서 야곱에게 이제부터 네 이름을 야곱이라 부를 것이 아니라 이스라엘이라 부를 것이라 하셨어요. 이스라엘은 하나님과 사람으로 더불어 겨루어 이기었다고 하는 뜻입니다. 하나님께서 영적인 복을 주지 않으면 안 되게 된 사람, 반드시 복을 줘야 하게 된 하나님께 복을 쟁취한 사람이라는 뜻입니다. 그래서 그 이름이 아브라함의 후손으로 곧 야곱의 아들들인 열두 지파로 이루어진 민족의 이름이 되었고 그러므로 열두 덩이의 떡은 열두 지파를 의미하는 것으로 이스라엘 자손을 위한 떡이고 그다음 예수님의 열두 제자들을 의미하는 것으로 순결한 (마음에 오직 예수님 외에 아무 것도 없는 정절) 신약 성도들을 위한 떡입니다.

그리고 열둘의 숫자는 성경에서 3은 삼위일체이신 하나님의 수요. 7은 하나님의 완전수라 하듯이 이 열둘은 세상 중에서 하나님의 선택을 입은 자의 수로 거룩함의 수입니다. 그래서 이스라엘 민족은 그 열두 지파 안에 들어 있고 신약시대의 모든 믿는 자는 예수님의 열두 제자인 사도들 안에 있는 겁니다. 하나님의 선택을 입은 자라 하니까 여러분이 또 하나님께서 하나님 마음에 드는 자만 선택했다는 말로 들을까 염려되는데 오해 없도록 이해를 좀 돕습니다. 하나님의 선택을 입었다는 것은 두 가지의 측면을 말합니다. 하나는 하나님의 구원하시는 일을 위해서 일할 사람을 특별히 선택하여 부르시는 일입니다. 하나님의 사명을 행하게 하려고 특별히 부름 받은 그것을 '하나님의 택함을 입었다' '하나님께 선택받았다.' 라고 합니다.

또 하나는 구원에 대한 것인데 하나님께서 구원받을 자들을 친히 지명하여 선택하시는 것이 아니라 모든 사람이 다 구원받도록 주신 복음을 듣고 특히 성경을 통해 인간은 죄인이라고 하신 말씀을 받아들여 자신이 죄인인 것을 인정하고 예수님을 자기의 구주로 영접하여 믿는 것을 선택이라고 하는 것입니다. 또는 하나님의 택하심을 입었다고 하는 것입니다. 다시 말하면 누구든지 입니다. 누구든지! 죄인을 구원하시기로 한 하나님의 그 같은 뜻을 받아들여 믿는 자는 선택을 입은 것입니다. 죄인을 구원하시는 뜻을 받아들여 죄인으로 하나님께 나와 예수님을 구주로 영접해 믿는 것을 하나님께 선택받았다 한다는 말입니다. 그래서 이것을 예정론이라고 합니다. 하나님이 이미 창세 전에 죄인을 구원하시기로 예정을 하셨다는 말이에요. 누구를 구원하시기로 예정하셨어요? 죄인! 그래서 죄인만 예수님 만납니다. 그러니까 예정론에 대해 다른 말하면 들을 필요 있어요, 없어요? 들을 필요가 없는 거예요. 만약에 예정론에 대해 다른 이론 다른 교리가 나온다면 거기엔 다 모순이 따릅니다. 이 부분은 이미 설명 다 했었던 것이니다 아십니다.

계시록 21장에 "하나님께로부터 하늘에서 내려오는 거룩한 성 예루살렘을 보이니 그 예루살렘 성에 성곽이 있는데 거기에 열두 문이 있더라." "그 문들 위에 이름을 썼는데 이스라엘 자손 열두 지파의 이름들이라" "그 성곽의 기초석 위에는 열두 사도의 열두 이름이 있다."고 했습니다. 그러니까 구약에서는 이방인 중에 누구든지 하나님께 나오는 자 하나님의 백성 안에 들기 원하는 자는 들어오라고 동서남북 세 개씩 열두 개의 문을 세상을 향해 열어 놓으셨다는 거예요. 그것은 바로 하나님과 사람으로 더불어 겨루어 하나님을 이긴 하나님의 영적인 복을 침노하여 받아낸 이스라엘이란 거룩한 이름을 가진 열두 지파로 이루어진 이스라엘이 하나님의 선택을 입은 자로 세움을 받아 하나님의 나라 그 성에 들어갈 권세를 가진 거룩한 백성이 되었으므로 이제 이방인들이 하나님께 나오려면 그 열두 지파 안으로 들어와야 하는 것이었습니다. 이스라엘이 하나님께서 이방인들을 위해 열어 놓으신 문이었다는 말입니다.

그다음 신약에는 교회가 세워진 열두 기초석이 있는데 그 기초석은 바로 예수님이요 예수님의 열두 사도들의 이름이 그 기초석 위에 있더라고 말씀하는 것처럼 이제 그 열두 사도들을 이어서 세상 모든 사람들이 예수님을 믿어 예수님의 가르치심의 말씀 곧 사도들이 가르친 예수님의 말씀을 받아 그 기초석에 사도들과 함께 이름이 있어야 합니다. 그것이 하늘나라 하나님의 생명책에 자기 이름이 기록된 것으로서 예수님의 열두 사도와 함께 그 안에 들어간 자라고 하는 겁니다. 따라서 이 열둘이라고 하는 것은 이스라엘 열두 지파와 예수님의 열두 사도와 또한 그 지파와 사도들 안에 들어온 무리들을 의미하는 것으로 택함 받은 거룩함의 수라는 것 이제 알 수 있겠어요? 그러므로 사람이 예수님을 믿기로 결단했으면 자기 믿음을 위해서 하나님의 가르치시는 이와 같은 말씀을 듣고 기어코 믿음에 서도록 마음을 다해야 하는 것이요 자기의 삶의 뜻이 되어야 합니다. 그것이 자기에게 뜻이 되었다면 해야 할 것과 하지 않아야 할 것을 분명히 가릴 줄 알아 행할 것이요 중심이 이리 왔다가 저리 갔다가 하지 않을 것이요 타협하지 않을 것입니다.

그래서 오늘 이 상 위에 떡은 아무나 받아먹을 수 있는 것이 아닙니다. 믿음이 산 자 순결한 자만이 떡을 받아먹게 되는 것임을 가르쳐주는 겁니다. 예수님의 십자가의 피 흘리심의 그 은혜의 깊이를 알고 오직 예수님만 사랑하는 믿음의 분명한 태도와 순결함(깨끗한 정절)이 없으면 성영님이 먹여주시는 생명의 떡을 받아먹을 수가 없다는 말입니다. 한마디로 성소에 들어온 제사장만 먹는 떡입니다. 또한 이 떡은 아무 데서나 먹을 수 있지 않습니다. 9에 뭐라고 했습니까? 이 떡은 아론과 그 자손에게 돌리고 그들은 그것을 거룩한 곳에서 먹을지니 이는 여호와의 화제 중 그에게 돌리는 것으로서 지극히 거룩함이니라 이는 영원한 규례니라 떡은 아론과 그 자손에게 돌리라, 성소에서 제사장들만 먹으라는 말씀입니다.

그것을 또 어디서 먹으라고 했습니까? 거룩한 곳에서 먹을지니 해서 그 성소 안에서만 먹는 것입니다. 다른 것은 다 하나님께 화제로 드리는 것인데 떡만큼은 아론과 그 자손 제사장들에게 돌리는 것으로써 그 떡이 어떠한 것이라 했습니까? **지극히 거룩함이라고 했습니다.** 이 떡은 '세상 것이 아닌, 세상 것과는 구별된, 하나님의 성전 안에만 있는, 하나님이 친히 주시는 생명의 양식이라'는 뜻입니다. '거룩'은 '구별'의 뜻인데 그것은 '하나님' 또는 '하나님께로부터' 또는 '하늘의 것' 이라는 것을 말할 때 쓰입니다. 여러분이 성경에서 '거룩'을 말할 때 이같은 뜻과 연관을 두고 읽으면 됩니다. 그러면 여기서 떡은 누구를 말하는지 다 아시지 않겠어요? 예수님께서 오셔서 "내가 너희에게 생명을 주는 떡이라"고 하셨습니다. 특히 요한복음 6장은 생명의 떡에 대한 말씀입니다. 그래서 '생명의 떡'장이라고 말합니다. 우리가 밥을 먹지 않으면 죽는 것처럼 사람이 하늘에서 내리신 생명의 떡을 먹지 않으면 영원히 사망(불못)에 들어간다고 하는 겁니다.

구약의 대제사장 제사장들은 그 호칭대로 하나님께 제사 드리는 직분입니다. 성소에서 등잔에 불을 켜고 밤새도록 등불이 꺼지지 않도록 살피고 매 안식일마다 대 제사장이 떡을 구워서 진설하고 향단에 향을 아침저녁으로 사르는 일을 했습니다. 그러면 제사장들이 성소에서 행한 이 제사는 누구와 화목하기 위한 것일까요? 바로 오실 예수님입니다. 예수님과 화목하면 또 누구와 화목이 됩니까?(하나님 아버지) 그래서 예수님과 화목이 되니 예수님께서 자기의 흘리신 피를 가지고 지성소 하나님께 나아가 그 피를 보이시니 하나님과 사람과도 화목케 되었습니다. 예수님이 이 같은 화목 제물이 되실 것에 대한 그 예표로 대제사장이 해 년마다 한 차례씩 양의 피를 가지고 지성소 하나님께 나아가 속죄의 피를 보여드리는 일을 했습니다.

또한 열두 덩이의 떡을 차려놓은 뒤 다음 안식일에 그 떡을 거두어 대제사장과 제사장들이 먹은 것은 바로 생명의 떡이신 예수님을 받아먹는 것이었습니다. 열두 덩이의 떡을 먹은 것은 백성들을 대표한 것이었고 그 떡을 먹은 제사장들은 백성을 축복할 권세가 있었으므로 여호와의 이름으로 백성을 축복하여 모든 백성 또한 떡에 참여한 것이 되었습니다. 이처럼 구약의 제사장들은 오실 예수님을 기다리며 예수님과 화목을 이루는 뜻에서 성소에서 화목의 제사를 드렸고 하나님께서도 백성과 화목을 위해 예수님을 화목 제물로 보내신다는 예표로 속죄 제물로 양을 잡아 피 흘려 지성소에 가지고 나오도록 하신 것입니다. 그러면 대제사장은 누구의 예표입니까? 지성소 하나님께 나갔던 대제사장은 예수님을 예표하고 히브리서가 말하기를 예수님은 하늘 지성소에 영원한 대제사장으로 영원히 들어가셨다고 했습니다.

그래서 하나님께서는 성전을 통해서 예수님을 정확히 알고 믿는 분이 되게 하셨습니다. 번제단과 물두멍을 통해서 성소에 등대와 등불로 생명의 빛이신 예수님을 비추어 주시고 상과 상 위의 떡으로 영원한 생명을 주시는 예수님을 가르쳐 주시고 향로와 향으로 하나님이 받으시는 분은 오직 한 분 지극히 거룩한 향이 되신 분 중보가 되시는 예수님이심을 가르쳐주시고 그 예수님 때문에 내가 하나님과 화해가 되어 하나님의 자녀로 다시 난다는 이 엄청난 복을 알게 하셨으니 내가 예수님이 누구신지 그 넓이와 크기와 높이를 알게 되더라는 말입니다.

그러므로 예수님을 내가 인격적으로 모셔 들이고 나와 함께 계시지 않으면 안 되는 분 참으로 내가 사랑하지 않으면 안 되는 분 세상 것 다 버려야 한다면 버리고서라도 정말 따르고 싶은 분 내가 사는 이유와 목적이 무엇이 되어야 하는지 너무나 큰 가치를 내게 알게 하신 분이니 목숨을 바친다 해도 아깝지 않을 너무나 귀하신 창조주 하나님이시요 내 구주이신 예수님이라는 것 알게 되더라는 말입니다.

영원한 성소가 되시는 분이요 영원한 대제사장이신 예수님 안에 내가 들어가니 예수님께서 성영님으로 내 안에 생명의 빛으로 오셔서 하나님의 자녀로 인을 치시고 생명이 되시는 예수님의 피와 살을 내게 먹여주시고 왕 같은 제사장이 되고 성영님과 깊은 교제를 통해 하나님의 나라를 온전히 소유하는 자로 이끄시는 엄청난 복이 있게 하신 것을 알게 되더란 말입니다.

그러므로 여러분이 참으로 예수님 안에 들어온 것이면 이 같은 제사장의 엄청난 복을 받은 것입니다. 예수님 안에 들어왔으면 그 삶은 제사장의 삶으로 드러나게 되어 있습니다. 제사장은 하나님을 예배하는 거룩한 예배자입니다. 예수님을 믿는다면 뭐 좀 잘 되려나 하는 뭐 좀 얻어 보고 싶어서 믿는 것 아닙니다. 답답한 마음이나 좀 위로받아 보자고 믿는 것 아닙니다. 그런 것이라면 그것은 예수님과 관계없는 다른 방향입니다. 만일에 자기가 제사장이면 하나님의 복이 이미 자기 안에 와 있는 것이요. 그 복을 성영님의 눈으로 보아야 하고 또한 자기 안에 그 믿음이 있는 것입니다. 자기 안에 와 있는 복을 보지 못하는 것은 제사장의 예배자가 아니기 때문입니다.

하나님께서 오실 예수님과의 화목을 위한 제사를 드리며 하나님을 섬기던 제사장들에게 백성을 축복하게 하셨습니다. 그 축복권은 아무나 있지 않습니다. 민수기 6장에 하나님께서 너희는 이스라엘 자손을 위하여 이렇게 축복하여 이르되 여호와는 네게 복을 주시고 너를 지키시기를 원하며 여호와는 그 얼굴로 네게 비취사 은혜 베푸시기를 원하며 여호와는 그 얼굴을 네게로 향하여 드사 평강 주시기를 원하노라 할지니라 하라 그들은 이같이 내 이름으로 이스라엘 자손에게 축복할지니 내가 그들에게 복을 주리라고 제사장들에게 명하셨습니다. 하나님께 축복의 명을 받았다는 말입니다. 누구도 파기할 수 없는 하나님께서 부여하신 축복권입니다. 그러므로 누구든지 자신이 하나님께 예배하는 제사장이 아니면 하나님이 부여하신 복은 없는 것이니 축복이 되지 않습니다. 자기에게 복이 없는데 축복이 되겠습니까?

또한 하나님을 섬기던 제사장들은 자기 삶을 자기가 책임지지 않았습니다. 하나님께서 그의 삶을 확실히 보장하셨습니다. 하나님의 복이 있으니 모든 것에 부족함이 없었습니다. 그런데 오늘날 신약시대의 믿음은 왕 같은 제사장이라고 말씀했습니다. 왕 같다 하니까 한나라의 최고 높은 임금이라는 말이 아니라 바로 그 왕과 같은 권세가 있다는 말입니다. 왕의 권세는 죽이기도 하고 살리기도 하고 또한 모든 것을 가졌지 않습니까? 그같이 예수님을 믿는 자는 예수님이 우리 안에 오셨으니 하늘과 땅의 모든 복을 가졌습니다. 필요한 모든 것은 다 얻게 하시는 복입니다. 악한 마귀 귀신들이 복종하는 권세입니다. 사람들로 하여금 예수님의 생명을 얻도록 하는 권세입니다. 또한 다스리는 권세입니다. 그러므로 제사장의 이 영적인 복을 알아야 합니다. 참으로 성소의 믿음 제사장의 삶 하나님을 예배하는 예배자의 삶으로 변화가 일어나야 합니다. 예수님 안에 들어온 제사장의 삶에 깊은 관심을 갖고 말씀을 상고함으로써 제사장의 삶을 갖춰야 한다는 말입니다. 그 믿음만이 하늘에 들어간 자요. 영원히 아버지 나라에서 빛 가운데 사는 자입니다.

그래서 벧전2:5에 너희도 산돌같이 신영한 집으로 세워지고 예수 그리스도로 말미암아 하나님이 기쁘게 받으실 신영한 제사를 드릴 거룩한 제사장이 될지니라 했습니다. 산돌은 교회의 기초석이신 예수님을 말합니다. 신영한 집은 성전으로 지어진 나를 말합니다. 그러니까 예수님이 나 위하여 하나님의 뜻을 행할 때 하나님의 말씀을 절대복종하셨던 것처럼 바로 예수님을 믿는 나도 예수님을 본받아 사는 것으로 하나님을 기쁘시게 하는 제사장의 삶이어야 하는 것임을 말씀한 것입니다. 롬12:1에 너희 몸을 하나님이 기뻐하시는 거룩한 산 제사로 드리라 이는 너희의 드릴 영적 예배니라 했습니다. '너희 몸'이라고 한 것은 영 혼 육 전인(全人)이 다 예수님께 복종하고 그분의 말씀을 따라 사는 것을 말합니다. 예수님의 성품으로 변화를 받고 성영님으로 충만한 삶을 사는 것이 산 제사요 영적 예배입니다.

여러분이 잘 알듯이 예수님의 교회는 주일예배에 대해서는 정말 하나님이 받으시는 예배가 되게 하라고 대단히 강조합니다. 여러분! 예배에 절대 늦지 마세요. 한 주에 한 번 모여서 드리는 예배를 마음과 뜻을 다해야 하는 것이지 예배의 태도들 그렇게 갖지 말라는 말입니다. 그것이 하나님께 예배이고 섬기는 자세입니까? 그리고 예배에 와서 왜 좁니까? 교회 졸자고 오는 것입니까? 교회 와서 좀 것 같으면 아예 오지 말고 그냥 집에서 잠자지 뭣 하러 옵니까? 이 첫날의 예배는 목숨을 다하라는 이 강조는 아무리 한다 해도 하나님의 뜻에 위배되지 않기 때문에 정말 강조합니다. 하나님의 살리시는 뜻이기 때문입니다. 제가 주중 예배들은 강조하지 않습니다. 그렇다고 주중에 예배 드리지 않아야 한다는 뜻도 아닙니다. 저는 여러분이 예배당 중심 또는 목사 중심이 되어서 열심히 쫓아다니고 따라다니는 것 하지 말고 삶이 예배가 되라는 것을 분명히 말합니다. 자신이 하나님을 예배하는 삶이어야 합니다. 사람들의 정신이 어떻게 된 것인지 자기 삶으로는 예배가 되지 못하고 예배당 나와서만 예배인 줄로 아는 무지함을 보는 겁니다. 그러니까 열심히 예배당 나와서 예배한다는 그것으로 자기만족을 삼고 생활 가운데서는 세상 사람들과 별반 다를 바 없습니다. 그런 정신이라면 예수님 믿는 것을 그 정도의 것으로 착각한다면 그것은 절대로 믿는 것 아닙니다. 그런 믿음 가지고 예배당 나와 백 번 천 번 예배한다 해도 그것은 죽은 믿음이요 죽은 예배입니다.

자기 믿음은 자기가 경영하는 것이지 누가 해주는 것이 아니에요. 예배당 나와 예배만 드린다고 되는 것 아니란 말입니다. 믿는 것은 영적인 것이기에 스스로 성영님의 도우심을 구하고 말씀을 받아들여 사는 능력을 갖춰나가야 합니다. 자기 믿음은 자기 것이니 자기가 운영하는 것입니다. 그러므로 자기가 성전이면 집에 있어도 성전이요 길을 가도 성전이요 화장실에 있어도 성전이요 잠을 자도 성전이요 어디에 있든지 성전입니다. 자기가 성전이면 자기 안에 오신 예수님과 화목한 관계가 되었다는 것이니 삶 자체가 예배의 삶으로 제사장의 삶인 것입니다. 그래서 믿음의 중심이 오직 예수님께 두는 것이지 형식에 치우치고 타성에 젖은 그런 예배당 생활이 절대로 중심이 아니에요. 그렇기에 저는 예수님의 날 모여서 한 번 드리는 예배일지라도 그가 믿음이 살았으면 예수님과 함께 있는 것이니 그 삶이 산제사의 삶일 것이요 그렇지 않고 일주일 내내 예배당 나와 예배한다 해도 죽은 예배라면 한 번으로 끝나는 것이 낫지 않겠습니까? 예수님의 교회는 산예배자가 모여서 예배하는 곳이지 이런 죽은 예배자들을 비위맞추는 사람 중심인 교회가 아닙니다. 사람 끌어 모으는 데가 아니라는 말입니다. 여러분께서 예배의 본질이 무엇인지 이제 다 알게 되었다는 생각에서 말씀드렸으니 태도를 분명히 하시면 좋겠습니다.

그리고 구약의 제사장은 성소에서 예수님과 화목하기 위한 제사의 집무와 기도와 백성을 축복하는 말만 하게 하셨습니다. 그러므로 오늘날 우리 믿음이 거룩함으로 구별된 예배자면 즉 예수님 안에 들어와 하나님을 예배하는 제사장이면 예수님의 말씀이 우리 언어의 자원이어야 합니다. 언어가 예수님의 언어 말씀의 언어가 되지 않았으면 제사장의 복은 없습니다. 예수님 안에 들어와 생명의 떡을 받아먹었으면 성영님께서 입의 말을 다스리게 되어 있습니다. 성영님께 잡힌 혀가 되어 신영한 하늘의 말이 나와야 삶으로 복을 들이게 되는 겁니다. 언어의 권세입니다. 대단히 큰 권세입니다. 그 입의 말로 인하여 삶으로 따라오는 것입니다. 롬8:29에 하나님께서 우리를 구원하여 주신 것은 그 아들의 형상을 본받게 하기 위하여 라고 했습니다. "예수님의 형상을 본받게 하기 위하여" 하셨으니 그러므로 예수님의 성품으로 변화를 받아야 하고 예수님의 언어인 말씀이 우리 입의 언어가 돼야 하지 않습니까? 벧후1:34에 하나님이 그의 신기한 능력으로 생명과 경건에 속한 모든 것을 우리에게 주신 것은 우리로 정욕을 인하여 세상에서 썩어질 것을 피하여 신의 성품에 참여하는 자가 되게 하려 하심이라고 했습니다. 그러므로 예수님 안에서 산다는 것은 예수님의 성품으로 변화가 있다는 것이요 예수님과 화목한 관계가 되었다는 것이요 예수님과 사귐을 잘 갖게 되었다는 것이니, 이것이 성소에 들어온 믿음이니 그러면 여러분의 믿음이 이 같은 관계가 되어 있는가 하는 겁니다. 예수님과 사귐이 깊어질수록 아버지 하나님과도 깊은 사귐의 관계가 되고 예수님과 화목이 깊어질수록 아버지 하나님과도 화목의 관계로 깊어지는 것입니다. 참으로 아멘이 되기를 바랍니다.

오늘 우리가 성소 안에 있는 순결한 떡 상과 그 위에 진설한 떡에 대해서 살펴 상고하여 보았습니다. 성소 안에 들어간 것은 곧 예수님 안에 들어간 것이요 들어가면 예수님께서 맞아주시고 생명의 떡이신 예수님 자신을 먹여주십니다. 앞에서도 언급했지만 그 떡은 아무에게나 먹여주시는 것이 아니요 아무데서나 먹을 수 있는 것도 아닙니다. 예수님 안에 들어간 거룩한 성도에게만 생명이 되는 피와 살을 먹여주십니다. 거룩한 성전이 된 자에게 예수님이 자신을 친히 먹여주시는 겁니다. 영원한 하늘의 생명이 되고 예수님과 연합을 이루는 능력이 되어서 영생하러 가는 것입니다. 십자가에서 몸 찢기고 피 흘리신 그 구원의 은혜를 더욱 깊이 깨닫고 삼위 하나님을 기쁘시게 하는 믿음으로 굳게 세워지는 것입니다.

오늘 그 떡 상 앞에 와서 떡은 바로 예수님이다 예수님이 자기 살과 피를 다 내주시고 예수님 안으로 들어온 자들에게 먹이신다. 이것이 성소의 뜻으로 구원받았음을 말한다 하는 것 여러분 이제 다 알게 되었습니다. 또한 이 성소에 들어온 것은 하나님께 직접 예배드리는 제사장이므로 여러분이 제사장의 복과 삶에 대하여도 다 듣게 되었습니다. 참으로 바라기는 이 모든 말씀이 여러분의 말씀이 되어서 적용하는 믿음이 되고 제사장의 복이 여러분께 꼭 이루어지기를 간절히 바라면서 말씀을 맺습니다. 떡 상과 떡에 대한 본론의 말씀은 다음에 이어서 하겠습니다. 우리에게 말씀으로 한없는 복을 주신 아버지 하나님과 우리 주 예수님과 우리 믿음을 도와주시는 성영님께 모든 영광을 올립니다. 아멘

성소 5-2
떡 상과 진설병 (십일조에 무지하여 망한 자)(2)

⁵너는 고운 가루를 취하여 떡 열둘을 굽되 매 덩이를 에바 십 분 이로 하여 ⁶여호와 앞 순결한 상 위에 두 줄로 한 줄에 여섯씩 진설하고 ⁷너는 또 정결한 유향을 그 매 줄 위에 두어 기념물로 여호와께 화제를 삼을 것이며 ⁸항상 매 안식일에 이 떡을 여호와 앞에 진설할지니 이는 이스라엘 자손을 위한 것이요 영원한 언약이니라 ⁹이 떡은 아론과 그 자손에게 돌리고 그들은 그것을 거룩한 곳에서 먹을지니 이는 여호와의 화제 중 그에게 돌리는 것으로서 지극히 거룩함이니라 이는 영원한 규례니라

(레24:5-9)

상 위에 진설병을 두어 항상 내 앞에 있게 할지니라

(출25:30)

오늘 떡 상에 대한 두 번째 말씀입니다. 이것은 십일조에 대한 것이

기도 하기 때문에 십일조에 대해서 큰 줄거리만 말씀을 드릴 것입니다. 뜬금없는 뭔 십일조 이야기냐? 생명이 되는 자기의 피와 살을 친히 먹여주시는 예수님께 우리도 또한 좋은 것으로 십 분의 일을 드려야 하는 것으로써 곧 예수님은 나로 더불어 먹고 나는 예수님으로 더불어 먹는 관계를 의미하는 것이기에 떡에 대한 뜻을 말씀드리겠다는 말입니다.

구약 백성이 오실 예수님과의 화목을 위한 제사 중의 하나가 바로 성소에서 떡을 여호와 앞에 차려 놓았다가 그 떡을 여호와 앞에서 먹는 것입니다. 생명의 떡이 되시는 예수님을 상징하는 하나님께 지극히 거룩한 이 떡은 아무 데나 놓는 것이 아니라 하나님이 지시하신 대로 놓아야 합니다. 조각목으로 상을 만들고 금으로 조각목이 보이지 않게 겉을 다 싸야 하고 또 하나님께서 지시하신 제조법대로 만들어진 관유를 금으로 싼 상에 바른 거룩한 상이어야 했습니다. 금으로 싸고 관유를 바른 상, 하나님의 법대로 된 이 상만이 거룩하게 구별된 순결한 상으로 생명의 떡이 되시는 예수님을 상징한 떡을 올릴 수 있습니다. 그러므로 성소의 떡 상을 통해서 오늘날 우리 믿음도 하나님의 법대로 되어야 함을 확실히 가르쳐 보이셨으므로 반드시 하나님의 법대로 방법대로 믿는 것이 돼야 합니다. 천하 인간 세상 가운데서 하나님과 관계를 이루고 영원한 생명에 들어가는 것은 오직 이 순결한 상이 주는 뜻을 가진 자입니다.

그러므로 예수님이 예수님 자신을 먹여주시는 자가 누구냐? 믿음이 순결한 자입니다. 예수님을 성영님으로 알아보고 나의 구주요 나의 하나님으로 영접하여 들인 순결한 자입니다. 다시 말해 하나님께서 '천하 인간 중에는 의인은 없나니 하나도 없다 그래서 하나님의 영광에 이르지 못할 죄인으로 다 사망에 처하였다.'고 하신 그 선언 앞에 자신이 그 같은 죄인임을 진심으로 인정하여 고백하고 예수님의 십자가의 피 흘리신 은혜를 받아들여 죄 사함을 얻고 예수님을 자기의 하나님이요 자기의 구주로 영접하여 들이고 육체의 죄와 영적인 온갖 죄들에서 자신을 깨끗케 하는 것이 곧 순결로 가는 첫걸음입니다. 예수님의 말씀을 따라 협착하고 좁은 길을 갈 것으로 뜻을 확고히 정하고 죄라고 말씀하시는 것들을 버리고 성영님을 따르는 성영님의 사람이 순결한 떡 상입니다. 그것은 오직 예수님을 바라기 때문이요 예수님을 사랑하여 따르는 양이기 때문입니다. 그러므로 예수님도 그를 영접하여 자기의 깨어진 몸과 흘리신 그 구원의 피를 친히 먹여주시는 것입니다. 그것이 온전한 구원입니다.

요6:53-57에 내가 진실로 진실로 너희에게 이르노니 인자의 살을 먹지 아니하고 인자의 피를 마시지 아니하면 너희 속에 생명이 없느니라 내 살을 먹고 내 피를 마시는 자는 영생을 가졌고 마지막 날에 내가 그를 다시 살리리니 내 살은 참된 양식이요 내 피는 참된 음료로다 내 살을 먹고 내 피를 마시는 자는 내 안에 거하고 나도 그 안에 거하나니 살아 계신 아버지께서 나를 보내시매 내가 아버지로 인하여 사는 것같이 나를 먹는 그 사람도 나로 인하여 살리라 하셨습니다. 예수님의 이 말씀은 바로 떡 상과 떡의 이야기입니다. 예수님 안에 들어온 성결한 자가 참된 양식인 예수님의 살과 참된 음료인 예수님의 피를 먹고 마실 수 있음을 오늘 떡 상과 연결하여 말씀하신 것을 알 수가 있습니다.

예수님께서 하나님과 사람을 화목케 하시려고 화목 제물이 되셨습니다. 그래서 번제단과 물두멍을 거쳐 성소로 들어와 성영님으로 거듭나면 예수님께서 화목 제물로 드려진 자기의 피와 살을 먹여주시고 영접하여 주십니다. 성영님이 예수님의 피와 살을 먹여주신다는 말입니다. 그러므로 금 등대에서 성영님이 오시고 떡 상에서 성영님으로 떡을 먹고 분향단의 뜻이 되어 금 등대와 떡 상과 분향단의 믿음이 되었으면 그는 이제 소속이 어디겠습니까? 세상입니까? 하나님의 나라 천국입니까? 하나님의 나라예요. 하나님의 나라를 온전히 소유한 것입니다. 하나님의 나라가 그의 안으로 들어온 것입니다. 그러므로 누구의 소유입니까? 마귀입니까? 하나님입니까? 하나님의 소유입니다. 또한 예수님을 말하는 금 등대와 떡 상과 금향로의 믿음이 되었으면 그 믿음이 살았습니까? 죽었습니까? 살았습니다. 살려주는 영이신 성영님으로 인해 살았습니다. 절대로 변하지 않는 예수님의 사람으로 인을 쳤습니다.

　베드로가 인간적인 사랑으로 예수님을 믿는 그 믿음은 변했습니까? 안 변했습니까? 변했습니다. 예수님을 저주까지 했습니다. 오순절 날 하늘로부터 오신 보혜사 성영님을 그들 영혼에 충만히 받은 믿음으로는 예수님에 대한 믿음이 변했습니까? 변하지 않았습니까? 변하지 않았어요. 변할 수가 없습니다. 성영님으로 충만케 되니 영원히 변할 수 없는 하나님의 믿음입니다. 하늘의 하나님의 지성소가 그들 안으로 들어와 버렸습니다. 예수님께서 **무릇 살아서 나를 믿는 자는 영원히 죽지 아니하리니**(요11:26) 하신 말씀이 그것을 말합니다. 예수님께서 나는 부활이요 생명이니 나를 믿는 자는 죽어도 살겠고 무릇 살아서 나를 믿는 자는 영원히 죽지 아니하리니 이것을 네가 믿느냐 여기서 **죽어도 살겠고**는 구약 백성의 믿음입니다. 구약은 피 흘리러 오실 예수님과 화목 하는 뜻에서 제사를 드렸습니다. 예수님을 기다리며 그 믿음을 가지고 죽었습니다. 그러므로 예수님 재림의 날 그들도 예수님 부활의 생명으로 산다는 것이고 그다음 **무릇 살아서 믿는 자**는 보혜사 성영님으로 거듭난 신약 성도입니다. 등대와 떡 상과 분향단과 연합한 무릇 살아서 믿는 자입니다. 그래서 영원히 죽음이 없습니다. 육체에서 떠나면 아버지 나라에 있습니다. 그러므로 화목 제물이 되신 예수님이 성령님으로 오셔서 피와 살을 먹여주시고 영이요 생명의 말씀을 양식으로 먹여주시니 그 떡을 먹고 배부른 나도 예수님께 나를 드린다는 뜻에서 드려야 하는 내 떡이 있습니다. 산 제물(빌 4:18 빌2:17), 믿음과 감사로 드려야 하는 예수님과 화목 하는 산 제물의 떡입니다. 예수님은 나로 더불어 먹고 나는 예수님으로 더불어 먹는 관계로서의 드려야 하는 믿음의 제물, 생명의 약속이 붙은 제물입니다. 그래서 그 제물은 어떤 것인지 알아보기 위해 믿음의 조상 아브라함에게 올라가 봐야 합니다.

마8:11에 예수님께서 **동서로부터 많은 사람이 이르러 아브라함과 이삭과 야곱과 함께 천국에 앉으려니와** 하셨습니다. 마22:32에 나는 **아브라함의 하나님이요 이삭의 하나님이요 야곱의 하나님이로라** 하신 것을 **읽어 보지 못하였느냐 하나님은 죽은 자의 하나님이 아니요 산 자의 하나님이시니라** 하셨습니다. 그러면 믿음의 조상이 누구입니까? 아브라함입니다. 바로 아브라함의 믿음이 산 믿음입니다. 그냥 믿는다는 것이 아니라 산 믿음, 생명을 가진 믿음이라는 말입니다. 아브라함은 하나님께서 하신 말씀이 도무지 말 같지 않아도 이해가 되지 않아도 있을 수 없는 꿈같은 이야기 같아도 믿음으로 받았습니다. **너의 본토 친척 아비 집을 떠나 내가 네게 지시할 땅으로 가라**(창12:1) 하신 말씀에도 가야 할 길을 모르지만 그 말씀을 따라 떠났습니다. 무자한 아브라함에게 **네 씨로 크게 성하여 하늘의 별과 같고 바닷가의 모래와 같게 하리니**(창22:17) 하신 말씀도 믿었습니다. 자손을 언약하신 후 이십오 년 만에 주신 아들을 십이 세가 되자 번제(태워드리는)로 드리라는 말씀에 다시 살리실 줄로 믿고 드렸습니다.

이같이 하나님을 온전히 믿었기 때문에 믿음이 산 자요 모든 믿는 자의 조상이요 하나님은 믿음이 산 자의 하나님이요 믿음이 산 아브라함과 이삭과 야곱의 하나님이라고 하셨습니다. 믿음의 조상인 아브라함이 이삭 야곱과 함께 천국에 앉아서 동서로부터 오는 많은 산 자들을 맞아들인다 하셨어요. 그래서 아브라함이 믿음의 조상 아버지라 불렸습니다. 창17:5에 하나님께서 네 이름을 아브람이라 하지 아니하고 아브라함이라 하리니 이는 내가 너로 열국의 아비가 되게 함이니라 하신 말씀과 같이 아브라함이 열국의 아비, 믿음의 조상이 된 것입니다. 그러면 '하나님의 약속의 말씀을 믿은 그것을 의로 여기셨다.'한 그 의의 실제가 누구예요? 예수 그리스도입니다. 롬4:11에 믿는 모든 자의 조상이 되어 저희로 의로 여기심을 얻게 하려 하심이라 즉 예수님을 믿는 자로 여기심을 얻게 하려는 것이라는 말입니다. 롬4:16-18에 아브라함은 하나님 앞에서 우리 모든 믿는 사람의 조상이라고 했습니다. 죽은 자를 다시 살리실 수 있는 하나님, 없는 것을 있는 것으로 불러내시는 하나님이시라는 것을 아브라함이 믿었고 바랄 수 없는 중에 하나님이 말씀하신 것을 바라고 믿었다고 했습니다. 그리고 앞에서 말한 대로 그 믿음이 있다는 것을 행함으로 나타냈습니다. 그러므로 하나님께서는 그 믿음을 의로 여기셨다고(롬4:5) 하셨습니다. 바로 예수 그리스도의 의를 가진 자라 하셨다는 말입니다. 그래서 믿음이 살았다고 하는 것입니다.

그래서 믿음이 뭐냐? 했을 때 아브라함 같이 믿음이 산 믿음이어야 합니다. 산 믿음은 행함으로 살았다는 것을 나타냅니다. 행함이 따르는 믿음만이 믿음의 조상 아브라함의 후손입니다. 그러므로 아브라함이 땅에서 하나님의 복을 누렸다고 하면 나도 똑같이 복을 누리는 것입니다. 그러면 믿음의 조상, 즉 믿음의 아버지인 아브라함의 믿음을 의로 여기신 그 의, 바로 예수님의 의를 가진 아브라함이 예수님과 어떤 관계를 맺었는가 하는 것을 알아야 오늘 이 떡 상과 떡의 의미를 바르게 깨닫게 되고 바른 믿음이 되는 것이기에 그 현장으로 가보겠습니다.

창14:17-20의 말씀입니다. 아브람이 그돌라오멜과 그와 함께한 왕들을 파하고 돌아올 때에 소돔 왕이 사웨 골짜기 곧 왕곡에 나와 그를 영접하였고 살렘 왕 멜기세덱이 떡과 포도주를 가지고 나왔으니 그는 지극히 높으신 하나님의 제사장이었더라 그가 아브람에게 축복하여 가로되 천지의 주재시요 지극히 높으신 하나님이여 아브람에게 복을 주옵소서 너희 대적을 네 손에 붙이신 지극히 높으신 하나님을 찬송할찌로다 하매 아브람이 그 얻은 것에서 십 분 일을 멜기세덱에게 주었더라 지금 읽은 말씀 내용을 이해하려면 앞에 말씀을 봐야 하는데 그것은 제가 간략하게 설명합니다. 아브라함과 조카 롯이 살고 있는 그 주변 가나안 지역에 동맹을 맺은 다섯 나라의 왕들이 메소포타미아 쪽의 동맹국들로 이루어진 네 나라의 왕들에게 십수 년 조공을 바치다가 그것을 거부하고 바치지 않자 이 네 동맹국의 왕들이 조공을 거절한 다섯 왕에게 선생을 일으켜 새물도 양식도 사람도 다 악딜해 갔습니다.

그런데 그들과 전혀 상관없는 아브라함의 조카 롯과 그 가족과 재물까지 다 노략질해 갔다는 것을 아브라함이 전해 듣고 즉시 자기와 동맹한 사람들과 또 자기에게 딸려 있는 유목생활에 연습(길들여진)된 318명을 거느리고 가서 치밀한 계획을 세워 그 적군을 쳐서 파하고 16에 그랬지요? "모든 빼앗겼던 재물과 자기 조카 롯과 그 재물과 또 부녀와 인민을 다 찾아왔더라."그렇게 빼앗긴 모든 것을 찾아서 돌아오는데

18에 살렘 왕 멜기세덱이 떡과 포도주를 가지고 나왔으니 그는 지극히 높으신 하나님의 제사장이었더라 했습니다. 이 '지극히'는 성경이 '지극히'라고 한 것은 '세상에는 없는 하나님의 일' '세상과 구별된 하나님의 일' 또는 '하나님 자신' 이런 의미를 가졌습니다. 대체로 삼위일체 하나님과의 관계를 표현할 때 또는 하나님으로 말미암았음을 말할 때 쓰인 단어입니다. 지난 말씀에도 설명했습니다.

그다음 **지극히 높으신 하나님의 제사장**이라고 한 멜기세덱이 아브라함에게 떡과 포도주를 먹여주고 아브라함을 축복했는데 **천지의 주재시요** 그러니까 '하늘과 땅의 주인 되시고 주관하시며 다스리시는' 그 말이지요. **지극히 높으신 하나님이여 아브라함에게 복을 주옵소서** 하고 아브라함을 축복했습니다. 여기 '복을 주옵소서.'를 또 세상에서 잘 먹고 잘 입고 떵떵거리며 잘살게 해달라고 하는 그런 물질적이고 명예적인 것들을 말하는 것인 줄로 알면 안 됩니다. 믿음의 조상이 될 영적 복을 말하는 거예요. 세상에서 부자 되게 해서 잘 먹고 잘살게 해주려고 아브라함을 불러내신 것 아닙니다. 아브라함은 하나님께서 자신을 불러내실 때 이미 복을 명하셨기 때문에 멜기세덱의 축복이 하나님의 언약하신 일과 관계한 것임을 압니다. 그러니 우리도 다 알아듣는 복이 있어야 하겠지요.

그리고 아브라함에게 이르기를 너희 대적을 네 손에 붙이신 **지극히 높으신 하나님을 찬송할지로다** 했어요. 이것은 아브라함이 승리한 것은 곧 예수님의 승리임을 말씀하는 예수님에 대한 계시입니다. 멜기세덱의 축복에 아브라함이 곧바로 뭐했습니까? 얻은 것에서 십 분 일을 멜기세덱에게 주었더라 했습니다. 전쟁의 노획물은 얻은 자의 것입니다. 빼앗긴 것을 다시 찾은 것은 아브라함 자신의 것으로 돌릴 수가 있어요. 그러나 아브라함은 자기가 주인이 아니요 하나님이 주인이라는 것 바로 하늘도 땅도 물질도 다 하나님이 주인이시요 자기의 주인도 하나님이요 하나님께서 대적을 쳐서 파하게 하시고 자기 목숨과 함께 잃었던 것을 얻게 하셨으니 그 하나님을 찬송한다는 표시로써 떡과 포도주를 가지고 나와 영접하여 축복한 그 지극히 높으신 제사장이 되시는 멜기세덱(예수님)에게 얻은 것에서 좋은 것으로 십 분의 일을 주었습니다. 그러면 이 멜기세덱이 예수님이라는 것을 어떻게 아느냐?

히브리서 7장으로 가겠습니다. 7:1에 이 멜기세덱은 살렘 왕이요 지극히 높으신 하나님의 제사장이라 여러 임금을 쳐서 죽이고 돌아오는 아브라함을 만나 복을 빈자라 했습니다. 그다음 7:2에 아브라함이 일체 십 분의 일을 그에게 나눠 주니라 그 이름을 번역한즉 첫째 의의 왕이요 또 살렘 왕이니 곧 평강의 왕이요 했습니다. 멜기세덱이란 이름을 번역하니 첫째 의의 왕이라 했습니다. 그리고 살렘 왕 곧 평강의 왕이라는 거예요. 살렘은 우리말로는 '평강'이라는 말입니다. 그러면 우리의 의가 되시고 우리의 왕이 되시고 우리의 평강이 되시는 분이 누구십니까? 예수님입니다.

7:3에 아비도 없고 어미도 없고 족보도 없고 시작한 날도 없고 생명의 끝도 없어 하나님 아들과 방불하여 항상 제사장으로 있느니라 그러니까 인간 혈통에도 없고 그 족보가 없다는 겁니다. 보니 시작한 날도 생명의 끝도 없더라는 거예요. 그러면 인간 혈통에도 없고 사람은 눈 앞에 있는데 태어난 날도 없고 그 생명의 끝도 없는 분, 시작도 없고 끝이 없는, 알파와 오메가가 되시는 분이 누구십니까? 바로 예수님입니다. '하나님 아들과 방불하여' 하나님 아들과 같다, 그러면 하나님 아들이 누구십니까? 바로 예수님입니다. **항상 제사장으로 있느니라** 하셨으니 그러면 하나님 앞에 서 있는 영원한 제사장이 누구십니까? 예수님입니다. 그렇다면 멜기세덱이 누구라는 것입니까? 바로 예수님

입니다. 구약에서는 감추였던 분 필요할 때는 그같이 사람으로 나타나실 수 있었던 예수님이 멜기세덱으로 아브라함 앞에 나타나신 것입니다. 그래서 구약에서 예수 그리스도의 의를 가진 아브라함에게 나타나신 진짜 의가 되시는 예수님이 멜기세덱입니다.

그다음 7:4에 이 사람의 어떻게 높은 것을 생각하라 했는데 그러면 멜기세덱이 어떻게 높은가 쭉 생각해보니 어떤 것도 거부하지 못할 예수님이시잖습니까? **조상 아브라함이 노략물 중 좋은 것**(하나님의 것)**으로 십분의 일을 저에게 주었느니라** 하셨으니 그러면 아브라함이 십분의 일을 누구에게 준 것이 되었습니까? 예수님입니다. 아브라함이 도적질 당하고 탈취당한 자기의 사랑하는 자 조카 롯과 그 재물까지 또 주변 국가들의 빼앗겼던 재물까지 원수의 손에서 다시 찾아온 것은 바로 예수님께서 오셔서 그와 같이 원수에게 도적질 당하여 멸망에 놓인 자기의 사랑하는 자들을 그 손에서 건져내시고 도적질 당한 것들을 찾으신다는 것을 보이신 예표의 사건입니다. 그래서 적을 쳐부수고 빼앗겼던 모든 것을 찾아서 돌아오는 그 아브라함에게 멜기세덱이 나와서 떡과 포도주를 먹여줌으로써 생명의 떡이신 예수님의 피와 살에 참여한 뜻이 되었고 아브라함도 멜기세덱이 복을 빈 그 복, 자식이 없는 아브라함에게 큰 민족을 이루고 그 모든 족속이 아브라함으로 인하여 복을 얻을 것이라 하신 그 복을 말씀대로 이루실 것을 믿는다는 표로 얻은 것에서 십 분의 일을 멜기세덱에게 돌린 것입니다. 십분의 일을 돌린 이것은 하나님께서 물질을 원해서가 아니라 아브라함이 자기의 목숨은 대적의 손에서 건지신 하나님의 것이니 하나님의 것으로 온전히 돌린다는 그 믿음을 행함으로 보인 것입니다.

멜기세덱은 아브라함에게 화목 제물인 자기의 생명의 피와 살을 의미하는 떡과 포도주를 주었고 그것을 받아먹은 아브라함은 대적의 손에서 자기의 생명을 건져 살리셨으니 자기의 생명은 하나님의 것이요 하나님께 속하였다는 것을 그 얻은 것에서 십 분의 일을 멜기세덱에 돌림으로써 믿음을 나타냈다는 말입니다. 아브라함이 좋은 것으로 주었다는 그 **좋은 것이라** 하는 것은 무슨 물건 중에서 좋은 것으로 골라서 찾아서 주었다 그런 말이 전혀 아니고 아브라함의 믿음과 행함이 하나님의 뜻에 합한 행동, 하나님이 의로 여기시는, 하나님의 마음과 같은 믿음으로 행하였다는 말입니다. 그것을 하나님께서 의로 여기시고 받으신 것이 되었다는 뜻입니다.

그러니까 멜기세덱도 떡과 포도주를 아브라함에게 주어 자기의 피와 살(생명의 떡)을 먹여준 것이 되었고 아브라함도 대적의 손에서 생명을 건져주신 예수님께 자기의 얻은 것(자기 목숨의 떡)에서 십 분의 일을 줌으로써 멜기세덱(예수님)과 화목의 증거가 되었던 것입니다. 그래서 이것이 십일조의 뜻입니다. 하나님과 아브라함이 맺은 의의 뜻, 서로 생명을 나눈 생명의 언약이 붙은 믿음의 표현, 예수님은 피와 살을 주시고 아브라함은 자신을 하나님 것으로 드린 뜻입니다. 여러분 지금 이 말은 내가 돈 벌었는데 십분의 일은 하나님 것이니 하나님께 드린다는 이런 차원의 이야기가 아닌 것이니 잘 새겨들으세요. 하나님께서는 돈 원하지 않아요. 멜기세덱과 아브라함의 이야기를 통해 십일조의 그 의미를 잘 깨닫고 그것이 여러분에게도 믿음이 되어서 드리는 관계가 되어야 하는 것을 말하는 거예요. 알아듣습니까?

아브라함이 매월 또는 소득이 있을 때마다 십일조를 냈냐? 안 냈냐? 아브라함은 한 번밖에 내지 않았는데 오늘날 우리는 왜 소득의 십일조를 해야 하느냐? 하는 것이나 따져보라는 것이 아니라 멜기세덱은 '내 생명을 너에게 내줄 것이다.'이고 아브라함은 '대적(사단)의 손에서 건지신 내 생명은 하나님 것이니 하나님 것으로 드립니다.'하는 뜻에서 십 분 일을 준 것이라는 말입니다. 그래서 십 분 일은 믿음이 하나님께 돌릴 것으로 구별한 것이 되었습니다. 바로 이것이 노략(도적질해간 것을 도로 찾았다는 말)물중 좋은 것으로 한 '좋은'의 뜻입니다. 사람이 하나님과 맺은 계약이라는 말입니다.

그러므로 '이 믿는다는 사람들아 믿음의 조상에게서 십 분의 일은 생명의 약속이 붙은 산 제물이었다는 것을 좀 보라.'는 거예요. 좀 봐! 율법이 아니라 사람이 하나님에 대한 믿음이 있다는 오직 하나님만이 나를 받아주시기를 원한다는 모든 것이 다 하나님의 것으로 하나님께 돌아가야 한다는 뜻에서 올려드린 믿음이 산 제물, 생명이 붙은 제물이라는 것을 보라는 말입니다.

이로써 믿음의 조상으로 세워진 아버지 아브라함이 오실 예수님과 화목의 관계가 되었습니다. 그래서 성소 안의 이 떡 상이 바로 하나님이 아브라함과 맺은 언약, 생명에 대한 약속이 붙은 제물입니다. 내가 예수님을 믿고 예수님 안에 들어가니까 예수님이 자기의 흘리신 피와 찢기신 살을 먹여주시는 거예요. 나를 살리시기 위해 십자가에 달려 몸 상하시고 피를 다 쏟아 생명을 내놓으신 자기를 먹여주신다는 말입니다. 예수님이 우리를 다시 살리실 근거가 되는 영생케 하시는 생명의 떡을 먹여주신 겁니다. 그 떡을 받아먹은 나도 원수 마귀의 손아귀에서 건짐 받아 예수님의 생명으로 살게 되었으니 이제 예수님의 생명으로 사는 새 삶을 주신데서 하나님이 내게 얻게 하신 내 떡을 (나와 내 삶은 오직 예수님께 속했다는 하나님의 것을 내게 주셨다는 믿음에서)드려야 하는 것이 바로 내가 수고하여 얻은 것의 십의 일인 것입니다. 그 믿음은 예수님을 믿는 믿음에서 나는 것이요 성영님으로부터 생명의 떡을 받아먹은 자에게서 자기가 생명으로 살게 되었음에서 나온 감사와 찬송의 표현이요 예수님과 화목으로 연합되었음에서 나는 사랑(믿음)의 표시인 것입니다.

　예수님이 떡을 먹고 잔을 마시므로 예수님의 죽으심을 기념하라 명하셨습니다. 그래서 예수님의 나 위해 피 흘리시고 몸 상하신 것을 기념하여 예수님의 살과 피를 먹고 마시는 이것이 예수님이 자신을 먹여 주시는 것이 됩니다. 그러므로 떡과 잔에 이 같은 믿음으로 참여한 것이면 그가 예수님의 몸과 피를 성영님으로 받아먹었다는 것을 믿음으로 나타내는 것 바로 예수님과 아브라함이 맺은 언약의 증표, 네가 하나님의 것이면 하나님에게 돌리라 하신 그 증표, 십의 일의 믿음을 나타내는 것입니다.

　그래서 지금까지 들은 말씀대로 번제단에서부터 물두멍을 거치고 예수님 안에 들어온 거룩한 삶의 뜻을 가진 자는 예수님이 나 위해 흘려주신 피와 몸 상하신 떡을 받아먹으면서 또한 하나님과 화해된 기쁨을 누리고 또 이 사실을 사람들에게 전하는 것입니다. 다시 말하면 저 하늘이 무너지고 땅이 꺼진다 해도 누가 무슨 말을 한다 해도 예수님은 하나님의 아들로 오신 유일하신 내 구주시라는 것을 확실히 고백하는 믿음이면 예수님이 생명의 떡이신 깨어진 몸과 흘리신 피를 손수 먹여주신다는 말입니다. 그러면 이 떡 상의 뜻이 무엇인지 지금 들은 것까지는 여러분 다 알았습니까? 그러면 이 같은 믿음으로 하나님께 십의 일을 돌린 것이 아니면 하나님과 상관있을까요? 없을까요? 없는 것입니다. (물론 이 믿음의 뜻을 깨달을 때까지 하나님의 말씀이라 하여 깨끗이 순종한 것도 받으신 것은 맞습니다). 그러나 이 믿음이 아니면 구원도 받지 못했습니다. 잘 새겨들어야 합니다.

　그리고 하나님께서 믿음의 조상인 아브라함의 그 삶을 확실하게 책임지셨습니까? 안 지셨습니까? 하나님의 것은 하나님이 반드시 책임지십니다. 그런데 사람 중에 십의 일에 대한 이 지식으로 가진 믿음이 얼마나 있을지 참으로 의문이지요.(참고로 성영님이 이 질문에 지식 없는 순종은 있으나 참지식으로 가진 믿음은 없다. 그러므로 그 자신과 자손이 저주에 붙잡혀있다고 답해주셨습니다.)

그다음에 이삭은 십 분 일의 이야기가 없습니다. 왜냐하면 이삭은 하나님께서 번제로 바치라 하셨을 때 열두 살의 어린 때에 죽임을 당할 그 위기에서 절대적 복종 절대적 순종이 되어 자기를 하나님께 온전히 드렸으므로 다시 말해 이삭이 "내 아버지여! 불과 나무는 있는데 번제할 어린양은 어디 있습니까?"하고 물을 때 아브라함이 "내 아들아! 번제할 어린양은 하나님이 자기를 위하여 친히 준비하시리라"말하고 나아가 아브라함이 이삭을 결박할 때에 하나님이 준비하신 제물이 이삭 자신임을 알고 온전히 자기를 제물로 드렸다는 말입니다. 온전히 제물로 드렸기 때문에 사람으로서 하나님께 해야 할 것은 없습니다. 그래서 기록이 없습니다. 이삭은 언약으로 주신 아들 즉 예수님과 같은 아들이므로 십의 일에 대한 이야기가 있을 수 없습니다. 이해됐습니까?

그다음 이삭의 아들 야곱입니다. 야곱이 형 에서의 분노를 피해 외삼촌 라반의 집으로 도망가다 도중에 해가 져서 길에서 돌을 베개 삼고 잠을 잤습니다. 그런데 꿈에 하나님께서 나타나 아브라함과 이삭에게 하신 언약을 야곱에게도 언약하시고, 우리 창28:13 하반부터 15까지 보겠습니다. 너 누운 땅을 내가 너와 네 자손에게 주리니 네 자손이 땅의 티끌같이 되어서 동서남북에 편만할지며 땅의 모든 족속이 너와 네 자손을 인하여 복을 얻으리라 내가 너와 함께 있어 네가 어디로 가든지 너를 지키며 너를 이끌어 이 땅으로 돌아오게 할지라 내가 네게 허락한 것을 다 이루기까지 너를 떠나지 아니하리라고 말씀을 하셨습니다. 이에 야곱이 잠에서 깨어나 하나님께 서원하기를 20에 하나님이 나와 함께 계시사 내가 가는 이 길에서 나를 지키시고 먹을 양식과 입을 옷을 주사 21에 나로 평안히 아비 집으로 돌아가게 하시오면 여호와께서 나의 하나님이 되실 것이요 22에 내가 기둥으로 세운 이 돌이 하나님의 전이 될 것이요 하나님께서 내게 주신 모든 것에서 십 분 일을 내가 반드시 하나님께 드리겠나이다 하고 서원을 했습니다.

이 말을 다시 말하자면 '꿈에 말씀하신 분이 정말 아브라함과 이삭의 하나님이 맞는다면 그 증거로 에서를 피해 집 나온 나를 지키셔서 먹을 양식과 입을 옷을 주어 죽지 않게 하시고 에서에게 죽임을 당할까 두려워 에서를 피해 도망 온 내가 그 같은 두려운 일이 일어나지 않고 평안히 다시 아비 집으로 돌아가게 해주시면 꿈에 그같이 말씀하신 분이 나의 하나님 되심을 내가 알 수 있을 것이요 여기서 나를 만나주셨으니 이곳이 하나님의 전(벧엘)이 될 것이요 내게 주신 모든 것 또한 하나님이 주셨다는 것을 내가 알 수 있으니 나도 하나님이 나의 하나님 되심과 하나님이 나의 생명을 보호하시고 지키셨으므로 내 생명도 내 물질도 하나님께 속했음을 믿는다는 증표로 반드시 내게 주신 모든 것에서 십 분의 일을 드리겠습니다.' 하는 말입니다. 그런데 이 28장 이후의 말씀을 계속 읽어보면 야곱이 서원한 이것을 하나님께서 속히 이행하라 하셨음에도(창31:13) 하지 않았으므로 딸 디나가 강간을 당하는 수치스런 일이 발생했습니다(창34장).

그러면 여러분의 믿음은 어떤 믿음이어야 합니까? 하나님께서 여러분의 하나님 되심을 믿는다면 예수님이 여러분을 사망에서 건져 생명을 주시기 위해 십자가에서 몸 찢고 피 흘리셨다는 것을 믿는다면 나와 더불어 내게 있는 모든 것은 하나님이 주인이시라는 것을 믿는 것이 아닙니까? 그러면 그 믿음의 증표, 믿음의 행위를 무엇으로 나타내는 것입니까? 바로 지금까지 말씀드린 믿음으로 행하는 십 분의 일인 것입니다.

그다음 야곱이 가나안땅 아비에게로 돌아올 때 얍복강가에서 이름을 다시는 야곱(자기 성품의 이름)이라 부르지 말고 이스라엘(하나님의 영적 복을 받은 자)이라 하라 하셨습니다. 이스라엘로 불린 이름은 야곱의 열두 아들의 열두 지파로 이루어진 민족의 이름이 되었고 야곱의 십일조의 서원은 그대로 이스라엘의 법이 되었고 이스라엘의 서원이 되게 하셨습니다. 그리고 '너희 소득에서 십 분 일은 기업이 없는 레위인에게 돌리라.'고 하셨습니다. 물론 여기에는 여러 가지 규례가 있습니다.

그래서 이것을 대상16:16,17에 '아브라함과 맺은 언약은 이삭에게 와서 맹세가 되고 야곱에게 와서는 야곱과 세우신 율례 즉 행하는 법으로써 주신 것이라 하셨고 그것은 이스라엘에게 영원한 언약이라.'했습니다. 이것은 하나님의 구원하시겠다는 언약은 십의 일과 뗄 수 없는 관계가 되었음을 말합니다. 멜기세덱이 구원을 상징하는 떡과 포도주를 아브라함에게 주었고 그 복을 받은 아브라함은 자기의 얻은 것에서 십의 일을 멜기세덱에게 주어 예수님과 사람이 함께 맺은 언약 관계가 되었다는 것을 의미한 것입니다. 그러므로 이것이 이스라엘에게 영원한 언약이라고 했습니다. 그러니까 구원을 받았으면 구원받은 표시로 무엇이 있다는 것입니까? 십의 일이다 말이지요. 알아듣습니까? 십의 일을 낸다고 해서 구원받는다는 말 아니니 새겨듣기 바랍니다.

 그러면 십의 일이 율법입니까? 믿음입니까? 이것은 율법에 속한 것이 아니라 믿음의 법입니다. 믿음의 법! 그러면 이것은 이스라엘 역사의 이야기니까 오늘날 우리와는 상관없다는 말입니까? 만일에 상관없다고 말한다면 그 이스라엘을 통해 오신 예수님도 상관없습니다. 십의 일이 예수님을 믿는 자에게 상관없다고 하면 그것은 예수님과도 상관이 없습니다. 이스라엘은 영적 이름입니다. 영적으로 '도무지 내가 너를 알지 못하니'가 되는 것입니다.

 그다음 말3:7절 보겠습니다. 만군의 여호와가 이르노라 너희 열조의 날로부터 너희가 나의 규례를 떠나 지키지 아니하였도다 그런즉 내게로 돌아오라 그리하면 나도 너희에게로 돌아가리라 하였더니 너희가 이르기를 우리가 어떻게 하여야 돌아가리이까 하도다 하나님께서 너희가 나의 규례를 떠나 지키지 않았다 돌아오라 그러면 나도 너희에게 돌아가리라 하시니 우리가 어떻게 하는 것이 하나님께 돌아가는 겁니까? 하고 물었습니다. 그것을 8, 9에서 뭐라고 답하십니까? 사람이 어찌 하나님의 것을 노석실하겠느냐 그러나 너희는 나의 것을 노적질하고도 말하기를 우리가 어떻게 주의 것을 도적질하였나이까하도다 이는 곧 십일조와 헌물이라 너희 곧 온 나라가 나의 것을 도적질하였으므로 너희가 저주를 받았느니라 하셨습니다. 여기 말라기에서는 십일조가 누구의 것이라는 것입니까? 하나님의 것이라고 말씀하고 있습니다.

 사람들은 대체로 '십일조' 하면 창고에 쌓을 곳이 없도록 부어주나 안 부어주나 보라는 데만 포인트를 둡니다. 다시 말해 십일조에 대한 정의를 물질의 복 받는 것으로 내려놓았다는 말입니다. 그래서 물질의 복 받기 위해 바치는 것이 되어 있습니다. 만일에 이런 관계로 십일조 하는 것이면 지금까지 들으신 말씀으로 본다면 그는 구원받았습니까? 받지 않았습니다. 혹시 생활에 구원은 있었을지는 몰라도 영적 사망에서는 구원받은 것 아닙니다. 그는 믿음의 조상인 아브라함과 맺은 언약을 통해 오신 예수님과 인격적인 교제로서 맺은 믿음의 관계가 아니고 그저 믿기만 하면 구원받고 십일조 하면 복 준다는 샤머니즘적인 신앙에 있는 것일 뿐입니다.

말3:7에서 무엇을 말합니까? 먼저 하나님의 규례를 떠나 지키지 않았다 했습니다. 규례를 지키지 않았다고 하는 것은 그들에게 하나님에 대한 믿음이 있다는 말입니까? 없다는 말입니까? 하나님의 백성들이 그 마음이 하나님을 떠나 자기 좋을 대로 자기 길로 나갔다는 말입니다. 그러므로 돌아오라 하시니 도대체 어떻게 돌아오는 것이냐? 지금 자기들은 하나님을 잘 섬기고 있다 생각하고 있는데 돌아오라 하시니 못 알아듣는 겁니다. 실지로 오늘날도 똑같지 않습니까? 정말 알아듣지 못하고 있습니다. 다 자기 길에서 행하고 있기 때문에 못 알아듣습니다. 내가 열심히 교회생활 잘하고 예수님 믿고 있는데 뭔 말이냐? 하는 겁니다. 그러다 말문이 막히면 '십일조는 끝났다 이스라엘이 율법으로 지킨 것이니 십자가에서 폐지됐다.'하고 나옵니다.

8에서 하나님의 것을 도적질했다 하셨으니 그러면 도적은 누구일까요? 사단이 도적입니다. 도적질한 것이 바로 십일조와 헌물이라 했습니다. 생명의 계약이 붙은 것을 사람에게서 도적질했다는 말입니다. 그러므로 9에서 너희 온 나라가 저주를 받았다고 했습니다. 바로 사단이 그들의 주인이 되었으므로 사단의 저주가 들어왔다는 것입니다. 그들이 십일조를 하지 않아서 도적질했다는 말씀이 아닙니다. 그 속에 본질을 버렸다는 말입니다. 그래서 아브라함과 맺은 생명의 언약이 그들 속에 없다는 말씀입니다. 하나님의 언약이 붙은 생명이 있는 제물, 자기의 생명도 하나님의 것이니 그러므로 하나님께 돌아왔다는 표로 드려야 하는 그 온전한 뜻을 버렸음으로 사단이 주인이 되어 저주를 받았다는 것입니다.

그러므로 내게로 돌아오라 그것은 10에서 "너희의 온전한 십일조다. 바로 온전한 십일조로 나의 집에 양식이 있게 하라."하셨습니다. 온전한 십일조는 멜기세덱과 아브라함이 맺은 생명 얻는 언약의 뜻입니다. 하나님과 맺은 그 언약의 뜻으로 돌이켜 예루살렘 성전과 백성 안에 그 생명의 양식이 있게 하라는 말씀입니다. 하나님의 생명의 뜻으로 돌아서서 드리는 그 십일조가 바로 하나님께 돌아온 표라고 하는 것입니다. 하나님이 자기의 생명을 내주신다는 증표로 떡과 포도주를 주시니 또한 그 일이 내게 또는 우리에게 이루어지기를 원한다는 표로 십의 일을 드려 맺은 그 생명의 언약을 가지고 십일조를 드리는 것이 하나님께 돌아온 표라 하셨다는 말입니다.

그러므로 아브라함의 후손으로 오신 예수님을 참으로 믿는다면 그 믿음의 십일조가 없으면 하나님의 것을 도적질하는 것이요 도적질은 하나님에게서 온 생명을 자기가 사단에게 내 주었다는 뜻이요 그것은 하나님께 돌아온 것이 아님을 말씀하는 것입니다. 하나님께서 분명히 '내 것이다.'하셨기 때문에 하나님의 것을 도적질하는 것은 그가 믿는 것은, 그의 주인은 바로 물질이요 물질이 주인이 되었다는 말입니다. 그에게 물질이 주인이요 믿는 것이 되어서 물질과 함께 망한다고 하는 것입니다.

그다음 마23:23에 예수님께서 화 있을진저 외식하는 서기관들과 바리새인들이여 너희가 박하와 회향과 근채의 십일조를 드리되 율법의 더 중한바 의와 인과 신은 버렸도다 그러나 이것도 행하고 저것도 버리지 말아야 할지니라 하셨습니다. 예수님이 유대인 지도자들의 십일조에 대한 거짓된 외식을 지적하시며 하신 말씀이 바로 십일조를 하되 의와 인과 신으로 하라고 하셨습니다. 의는 바로 믿음의 조상 아브라함과의 맺은, 생명의 언약인, 의의 법 하나님의 생명의 법 생명의 약속이 붙은 그 법을 알고 하라는 것입니다. 십일조에 대한 근본 뜻이 무엇인가 분명히 깨달아 알고 하라는 말씀입니다. 그리고 인은 사랑과 충성으로 하라는 말씀입니다. 사람이 하나님의 법을 사랑해서 존중해서 하라 십일조 속에 내재되어 있는 하나님의 사랑을 알고 정말 하나님을 사랑해서 감사로 하라는 것입니다. 신은 신앙 즉 믿음을 말하는데 너희가 하나님을 참으로 믿으면 하나님이 말씀하신 모든 약속의 복을 믿고 하라는 것입니다. 땅에서 사는 일생 동안 마르지 않는 공급이 될 것을 믿는 것 보상하신다는 믿음을 가지고 하라는 말입니다. 의를 말씀하시고 인을 말씀하신 그대로 하되 너를 돌보시고 책임지신다는 그 믿음으로 하라는 말씀입니다.

 그러면 오늘 말씀을 통해 십일조의 근본 의미가 무엇인지 여러분은 이제 알게 되었지 않습니까? 억지로 또는 아까운 것을 마지못해 하는 것 또는 안 내면 무슨 일 생길까 봐 마음이 불안해서 하는 것 또 물질의 복 준다니까 하는 것 이런 등등의 관계로 하는 것 지금 십일조에 대한 뜻에 맞습니까? 맞지 않습니까? 맞지 않습니다.

 그러므로 성소에서의 떡 상의 떡은 이같이 예수 그리스도께서 자신을 생명의 떡으로 먹여주시는 것을 예표 한 것이요 또한 내 안에 오신 예수님께 내 떡을 제물로 드림으로써 화목이 되고 더불어 먹는 관계가 되는 것임을 말한다는 것 그것이 우리 믿음이 행할 십일조다 하는 것 아셨습니까?

그다음 화목 제물은 생명의 속전입니다. 이 내용은 출30:11-16에 기록되어 있습니다. 이 생명의 속전은 인류의 죄를 대신하여 몸소 값을 치러 주신 예수님을 의미합니다. 딤전2:6에 **그가 모든 사람을 위하여 자기를 속전으로 주셨으니** 했습니다. 이스라엘 백성은 430년 동안 애굽의 노예 생활을 했습니다. 그 노예생활 종살이에서 구원하여 주신 은혜와 사단과 세상에서 해방되어 이제 하나님께 속한 백성이 되었다는 것을 이십 세 이상 성인 남자는 하나님께 최소한의 액수로 반 세겔을 드리도록 하셨는데 이것을 생명의 속전이라고 했어요. 이것은 예수님이 모든 인류를 사망에서 구원하시는 속전이 되실 것에 대한 예표였습니다.

그래서 오늘날 우리가 예배드릴 때 생명의 속전이 되신 예수님에 대한 그 감사를 하나님께 힘닿는 대로 드리는 헌금이 곧 화목 제물이요 생명의 헌물입니다. 예수님 자신이 속전이 되셨지만 그러나 우리가 예수님께서 생명을 드려 나를 구원해 주셨으니 이제 나는 예수께 속한 자라는 그 감사로 액수는 전혀 상관없이 믿음으로 드리는 헌금입니다. 그래서 이것이 생명의 제물로 예수님과 화목을 이루는 뜻입니다. 또한 하나님께서는 무엇이든지 예수님을 통해서만 주시고 예수님을 통해서만 받으시기 때문에 예수님이 내 안에 오신 것은 곧 하나님이 오신 것이 되고 예수님께 하는 것은 곧 하나님께 하는 것이 되고 하나님과도 화목이 되는 것이라고 말씀드렸습니다. 하나님과 한 번 맺은 언약 그 언약은 영 불변해서 맹세가 되고 또 법이 되어서 마침내 그리스도를 이 땅에 보내신 것처럼 이제 예수 그리스도와 화목한 자에게 복 주신다는 그 약속 또한 영 불변하셔서 지금도 지속되고 그대로 우리에게 복으로 나타나는 것입니다.

사람은 사실 누구나 십일조를 하면서 살고 있습니다. 그것이 하나님께 하는 것이냐? 마귀에게 하는 것이냐? 하는 것이지 다 내면서 살고 있어요. 그러므로 하나님의 뜻을 바르게 알고 말씀대로 사는 것이 믿음이요 말씀대로 사는 것이 순종이요 말씀대로 사는 것이 영원한 복입니다. 하나님의 명이시면 반드시 그 속에는 삶까지 돌보시는 복까지 포함한 것입니다.

그리고 이런 경우들은 믿음이 아니기 때문에 말할 필요 없지만 그러나 참고로 말씀드립니다. 십일조나 헌금을 교회에다 또는 목사에게 낸 것처럼 마음에 힘을 주기도 하고 교회의 주인 노릇 하려는 모습들이 많이 있다는 것을 저 외부인들을 통해 제가 크게 느낀 바입니다. 그러나 그것은 하나님께서 모르시는 제물입니다. 교회에다 낸 것처럼 목사에게 낸 것처럼 하여 교회 주인 행세하는 것 다 저주입니다.

여기 계신 분들이야 그렇지 않다는 것을 알고는 있지만 혹 마음에 그런 생각이 있다면 이 말씀을 참고하시고 아니면 헌금 내는 것 하지 말기를 바랍니다. 다시 말하지만 십일조나 헌금은 절대로 목사에게 하지 마세요. 사람에게 하는 것 아닙니다. 교회에다 내지 마세요. 하나님이 보시고 받으시는 것이 되어야 합니다. 반드시 하나님이 받으시고 하나님께서 보시는 헌금이 되도록 예수님을 통해서 하나님 아버지께 하십시오.

그래서 예수님의 교회는 헌금을 목사나 교회에 하고 있지 않으며 자기 믿음으로 자기가 기도하고 무기명으로 하나님께 드리고 있으니 참고하기를 바랍니다. 과부 '두 렙돈을 예수님이 쫓아가서 생활비 전부인지 물어봐서 아신 것 아니라는 것 아는 것이지요? 이미 다 아신단 말입니다. 그러니까 여러분도 하나님이 아시는 헌금이 되기를 원하지 않습니까? 그러므로 저도 사람인지라 제가 알면 좋을 것은 없습니다.

무슨 말인지 알아듣습니까?

  이제 여러분이 성영님으로 말미암은 떡 상의 믿음이 되어서 예수님과 화목하시고 하나님 아버지와도 화목하시는 믿음이 되기를 바라며 말씀을 맺습니다. 우리의 믿음을 하나님의 믿음이 되도록 가르쳐 이끄시는 성영님께 감사드리고 삼위 하나님께 영광을 돌립니다. 아멘

성소 6
분향단(유일한 중보, 예수 그리스도)

¹너는 분향할 단을 만들지니 곧 조각목으로 만들되 ²장이 일 규빗 광이 일 규빗으로 네모 반듯하게 하고 고는 이 규빗으로 하며 그 뿔을 그것과 연하게 하고 ³단 상면과 전후 좌우 면과 뿔을 정금으로 싸고 주위에 금테를 두를지며 ⁴금테 아래 양편에 금고리 둘을 만들되 곧 그 양편에 만들지니 이는 단을 메는 채를 꿸 곳이며 ⁵그 채를 조각목으로 만들고 금으로 싸고 ⁶그 단을 증거궤 위 속죄소 맞은편 곧 증거궤 앞에 있는 장 밖에 두라 그 속죄소는 내가 너와 만날 곳이며 ⁷아론이 아침마다 그 위에 향기로운 향을 사르되 등불을 정리할 때에 사를지며 ⁸또 저녁때 등불을 켤 때에 사를지니 이 향은 너희가 대대로 여호와 앞에 끊지 못할지며 ⁹너희는 그 위에 다른 향을 사르지 말며 번제나 소제를 드리지 말며 전제의 술을 붓지 말며 ¹⁰아론이 일 년 일차씩 이 향단 뿔을 위하여 속죄하되 속죄제의 피로 일 년 일차 씩 대대로 속죄할지니라 이 단은 여호와께 지극히 거룩하니라

(출 30:1-10)

³⁴여호와께서 모세에게 이르시되 너는 소합향과 나감향과 풍자향의 향품을 취하고 그 향품을 유향에 섞되 각기 동일한 중수로 하고 ³⁵그것으로 향을 만들되 향 만드는 법대로 만들고 그것에 소금을 쳐서 성결하게 하고 ³⁶그 향 얼마를 곱게 찧어 내가 너와 만날 회막 안 증거궤 앞에 두라 이 향은 너희에게 지극히 거룩하니라 ³⁷네가 만들 향은 여호와를 위하여 거룩한 것이니 그 방법대로 너희를 위하여 만들지 말라 ³⁸무릇 맡으려고 이 같은 것을 만드는 자는 그 백성 중에서 끊쳐지리라

(출30:34-38)

이스라엘에는 백향목이라는 나무가 많이 있다고 합니다. 이 나무가 아마도 향이 좋은 나무가 아닌가 싶습니다. 솔로몬이 예루살렘 성전을 건축할 때 성전 짓는 재료로 이 나무가 귀하게 쓰였습니다. 그런데 백향목이 자재로는 참 좋은 나무인데 잔가지가 많다는 겁니다. 그러니까 성전 건축에 사용된 것은 몸통이기 때문에 그 외의 가지는 가차 없이 다 잘라내 버렸습니다. 제가 왜 성전 건축 재료로 사용된 나무 이야기를 하는가 하면 사람들의 믿음이 몸통과 같은 성전의 믿음으로 세워지지 않고 잔가지들을 붙잡고 믿는다 하고 있기 때문에 그렇습니다. 신앙의 골격이 없이 잔가지들과 같은 것으로만 무성해 있다는 말입니다.

그래서 자기의 믿음이 바른지 아닌지 전혀 진단해 볼 능력이 없습니다. 사실 인간은 원 몸통을 모르면 그렇게 잔가지들만 붙잡을 수밖에는 없습니다. 따라서 그같이 잔가지들을 붙잡고 믿는다는 것은 미신적인 것일 수밖에 없고 종교인일 수밖에는 없게 됩니다. 그래서 하나님

이 신앙의 공력을 시험하실 땐 불에 다 타버릴 것밖에 되지 않는 겁니다. 성전 지을 때 몸통만 쓰였지 잔가지들은 사용되지 않고 다 잘라내 버린 것과 같다는 말입니다. 그러므로 성전을 배우는 것은 그동안 붙들고 있던 잔가지들을 다 잘라내고 튼튼한 원 몸통으로 지어져 참믿음이 되자는 데 있습니다.

구약의 성전은 예수님에 대한 가장 확실한 예표요 하나님의 계시요 인간이 하나님께 나아갈 때 어떻게 나갈 수 있는가 하는 하나님을 만날 방법을 확실히 알려 주는 곳입니다. 그래서 구약의 성전과 예수님이 성전이신 것과 내가 성전인 이 관계를 알지 못하면 그 신앙은 절대로 바르게 될 수가 없습니다.

그리스도인들이 인사할 때 '할렐루야' 하지 않습니까? 할렐루야 할 때 '할렐루'는 '찬양하라'이고 '야'(YAH)는 하나님의 이름입니다. 그러니까 할렐루야 하는 것은 '하나님의 이름을 찬양하라'는 말입니다. 하나님께서 헤븐(Heaven) 그 하늘에다 창조하신 천사들을 두시고 천사들로 하여금 하나님의 이름을 찬양하여 영광을 돌리게 하셨습니다. 또한 사람을 지으신 것도 하나님의 이름을 찬송하게 하려 하심이라 했습니다. 사람을 죄에서 즉 육에서 구원하여 천국을 수시는 데만 목적이 아니라 하나님의 이름에 영광을 돌리고 찬양토록 하는 데까지입니다. 우리가 믿는다는 것은 '나를 구원해 주셔서 감사합니다.'에만 머물라는 것이 아니요 바로 우리 삶 전체를 통해서 하나님의 이름이신 예수님의 이름을 찬양하고 그 이름에 영광 돌리려고 하는 열망과 함께 그렇게 살기를 원하신 것이 하나님의 뜻이라는 말입니다. 그래서 사람으로 하여금 하나님께 영광을 돌리게 하려고 구약에서는 모세에게 성전을 짓게 하시고 그 성전 안에다 이름을 두고 만나 주셨고 그다음 예수님께서 오셔서 자신이 진짜 성전이시니 사람이 성전이신 자기 안에서만 하나님을 만날 수 있고 찬송과 영광을 돌릴 수 있고 하나님의 복이 있다고 예수님 안으로 들어오라고 하셨습니다.

　제사는 화목에 목적이 있습니다. 그래서 하나님을 만나려면 먼저 누구와 화목해야 한다고 했습니까? 예수님을 만나 예수님과 화목을 이뤄야 합니다. 예수님을 통하지 않고는 하나님을 만날 수는 없습니다. 그런데 사람들이 예수님에 대한 이 같은 믿음의 지식이 없습니다. 예수님 모르면서 그냥 하나님만 찾고 주님만 부르고 있습니다. 예수님은 하나님 편에서 보면 하나님의 아들이요 사람 편에서 보면 완전한 사람이기 때문에 하나님과 사람사이에 온전한 화해가 되게 하십니다. 그래서 예수님이 온전한 화목 제물이 되셨습니다.

　여러분께서 믿는다면 영혼이 참으로 잘되기를 원한다면 하나님의 사랑이 자기 영혼에 충만하기를 원한다면 예수님과 잘 사귀십시오. 예수님께서 계3:20에 볼찌어다 내가 문 밖에 서서 두드리노니 누구든지 내 음성을 듣고 문을 열면 내가 그에게로 들어가 그로 더불어 먹고 그는 나로 더불어 먹으리라 말씀하지 않았습니까? 그러므로 예수님을 믿는 것은 바로 예수님이 말씀하신 이와 같은 관계, 예수님이 나에게 들어오셔서 나로 더불어 먹고 나도 예수님으로 더불어 먹는 이 관계가 되어야 합니다. 이것이 연합이요 믿음의 능력입니다. 예수님을 자기 안에 모셔 들인 믿음은 예수님이 주시는 예수님의 모든 가르치심의 말씀을 깊이 깨달아 가고 말씀으로 사는 능력이 되기 때문에 그래서 양식되는 말씀을 잘 먹게 되어 있습니다. 참으로 말씀을 사랑하고 따르고 싶어 하고 말씀대로 행하기를 원하고 예수님을 사랑함으로써 예수님께도 잘 먹여드리기를 아주 원하게 되어 있습니다.

　그런데 아브라함의 가정부터 천국의 씨를 뿌리셨고 싹이 나게 하시고 자라 열매가 되신 예수님을 아는 일과 예수님의 주시는 양식을 먹지 않아 빈곤하여 예수님이 계실 수가 없다면 믿는다고 하는 예수님을 아주 빈곤하게 해드린다면 그대로 떨어져 나가는 가지가 될 수밖에는 없는 것입니다. 예수님을 믿으려면 예수님과 함께 살아야 합니다. 우리는 예수님 안에 들어가야 하는 것이요 예수님은 우리 안에 오셔야 하는 것입니다. 그래서 예수님과 깊은 사귐을 가져야 합니다. 예수님을 믿는다 하면서 자기 안에서 예수님을 모른다면 아직 예수님 믿는 것 아닙니다.

예수님을 믿는다면 세상 것은 좀 몰라도 괜찮습니다. 세상 것은 좀 가진 것 없어도 괜찮습니다. 세상 것으로 뛰어나지 않아도 괜찮습니다. 그런데 예수님을 믿는다는 사람들이 예수님을 아는 일에 마음과 뜻과 목숨을 다해야 함에도 오히려 세상을 더 알고 취하기를 아주 힘쓰고 있습니다. 사단과 인본이 이룩한 세상을 아는 것이 예수님을 더 깊이 알 수 있는 것인 줄로 착각하고 있습니다. 그러나 예수님을 똑바로 알면 세상도 다 아는 것입니다. 사단을 아는 것과 사단이 지배한 물질세계 아는 것은 아무것도 아닙니다. 그러나 예수님 모르면 다 모르는 것입니다.

예수님을 바로 알고 예수님과 화목의 관계로 연합을 이루면 그것이 금세와 내세에 복입니다. 다른 것 다 알면서 예수님 알지 못하고 있다가 죽음을 맞는다면 세상 것 다 알면 뭐하겠으며 그냥 어떻게 될까 봐 껴안고 있는 돈이 많은들 뭐하겠습니까? 예수님 모르면서 성경 말씀 다 안다고 하는 것 지식일 뿐입니다. 예수님 없으면서 성경 말씀 다 아는 것 무슨 소용 있는 것입니까? 말씀에서 예수님을 알고 만나 사귐을 가져야 그것이 성경을 아는 것입니다. 숨질 때 내게 가장 귀한 것은 오직 예수님뿐입니다. 일평생 예수님을 사랑하고 오직 예수님만이 자기의 전부가 되어 살면 육체에서 떠날 때 천군 천사들에게 환영을 받으며 받들려 들어가는 것입니다. 우리에게 가장 귀한 복 바로 영광의 나라 아버지 나라로 들어가는 것입니다. 알아들으십니까?

자 그러면 오늘 읽은 본문이 무엇에 대한 것입니까? 성소에서 만나는 세 번째 분향(焚香)단입니다. 7, 8이 말씀하는 향을 사르는 단입니다. 1-5까지는 분향할 단 제작에 관한 말씀이고 6은 그 단을 성소에다 두라는 것이고 7, 8은 향기로운 향을 그 단에서 사르되 대제사장 아론이 매 아침과 저녁 하루 두 번 사르는 것을 대대로 여호와 앞에서 끊지 못하는 것이라고 하셨습니다. 이것은 하늘나라에서도 끊이지 않는 것임을 의미합니다. 하늘에서도 향 피운다는 말이 아니라 예수님 자신이 끊어지지 않는 영원한 향으로 계신다는 말씀입니다.

그다음 34, 35는 이 분향단에서 사용할 향 만드는 제조법에 관한 것이고 그 소합향과 나감향과 풍자향의 향품을 어디에 섞으라고 하신 겁니까? 동일한 중수로 유향에다 섞어서 향을 만들라 하셨습니다. 그다음 36에서 그렇게 제조한 향 얼마를 곱게 찧어서 지성소 안 법궤, 즉 증거궤 앞에다 두라 하셨습니다. 그러니까 분향단에서 사르기 위해 만든 향을 조금 나누어서 다시 곱게 찧어서 지성소 안 법궤 앞에다 두라는 말입니다. 그러면 법궤 앞에 둔 향은 누구에게 거룩하다고 하신 겁니까? **너희에게 지극히 거룩하니라** 하셨습니다. 이 말은 그 향으로 인해 사람이 지극히 거룩케 되어 하나님이 계신 지성소까지 들어간다는 뜻입니다.

그다음 37에 또 모세가 만들 향은 누구를 위하여 거룩한 것이라는 것입니까? 단에서 사르려고 만든 그 향은 **여호와를 위하여 거룩한 것이니** 하셨습니다. 그러니까 지성소 안 증거궤 앞에 둔 곱게 찧은 향은 너희를 거룩하게 하는 것이고 성소 단에서 사를 향은 여호와를 위하여 거룩한 것이라는 말입니다. 그래서 지성소 법궤 앞에 둔 향은 하나님의 백성이 거룩하게 되어서 하나님을 만날 수 있게 되었음을 의미하고 또 분향단에서 사르는 향은 여호와를 위한 것으로 향의 연기가 여호와 하나님께 올라가 하나님께서 아주 만족하시고 흡족하여 받으신다는 의미입니다.

36에 "이 향은 너희에게 지극히 거룩하니라." 하신 '지극히'는 무엇을 말합니까? 도무지 하나님을 만날 수 없게 된 사람이 하나님께서 친히 방법을 주셔서 하늘 지성소에 계신 하나님과 만날 수 있게 되었다는 뜻입니다. 하나님과 원수 된 담이 허물어졌다는 뜻이에요. 그래서 성소 안 분향단에서 아침마다 저녁마다 사르는, 여호와를 위한 향과 휘장이 쳐진 지성소 안 증거궤(법궤) 앞에 둔 곱게 찧은 백성을 위한 향이 곧 하나님으로부터 오는 것이기에 '지극히 거룩한 것'이라고 하신 것입니다.

여기 증거궤 앞에 둔 향은 대제사장 아론이 일 년 일차 대속죄일 지성소에 들어가기 전에 그 향을 피워 지성소 안이 향연으로 가려지게 하라 하셨습니다. 그래야 아론이 죽음을 면한다고 했습니다(레 16:12,13). 그러니까 이 향이 하나님과 인간 사이를 연결하는 다리 같은 역할입니다. 그러면 다리를 성경의 뜻으로 해석한다면 무엇입니까? 중보라고 합니다. 그러면 그 중보가 되신 분이 누구입니까? 우리의 주이신 예수 그리스도입니다. 천하 인간 속에 오직 예수님만이 하나님과 인간의 중보가 되신다는 것을 말합니다. 딤전2:5에 **하나님은 한 분이시요 또 하나님과 사람 사이에 중보도 한 분이시니 곧 사람이신 그리스도 예수라** 했습니다. 단에 올려서 사르는 여호와를 위한 향도, 법궤 앞에다 놓는 우리를 위한 향도 하나님이 기쁘게 흠향하시는 거룩한 향으로써 이것은 오직 예수님만이 하나님을 지극히 만족케 하시는 향이요 하나님과 인간 사이의 온전한 중보가 되신다는 뜻입니다. 하늘로부터 오신, 하나님에게서 나오시는 그분이 곧 예수 그리스도이신데 오직 그분만이 하나님이 받으시는 거룩한 향으로 하나님과 인간의 중보가 되신다는 것을 가르쳐 주신 것입니다.

지성소에는 누구만 들어간다고 했습니까? 대제사장만 들어갔습니다. 그래서 7, 8에 대제사장 아론에게 '아침저녁으로 향을 사르라' 하셨고 10에 '피로써 향단 뿔을 위해 일 년 일차씩 대대로 속죄하라' 하심으로써 바로 우리 주 예수님이 하나님께 영원히 들어가실 대제사장으로 오신다는 것을 예표 한 것이고 8에 '대대로 이 향을 여호와 앞에 끊지 못한다.'고 하심으로써 우리의 주 예수님만이 여호와 하나님 앞에 계시는 영원히 끊지 못할 대제사장이요 영원히 끊지 못할 성소요 영원히 끊지 못할 중보시라는 것을 알게 하셨습니다. 또한 9에 '너희는 단 위에 다른 향을 사르지 말라' 하셨습니다. 하나님께서 정하신 거룩한 향만이 단에 올려 사를 수 있다는 말입니다. 10절 하반에 '이 단은 여호와께 지극히 거룩하다.' 했습니다. 하나님이 정하신 향을 올려 사를 거룩한 단으로 그것은 예수 그리스도께서 그같이 살라질 향이 되실 것이기에 지극히 거룩하다 하신 것입니다.

35에 향 만드는 법대로 향을 만들고 그것에 소금을 쳐서 성결하게 하라고 하셨습니다. 소금을 치라 하신 것은 영원히 변치 않는 하나님의 언약이요. 언약하신대로 반드시 복주고 복 주시겠다는 뜻입니다. 하나님께서 언약하신 뜻, 지으신 사람을 죄와 죽음에서 건져 구원하시고 하나님의 영광에 이르게 하시겠다는 이 뜻을 이루시기 위해 하나님의 독생자를 보내 죽음에 내주시겠다고 믿음의 조상 아브라함과 언약을 맺고 맹세까지 하셨는데, 맹세는 생명을 내놓는다는 뜻입니다. 피를 내놓겠다는 뜻이에요. 그같이 맹세로 하신 언약을 너희가 아멘으로 받았으니 소금을 쳐서 성결케 하라 즉 너희 스스로가 변치 않는 언약이 되게 하라는 것입니다. 너와 내가 피로 맹세한 것을 누구든지 변질시킬 수 없고 깨뜨릴 수 없다는 말입니다. 사람이 하나님과 맺은 언약을 버리고 하나님께서 기름 부어 중보로 보내시는 메시아를 영접하지 않고 다른 향을 피우면 하나님께서 반드시 심판하신다는 하나님의 의지를 영원히 변하지 않는 소금을 쳐서 성결하게 하라 하시는 것으로 알게 하셨습니다.

그런데 인간은 '내가 사람을 지었다. 천지와 만물을 지었고 죄지은 인간을 구원하려고 아들 독생자를 세상에 구주로 보냈다. 그러니 예수 그리스도를 구주로 영접하라.'하시는 하나님의 말씀을 거절하는데 너무나 용감합니다. 인류 역사 가운데 내가 참 신이라고 하며 나타난 자도 많고 오직 내 말이 진리라고 하며 나타나 사람을 미혹하는 자들도 많지만 그러나 하나님께서는 그것은 하나님이 보내신 것도 정하신 것도 아니요 저들은 사람을 멸망으로 끌고 가는 절도며 강도요 도적이라고 하셨습니다. 사도행전 4장에 다른 이로서는 구원을 얻을 수 없나니 천하 인간에 구원을 얻을 만한 다른 이름을 우리에게 주신 일이 없다고 했습니다. 오직 예수님만이 하나님과 인간의 중보로 오신 분이요 하나님과 인간 사이의 다리가 되기 위해 자신을 십자가에 죽음으로 내주신 유향입니다. 십자가 위에서 하나님께 자신을 드린 향기로운 거룩한 유향입니다.

그래서 누가복음 7장에 죄에 자기를 내준 죄인인 한 여자가 죄인의 죄를 대속하시려고 중보로 오신 예수님을 알아보았고 죄인 때문에 죽으시기 위해 오신 그 예수님의 죽음을 위해서 예수님의 뒤로 와 발 곁에 서서 울며 눈물로 예수님의 발을 적셔 자기 머리털로 씻고 그 발에 입 맞추고 자기의 가장 귀한 향유를 예수님의 발에 부어드림으로써 바로 예수님이 죄인의 죄를 위하여 하나님 아버지를 떠나 세상에 오신 죄인의 구주시라는 것을 죄인(메시아를 기다린)인 한(인격) 여자(신앙)가 드러내 드린 일이었습니다. 죄인인 한 여자라고 하는 것은 죄에 자기를 내준 여자라는 말이에요. 죄에 자기를 내줬다고 하니까 여러분이 또 이 여자가 살면서 죄를 많이 지은 여자인가 보다 아니면 창기 생활 한 여자인가 보다 하는 것으로 착각하시면 안 됩니다. 여자는 메시아 언약을 가진 이스라엘의 신앙을 예표 한 것이라고 말씀했잖습니까?

죄에 자기를 내준 한 여자라고 하는 것은 바로 에덴동산에서 '너희는 먹지도 말고 만지지도 말라 너희가 죽을까 하노라.'하신 하나님의 말씀을 들었음에도 뱀의 유혹하는 말을 듣고 선악을 알게 하는 실과를 먹은 그것이 바로 죄를 지은 것이요 자기를 죄에 내준 여자인 것입니다. 하나님의 섭리 안에서 죄를 지은 것이기에 그래서 자기를 죄에 내준 것이라 말하는 것입니다. 자기를 죄에 내준 여자 죄인인 한 여자에게 하나님께서 여자의 후손에 대한 언약을 하셨지 않습니까? 그 여자가 후손에 대한 언약을 영혼에 가지고 죄를 대속해 주실 그 후손을 기다리고 기다린 것입니다.

여자가 선악과를 따 먹고 아담에게 줘서 먹게 한 것은 곧 예수님께서 죄를 전가 받아 오셔서 죽으실 것에 대한 예표로써 그같이 죄를 예수님께 전가시킨 여자가 예수님이 오셔서 십자가로 올라가실 때까지 기다렸다는 말이에요. 그래서 죄를 전가 받아 오신 예수님을 만난 여자(신앙)가 자기의 배필이 자기를 살리기 위해 대신 죽으셔야 하는 일에 자기의 가장 귀한 향유, 일생을 기다리고 기다리던 여자의 소망하던, 하나님이 배필로 정하신 그 둘째 아담으로 오시는 신랑을 맞이하기 위해 가진 자기의 가장 순전한 신앙, 가장 귀한 향유를 가지고 나와 눈물로 발을 적셔 자기 머리털로 씻고 그 발에 입 맞추고 향유를 발에 부어드린 것입니다. 이 얼마나 감격스러운 일입니까? 너무 귀하고 귀하지 않습니까? 저와 여러분이 이 관계 안에 들었으니 얼마나 귀하고 멋지고 감사합니까? 그래서 성경 보는 눈이 이렇게 열려야 하는 것입니다. 성경에 짝이 있다는 것이 바로 이런 것을 말하는 것입니다.

하나님께서 남자가 부모를 떠나 그 아내와 연합하여 둘이 한 몸을 이룰지로다 하셨기 때문에 바로 에덴의 여자에게 하나님이 말씀하셨던 그 남자 곧 하나님의 언약하신 여자의 후손인 그 남자를 기다린 것입니다. 배필로 신랑 되실 분이 오셔서 자기를 구렁에서 건져주시기를 기다렸다는 의미라는 말입니다. 오직 죄인의 죄 때문에 오셔서 그 죄를 위해 죽으시고 장사 되실 그분, 그래서 그분과 함께 죽고자 기다렸다는 거예요. 죽음으로도 연합하고 다시 부활하심으로도 연합하기 위해 기다린 순전한 신앙 죄에 자기를 내준 여자 그래서 오직 아버지를 떠나 연합하기 위해 오실 그분만 기다린 순전한 신앙이었음을 향유를 부어드린 것으로 나타냈던 것입니다.

마26장 막14장 요12장에 기록되기를 한 여자가 예수님의 머리에 붓는 향유를 '매우 귀한 한 옥합의 향유'라고 했습니다. '매우 값진 향유 곧 순전한 나드''지극히 비싼 향유 곧 순전한 나드'라고 했습니다. 그 향유를 가져와 예수님의 머리에 붓고, 예수님의 발에 부어 자기 머리털로 그 발을 씻었다고 했습니다. 예수님께서 이 여자가 자기 몸에 향유를 부은 것은 예수님의 장사를 미리 준비한 것이라고 분명히 말씀하셨습니다. 천하에 어디서든지 복음이 전파되는 곳에는 이 여자의 행한 일도 말하여 저를 기념하리라고 말씀하여 예수님이 분향단에서 사르는 향과 같이 죽음에 자신을 내주실 향기로운 거룩한 유향으로 오신 분이심을 하나님과 인간의 중보로 오신 분이심을 이 여자가 알고 드러냈다는 말씀을 하신 것입니다. 이것이 돕는 배필이라고 하는 것입니다.

그러니까 성전 뜰의 번제단 사건은 예수님이 죄인의 죄를 지고 죄인처럼 하나님께 심판을 받으실 것에 대한 예표요. 성소에서 단에 사르는 거룩한 향은 예수님이 하나님과 인간 사이를 화목하게 하려고 중보로 오신 것이 하나님의 법대로 죽으시기 위해 오셨지만 그러나 마지못해서나 강제나 강요에 의해서가 아니라 자발적으로 오셨다는 것을 의미하는 것입니다. 그래서 하나님의 마음을 지극히 만족케 하신 분 하나님의 뜻을 이루어 드리고자 하나님을 사랑하기에 존중해서 기꺼이 순종하셨음을 지극히 값진 향기로운 향으로 상징한 것입니다. 그래서 엡5:2에 예수님은 우리를 위하여 자신을 버리사 향기로운 제물과 생축으로 하나님께 드리셨다고 말했습니다.

오늘 본문 34에 무엇이라 하셨습니까? '소합향과 나감향과 풍자향의 향품을 취하고 그 향품을 동일한 중수로 유향에다 섞으라.'하셨습니다. 예수님은 근본이 하나님의 본체이시나 그러나 하나님과 동등 됨을 취할 것으로 여기지 아니하시고 자기를 비워 종의 형체를 가지신 이것이 바로 하나의 향품이요 그같이 자신을 낮추시고 하나님의 뜻에 기꺼이 순종하신 그 겸손하심이 또 하나의 향품이요 세상 영광 다 주겠다는 사단의 유혹과 수모와 매 맞음과 고통과 죄를 뒤집어쓰고 십자가에 달려야 하는 그 엄청난 고난에도 오직 하나님의 뜻을 위해서 십자가로 올라가신 그 온유하심이 또 하나의 향품입니다. 하나님의 뜻을 이루기 위해 가지신 종의 형체와 겸손하심과 온유하심이 바로 소합향이요 나감향이요 풍자향으로 상징한 것이라는 말입니다. 그래서 36에 지성소 법궤 앞에 두게 하신 찧은 향, 너희에게 지극히 거룩한 이 향은 '곱게 찧으라'고 하셨습니다. 곱게 찧어라!!! 사람을 살리기 위해 예수님이 이같이 곱게 찧은 향이 되셔야 했습니다. 예수님의 온전한 순종과 온전한 복종과 온전한 희생으로 자신을 죽음에 내주기까지 하시되 마지막 물 한 방울 피 한 방울까지도 남기지 않고 다 쏟으시고 숨을 거두셔야 했던 곱게 찧어진 향처럼 그렇게 철저한 희생과 죽음으로 자신을 우리에게 주신 것입니다.

예수님이 하나님이시지만 사람으로 오셨기에 십자가에 달려 죽으셔야 하는 그 일이, 인류의 죄를 담당하실 그 무게가 얼마나 큰지 고통과 두려움이 짓눌려 괴로우셨습니다. 하나님께 버림받은 그 십자가 형벌의 짐이 너무나 무겁고 두렵고 고민이 되셨습니다. 죄의 짐을 지지 않아도 된다면 정말 피하고 싶으셨습니다. 그래서 '아버지 만일에 내가 이 십자가에 달리지 않아도 된다면 그렇게 좀 해주세요. 내가 고민하여 죽게 생겼습니다!'하고 심한 통곡과 눈물로 간구를 올렸습니다. 그러나 하나님은 때가 되매 아들을 버리셨고 그 일을 침묵으로 대신하셨습니다. 예수님은 곧 또 소원을 올리시기를 '그러나 아버지여 만일 내가 마시지 않고는 이 잔이 내게서 지나갈 수 없거든 아버지의 원대로 되기를 원합니다. 나의 소원은 오직 아버지의 뜻을 행하는 것입니다.'라고 소원을 올리며 자신을 하나님께 온전히 드렸습니다. 이것을 히5:7에서는 그는 육체에 계실 때에 자기를 죽음에서 능히 구원하실 이에게 심한 통곡과 눈물로 간구와 소원을 올렸고 그의 경외하심을 인하여 들으심을 얻었느니라고 말씀하고 있습니다.

그래서 예수님은 구원의 뿔이 되십니다. 오직 예수님만이 인간을 구원하시는 구주시라는 말입니다. 오늘 본문 2, 3은 그 '뿔'에 대한 말씀입니다. 네모가 반듯한 분향단의 네 귀퉁이는 네 개의 뿔로 되어 있습니다. 이 뿔은 머리와 권세와 능력의 상징입니다. 그리고 여기 네 개라고 하는 것은 모든 인류가 다 사망에 갇혀있다는 것을 의미하는 상징의 수입니다. 죄의 삯은 사망이라는 법에 걸려서 다 죽음에 있다는 말입니다. 그 죽음에 있는 인간 위에 한 뿔(권세, 능력)이 나와 죄에서 건지시고 죽음에서 구원하신다. 하나님의 독생자 예수님이 구원의 뿔이요 죽음에 처한 인간을 살리시는 생명의 구주요 그것을 상징한 뿔을 분향단 네 귀퉁이에 세워 알게 하신 겁니다. 시18:2에 삼하22:3에 나의 구원의 뿔이시요 했고 삼상2:10에 여호와께서 자기의 기름 부음을 받은 자의 뿔을 높이시리로다 하셨고 시132:17에 다윗에게 뿔이 나게 할 것이라 즉 다윗에게서 '구주가 나신다.' '왕이 나신다.'라고 말한 것입니다. 겔29:21에 이스라엘 족속에게 한 뿔이 솟아나게 한다고 하셨고 눅1:69에 우리를 위하여 구원의 뿔을 그 종 다윗의 집에 일으키셨다고 했습니다.

한 분 우리 주 예수 그리스도만이 모든 인류를 구원하시려고 보내시는 구원의 뿔이시오 기름 부음을 받으셨다는 것입니다. 또한 우리 주 예수님은 만왕의 왕으로 오시는 분이요 심판의 권세를 가지고 오시는 분이요 그러므로 하나님께서 오직 예수님만 보시고 예수님만 받으신다는 것을 바로 단 귀퉁이에 뿔을 세워 알게 하셨습니다. 그래서 이 단은 여호와께 지극히 거룩하다고 하셨습니다. 하나님과 인간 사이의 중보가 되신 분은 오직 하나님에게서 나오신 예수 그리스도이시기에 그러므로 다른 향을 사르지 말라 하셨고 하나님이 정하신 방법대로만 향을 만들어라 하셨고 오직 대제사장 아론이 아침저녁으로 향을 사르라 하신 것입니다.

그러므로 성소이신 예수님에 대하여 이같이 성전으로 철저히 알리시고 가르치셨으니 하나님께서 과연 예수 그리스도가 아니고는 받으시는 것이 있겠습니까? 없겠습니까? 없습니다. 하나님이 보내신 주 예수님을 통해서만 받으시고 주신다는 것을 분명히 가르쳐 보이셨습니다. 누구든지 예수님이 없으면 하늘에 들어갈 수 없다는 것을 분명히 하셨습니다. 그래서 예수님을 어떻게 믿어야 하는지 성전으로 보이시고 가르치신 뜻대로 믿음이 돼야 합니다. 등대로 가르치신 예수님, 떡상과 떡을 통해서 가르치신 예수님 분향단으로 가르치신 예수님을 알고 믿는 예수님으로 연합이 되어 '나는 예수님으로 먹고 예수님은 나로 더불어 먹는 관계'가 되어야 합니다. 나를 위해 대제사장으로 오신 예수님, 나를 위해 중보로 오셔서 하나님께 향기로운 향으로 드려지신 예수님, 나를 위해 십자가에 달리신 예수님, 나의 구세주요 나의 생명이요 나의 대제사장이요 나의 중보시오 나의 왕이시라는 확실한 믿음으로 예수님을 사랑하고 따라야 한다는 것 분명히 말씀드립니다. 저는 성전이신 예수님이 나의 예수님이 되어 성전으로 살면서 여러분에게 예수님을 전하여 가르치지만 그러나 여러분은 예수님을 어떻게 믿습니까? 여러분이 믿는 분은 누구입니까? 예수님과 예수님의 말씀에 별 관심 없고 그저 하나님만 주님만 찾으며 믿는다 하는 것은 아닙니까? 아니면 참으로 성전이 말씀하는 예수님을 알고 믿으십니까?

오늘 이 분향단에서 가르치신 예수님이 자기 안에 계시면, 참으로 예수님과 더불어 먹는 관계가 되었으면, 그것은 예수님의 권세와 능력도 자기 안에 있는 것이요 그대로 역사하는 것입니다. 성소의 믿음은 음부의 권세가 저를 이기지 못합니다. 사단이 그 발밑에 있다는 말입니다. 사단이 굴복하는 것입니다. 땅에서 무엇이든지 매면 하늘에서도 매일 것이요 땅에서 무엇이든지 풀면 하늘에서도 풀리는 천국 열쇠의 권세를 가졌습니다. 그래서 예수님의 권세는 곧 내 권세요 예수님의 능력은 내 능력이 되어 나타나는 것입니다. 예수님의 이름에 영광을 돌리고 높임을 받으시는 이름이 되게 하시는 것입니다. 그러므로 자기 안에 오신 예수님의 이름으로 하나님을 만나는 조건이 되고 하나님이 받으시고 하나님의 것을 주시는 것임을 분명히 알아야 합니다. 그래서 중보의 이름이신 예수님의 이름으로 사는 것이기에 하나님께서 우리를 부르신 것도 예수님 안에서 부르셨다고 벧전5:10에서 말씀하셨고 예수님을 영접하고 그 이름을 믿는 자들에게는 하나님의 자녀가 되는 권세를 주셨다고 요1:12에 말씀하셨고 예수님 이름으로 죄 사함을 얻게 하는 회개가 모든 족속에게 전파된다고 눅24:47에 말씀하셨고 그 이름으로 귀신도 쫓아내고 그 이름으로 병을 치료한다고 막16장에 말씀하셨습니다.

예수님이 이 땅에 오신 것도 예수라는 이름이 아버지의 이름인데 그 아버지의 이름을 가지고 오셨다고 했습니다(요5:43). 하나님 아버지께서 성영님을 보내실 때도 예수님의 이름으로 보내셨고 그 성영님은 예수님의 이름을 가지고 믿는 자 안에 내주하신다고 하셨습니다(요14장). 우리의 이 모임, 에클레시아(교회)도 예수님의 이름으로 모일 때 예수님이 함께하신다고 하셨습니다. 두 사람이 되었든 세 사람이 되었든 백 사람이 되었든 천 사람이 되었든 그것은 상관없고 오직 예수님의 이름으로 모인 그곳에 나도 같이 있겠다고 마18:20에 말씀하셨습니다.

우리의 기도도 예수님의 이름으로 하라 하셨습니다. 그것이 응답의 조건이요 우리 기도의 조건이 된다 하신 겁니다. 요15:16에 내 이름으로 아버지께 무엇을 구하든지 다 받게 하려 함이니라 하셨고 요16:23,24에 진실로 진실로 너희에게 이르노니 너희가 무엇이든지 아버지께 구하는 것을 내 이름으로 주시리라 하셨고 요14:14에 내 이름으로 무엇이든지 내게 구하면 내가 시행하리라 바로 예수님 이름으로 구하라고 하셨습니다.

골3:17에 무엇을 하든지 말에나 일에나 다 주 예수 이름으로 하고 그를 힘입어 하나님 아버지께 감사하라고 했습니다. 벧전4:16에 만일 그리스도인으로 고난을 받은즉 부끄러워 말고 도리어 그 이름으로 하나님께 영광을 돌리라 했습니다. 벧전4:14에 그리스도의 이름으로 욕을 받으면 복 있는 자라고 했습니다. 벧전4:11에 예수 그리스도로 말미암아 하나님께서 영광을 받으시도록 우리의 말하는 것이나 봉사하는 것이나 모든 범사를 하나님의 은혜 가운데 하라고 했습니다. 예수님의 이름을 영접하여 예수님의 이름을 가진 자녀의 권세가 얼마나 놀라운 큰 복인지 참으로 알아야 합니다.

오늘 본문 10에 일 년에 한 번 대속죄일에 대제사장이 이 향단 뿔을 위하여 속죄제의 피로 속죄하라고 했습니다. 대제사장에게 향단을 정결하게 하는 피를 바르라고 하셨다는 말입니다. 이것의 의미는 예수님의 피로 죄 씻음 받은 우리가 죄를 지어서 죄가 있으면 하나님과의 관계가 대단히 껄끄러운 관계가 될 뿐만 아니라 기도가 막히고 하나님께서 듣지 않으시게 됩니다. 그래서 성소의 믿음이라는 것은 절대적으로 예수님의 피가 우리의 죄를 사하신 피요 우리를 깨끗하게 하신 피라는 것을 자기 안에 믿음으로 가지고 그 피를 의지하고 그 피를 사랑하여 날마다 그 피로 자신을 깨끗이 씻는 피가 되어야 하는 것임을 의미합니다. 날마다 회개로 돌이켜 예수님의 피로 자신을 정결케 씻으라는 것입니다. 예수님의 피가 우리 영과 혼과 육의 정죄 받은 죄를 다 깨끗하게 하셨으니 그 믿음으로 자기 안에서 역사하시는 피가 되게 하고 혹여 죄를 지었을지라도 곧 회개함으로 깨끗함을 받으라는 뜻입니다. 아셨습니까? 너무나 중요한 우리 믿음의 증거입니다.

오늘 우리는 성소의 분향단에서 예수님을 더욱 아는 믿음으로 예수님을 만나게 되었습니다. 하나님께서는 하나님이 지시한 대로 단을 만들고 향을 만들라 하시고 이제 그 단에 올린 향만 받으신다는 의지를 분명히 보이셨습니다. 그러므로 믿는 것은 하나님의 뜻을 말씀하는 성전의 믿음이 되어야 하나님의 뜻이 내게 이뤄진 것이라는 것 분명히 알게 되었습니다.

사람이 아무리 잘났어도 잘난 것으로 하나님 만날 수 없습니다. 아무리 학식이 높아도 그 학식 가지고 하나님 만날 수 있는 것 아닙니다. 온 세상 사람들에게 존경받는 존귀한 자라 해도 하나님 만날 수 있는 것 아닙니다. 아무리 도덕적인 사람이라 할지라도 그 도덕적인 의 가지고 하나님 만날 수 있는 것 아닙니다. 큰 권세가 있어 세상이 다 그를 존경해도 그 권세로 하나님 만날 수 있는 것 아닙니다. 예수님이 계시지 않으면 그 어떤 것도 안 됩니다. 예수님으로만 하나님께 갈 수 있고 하나님을 만나는 것입니다. 예수님을 사랑해서 믿고 따르는 믿음이어야 하는 것임을 분향단이 말씀하고 있는 것입니다.

저는 우리 주 예수 그리스도로부터 세상 것은 자랑할 것이 못 되니 자랑하지 말라는 명을 받았습니다. 또 '나 예수를 말하라. 나 예수를 자랑하라.'는 명을 받았습니다. 그래서 저는 오늘도 여러분에게 참으로 세상을 자랑하는 것이 아니라 우리 주 예수 그리스도, 하나님이 육신이 되어 오셔서 죽으시고 다시 살아나신, 창세기부터 계시록까지 증거하고 있는 구주 예수님을 여러분에게 한없이 자랑하고 전하였으니 이제 여러분 모두가 다 아멘으로 받아 그 예수님을 믿는 믿음이 되기를 간절히 바라면서 말씀을 맺습니다. 분향단의 모든 뜻이 되신 예수님을 사랑합니다. 아멘

성소 7-1
성소의 믿음은 영생하는 양식을 위해 일함

¹그 후에 예수께서 갈릴리 바다 곧 디베랴 바다 건너편으로 가시매 ²큰 무리가 따르니 이는 병인들에게 행하시는 표적을 봄이러라 ³예수께서 산에 오르사 제자들과 함께 거기 앉으시니 ⁴마침 유대인의 명절인 유월절이 가까운지라 ⁵예수께서 눈을 들어 큰 무리가 자기에게로 오는 것을 보시고 빌립에게 이르시되 우리가 어디서 떡을 사서 이 사람들로 먹게 하겠느냐 하시니 …… 중략 …… ²⁴무리가 거기 예수도 없으시고 제자들도 없음을 보고 곧 배들을 타고 예수를 찾으러 가버나움으로 가서 ²⁵바다 건너편에서 만나 랍비여 어느 때에 여기 오셨나이까 하니 ²⁶예수께서 대답하여 가라사대 내가 진실로 진실로 너희에게 이르노니 너희가 나를 찾는 것은 표적을 본 까닭이 아니요 떡을 먹고 배부른 까닭이로다 ²⁷썩는 양식을 위하여 일하지 말고 영생하도록 있는 양식을 위하여 하라 이 양식은 인자가 너희에게 주리니 인자는 아버지 하나님의 인치신 자니라 ²⁸저희가 묻되 우리가 어떻게 하여야 하나님의 일을 하오리이까 ²⁹예수께서 대답하여 가라사대 하나님의 보내신 자를 믿는 것이 하나님의

일이니라 하시니

(요6:1-29)

　　성소에 들어와 그곳에 있는 금 등대와 떡 상과 분향단은 우리와 어떤 관계인가에 대해서는 이제 여러분이 다 아는 바 되었고 더 깨달아 가는 복이 있으리라 생각합니다. 그런데 그것으로 성소를 마치는 것이 아니라 성소의 믿음이 되려면 어떤 자세가 필요한가? 성소의 믿음이 되면 어떻게 나타나는가? 하는 부연 말씀을 더 하려 합니다. 여러분께 충분한 안내가 되어서 하나님의 뜻대로 믿는 믿음을 쉽게 이해하고 성전의 믿음이 될 것이라는 큰 기대에서입니다.
　　성소의 믿음은 성영님의 열매를 맺습니다. 예수님의 성품이신 성영님의 아홉 가지의 열매를 맺는 곳입니다. 그런데 오늘 성영님의 열매에 대한 본론까지는 가지 못하고 서론에서 그치는 말씀이 될 것 같습니다. 그러나 성소의 믿음이 되기 위하여 우리에게 깨달아야 할 것을 말하는 것이니 받으시는 말씀이 되기를 바랍니다.
　　하나님의 지으신 사람이 하나님을 거역하고 떠나가 사단의 사망 권세 아래 있게 되었으므로 영혼이 육체에서 떠날 땐 사단과 함께 지옥의 불못으로 들어가게 되었습니다. 그 사망에 처한 사람을 구원하시기 위해서는 하나님의 아들 독생자가 오셔서 생명을 내놓아 피를 흘려주셔야 했습니다. 그러므로 모든 인류가 하나님께로 유턴하여 돌아와야 한다고 그같이 돌아올 수 있는 길을 하나님께서 친히 준비하셨다고 그것은 예수님께서 십자가 위에서 피 흘려 죄를 대속하셨으니 그 피를 믿고 죄를 버리고 예수님께로 들어오면 된다고 하는 것입니다. 그 기쁜 소식을 누구나 듣고 보라고 성경을 주셨고 복음을 받은 자가 전하고 받은 자가 또 전하고 계속 전하므로 온 땅에 이 부르심이 들려지게 하셨습니다.

'아니 내가 언제 하나님께 무슨 죄를 지었다고 죄인이라는 것이냐?' 하는 인간에게 '네가 죄인인지 아닌지 보라.'고 법조문인 율법을 주셔서 조항들을 보니 이것도 걸리고 저것도 걸려들어 죄 때문에 아주 가망이 없는 아무도 살 수 없는 의인은 없나니 하나도 없는 결과로 드러난 것입니다. 죄인은 저 교도소에나 있는 줄 알았는데 하나님의 말씀 앞에 나오니 그같이 죄인 아닌 사람이 한 사람도 없다는 것이 드러났습니다.

저 자신도 예수님을 믿기 전에는 하나님이 말씀하는 죄인인 줄 전혀 알지 못했습니다. 죄인에 대하여 전혀 감각도 없었고 생각해 본 적도 없었습니다. 그런데 예수님을 믿고부터는 누가 나에게 당신은 죄인이라고 말하지 않아도 내 양심 속에서 내가 죄인이라는 것에 대한 감각이 서서히 살아났습니다. 내가 죄인이라는 것이 서서히 깨달아지게 되었고 어느 날 그 탄식이 터져 나오게 되었습니다. 그리고 이후부터는 얼마나 많은 날을 애통하며 울었는지 모릅니다. 그래서 제가 이후에 깨달은 것은 죄로 죽었던 내 영에 하나님의 말씀이 빛이 되어 비추니 내가 죄인임에 대한 감각이 살아나 깨닫게 되었다는 것을 알게 되었습니다. 말씀은 빛이기 때문에 말씀이 양심을 비추니 내가 죄인인 것을 알게 되고 보게 되었다는 말입니다. 그래서 제가 여러분께 자신이 하나님이 말씀하시는 죄인이라는 것을 깨닫는 감각이 있어야 하고 자기가 죄인인 것을 보아야 한다는 말씀을 드릴 수밖에는 없는 것입니다.

그러므로 예수님이 자기의 구주가 되는 것은 먼저 하나님의 진단 앞에 자신이 죄인임을 알고 그 진단을 받아들여야 합니다. 인간을 죄와 죽음에서 이기심과 독선에서 두려움과 좌절과 불안에서 건져내시는 하나님의 방법은 오직 예수 그리스도를 십자가에다 내주는 것이었습니다. 만일 자기가 죄인이라고 하는 것과 영벌에 처해졌다는 하나님의 진단을 받아들이지 않는다면 예수님을 만날 길은 없습니다.

요일1:10에 만일 우리가 범죄 하지 아니하였다 하면 하나님을 거짓말하는 자로 만드는 것이니 또한 그의 말씀이 우리 속에 있지 아니하니라 하셨습니다. '내가 무슨 죄를 지었다고 죄인이냐? 내가 언제 하나님께 죄를 지었다는 것이냐? 나는 죄지은 일 없다'고 한다면 그것은 하나님을 거짓말쟁이로 만드는 것이요 거짓말쟁이로 취급하는 것이 된다고 했습니다. 그리고 내가 '왜 죄인이냐?'고 하면서 정색하지 않는다 할지라도 하나님이 말씀하시는 죄에 대하여 마음에 반응이 없고 무감각하다면 그 역시 마찬가지입니다. 하나님의 말씀이 그 속에 없다는 것이요 하나님을 거짓말하는 자로 만드는 것입니다. 그러므로 예수님을 믿는 우리 신앙의 기초는 하나님께서 번제단에서 내려주신 진단을 받아들여 죄인인 것을 인정하고 하나님께 온전히 나와야 합니다.

하나님께서 창조의 일을 하실 때 말씀으로만 하셨습니다. 있으라고 명하시니 명하신 그대로 나타났습니다. 그런데 인간을 죄와 사망에서 건지시기 위해서는 하나님이 친히 사람으로 오셔서 자기가 지은 사람에게 박해와 수모와 멸시와 모욕과 침 뱉음과 매 맞음을 당하시고 십자가에 대못으로 박혀 달리시고 창으로 찔림을 받고 피와 물을 흘리시되 마지막 한 방울까지도 남김없이 다 쏟으셔야 했던 일입니다. 그래서 우리의 진짜 신앙은 예수 그리스도로 죄에서 용서받게 하시고 구원과 영생하는 복을 주셨다는 것에 감사를 알고 예수님을 주신 그 은혜 때문에 기쁨이 있어야 합니다. 그러나 사람들이 하는 일이나 잘되게 해주고 부자나 되게 해줘야 그것이 감사하고 그것이 기쁘고 그것이 하나님이 살아 계신 증거라고 말하고 그 하나님을 자기가 사랑한다고 자기가 믿는다 말하고 있다는 것입니다. 그러나 사람의 믿음이 여기에 머물러 있으면 이것은 여전히 하나님의 표적에서 빗나가 있는 잘못된 신앙이요 육으로 믿는 죽은 믿음입니다.

믿음은 하나님께서 성전을 통해 가르쳐 주신 그 예수님, 번제단에서부터 지성소에 이르기까지 보이신 그 예수님을 우리에게 내주셨다는 것에 기뻐할 수 있고 그 예수님 한 분으로 감사할 수 있어야 합니다. 예수 그리스도를 내게 주셨는데 오직 예수 그리스도로 기뻐할 수 있고 예수 그리스도를 내가 사랑하는 믿음이 되었다면 세상 욕심 다 버린 것이 되었지 않겠습니까? 그러므로 '천국이 저의 것이 되었으므로 행복하여라'가 자기 안에 이루어져 참으로 자유하고 평안을 누리는 것입니다. 그렇다고 가난에 찌들어 살라는 말입니까? 내가 사는 동안 아버지 하나님이 돌보시고 주시는 것입니다. 필요가 있으면 아버지께 예수님의 이름으로 당당히 구하는 권리가 주어졌습니다.

직장이 필요하면 직장을 구하는 거예요. 집이 필요하면 집을 구하는 거예요. 건강이 필요하면 건강도 구하고 어찌 되었든 모든 필요는 아버지께 기도로 구하는 관계가 됐기 때문에 자녀로 당당하게 구할 수 있는 것입니다. 아버지는 믿음을 연단하시는 뜻이 아니라면 자녀가 가난에 빠져 사는 것 원하시는 분 아닙니다. 여러분이 복의 근원은 바로 하나님 아버지이시라는 것을 분명히 알고 믿는 것이 되어야 합니다. 믿음을 성장시키기 위해서 주시는 고난은 분명히 있습니다. 그러나 자녀를 돌보시고 자녀의 모든 필요를 채우신다고 하셨습니다.

우리가 예수 그리스도를 주신 것 때문에 기뻐할 수 있고 환경과 상관없이 예수님을 사랑하고 따르는 것이 믿음이요 하나님의 자녀인 것이요 하나님께서 그 자녀의 삶을 간섭하시며 돌보시는 관계가 되는 것이지 만일 예수 그리스도를 믿는다 하면서 죄와 구원과 영생과 말씀을 따르는 삶을 통해 영광 돌리는 그런 영적인 것에는 관심이 없고 또 알지도 못하면서 예수님을 믿는 것을 세상적인 것을 위해 믿는다고 한다면 그것은 믿지 않는 죄보다 더 큰 죄가 될 뿐입니다. 여러분께서는 예수님을 왜 믿는 것인지 자기의 믿는 이유와 믿음을 명백하게 해야 합니다. 예수님을 자기의 진정한 구주로 믿는 것인가? 그래서 모든 소망을 예수님과 하늘에 두었는가? 아니면 세상적인 것을 위해 믿는 것인가? 자기의 믿음을 어디에 두었는지 명백히 해야 한다는 말입니다.

요한복음 6장에 많은 무리들이 예수님이 병자들을 고치시는 큰 표적을 보고 예수님을 따라다니다 정오가 한참 지나는 것도 몰랐습니다. 예수님께서 그들이 길에서 기진할까 하여 그들을 먹이시려고 떡 다섯 개와 물고기 두 마리를 가지고 하나님께 감사하고 그 떡을 축복하시고 난 뒤 그 무리들에게 떼어 나눠 주셨습니다. 그 수효가 오천쯤 되더라고 했는데 그 무리들이 다 배불리 먹고도 남은 것이 열두 광주리에 찼더라고 했습니다. 유대인의 그 많은 무리들이 예수님께서 많은 병자를 고치고 무리를 배불리 먹이신 오병이어의 표적을 보고 그때 '이는 참으로 세상에 오실 그 선지자라 하더라.'했습니다(14). 이 말은 신 18:18에서 모세가 예언한 말인데 곧 예수님에 대한 계시였습니다. 모세가 예언한 '선지자'하는 것은 곧 '메시아'라는 말입니다(메시아는 번역하면 그리스도라(요1:41)). 그러니까 이는 참으로 세상에 오실 그 메시아라는 것을 알았다는 말입니다. 그리곤 곧바로 예수님께 몰려들어서 억지로 예수님을 잡아 자기들의 왕으로 삼으려고 했습니다.

그들은 메시아가 오시면 로마의 압제에서 유대 민족을 해방하고 메시아의 왕국을 세울 것으로 생각하고 있었습니다. 그러니까 예수님이 메시아인 것을 알아차리기는 했지만 그들이 잘못된 메시아 관을 가지고 있었기 때문에 예수님을 세상 나라의 정치적인 왕으로 삼으려고 했던 것입니다. 예수님께서 그것을 아시고 그 무리들을 보내시려고 제자들을 재촉해서 갈릴리 바다를 건너 가버나움으로 가라고 먼저 보낸 뒤 혼자 산으로 피하여 자취를 감추셨습니다(마14장 막6장). 그런데 무리들이 배를 타고 가는 것은 제자들뿐이었기 때문에 그곳에서 예수님을 찾아 돌아다녔으나 만나지 못하자 그 이튿날 제자들이 건너간 가버나움으로 가보니 예수님이 거기에 계신 것을 보고 몹시 놀라 '아니 언제 여기로 오셨습니까?' 물었습니다.

이들이 예수님이 메시아인 것을 알고 예수님을 적극적으로 쫓아다니기는 했지만 그 열심이 무엇 때문이었습니까? 우리가 분명히 알아야 합니다. 하나님의 백성이었던 그들이 자기들 영혼의 문제에는 관심 없었다는 것을 보여준 겁니다. 죄 때문에 죄를 사하시고 생명 주시기 위해 오신 메시아를 찾았던 것이 아닙니다. 세상의 왕을 삼기 위해 열심을 다해 예수님을 그렇게 밤낮으로 찾아다닌 것입니다. 그래서 예수님은 자취를 감추는 것으로 그들에게서 떠나실 수밖엔 없었습니다.

제가 왜 이 말씀을 하는 것입니까? 만일 예수님을 믿는다 하면서 예수님이 십자가에 달려 피 흘리셔야 했던 그 고난의 엄청난 의미를 자신과 연결해 깨닫지 못하고 그 십자가 사건을 통해 자기를 보지 못하고 여기 유대인의 무리들처럼 육신의 것 때문에 세상의 것 때문에 예수님을 믿는 것이라면 거기엔 예수님이 계실 수 없다는 것을 말하기 위해서입니다. 자기에게 세상적인 것으로 만족하게 하셨기 때문에 그래서 감사하고 그래서 예수님을 나의 왕이요 나의 하나님이라고 높인다고 해도 그것은 예수님이 원하시는 뜻도 오신 목적도 아니기 때문에 예수님이 그런 곳에 계실 수 없는 이유가 될 수밖엔 없다는 것을 여러분에게 분명히 말하고자 하는 것입니다. 육신적인 것 세상적인 것 때문에 예수님을 믿는다고 하면 오히려 그것은 십자가를 통해 이루신 하나님의 나라를 거부하는 것이어서 예수님을 아주 괴롭게 하는 일인 것입니다.

예수님은 십자가를 붙드는 자 십자가의 예수님을 바라볼 자들을 찾아가 만나 주시고 그들에게 또한 부활의 영광을 안겨 주신 것이지 세상적인 권력 있고 명예 있고 재력 있고 세상에서 지혜 있다 하는 자 세상으로 높아진 자들을 찾아가지 않으셨습니다. 세상으로 높아진 권력 재력 명예 지혜 학문은 오히려 예수님을 받아들이지 못하게 막는 강력한 진이 되어 예수님을 거절할 수밖에 없게 되어 있습니다.

그러므로 여러분께서는 예수님을 왜 믿는 것인지 그 믿음을 명백히 하여야 할 것입니다. 저의 전하는 말씀 또한 세상적인 것 때문에 예수님을 믿고 자기 잘되게 해주시는 그 하나님께 감사하고 찬양한다면서 예수님을 세상의 왕으로 세워 놓고 그 예수님을 자랑하는 그런 사람들에게 전하는 말씀이 아니라는 것 분명히 해두겠습니다. 예수님의 십자가의 그 고난이 자기의 것으로 받아들여진 사람은 이 단에서 들려지는 말씀을 통해 예수님과 자신과 하나님의 나라에 대해서 더욱 깊이 깨달아 볼 기회가 되어서 믿음이 하나님의 뜻대로 되는 것에 대한 그 영혼의 기쁨이 있고 감사가 있겠지만 그러나 예수님을 세상의 왕으로 높여 놓고 자기 삶의 것을 잘되게 해주실 분으로 믿는 것이 되어 있으면 그 속에서 거부감이 올라와 부딪히고 듣지 않으려 하는 완고함만 있게 될 것입니다. 자기가 말씀을 판단하여 자기 속에서 걸러 내버릴 것입니다.

유대인의 무리들이 '랍비여 어느 때 여기 오셨습니까?'하고 예수님을 보자 너무나 반가워서 물었지만 예수님께서는 그렇게 열심히 쫓아다니고 찾아다니던 그들의 열심 뒤에 있는 의도가 육신의 것 때문이라는 것을 아시고 오늘 본문 26, 27에 진실로 진실로 하신 것입니다. 육신의 것을 위하여 따라다닌 것에서 돌이켜 예수님이 오신 뜻에다 맞출 수없는 도무지 변할 수가 없는 무리라는 것을 긍정하신 뜻으로 진실로 진실로 하셨던 것입니다. 너희가 나를 찾는 것은 표적을 본 까닭이 아니요 떡을 먹고 배부른 까닭이로다 썩는 양식을 위하여 일하지 말고 영생하도록 있는 양식을 위하여 하라 이 양식은 인자가 너희에게 주리니 인자는 아버지 하나님의 인치신 자니라 예수님 자신이 '아버지 하나님께서 영생하게 하시는 하늘의 생명을 주시는 분으로 인치셨다 보증하신 분이다.'라고 자기가 누구이신지에 대한 신분을 분명히 밝히셨던 것입니다.

그러자 28에 그들이 물었습니다. 우리가 어떻게 하여야 하나님의 일을 하오리이까 29에 예수님께서 하나님의 보내신 자를 믿는 것이 하나님의 일이니라고 하셨습니다. 그러면 이 무리들이 예수님을 하나님이 보내신 메시아라는 것을 믿지 않았다고 했습니까? 여러분이 깊이 생각하고 깨달아 봐야 할 일입니다. 오늘날도 예수님이 하나님이 보내신 아들이요 구주라는 것 다 믿는다고 말합니다. 그러나 그 믿는다고 말하는 그 속은 예수님을 찾아다닌 그 무리들과 다를 바 없습니다. 하나님이 보내신 선지자 즉 구약 신18:15-18은 선지자라고 했지만 메시아에 대한 예언이라고 말씀드렸습니다. 무리들이 그 예언대로 하나님이 보내시는 메시아가 오신다는 것을 알고 있었기 때문에 예수님이 행하시는 것을 보고 요6:14에 이는 **참으로 세상에 오실 그 선지자 즉 메시아**라는 것을 알아차렸습니다. 그러니까 그 메시아를 왕 삼으려고 찾아다니며 따라다녔던 것이지 않습니까? 이들이 예수님을 하나님이 보내신 분이라는 것을 믿었다는 말입니다.

그런데 하나님이 보내신 자를 믿는 것이 하나님의 일이니라 하심으로써 바로 '믿는 것'이 '하나님의 일'이라 하신 겁니다. 그러니까 27에서 썩는 양식을 위하여 일하지 말고 영생하도록 있는 양식을 위하여 하라 하니까 뭘 열심히 일을 해야 하는 것을 말씀한 것인 줄 알고 오늘날 교회들이 하나님의 일에 힘써야 한다고, 그렇게 연결해주고 있고 그래서 열심히 봉사 쫓아다니고 교회 일에 쫓아다녀야 하는 것이 되어 있지만 그러나 그것을 말하는 것이 아닙니다. 썩는 양식을 위하여 일하지 말고 하는 것은 세상의 것으로 만족 얻으려고 세상의 것 때문에 예수님을 믿는 것이 되지 말라는 말씀입니다. 그러니까 유대인 무리들이 예수님을 세상의 왕 삼으려고 찾아다니고 쫓아다닌 것이 바로 썩는 양식을 위한 일이었어요. 예수님은 영생하도록 있는 양식을 위하여 하라 하시고 곧 그것은 29에 하나님의 보내신 자를 믿는 것이 하나님의 일이라고 하셨습니다.

그러면 말씀대로 하나님의 보내신 자를 믿는 하나님의 일을 어떻게 해야 하겠습니까? 예수님을 정확하게 아는 것이 일입니다. 예수님이 누구신지를 정확히 알아야 하는 것이 하나님의 일입니다. 그것을 알려면 하나님의 말씀 구약을 통해서 말씀하신 뜻과 예수님에 대한 예표와 상징으로 행한 모든 것에서 하나님의 의도하신 바를 잘 깨달아 십자가의 사건을 곧 나와 연결하여 그 예수 그리스도를 믿는 것이 되어야 그것이 하나님이 보내신 자를 믿는 하나님의 일이요 영생하도록 있는 양식을 위해서 일하는 것이 되는 것입니다. 그 일이 바로 달란트 남기는 것이라고 하는 거예요.

항상 말하지만 성경을 통해서 성영님의 도우심을 힘입어 예수님을 아는 것 나를 알고 예수님의 깊이 높이 넓이 길이를 알고 믿는 예수님이 되기를 힘쓰는 것 그것이 하나님이 내게 주신 달란트(성영님으로 말미암아 하나님의 뜻을 알고 자신에게 남기는 것)인데 그런데 뭐로 연결합니까? 인간 자기의 타고난 재능들이 달란트라고 하여 그 끼들 발산하라고 연결해주는 거잖습니까. 생명 얻지 못할 망할 것들로 다 이끌어주고 가르치고 있다는 말입니다. 요17:3에 **영생은 곧 유일하신 참 하나님과 그의 보내신 자 예수 그리스도를 아는 것이니이다** 하셨습니다. 바로 참 하나님께서 보내신 예수 그리스도를 하나님의 뜻대로 아는 것이 하나님의 일이요 나에게 영생하도록 있는 양식을 위한 일이라는 것입니다.

　오병이어의 사건이 바로 예수님 자신이 생명의 떡이 되신다는 것을 나타내신 표적이었으나 그 무리들은 육체의 고픈 배를 불려주기 위한 것으로만 알았고 또한 예수님은 자신이 하늘로부터 오신 생명의 떡이라고 말씀하여 이르셨지만 그들은 전혀 알아듣지를 못했습니다. 알아들으려고도 하지 않았습니다. 오히려 그들에게 조금 있는 믿음까지도……, 하나님이 보내신 그 선지자 메시아라는 것을 알았던 것까지도 빼앗겨 버리고(마귀에게) '이는 요셉의 아들 예수가 아니냐? 그 부모를 우리가 아는데 어떻게 자기가 하늘에서 내려왔다 하느냐?'하며 수군거렸습니다. 그리고 예수님 자신이 산 떡이요 이 떡을 먹으면 영생한다고 나의 줄 떡은 곧 세상의 생명을 위한 내 살이로라 인자의 피를 마시지 않으면 너희 속에 **생명이 없느니라**는 말씀을 하시자 이들은 그 동안 성전에서 피 흘리고 떡을 진설하고 향을 피우며 제사하던 것과 광야에서 만나를 먹던 일과 연결하여 들을 귀도 없었고 예수님의 행하시는 이적과 표적을 연결하여 볼 영적 지각도 없었고 예수님 말씀의 의도를 알아듣지 못하였습니다.

예수님이 자기 살을 먹어야 하고 자기 피를 마셔야 한다는 것을 말하는 것인 줄로 알고 서로 소란스럽게 수군거렸습니다. '이 말씀은 들을 말이 아니다. 말 같지도 않은 말이다, 어떻게 그렇게 할 수 있느냐? 요셉의 아들의 하는 말을 너희는 알아들을 수 있겠냐? 어떻게 자기 살을 먹고 자기 피를 먹을 수 있다는 것이냐?' 서로 한참을 소란스럽게 수군거리던 이 무리들과 함께 예수님을 따르겠다고 스스로 제자로 자청해서 따르던 무리들까지 다 예수님에게서 떠나갔다고 했습니다. 자신들이 분명히 오병이어의 이적에 참여했음에도 생명 얻는 떡 말씀을 하시자 떠나갔습니다. 그래서 예수님께서 26에 예수님이 오신 뜻에다 자신을 맞추려는 의지가 전혀 없는 무리들이라는 것 예수님께로 돌이킬 수 없는 자들이라는 것을 아셨기에 그것을 말씀하신 뜻 진실로 진실로 라고 하신 것입니다. 여러분 오늘날도 이와 같다는 말입니다. 이 유대인 무리들처럼 마음에 세상을 잡고 있으면 세상 것 때문에 믿는 것이면 절대로 예수님이 함께 계실 수 없다는 것을 오늘 이 사건에서 보이셨으니 깨달아야 합니다. 예수님을 믿는다는 말이 믿음이 아니라 참으로 영생하도록 있는 양식을 위하여 일하는 믿음만이 믿음입니다.

여러분이 여기 목사의 전하는 말씀이 어렵다고 듣지 않으면 자기의 요구하는 것들을 얻는 말씀이 아니라고 듣지 않는다면 예수님을 바로 믿을 수는 절대로 없습니다. 예수님을 깨달아 알 능력도 생명을 얻는 일도 없습니다. 구원받을 수 없다는 말입니다. 예수님 믿는 것을 예수님께 맞히는 믿음이 될 것인지 방향을 확실히 해야 합니다. 말씀이 어렵다고 듣는 것을 소홀하지 말고 회개하여 자신에게 맞추고 있던 모든 생각을 다 내려놓고 죽이면 죽고 살리시면 살 것이라 정하고 반드시 성영님께 믿음을 도와주시기를 구하여 예수님을 바로 믿기를 소원해야 할 것입니다. 성영님이 오셔서 그 눈과 귀를 여시고 마음에 믿음과 감동으로 역사해 주셔야 예수님을 깨달아 알고 자기를 보는 눈이 열리고 믿음을 바로 가질 수가 있습니다. 여러분이 예수님을 왜 믿는 것인지 그 믿음을 명백히 하시고 성영님께 도우심을 구하여야 할 것이라는 말입니다.

여러분이 어떤 문제가 있었는데 그 문제를 해결해 주셨다고 하면 질병이 있었는데 나음을 얻게 하셨다면 마음에 평안이 없었는데 평안을 맛보게 하셨다면 무엇인가 응답으로 역사하셨다면 말입니다. 그것은 예수님을 바로 알고 깨달아 예수님을 사랑하여 따르라는 뜻에서였습니다. 이제 성영님을 좇아 행하므로 영으로 믿는 것이 되게 하려고 주신 표적이었다는 말입니다. 그럼에도 그런 표적만을 얻고자 구하는 곳에 머물러 있는 것이면 그것은 구약적인 것이어서 아직 성소에 들어가지 못했습니다. 그 같은 표적들로 역사하셨던 것은 예수님을 믿는 그 믿음이 성소로 들어오는 영의 능력을 갖출 수 있게 하시려고 주셨던 것이지 그것으로 예수님을 믿는 목적이 되라는 것이 아닙니다. 예수님 안에 들어와 성소의 믿음(영적 권세의 믿음)이 되면 그 같은 표적들은 이미 자기 안에 들어와 있는 것이기에 매일 경험하며 사는 것입니다.

사람들이 얼마나 자기중심적인지 썩는 양식을 위하여 하는 일은 일인 줄 알고 열심인데 영생하도록 있는 양식을 위하여 하는 하나님의 일은 일로 여기지 않습니다. 거기에 마음을 다하지 않습니다. 예수님을 알고 성소의 믿음이 되고자 하는 영생하도록 있는 양식 때문에 일하는 목적이 없습니다. 참으로 두려운 일입니다.

요2:23이하에 많은 사람들이 예수님이 행하시는 그 표적을 보고 그 이름을 믿었다고 했는데 예수님은 **그 몸을 저희에게 의탁지 아니하**

셨으니 이는 친히 모든 사람을 아심이요 또 친히 사람의 속에 있는 것을 아시므로 사람에 대하여 아무의 증거도 받으실 필요가 없음이라 말씀하셨습니다. 사람들이 무엇에만 관심이 있느냐? 병 고쳐주고 귀신 쫓아주고 배고픈 것을 해결해 주는 이런 표적들에만 온 관심을 두고 예수님을 믿는다고 쫓아다녔습니다. 표적을 행하신 그 속의 뜻을 깨달아 예수님을 만나 따르는 것이 아니라, 표적을 행하신 본뜻을 보는 것이 아니고 육신에 것에만 관심을 두고 있다는 말입니다. 예수님이 행하시는 그 표적을 보고 그 이름을 믿기는 했다는 거예요. 예수님을 믿기는 했는데 예수님에게서 표적만 원했다는 것입니다. 오늘날도 이 믿음만 가진 사람들, 응답에만 관심 있고 표적만 바라는 사람들로 넘쳐나는 것이지 않습니까? 어느 특정 교회에 사람이 몰려드는 이유도 다 그런 것들에 있습니다. 쭉정이가 되는 곳으로 자석에 끌리듯 몰리는 것입니다.

참으로 예수님 알려고 영생하도록 있는 양식을 위하여 일하는 목적, 예수님을 알려는 그 하나님의 일을 하기 위해 가는 사람이 있겠는가 하는 겁니다. 그런데 여러분 예수님은 자기의 몸을 그들에게 의탁하지 않으셨다고 했습니다. 의탁하실 수가 없습니다. 자기의 만족을 얻기 위해서 예수님을 믿는다는 사람들에게 어떻게 자신을 의탁하시겠습니까? 예수님과는 전혀 상관이 안 되는데 말입니다. 또한 그들에게서 증거 받지 않으십니다. 그들의 증거가 뭡니까? 나 같은 죄인이 예수님의 피로 죄 용서받고 하나님의 자녀가 되었다는 이 큰 은혜 입은 것이 얼마나 감사한지 죄 용서받은 이 은혜가 얼마나 감사한지 그 기쁨 때문에 예수님을 말하지 않고는 견딜 수 없어서 당신에게 이 기쁜 소식을 전한다고 하는 것이 아니라 '아휴 우리 하나님이 우리 자식 서울대학 붙게 해주셨어. 하나님께서 내가 기도한 것을 응답하셔서 이번에 남편이 승진했어. 내가 결혼 배우자를 위해서 작정 기도를 했더니 어쩌면 그 기도한 대로 하나님이 들어주셨어.'이런 자기 삶의 것들을 들어주셔서 전한다는 것밖에는 없습니다.

이것은 증거가 아닙니다. 예수님 믿는 것을 종교로 미신적인 것으로 믿는 것이고 또 그렇게 받아들이도록 하는 것입니다. 자기는 죄인으로 지옥에 떨어질 존재요 예수님이 죄와 사망에서 건져 살려주셨다는 십자가의 영적 경험이 없고 예수님을 아는 경험이 없으니 자기 삶의 것들을 응답받았다고 하는 것밖에는 내놓을 것이 없습니다. 그런 간증으로 사람들에게 하나님을 믿으라고 전한다 하지만 예수님께서는 그런 자에게 자신을 의탁하지도 않으실 뿐더러 증거 받으실 필요가 없다고 하셨다는 것을 알아야 합니다.

참으로 예수님의 이 같은 말씀 앞에 자기의 교만함이 무엇인지 깨달아야 합니다. 마12:38 이하에 보면 **서기관과 바리새인 중 몇 사람이 말하되 선생님이여 우리에게 표적을 보여 주시기를 원하나이다** 했습니다. 이 말은 예수님을 시험하고자 하여 비웃듯이 하는 요구입니다. 물론 예수님께서 이들에게 표적을 보여줄 일은 없습니다. 예수님의 대답은 **악하고 음란한 세대가 표적을 구하나 선지자 요나의 표적밖에는 보일 표적이 없느니라** 하셨습니다. 왜냐? 예수님이 오신 것은 구약의 예언대로 오셨기 때문입니다. 그러면 요나의 표적은 무엇을 말합니까? 예수님이 십자가에 달려 죽으시고 사흘 동안 음부로 내려간다는 것을 말합니다.

참으로 인간 자기에게 이루어져야 하는 것은 십자가의 구원이요 그 은혜로 부활의 생명을 얻고 예수님 한 분으로 기뻐하고 사랑하는 관계면 그 안에 표적이 다 있습니다. 모든 것이 다 들어 있습니다. 성소의 믿음은 이제 하나님께 애걸복걸해서 얻어내는 관계가 아닙니다.

40일씩 무슨 작정기도니 금식기도니 철야기도니 하기 때문에 얻는 것이 아니란 말입니다. 이미 주어져 있는, 와 있는 관계인 것입니다. 예수님의 이름으로 쫓아낼 것은 쫓아내고 있어야 할 것은 아버지께 아뢰면 되는 것입니다. 예수님은 요나의 표적, 십자가의 표적을 행하시려고 오셨으니 그들에게 그 표적밖에 보일 것이 없다고 하셨습니다.

그러므로 사람이 십자가에서 이루신 표적 외에 다른 것들만 구하면 그 교만에 대해서는 누가 심판한다는 것입니까? 41에 니느웨 사람들은 요나의 전도를 듣고도 회개하였는데 지금 심판의 권세를 가진 분이 그들 앞에 오셔서 하나님 되심의 모든 표적을 보이시며 회개를 촉구함에도 불구하고 회개하지 않는 이들의 죄는 니느웨 사람들이 일어나서 정죄한다는 것이 아닙니까? 하나님을 알지 못했지만 회개를 받아들인 이방인인 니느웨 사람들이 정죄한다는 것은 이들의 심판이 얼마나 극심할지에 대한 예고입니다.

예수님을 믿으려면 믿음을 명백하게 해야 합니다. 누구든지 글 읽을 줄 알면 성경(성서)을 읽어야 합니다. 말씀을 깨달을 수 없어 속뜻은 알 수 없다 하여도 성경의 문자적 내용에 대해서는 알기에 부족함이 없게 읽어야 합니다. 예수님을 믿기로 하였다면 하나님의 뜻과 역사가 기록된 성경을 계속 읽고 읽어야 합니다. 그러자면 어느 때 성영님이 눈을 열어 깨닫게 하시던지 강단에서 전하는 말씀을 통해 깨닫는 말씀이 되게 하시는 것입니다. 영혼으로 받게 될 때에 속사람의 살이 되고 피가 되어 능력으로 자라가는 것입니다.

성영님께서 말씀하시길 사람들이 믿는다는 것이 겉껍데기와 같다고 하셨습니다. 믿음이 있다고 하지만 육체의 사는 것을 위해서는 온 열심 다하나 성경은 안 본다는 것입니다. 성경이 너무 어렵다. 성경 읽을 시간이 없다. 성경을 보려 하면 졸려서 못 본다. 어디는 재미있어서 읽을 만한데 어디는 재미가 없어서 읽기 싫다. 말이 너무 어려워서 못 읽겠다, 등등으로 죄 된 말들을 자기 머리에 쌓는다고 했습니다. 그 같은 변명들로 성경을 보지 않는 것은 왜인가? 예수님을 진심으로 믿는 것이 아니기 때문입니다. 예수님에 대한 믿음이 가짜이기 때문이라는 것 백 프로입니다. 예수님 믿는 것을 단지 종교심으로 믿는다 하는 것이지 참으로 주 하나님이라는 경외심을 가지고 마음을 다하고 뜻을 다하고 목숨을 다하여 섬겨야 할 분으로 대하지 않는 것입니다. 예수님을 예수님으로 믿는 것이면 어떤 것도 이유가 되지 않습니다. 참으로 믿는다면 말씀을 보지 말라고 핍박을 받아도 보게 되어 있고 성경 볼 수 없다는 그런 태도들이 있을 수가 없습니다.

여러분! 예수님을 믿는다면 성경으로 들어가 보아야 하잖습니까? 하나님이 하늘에서 음성을 들려주셔서 예수님을 믿는다 하는 것 아니잖아요? 성경을 주셨기 때문이잖아요. 그러면 하나님이 누구이신지 내가 누구인지를 알려면 성경으로 들어가 보아야 하잖습니까? 자기가 삼위 하나님을 알고 예수님을 만나려면 성경으로 들어가야 하는 것입니다. 여러분 중에 하나님을 알고 하나님의 뜻을 알고 믿음을 갖는 일에 있어 성성이 아닌 다른 방도가 있다면 저에게도 좀 알려 주십시오. 저도 좀 알아야 하지 않습니까?

여러분이 처음에 예수님의 교회가 새벽기도를 비롯한 주중 예배 없는 것 이상히 여겼잖아요? 그러나 그 시간에 자기 집에서 성경보고 기도하라는 말입니다. 예배당 왔다 갔다 하는 그런 시간 아껴서 있는 처소에서 열심히 예수님 아는 일을 위하여 수고하란 말입니다. 그래서 예수님의 교회는 진정 예수님을 믿는다면 자기가 삶으로 드리는 예배자가 되라는 것을 강조합니다. 예수님과 연합된 삶이 되라는 것입니다. 교회 모임이나 분위기 때문에 예배당 쫓아다니며 실속 없는 믿음

생활 한다고 빈 수레소리 같은 요란만 떠는 것 절대 원하지 않습니다. 믿음도 구원도 삼위 하나님과 자기와의 일대일 관계의 일이니만큼 자기가 자기의 믿음을 위해서 스스로 애쓰는 인격적인 열심을 가지라는 것입니다. 거짓된 예배 만날 드린다고 해도 하나님과 관계없는 것입니다.

자기처소가 예배 처소가 되고 삶으로 드리는 신영과 진정의 예배자가 되어야 한다는 것 강조합니다. 이 예수님의 날에 영생을 위하여 있는 양식(말씀)을 공급받고 한 주간 동안 되새김질 하면서 믿음의 능력을 갖추고자 하는 진정의 마음이 없다면 예배당 쫓아다니며 말씀을 아무리 많이 듣는 들 무슨 소용입니까? 이제 여러분이 "썩는 양식을 위하여 일하지 말고 영생하도록 있는 양식을 위하여 하라."하신 말씀의 뜻을 아셨습니다. 영생하도록 있는 양식을 위하여 일하는 것이 곧 성소의 믿음에서 나는 것이다 하는 것 거듭 말씀드립니다. 말씀을 맺습니다. 영생의 말씀을 주신 삼위 하나님께 영광 올려드립니다. 아멘

성소 7-2
성소의 믿음은 성영님의 열매를 맺음

²²오직 성영의 열매는 사랑과 희락과 화평과 오래 참음과 자비와 양선과 충성과 ²³온유와 절제니 이 같은 것을 금지할 법이 없느니라

(갈5:22,23)

《먼저 책을 접하신 분들에게 드리는 참고 사항이 있습니다. 오늘 말씀이 성소의 믿음 7-2번이지만 원래는 7-2가 따로 있습니다. 말씀 분량이 많다보니 책 두께의 부담 때문에 원래의 7-2번을 책에 실을 수 없어서 뺐습니다. 그러나 그 말씀은 [창세기 말씀 5번 하나님의 결실(알곡)이 될 자가 누구인가]란 제목으로 창세기 말씀 책에 실려 있습니다. 성소의 믿음이 되어야 하고 또 되어야 하는데 매우 중요한 말씀이기 때문에 창세기 책에서 꼭 읽으시고 능력을 갖추기를 필히 당부합니다.》

우리 인간은 태어나면서부터 부모에게서나 학교에서 또는 사회에서 합리적인 사고방식을 배우면서 성장합니다. 이것은 옳고 저것은 옳지

않고 이것은 좋고 저것은 나쁘고 이것은 해도 되고 저것은 하면 안 되고 하는 것들을 배우면서 옳은지 그른지를 판단하는 합리적 사고를 갖게 되면서 성장합니다. 그러니까 인간의 합리적 방법은 인간의 모든 머리와 이성을 동원해서 만들어낸 사고체계입니다. 이론에 맞아떨어지는 것입니다. 그래서 인간은 합리적인 것에 물들어 버렸기 때문에 인간끼리 서로 대화하고 이해하고 받아들이는 것에는 거부가 없습니다.

예를 들어 '결혼한 부부에게서 아기가 태어났대.' 하면 합리적이니 거부감이 전혀 없는 겁니다. '처녀가 애를 낳았대.' 그러면 '처녀가 애를 낳았어도 상대방 남자가 있어서 애를 낳은 것이지 남자 없이 어떻게 애를 낳겠느냐.' 하고 자기가 합리적인 쪽으로 맞추는 겁니다. 비 오는데 우산이 없어 비를 맞고 왔더니 옷이 다 젖었다고 했을 땐 아주 합리적인 말이기 때문에 거부감 갖지 않습니다. 그런데 '비가 쏟아지는데 그 빗속을 우산 없이 걸어왔어도 비를 전혀 맞지 않았다.'고 하면 그것은 합리적이지 않기 때문에 거짓말로 여겨버리든지 아니면 농담으로 여겨버립니다. 듣는 쪽이 합리성을 만드는 것입니다. 합리적인 것이 학문적 방법이기 때문에 학문을 많이 한 사람일수록 더욱 합리적이 됩니다.

성경은 인간 이성에 맞는 합리성을 말씀하고 있지 않습니다. 비합리적인 이야기들로 가득 차 있어요. 모세의 기적이라 말하는 홍해가 갈라진 것도 우리나라 남쪽 지방 진도에서 바다가 갈라지는 것처럼 그때 마침 갈라지는 자연현상이 똑같이 있었던 것이거나 아니면 꾸며낸 이야기이지 '아니 어떻게 지팡이 내밀었다고 바다가 갈라지느냐?' 하는 것입니다. '사내를 알지 못하는 처녀가 애를 낳았다.'이것은 더더욱 자기의 모든 지식을 총동원해도 절대로 합리성이 없다는 것에 딱 부딪히는 것입니다. '피가 죄를 사한다는 것이 말이 되는 소린가?' 도저히 이해되지 않는 황당한 이야기요 절대로 합리적이지 않는 겁니다. '도대체 하늘에서 예수가 다시 내려온다니 이런 허황된 논리가 어디 있는가?' 믿을 수 없는 것입니다. 성경이 거짓이고 하나님은 없다는 것을 반드시 증명해 보이겠다고 성경을 연구하다 결국 하나님께 두 손만 드는 것이 아니요 두 손 두 발 다 들고 굴복하고 예수님을 믿는 사람들이 되었다는 간증을 제가 들어 알고 있습니다.

성경은 여러분! 인간의 방법이 아닙니다. 창조주 하나님의 방법입니다. 성경은 신앙적 방법입니다. 신앙적 방법은 당연히 하나님 중심이고 인간에게서 나온 것은 당연히 인간 중심입니다. 인간 중심에서 나는 합리적인 방법으로는 하나님을 만날 수도 알 수도, 믿을 수도 없고 말씀을 이해할 수도 없는 것입니다. 인간 머리가 가진 합리적 방법으로 하나님을 대하면 거기엔 거짓말 밖에 보이지 않습니다. 인간은 오직 하나님의 방법 신앙적 방법으로만 하나님을 만나고 말씀을 이해하게 되는 것입니다. 합리적 사고에 물든 인간은 '어떻게 처녀가 남자 없이 애를 낳느냐?' '어떻게 떡 다섯 개와 물고기 두 마리로 오천 명을 먹일 수가 있느냐?'하고 허구로 볼 수밖에는 없지만 하나님의 방법은 하나님 입장에선 대단히 단순한 것입니다. 하나님의 방법은 신의 지혜에서 나온 영의 지식이고 능력입니다. 하나님의 일은 초자연적인 것이요. 인간의 방법은 자연적인 것입니다. 인간 머리가 가진 인간의 방법은 땅(자연)의 지식입니다. 그렇기에 인간이 하나님과의 차이, 피조물과 창조주의 이 차이를 알고 하나님의 말씀을 대해야지 만일 하나님이 하신 일에 인간 자기가 생각하는 것하고 다르다 하여 마음을 닫고 듣지 않으면 그것은 스스로가 하나님 되어 살겠다고 하는 것이요 영원한 멸망으로 들어갈 수밖에는 없는 것입니다. 인간이 먼지 정도밖에 되지 않는 자기 지식으로 지혜의 근본이시고 지식의 근본이신, 온 우주 만물을 창조하시고 그 만물 안에 충만히 계신 하나님께 맞서는 태도를 세울 것이 아니라 하나님의 지혜를 받아들여 믿는 것이 되어야 할 것입니다.

지난 말씀에 이어서 오늘은 성영님의 열매에 대한 말씀인데 이 말씀을 준비하기 전에 저에게 어떤 의문이 계속 따랐습니다. '과연 말씀 듣는 분들이 참으로 말씀으로 된 믿음이 되기 원하고 말씀을 따라 살고자 하여 말씀 깨닫기를 원하는가? 이 말씀들을 진심으로 듣기를 원하고 필요로 하는 것인가?'였습니다. 만일에 목사가 자기 좋아서 하는 말씀으로 여기고 들려주니까 듣는 것일 뿐이고 듣고 그런가 보다 하는 것쯤으로 흘려버리고 으레 하는 말씀으로 치부하는 것이라면 제가 여기서 말씀을 말할 이유는 참으로 없습니다. 여러분에게 필요 없는 말씀을 제가 무엇 때문에 해야 하겠습니까? 여러분께 참으로 필요한 말씀이 되고 있는가 하는 의문이 저에게 계속 있다는 말입니다.

사실 오늘 성영님의 열매에 대해서도 진짜 믿음이 되기를 원하는 뜻이 자기에게 없다면 믿음을 위해선 어떤 대가도 치르겠다고 하는 그 진정의 뜻이 없다면 오히려 돌부리에 걸리듯 걸리는 말씀밖에 되지 않을 것입니다. 참으로 믿기 원하면 자신이 예수님께 잘 붙어있는 가지로 성영님의 열매를 맺어야 한다는 것이 저의 요구 사항은 아니지 않습니까? 자기가 예수님을 믿는다면 그 예수님을 따르기 위해서는 어떤 경우에는 세상 것 다 버리고서라도 죽음의 위협이 따른다 해도 예수님 믿는 것 때문에 죽을 일이 생긴다 해도 그 길을 선택하여 따라가야 하는 것인데 그래서 그 믿음을 위한 성영님의 가르치심의 이 말씀을 필요로 하지 않는다면 오히려 걸림이 되는 것밖에는 없지 않겠습니까?

　제가 과거에 대단히 궁금한 것이 있었습니다. '예수님을 믿는다는 사람들이 왜 성경을 안 보는 것일까?'하는 것이었습니다. '성경을 보지 않고도 어떻게 믿는다는 능력들을 가졌을까' 나는 나를 보니 그 능력이 없더란 얘깁니다. 성경 보지 않고는 믿음을 바로 가질 수가 없더란 말입니다. 성경을 알려면 그래서 하나님을 알기 위해서라면 당연히 성경을 읽어보아야 할 것으로 생각되어 성경을 보는 것에 힘썼습니다. 그리고 제가 '예수님을 믿는다는 사람들이 성경 보지 않고도 교회 와서 예배 때 말씀 듣고 열심히 출석 잘하면 그것도 하나님께서 합당하게 여기시는 믿음이 되는 것인가?'하는 궁금한 마음이 계속 있었습니다. 그것을 하나님께 기도로 질문하던 때가 있었는데 어느 날 제게 말씀하여 주시길 '하나님의 말씀을 가까이하지 않는 것은 빛보다 어두움을 더 사랑하기 때문이다. 세상을 사랑하고 있기 때문이라.'하셨습니다. 그래서 그 이유를 제가 확실히 알게 되었습니다. 아무리 신앙생활을 오래 했어도 그 마음속에 세상을 품고 세상 것을 붙들고 육체의 정욕의 것들을 사랑하는 것이면 성경 보기 싫은 것입니다. 볼 마음이 들지 않는 것입니다. 그리고 예배당에 열심히 나와 기도하는 것만을 중시하게 되는 것입니다.

　믿는다는 것이 믿음을 위한 믿음이 아니고 육체의 것과 세상 것을 위한 것이면 오늘 성영님의 열매에 대해서 드리는 말씀 또한 그에게는 듣기 위함이 아니요 그냥 듣고 흘리는 것이지 듣고자 하여 듣는 것은 아닙니다. 예수님께 접붙여 잘 붙어있는 가지만이 열매를 맺는다 하셨습니다. 그 열매가 누구는 백배로 맺을 수도 있고 누구는 육십 배로 맺을 수도 있고 누구는 삼십 배로 맺을 수도 있다 하셨습니다. 예수님께 접붙여졌다고 하는 것은 오직 예수님과 예수님의 것만을 받아들여 열매를 내는 자가 되었다는 뜻입니다. 가지는 뿌리로부터 올라오는 것을 받아 그 힘으로 살고 열매를 맺습니다. 그러므로 예수님께 붙은 가지면 그에 대한 성영님의 열매를 맺는 것입니다. 성소에 들어온 믿음이면 예수님께 붙은 가지요 성영님의 열매를 반드시 맺게 되어 있습니다.

그 열매 중에서 가장 먼저 나타나는 것이 바로 사랑입니다. 사람들은 성영님의 열매에 대해서 말할 때 자꾸 인간에게만 연결하여 인간을 사랑해야 하는 것으로만 말하는데 여러분 절대로 그것이 아닙니다. 성영님의 열매 중에 있는 이 사랑은 아홉 가지의 열매 중에 가장 근본입니다. 성영님의 열매의 핵심입니다. 그래서 성영님으로 우리 속사람 안에 사랑의 열매가 있으면 그 뒤에 여덟 가지의 열매는 이 사랑에서부터 자연적으로 따라 나타나는 것입니다. 나무로 비유한다면 뿌리와 줄기가 사랑과 같습니다. 그 다음의 모든 것은 그 나무의 가지들과 같습니다. '성영님의 열매 중에 자비도 있고 양선도 있는데 나는 사랑이 없는 것 같아.' '나는 충성도 잘하고 온유와 절제는 있는데 사랑이 없어.' '나는 사랑은 있는데 오래 참지를 못하겠어.' 이런 식의 말들은 다 자기 기분대로 말하는 것으로써 거짓말들이 됩니다. 성영님의 열매라는 것이 무엇인지도 모르면서 자기 성품이 그동안 조금 길들여졌거나 훈련되어진 것을 가지고 그렇게 말하는 것입니다.

우리가 마태복음의 산상수훈 팔복의 말씀에서 배우지 않았습니까? 그 여덟 가지의 복이 있나니 는 다른 것은 나타나지 않는데 자기에게 긍휼의 마음은 있다 이런 식으로 어느 한 가지만 나타나는 것이 아니라 사슬처럼 연결된 것으로써 자기가 심영이 가난한 자라는 것을 성영님으로 깨달아 자신을 보고 자기 실체를 보게 되면 애통한 자가 되게 되어 있고 그렇게 심영이 가난한 자로 애통하는 자가 되면 누가 온유한 자가 되라 해서 온유해지는 것이 아니라 온유한 자로 나아가는 능력이 따라 나타나게 되고 그 뒤에 모든 '복이 있나니'의 요소들이 마찬가지로 따라 나타나는 것이라고 말씀드리지 않았습니까? 사람마다 백 배 육십 배 삼십 배라는 차이는 있어도 우리 믿음에서 반드시 나타나야 하는 믿음의 요소요 그래서 성영님의 열매로 맺어지는 것으로써 전체 연결이 되는 것입니다. 이것이 에덴 안에서 그 강들을 통해 가르쳐 주신 하나님께로부터 오는 것 성영님으로 맺는 결실 성영님으로 주시는 능력인 것입니다. 그래서 성영님의 열매 중에 사랑이 있으면 그다음 희락이 있고 그다음 화평도 있고 오래 참음이 있게 되는 것이요 이렇게 사슬처럼 연결되어 나타나는 것입니다. 이것이 천국의 요소입니다.

  그래서 사랑이 없으면 그 뒤에 또한 아무것도 없는 것입니다. 그러나 사랑이 있으면 그 뒤에 모든 열매들도 있는 것입니다. 고린도전서 13장에 보면 이 사랑에 대한 정의를 정확하게 내려놓았습니다. 1에 내가 사람의 방언과 천사의 말을 할지라도 사랑이 없으면 소리 나는 구리와 울리는 꽹과리가 되고 했습니다. 사람이 할 수 있는 가장 최고의 고상한 말이라도 최고의 아름다운 말이라도 최고의 이성적인 말이라도 또한 천사가 전해준 율법을 다 아는 말을 한다 해도 사랑이 없으면 그것은 소리 나는 구리요 울리는 꽹과리일 뿐이다. 2에 내가 예언하는 능이 있어 모든 비밀과 모든 지식을 알고 또 산을 옮길 만한 모든 믿음이 있을지라도 사랑이 없으면 내가 아무것도 아니요 성경을 다 꿰고 아는 지식이 있고 그 속에 모든 비밀을 알고 전하는 능력이 있어도 또한 믿음이 있어서 귀신도 쫓아내고 병을 고치고 등등의 능력이 나타난다 해도 사랑이 없으면 그런 것은 아무것도 아니라는 말입니다. 여기 2에서 말씀하는 것은 고린도전서 13장 이전에 12:7-11에서 말씀하는 지혜의 말씀 지식의 말씀 믿음 병 고치는 은사 능력 행함 예언 등의 성영님으로 주시는 이런 은사들을 말합니다. 그런 은사들이 다 나타나도 사랑이 없으면 그것은 아무것도 아니라는 것입니다. 사랑을 또 인간에게서 나는 인간적 사랑을 말하는 것 절대 아닙니다. 새겨듣기 바랍니다.

3에 내가 내게 있는 모든 것으로 구제하고 또 내 몸을 불사르게 내어 줄지라도 사랑이 없으면 내게 아무 유익이 없느니라 했습니다. 다시 말해 사람들을 도와준다고 내게 있는 모든 것 다 내주어도 내 몸을 혹 사하고 눈도 빼주고 피도 빼주고 간도 빼준다 해도 사랑 없으면 그런 일이 아무 유익이 없다고 하는 거예요. 아니, 여러분! 이런 정도의 일이라면 이거 사랑 아닙니까? 사람을 사랑하는 마음이 있기 때문에 행하는 일이지 않겠습니까? 어떻게 사랑 없이 자기 몸을 내줄 수 있다는 것입니까? 그러니까 우리 인간이 생각하는 그런 사랑을 말하는 것이 아니라는 것 충분히 알 수 있지 않겠어요? 이해됐습니까?

그런데 고전13:4-7에 사랑이 있으면 그 사랑에서 나는 것은 곧 오래 참고 온유하며 투기하는 자가 되지 아니하며 자랑하지 아니하며 교만하지 아니하며 무례히 행치 아니하며 자기의 유익을 구치 아니하며 성내지 아니하며 악한 것을 생각지 아니하며 불의를 기뻐하지 아니하며 진리와 함께 기뻐하고 모든 것을 참으며 모든 것을 믿으며 모든 것을 바라며 모든 것을 견디는 것이라고 했습니다. 고전13:4-7의 내용이 오늘 갈5:22,23의 성영님의 열매를 말씀하는 것과 같은 말입니다. 그러면 모든 성영님의 열매들로 나타나게 하는 근본이 되는 이 사랑은 어떤 사랑인가? 자기 몸이라도 아끼지 않고 불사르게 내주는 것일지라도 사랑이 없으면 하신 그 사랑은 도대체 어떤 사랑인가 말입니다.

오늘 본문에서 성영님의 열매가 사랑 희락 화평 오래 참음 등등이라고 말하고 있지 않습니까? 그러면 성영님이 오신 것의 첫째는 무엇이라 했습니까? 바로 예수님을 증거하시기 위해 오셨다고 했습니다(요 15:26). 예수님을 변호하시고 예수님의 모든 일을 보호하시기 위해서 오셨습니다. 이것이 성영님이 오신 첫째 이유입니다. 두 번째는 사람들로 하여금 예수님을 믿도록 도우시고 예수님을 증거하시는 일입니다. 예수님이 다 이루었다 하신 일이 사람 안에 이루어지게 하시고 예수님의 모든 것을 가르치시고 생각나게 하시고 진리 가운데로 인도하시려고 오셨습니다. 아직 보지 않은 장래 일까지도 알리신다 했습니다 (요14:26 16:13). 그래서 우리의 믿음이라고 하는 것은 절대적으로 예수님과 예수님의 이 같은 모든 뜻으로 자라가야 함을 말합니다.

그런데 예수님께서 요14:23에 사람이 나를 사랑하면 내 말을 지키리니 하셨습니다. 24에 나를 사랑하지 아니하는 자는 내 말을 지키지 아니하나니 하셨습니다. 요14:15에 너희가 나를 사랑하면 나의 계명을 지키리라 하셨어요. 요14:21에 나의 계명을 가지고 지키는 자라야 나를 사랑하는 자니 나를 사랑하는 자는 내 아버지께 사랑을 받을 것이요 나도 그를 사랑하여 그에게 나를 나타내리라 하셨습니다. 예수님의 계명을 가지고 지키는 자라야 예수님을 사랑하는 것입니다. 예수님의 계명이 뭐라고요? (사랑) 예수님을 사랑하면 뭘 지킨다고요? (예수님의 계명) 그러면 예수님 사랑과 예수님 계명 지키는 것 분리될 수 있습니까? 없습니까? 분리될 수 없습니다. 사랑하면 계명 지키는 것이고 계명 지키는 것은 곧 예수님을 사랑하는 것입니다.

그렇다면 우리가 정말 사랑해야 할 분이 누구입니까? 예수님입니다. 내가 사랑해야 할 분, 사랑하지 않으면 안 될 그분은 바로 예수님이요 내가 일생 따라가야 하는 분이 바로 예수님입니다. 그러면 예수님을 어떻게 사랑합니까? 제가 '예수님 사랑합니다.'하면 사랑이 될까요? 인간으로는 예수님을 사랑할 힘이 되지 못합니다. 그러나 자기 의지가 예수님을 진짜 사랑하고 따르기 원하여서 성영님의 도우심을 구하여 거듭나게 되면 성영님으로 사랑하게 되는 것입니다. 예수님을 거듭난 영혼으로 사랑하니 그 사랑은 영원히 변치 않는 사랑입니다. 이것이 성영님으로 맺는 성영님의 열매입니다. 내가 성영님으로 예수님을 사랑하기 때문에 예수님의 모든 말씀도 계명도 지키는 것입니다. 이것이 예수님으로 사는 것이라 하는 것입니다.

이 같은 성영님으로 예수님을 사랑함이 여러분 속에 있느냐? 참으로 내 구주 예수님! 나의 왕! 나의 하나님이신 예수님! 나의 중보시오 대제사장이신 예수님! 내 죄 때문에 십자가에 달려 피 흘려 죽으신 예수님! 내게 영생복락의 생명을 주신 내 구주 예수님을 내가 진심으로 사랑하기 때문에 말씀을 지켜 따르는 것인가 하는 것입니다. 제가 여러분에게 예수님을 진심으로 사랑하느냐고 묻지는 않겠습니다. 자신이 알고 하나님이 아시는 믿음이길 바랄 뿐입니다. 그다음 예수님을 사랑하면 또 누굴 사랑하는 것일까요? 사람을 사랑할 능력입니다. 사람을 사랑할 수 있는 것도 바로 예수님을 사랑하기 때문에 사랑할 능력이 되는 것입니다. 예수님과 성영님으로 말미암은 사랑으로 맺어진 관계가 아니면 예수님과 사랑의 관계가 되었지 않으면 다른 사람을 사랑할 수가 없습니다. 인간으로 사랑할 것 밖에는 없습니다. 그 사랑은 아무것도 아니요 아무 유익이 없다고 하지 않았습니까? 내가 예수님과 성영님으로 맺은 사랑의 관계가 되면 예수님이 나를 사랑하신 것

같이 나도 사람을 사랑할 능력이 있게 되는 것입니다.

요13:34,35에 새 계명을 너희에게 주노니 서로 사랑하라 내가 너희를 사랑한 것 같이 너희도 서로 사랑하라 너희가 서로 사랑하면 이로써 모든 사람이 너희가 내 제자인 줄 알리라고 하셨습니다. 예수님이 우리를 사랑한 것 같이 우리도 서로 사랑하라는 말씀입니다. 그래서 성영님으로 나타나는 열매 중에 가장 핵심이 되는 것이 바로 사랑입니다. 성영님으로 예수님을 사랑하게 되니 그 사랑으로 서로 사랑하게 되니 '희락'이 넘치는 것입니다.

예수님을 믿는 것 예수님과 사랑하는 관계가 된 것, 이것이 그렇게 기쁘고 행복한 거예요. 예수님의 말씀을 지키고 따르는 그것이 얼마나 기쁜지 내 안에서 그 기쁨이 즐거움이 샘솟는 것입니다. 고난이 있어도 문제가 있어도 그것들로 인하여 합력하여 선을 이루실 것을 알기 때문에 그 고난이나 문제들이 이 기쁨을 이 즐거움을 빼앗지 못합니다. 무너지지 않습니다. 왜냐하면 성영님으로 맺은 열매이기 때문에 그것을 먹고 누리는 것이지 누구든지 빼앗지 못하는 것이요 깨지지 않는 것입니다. 바로 이것이 천국을 소유한 증거예요. 그러므로 이 희락이 자기 속에 있느냐는 서예요.

그다음 '화평'입니다. 예수님과 예수님의 말씀을 믿고 받으니 내 안에서 살아 역사하시는 말씀이 됩니다. 그 말씀은 진리요 법이요 생명입니다. 그러니 내 안에 어둠이 있을 수 없습니다. 바로 성영님으로 맺은 사랑의 열매는 모든 것에 대한 두려움에서 해방 얻는 능력이에요. 사랑 안에는 두려움이 없다고 했습니다. 온전한 사랑이 두려움을 내어 쫓는다고 했습니다(요일4:18). 자기 안에 두려움이나 불안이나 근심이나 초조나 조급함 따위의 어둠의 것들은 이미 쫓겨나갔고 화평이 주장하고 있습니다. 이 화평은 환경과는 상관없습니다. 영혼에 이뤄졌기 때문에 평안입니다. 예수님과 화목하니 이미 자신과도 화목이 이뤄졌고 이웃과도 화목을 어떻게 이루는 가를 아는 능력입니다. 사람을 하나님과 화목할 수 있도록 이끄는 능력입니다. 모든 것에 '참을 능력'이 안에서 있습니다. 억지로 이 악물고 참는 것이 아니라 참음으로 말미암아 기다리는 너그러움과 인내가 안에 있습니다.

저는 과거에 나에 대해서 무엇을 깨달았는가 하면 하나님 앞에서 나를 보니까 하루에도 몇 번씩 버려도 마땅한 존재더란 말이지요. 필요 없다고 버리셔도 할 말 없는 그런 존재, 하루에도 몇 번이라도 버려도 마땅한 그런 나를 하나님께서 얼마나 참아 주시고 기다려 오셨다는 것을 깨닫게 되었어요. 그러니 얼마나 죄스럽고 마음 아프고 그래서 '아버지 그러셨어요? 내가 뭐라고 아버지께서 그렇게 참으시고 오래 기다리셨나요?'하고 참 뜨거운 눈물을 아주 많이 흘렸습니다. 그러니 나 같은 것을 참아 주시고 기다려 주신 하나님 아버지의 그 사랑을 생각하니까 모든 것을 참지 못할 이유가 없더라는 것입니다. 그래서 참을 능력이 있게 되는 계기도 되었고, 또한 모든 것을 참으신 예수님이 내 안에 계시니 예수님의 참으심이 곧 내 참음의 능력으로 열매가 되는 것을, 과실이 익는 과정이 있듯이 그 같은 과정을 거치면서 아주 실제로 경험을 하게 되었습니다. 복음 때문에 참음의 능력이 있더란 말입니다. 그러므로 예수님과의 사랑 안에서는 모든 것이 따라 나오는 것입니다. 희락 화평 자비 양선 등등 사슬처럼 연결되어 그 능력이 열매로 맺히고 익어가는 것입니다. 누구는 지금 삼십 배 누구는 지금 육십 배 누구는 지금 백배를 향해가는 거예요.

그다음 무엇입니까? '자비'가 있습니다. 넉넉한 마음으로 모든 것을 이해하고 포용하고 용서하는 능력입니다. 불쌍히 여김이 있어요. 너

그러움이 있어요. 정죄하지 않습니다. 나 같은 죄인 용서하신 예수님의 은혜가 내 안에서 그대로 역사하셔서 내가 용서받은 그 자유가 있기 때문에 그래서 다른 모든 것을 용서하지 못할 이유가 없더라는 것이지요. 이 같은 자비가 내 안에 성영님의 열매로 맺혀 모든 것을 넉넉히 이해하고 용서하고 사랑할 능력이 있습니다.

그다음 '양선'이 있습니다. 양선은 예수님의 성품이 내 성품이 되어 내게서 나타나는 것을 말합니다. 그래서 삶의 방향이 내 유익보다는 하나님 아버지의 유익이 되게 하는 데 목적이 되고 나 때문에 예수님의 이름이 존귀함을 받으셔야 하고 높임을 받으셔야 하고 거룩히 여김을 받으셔야 하고 섬김을 받으셔야 함을 아는 겸손을 말하는 것이요 예수님의 이름이 나로 인해 비방 받지 않고 다른 사람을 해 끼치지 않게 하려는데 마음을 다합니다. 자기의 모든 것을 통해 하나님 아버지께 유익이 되도록 마음을 다하고 다른 사람에게도 예수님을 믿도록 하기 위해 할 수 있으면 손해도 감수합니다. 육체의 일들로 다투거나 성내지 않습니다. 고전13:4의 투기하는 자가 되지 아니하며 로 시작해서 사랑하시 아니하며 교만하시 아니하며 무례히 행치 아니하며 사기의 유익을 구치 아니하며 성내지 아니하며 악한 것을 생각지 아니하며 불의를 기뻐하지 아니하며 진리와 함께 기뻐하고 모든 것을 참으며 모든 것을 믿으며 모든 것을 바라며 모든 것을 견디느니라 하는 이 양선의 덕목이 있습니다. 이것이 바로 믿는 이들에게 성영님이 계시면 나타나게 되어 있는 열매입니다.

그다음 '충성'입니다. 예수님은 하나님의 말씀에 절대적인 충성으로 복종하고 순종하셨습니다. 그러므로 예수님의 말씀을 깨닫기를 원하고 순종하기 원하는 충성된 마음으로 충만하게 됩니다. 성경이 말씀하시는 하나님을 아는 일에 충성을 다합니다. 하나님의 뜻을 알고 말씀을 깨닫고 뜻대로 살기 위해서 충성 되게 마음을 다합니다. 말씀을 사랑하는 자, 위에서 말씀한 열매들을 맺으며 예수님을 위해서 사는 충성된 자에게 성영님께서 일하라고 주시는 은사가 있습니다. 어떤 이는 가르치는 것 어떤 이는 봉사로 어떤 이는 선교로 어떤 이는 안위하는 일 등등의 맡겨주시는 사명이 있습니다. 성영님께서 불러 세우신다는 말입니다. 그래서 각각의 사명이 있습니다. 하나님께 충성으로 순종하신 예수님의 충성이 자기 안에 열매로 맺어진 자의 충성은 작은 일이 되었든 큰일이 되었든 사명인줄 알고 충성 되게 감당합니다.

변덕스럽거나 삐쭉 빼쭉하지 않습니다. 불편한 감정들을 마음에 담아 놓지 않습니다. 앞과 뒤가 분명하고 책임감이 있습니다. 남에게 손해를 끼치지 않습니다. 남에게 부담감을 안겨 주지 않는 절제력이 있습니다. 삶속에서도 하나님의 영광을 위해서 자기의 살아온 뒤안길에 어떤 것이든지 원망 들을 일과 더러움이 남지 않기 위한 충성된 자기 절제력을 가지고 행하는 겸손함이 있습니다. 그래서 충성은 곧 절제와 온유가 따르는 것이기에 '온유'가 있고 절제가 있습니다. 하나님 앞에 자기가 누구인가를 확실히 압니다. '나는 마음이 온유하고 겸손하다.' 하신 예수님의 온유와 겸손이 그에게서 나타납니다. 하나님(예수님)을 사랑하기에 맺는 열매입니다. 누가 뭐라 해도 세상이 변해도 그런 것에 관심 두지 않고 타협하지 않고 어떤 어려움이 있어도 흔들리지 않고 좌로나 우로나 치우치지 않고 오직 예수님만을 사랑하고 바라고 예수님 가신 발자취 따라갑니다. 이것이 온유의 뜻입니다.

그리고 '절제'가 마지막에 있는 것은 여덟 가지 성영님의 열매에는 울타리의 역할 같은 절제가 있기 때문입니다. 절제는 자기 관리를 잘

하는 것을 말합니다. 잘나 보이려고 자기 신체 부위들을 관리 잘한다는 말이 아니라 위에 말씀드린 성영님의 열매를 맺는 일들에 있어서의 관리입니다. 또한 자기 삶에서의 절제입니다. 아무 곳이나 앉거나 가거나 하지 않습니다. 자기 마음을 다스리고 제어하는 능력입니다. 해야 할 말과 하지 않아야 할 말의 절제가 있습니다. 먹고 입고 쓰는 것도 필요 외에는 낭비나 사치나 허세가 없습니다. 모든 것이 하나님에게서 왔다는 것을 알기 때문에 함부로 하지 않습니다.

육체의 충동적인 것들을 따르지 않는 능력입니다. 물론 성영님으로 충만하면 육체의 것들은 다 초월된 것이므로 자기 속에서부터 육체의 욕구들이 없습니다. 매이지 않습니다. 물질의 풍족함과 누리고 쓰고 쌓고 사는 것들을 부러워하거나 돌아보지 않습니다. 바라보지 않습니다. 있는 것에 족할 줄 아는 능력입니다. 해야 할 것과 하지 않아야 할 것의 태도를 분명히 합니다. 매사에 한쪽으로 치우침 없이 균형을 잘 이루는 지혜가 있습니다. 모든 열매들과 함께 나타나는 절제의 요소들입니다. 이 모든 것이 예수님을 사랑하는 그 사랑에서 나타나는 성영님의 열매입니다. 성소의 믿음은 이처럼 성영님의 열매를 맺는 것이란 말입니다. 내가 예수님 안에 들어왔고 예수님이 내안에 들어오신 관계에서 나오는 예수님의 성품의 열매이니 그러면 자기 믿음을 비추어 볼 수 있지 않습니까?

오늘 우리가 성소의 믿음에 대해서 살펴보았습니다. '예수님이 내 안에 내가 예수님 안에'가 된 성전의 관계면 성영님의 열매가 나타나야 하는 것임을 말씀드렸습니다. 모든 영광 삼위 되신 우리 하나님께 돌립니다. 아멘

성소 7-3
성소의 믿음은 성영님의 나타남이 있음

⁴은사는 여러 가지나 성영은 같고 ⁵직분은 여러 가지나 주는 같으며 ⁶또 사역은 여러 가지나 모든 것을 모든 사람 가운데서 이루시는 하나님은 같으니 ⁷각 사람에게 성영을 나타내심은 유익하게 하려 하심이라 ⁸어떤 사람에게는 성영으로 말미암아 지혜의 말씀을, 어떤 사람에게는 같은 성영을 따라 지식의 말씀을 ⁹다른 사람에게는 같은 성영으로 믿음을, 어떤 사람에게는 한 성영으로 병 고치는 은사를 ¹⁰어떤 사람에게는 능력 행함을, 어떤 사람에게는 예언함을, 어떤 사람에게는 영들 분별함을, 다른 사람에게는 각종 방언 말함을, 어떤 사람에게는 방언들 통역함을 주시나니 ¹¹이 모든 일은 같은 한 성영이 행하사 그의 뜻대로 각 사람에게 나누어 주시는 것이니

(고전12:4-11)

우리에게 성전이 이루어지는 과정에서 우리 믿음에 따르는 것, 성영님이 주시는 은사 등 나타나는 일들이 있습니다. 그래서 그에 대한 부

속 말씀으로 성영님으로 나타남이 있는 일들에 대해서 고전12:4-11의 말씀을 본문으로 하여 증거하려고 합니다. 성소의 믿음에서 따르는 일들입니다.

하나님께서는 우리의 죄를 예수님의 피로 값없이 용서해 주시고 마귀와 죽음에서 구원받아 예수님의 생명을 얻게 하셨습니다. 그럼에도 때로는 어쩔 수 없이 죄지을 때가 있기 때문에 그 죄의 정욕에서 나올 수 있도록 끊임없이 날마다 성영님의 도우심을 힘입어 말씀으로 지배받으며 성결을 향해가야 합니다. 우리 주 예수님을 따라 말씀으로 사는 것이 목적이 돼야 합니다. 믿음의 수고와 애씀이 있어야 우리가 마침내 하늘 아버지께로 들어가는 것입니다.

그런데 예수님을 믿은 세월이 오래임에도 성영님이 함께 하시는 흔적들이 없다면 그것은 잘못 믿은 것입니다. 예수님이 그리스도 주이심을 믿을 수 있는 것도 오직 성영님으로 된다고 했습니다. 예수님께서도 세상에 오실 때 성영님으로 잉태되어 나셨고, 성영님으로 복음의 일 하시다가 또 성영님으로 못 박히시고 죽으신 것도 성영님으로 죽으셨다가 또한 그 죽음에서도 성영님이 일으키시고 성영님으로 승천하셨습니다.

예수님을 믿는 사람들도 성영님에 의하여 다시 나야 하고, 성영님에 의하여 말씀으로 살다가 성영님으로 영원한 영생에 들어가야 하는 것입니다. 예수님도 성영님으로 하셨는데 하물며 죄를 가진 사람이 성영님으로 아니하고는 절대로 예수님을 바로 믿는 믿음이 세워질 능력은 없습니다. 성영님은 죄 사함 받고 예수님을 구주로 영접하는 자 안에 들어오셔서 그의 믿음이 성장하도록 도우십니다. 예수님의 말씀을 받아들여 깨닫고 거룩한 성품으로 변화를 받게 하십니다. 하나님께 영광 돌리는 삶이 되도록 도우십니다. 성영님은 예수님의 빛이신 밝음이기에 예수님을 믿는 자 안에 오시면 어둠은 즉시 물러가고 빛의 밝음으로 지배받는 것입니다.

마6:22,23에 예수님께서 눈은 몸의 등불이니 그러므로 네 눈이 성하면 온몸이 밝을 것이요 눈이 나쁘면 온몸이 어두울 것이니 그러므로 네게 있는 빛이 어두우면 그 어두움이 얼마나 하겠느냐는 말씀을 하셨습니다. 그러므로 눈으로 사물을 다 보듯이 영혼도 눈이 있어서 영의 세계를 봐야 합니다. 영의 눈은 성영님이 들어오시면 성영님이 눈이 되십니다. 그렇기에 영의 눈으로 하나님의 나라를 보는 것이요, 삶이 어둡지 않고 밝을 것이라는 말씀입니다. 그 안에 성영님이 계시지 않아 빛이 없으면 생명의 말씀도 없는 것이요, 그러므로 눈이 어두우니 그 온 생도 어둡다는 것입니다. 네게 있는 빛이 어두우면, 즉 성영님의 밝음이 없으면, 그 어두움이 얼마나 하겠느냐? 빛이라고는 없으니 완전한 어둠이요 영원한 어둠에 거하게 된다는 말입니다. 그러므로 성영님이 우리의 밝음이 돼야 온 생도 밝은 것입니다. 이 영적 이치를 여러분이 잘 이해해야 합니다.

요16:13에 진리의 성영이 오시면 그가 너희를 진리 가운데로 인도하신다고 하셨습니다. 진리는 바로 예수님이요, 영이요 생명이신 예수님의 말씀이 진리입니다. 예수님께서 진리만이 너희를 자유케 한다고 그 진리를 알라 하셨습니다. 또한 성영님만이 진리의 영이요 진리의 영이신 성영님이 너희에게 오시면 너희를 진리 가운데로 인도하신다고 하셨습니다. 예수 믿는다고 하면 무조건 인도하시는 것이 아니라 진리이신 예수님과 진리이신 예수님의 말씀으로 살고자 할 때에 인도하시는 것입니다. 진리의 영이신 성영님께서 가르치시고 깨닫게 하시고 진리로 세우시니 자유케 된다고 하는 것입니다.

아주 온 몸이, 온 몸은 영혼육을 말합니다. 온 몸의 밝음이(자유케)

되니 그 삶도 밝음이라는 거예요. 그러므로 성영님의 빛이 자기 안에 있으면, 하나님에 대한 눈이 성하다면 제가 전하는 이 말씀들을 잘 알아듣는 것이요 진리의 말씀으로 영의 동함이 되어 기쁨이 샘솟을 것입니다. 자기 안에 진리의 성영님이 계시면 이 진리의 말씀을 들을 때에 성영님의 기쁨이 있어 성영님과 함께 기뻐한다는 말입니다. 이것은 아무도 말릴 수 없고 빼앗지 못하는 성영님의 기쁨입니다. 이 같은 영적 경험들이 여러분에게 있기를 진심으로 소원합니다. 그러므로 믿는다면 참으로 세상법이 아닌, 마귀의 법이 아닌, 자연법이 아닌, 성영님의 진리의 법으로 운영되고 지배받아야 합니다.

또한 "진리의 성영이 오시면 장래 일을 알려 주신다"(요16:13) 하셨습니다. 그러므로 성영님의 사람이면, 눈에 보이는 이 세상을 따르는 것이 아니라 눈에 보이지 않는 하나님 나라, 성영님으로만 볼 수 있는, 예수님의 은혜로 주신 장래에 대한 것, 예수님이 나를 데리러 다시 오시는 것, 아버지께 들어가 영생복락 하는 이 장래 일을 영으로 보는 것이요, 그 믿음에 서서 오직 아버지 나라에 소망을 두고 성영님 따라가게 되는 것입니다. 죽음은 두려운 것이 아니라 아버지 나라 그 영광된 나라로 옮겨가는 것이라는, 그 일이 얼마나 영광된 일인지, 이 모든 장래 일을 확고히 믿는 믿음이 되게 하시기 때문에 누가 금은보화를 다 준다 해도 바꾸지 않는 것입니다. 믿음과 바꾸지 않는 겁니다. 이 모든 장래 일에 대하여 성영님이 보증이 되신 분인 것을 누가 뭐래도 믿는 것이요, 따라 가는 것입니다. 이것이 성소의 믿음에서 나는 믿음입니다.

그러므로 지금 자신이 밝음이신 성영님과 함께하는 믿음인가를 진단해 볼 수 있잖습니까? 이 같은 장래 일에 대하여 성영님의 보증이 자기 안에 없다면 지금 아직 어둠에 있다는 것이지 않겠습니까? 그리고 성영님으로 거듭나 장래 일을 알리시고 보증가운데 있는 자는 다른 사람이 지옥 가는 것 두고 보지 않습니다. 예수님을 믿게 하려고 하는데다 마음을 쏟는 것입니다. 말을 해보다 안 되면 어떻게 믿게 할까 고민하고, 기도하는 것입니다. 그를 마귀의 손에서 건져 구원 얻게 하려고 필요하다면 희생해서라도 예수님을 영접하게 하려는 데 마음을 쓰는 것입니다.

여러분 ! 예수님은 예수님을 필요로 하는 자에게 자신을 주시기 위해 죽으셨습니다. 그리고 다시 살아나셨습니다. 예수님은 지금도 세상에서 소외되고 시달리고 고통 하는 자, 인간의 한계에 부딪혀 삶의 힘을 잃고 낙심한 자, 마음이 병든 자, 죄에 눌려 고통 하는 자, 목마름으로 고통 하는 자, 자신에게 결함이 있다고 고민하는 자, 다 예수님께 나오라고 부르고 계십니다. 미련한 자를 지혜롭게 하시고, 약한 자를 강하게 하시고 천한 자, 멸시 받는 자, 없는 자들을 높이시고 있게 하시겠다고 오라고 부르십니다. 예수님 안에 자유가 있고 행복이 있고 안식이 있으니 와서 이 모든 복을 너의 것으로 받으라고 하시는 것입니다. 영원한 행복의 나라 천국으로 영접해 들이겠다고, 와서 그 복을 받으라고 부르고 계신단 말입니다.

그러므로 여러분! 예수님께 나오십시오. 예수님께 나오시되 아주 확실하게 나오십시오. 예수님께 마음을 쏟아내 놓으십시오. 예수님이 자기의 사모하는 분이 되십시오, 예수님 만나기를 목마른 자같이 예수님으로 살기 원한다고 나의 믿음을 도와주시라고 마음을 쏟아 보십시오. 예수님은 자신이 생명이기 때문에 생명 얻기를 원하면 생명을 주시겠다고 예수께 나오라 하셨습니다. 예수님은 자신이 천국이기 때문에 그 천국을 소유하기 원하면 천국을 보기 원하면 주시겠다고 예수님께 나오라 하셨습니다. 하나님의 엄청난 그 나라를 진리의 성영님으로 깨달아 보게 하시고 영원한 장래까지 보증하신다고 하셨습니다.

여러분! 예수님은 이 땅에 오셔서 돈 때문에 사는 자 찾아가지 않으셨다는 것, 여러분은 아십니까? 부족한 것이 없다고, 지혜 있다고, 완전하다고 스스로 자기를 높이는 자들을 찾아가지 않으셨다는 것 알고 있습니까? 그들은 예수님을 필요로 여기지 않았습니다. 예수님도 그들을 필요로 하지 않으셨습니다. 죄 때문에 고통 하는 자, 사람들로부터 외면당하고 비난받는, 자신이 죄임임을 아는 자들을 찾아가셨습니다. 율법의 짐에 지쳐 고통 하는 자, 자신의 연약함을 알고 우는 자, 세상을 마음에 두지 않고 오직 죄에서 해방시켜 주실 메시아를 기다린 자, 영원을 생각하는 자들을 찾아가 그들의 죄를 사하셨고 예수님 자신이 그들에게 행복이 되어 주셨습니다.

오늘날도 이 같은 고통으로 헤매는 자들을 부르십니다. 그래서 예수님 안에 있는 천국을 보증 받은 자는 이와 같은 자들이 구원 얻도록 하는데 마음을 다하는 것입니다. 어떻게 하면 내가 돈을 좀 많이 벌어서 잘살아 볼까 하는 생각이 있다가도 그 생각은 잠시 뿐이고 곧 다시 내가 이 사람을 어떻게 하면, 내가 이 자식을 어떻게 하면, 내가 아내를 어떻게 하면, 내가 남편을 어떻게 하면, 내 부모 형제들을 어떻게 하면 예수님을 믿게 할까 하는 생각에 매달려 성영님께 지혜를 구하고 그것을 위해 기도하는 것입니다. 그 안에 진리의 성영님이 계셔서 말씀으로 인도함을 받는 성영님의 사람은 영혼을 구원 얻게 할 수 있을까에 관심을 두게 된다는 말입니다. 예수님을 증거하러 오신 성영님으로 그렇게 되는 것입니다. 이것은 인간적인 사랑, 그 차원을 말하는 것 아닙니다. 영혼을 사랑하는 것 지옥에 떨어지지 않게 하려는 그 영혼 사랑에서 나는 것을 말합니다.

　그래서 성영님의 열매 중에 가장 근본이 되는 것이 예수님께서 우리 죄인을 사랑하신 그 사랑입니다. 예수님의 그 사랑 때문에 나 같은 죄인이 용서의 은혜를 입어 하나님 자녀 되었다는 것에서 나는 사랑입니다. 이 사랑을 성영님께서 깨달아 경험케 하시고 또한 다른 영혼을 구원 얻게 하려는 사랑을 하게 함으로써 예수님의 사랑을 나타내는 것입니다. 성영님의 열매 중에 근본이 되는 그 영혼 사랑을 성영님으로 하게 된다는 말입니다. 성영님을 얘기하다 보니 좀 옆으로 나간 말이 되었지만 그러나 성소의 믿음에 있어서 너무나 중요한 것이기에 여러분의 믿음에 유익으로 받은 줄로 믿습니다.

　본 요지로 갑니다. 본문 4에 성영님이 주시는 은사가 여러 가지라고 했습니다. 은사도, 나타남도 여러 가지지만 그것은 한 성영님이 주시는 것이라고 했습니다. 각 사람에게 성영의 나타남을 주시는 것은 유익하게 하려 하심이라 해서 하나님의 나라인 교회와 각 개인의 믿음의 유익을 위해서입니다. 성영님의 나타남을 주시는 모든 초점은 사람들로 하여금 예수님을 믿어 구원 얻게 하려는데 있습니다. 또한 구원 얻은 모든 사람들로 하여금 더욱 더 영적인 성장을 갖게 함으로써 하나님의 나라가 왕성케 하기 위함입니다.

　8에 어떤 이에게는 성영으로 말미암아 지혜의 말씀을, 어떤 이에게는 같은 성영을 따라 지식의 말씀을, 했습니다. 여러분이 '지혜의 말씀'이 먼저 나오고 '지식의 말씀'이 뒤에 나오기 때문에 성영님이 주시는 첫 번째가 지혜의 말씀이고 두 번째가 지식의 말씀이고 그 다음 믿음이고 그 다음 병 고치는 은사고 하는 기록 순으로 나타나는 것인 줄로 알면 안 됩니다. 순서에 상관없습니다. 순서상으로 한다면 오히려 지식의 말씀이 있어야 그 다음 지혜의 말씀으로 나갈 수가 있습니다. 그리고 성영님의 나타남은 각 사람에게 각각으로 나타나는 것이기도 하지만 한 사람에게 다 나타나는 것이기도 합니다.

먼저 '**지식의 말씀**'입니다. **지식의 말씀**은 성경 로고스 말씀 안에서 삼위일체 하나님에 대하여 즉 **아버지와 아들과 성영**이신 하나님에 대하여 확실히 아는 것과 하나님이 가지신 뜻에 대해서 확실히 아는 것을 말합니다. 하나님이 누구시며 무엇을 하셨으며 또 무엇을 하실 것인지 성경에 기록된 하나님의 전 역사, 뜻을 아는 이것이 **지식의 말씀**입니다. 성경은, 성영님이 기록한 것이므로 성영님이 성경을 알게 하여 지식의 말씀이 돼야 만이 그 다음 곧 **지혜의 말씀**이 있게 되는 것입니다.

그러면 여러분에게 질문합니다. 예수님 당시의 유대인 지도자들에게 이 **지식의 말씀**이 있었습니까, 없었습니까? 없었습니다. 그래서 **내 백성이 하나님을 아는 지식이 없어 망한다**고 하나님께서 호세아 선지자를 통해 말씀하셨습니다. 그러므로 성경을 말하고 가르치는 자는 반드시, 이것은 절대적입니다. 성영님으로 말미암아 나타나는 이 **지식의 말씀**과 **지혜의 말씀**이 있게 되었으므로 성영님이 말하게 하심을 따라 전하고 가르치는 것이 돼야 합니다. 그렇지 않고 말씀을 가르친다고 하면 그것은 자기의 지식을 가르치는 거짓 가르침을 주는 것입니다.

'**지혜의 말씀**'이라는 것은 성영님이 가르치신 **지식의 말씀** 안에 있는 영적인 하나님의 뜻 인간의 머리로는 전혀 알 수 없는 비밀과 같은 숨은 뜻 오직 성영님으로만 깨닫고 볼 수 있는 하나님의 사정과 뜻에 대해서 아는 것을 말합니다. 성영님께서 그것을 깨닫게 하시고 보이시고 그것을 보게 하시는 것으로 경험하는 영이 되게 하십니다. 하나님의 깊은 사정을 아는 영적인 사람으로의 능력을 얻게 하시는 것이 지혜의 말씀입니다.

지식의 말씀은 내용의 뜻을 확실히 파악하여 알게 하는 것이고 **지혜의 말씀**은 그 내용 안에 들어있는 영적 본질을 깨닫고 보는 것을 말하는 것이라는 말입니다. 그래서 "지식의 말씀"할 때는 혼의 지성에 관한 것이고, **지혜의 말씀** 할 때는 영의 것 영의 생명이 되는 것 영적 능력에 관한 것을 말합니다.

그러면 여러분이 그동안 저를 보았으니 저를 볼 때, 혼의 것과 영의 것 어느 것이 있다고 생각합니까? 솔직히 말해 보실까요? 두 가지 다 입니까? 맞습니다. **지식의 말씀, 지혜의 말씀,** 두 가지 다입니다. 요사이 제가 심히 걱정스러운 것은 오늘날 이삼십 대의 젊은 청년들이 목사가 되고 성경을 가르치는 선생들이 돼 있고 말씀을 전하는 설교자들이 돼 있는 것을 보면 그것이 자랑스럽고 좋아 보이는 것이 아니라 참 염려스럽습니다. 성경은 우리 눈에 보이지 않는 하나님의 영적인, 영의 일을 다룬 책입니다. 그래서 영의 것을 볼 수 있어야 합니다. 하나님과 하나님께서 하시는 하늘의 일을 볼 수 있어야 한다는 말입니다. 사단과 사단이 하고 있는 거짓의 일을 말씀 안에서 볼 수 있는 영의 눈(성영님의 눈)이 있어야 합니다.

성영님에 의한 말씀의 눈이 열려 능력을 갖출 때까지는 사실 신앙의 오랜 연륜 속에서 성영님으로부터 말씀으로 세워지는 영적인 연단과 훈련을 받으며 깨닫고 경험하고 보이시는 과정을 밟아야 하는 것입니다. 영적 신앙의 연단을 말씀으로 받는 연륜 속에서 성영님의 눈과 같이 되고 성영님으로 성경을 보는 눈이 되어 나와야 한다는 말입니다. 성영님의 기름 부으심에 의하여 성경 속에 넣으신 하나님의 의도(사정)를 확실히 알고 하나님의 마음을 보고 알아야 하는 것입니다. 그래서 성영님과 막힘없이 대화하는 수준이 돼야 하는 것입니다.

그런데 요즘 이삼십 대의 젊은이들이 목사가 되고 지도자가 돼 있는 것을 보면 참 겁이 없구나, 아니 말씀을 자기 생각대로 자기 마음대로 꿰맞추어 전하고 가르칠 수 있는 일은 아닌 하나님의 영적인 신영한 일인데, 육의 자아, 육의 정욕, 안목, 자랑이 다 죽음에 내주는 고난을 겪으며 실제 죽음의 경험을 통한 고난을 성영님과 함께 거치는 속에서 나오게 하시는 일인데 어떻게 인생을 2~30년 밖에 살지 않은 이들이 하나님의 마음을 알고 말씀을 전할 수가 있다는 것인지, 결국 뛰어난 말기술로 속 알맹이가 없는 말씀들을 말하는 것 보면 기가 찬다는 말입니다.

오늘날 하나님의 말씀이라고 전해지는 것들이 얼마나 하나님과는 상관없는 것들로, 하나님의 표적에서 빗나간 말들을 하고 있는지 알 수 있어야 합니다. 그런데 젊은이들이 지식인들이다 보니 얼마나 머리가 팽팽 잘 돌아갑니까? 또 언어 구사력들은 얼마나 좋습니까? 인간적인 이런 뛰어난 능력들을 가지고 있기 때문에(실지로 이런 능력은 하나님의 것 아닙니다.) 성경 말씀에 대하여 서로 터득한 내용들을 가지고 자기 능력들 위에다 올려서 가르치는 것을 보는 겁니다.

한번은, 여러분도 이름대면 다 압니다. 이미 고인이 된 목사인데 그의 아들이란 사람이 아버지 목사의 뜻을 받들어서 목사가 됐다고 지난 해, 그러니까 약 일 년 전에 기독교 TV 방송 '새롭게 하소서' 라는 간증프로에 나와서(2011.4.) 이야기 하는 것을 제가 잠깐 듣게 되었습니다. 그런데 여러분, 하나님의 일을 하는 지도자가 된다는 것은 아버지 목사의 뜻을 받들어 하는 일이 절대 아닌 것입니다. 성영님의 부르심을 직접적으로 받는 것입니다. 이것은 그 아버지 일이 아니에요.

하나님의 일입니다. 하나님의 일은 하나님이 부르셔야 합니다. 성영님의 부름을 받아야 하는 것입니다. 반드시 성영님의 직접적인 부르심에 의해서입니다. 그런데 나름 또 신앙에 대한 책도 출간했다는 말을 했고 또 그 젊은 목사가 뭐라 했는가 하면 자기는 지금도 하나님을 이해할 수가 없다고, 도대체 하나님의 사랑이 어디에 있는지 모르겠다고 했습니다. 이유인즉 어떤 여 집사가 새벽기도 갔다 오다가 성폭행을 당했다는 뉴스 보도를 들었다는 겁니다. 그 보도를 듣고 하나님을 믿는 사람이 그것도 여자가 새벽기도하고 오는 길인데 왜 하나님이 그런 일을 당하게 했냐는 것입니다. 도대체 여자 하나 지켜주지 못하는 그런 하나님을 어떻게 믿겠느냐 하고 잠깐 교회 생활에 회의를 느껴 떠나 있었다고 하는 것 같았습니다.

그런데 목사가 되어 하나님의 일을 한다는 지금도 그 여자 하나 지켜주지 못한 하나님에 대해서는 이해 못한다고 했습니다. 그리고 하나님이 사람을 사랑한다면서 어떻게 그렇게 일본에 쓰나미로 그 많은 사람들을 무참히 죽게 했는가? 그 하나님에 대해서 자기는 도무지 이해가 안 된다고 지금도 그 점에 대해서는 이해 못하겠다고 했습니다. 제가 기가 막혔습니다. 아니, 하나님께서 그 여자 보고 언제 새벽 기도 다니라고 했습니까? 새벽 기도를 하나님이 요구하신 것입니까? 교회 다닌다고 해서, 새벽 기도 한다고 해서 그것이 예수 그리스도를 보내신 하나님과 연관되어 그 하나님께만 하는 것이냐는 말입니다. 교회라고 해서 다 성영님께서 세우신 교회더냐는 말입니다.

아니, 하나님이 언제 자기에게 목사 돼 달라고 애걸하며 불렀습니까? 저는 정말 분명히 말하고 싶습니다. 그런 사람들이 사람들의 영혼을 어떻게 이끌겠습니까? 자기 자신도 목회 안 된 주제에 누구를 목회한다고, 누구를 가르치겠다고 아버지 뜻 받들어서 뭐하자는 것입니까? 하나님을 도무지 알지도 못한 어두움에 있는 사람이, 믿지 않는 세상 사람들이 하나님을 아는 수준밖에 안 되는 것 가지고 말입니다. 저는 그가 내 앞에 있다면 충고하고 싶습니다. 하나님을 알지 못하면서 하나님의 일을 한다고 하는 자가 되기보다 먼저 하나님을 아는 자부터 되라고 말입니다. 정말 젊은 사람들이 지식이 있다고 자기 자신을 믿고 나오는 것 너무 무모하고 교만입니다. 성영님으로 말미암은 **지식의 말씀, 지혜의 말씀**이 돼 있지 않는 가르침은 오히려 그 자신도 물론이거니와 사람들의 영혼을 쭉정이가 되게 하는 대단한 힘입니다. 하나님의 표적에서 빗나간 말들의 그 배후에는 사단(인본)이 주인이기 때문입니다.

성영님은 지식의 영이요, 지혜의 영입니다. 그러므로 성경 말씀, **지식의 말씀도 지혜의 말씀도 오직 성영님으로 말미암아서입니다**. 말씀을 전하고 말하는 사람들이 성영님께 말씀을 배우지 못하면 성영님과 말씀으로 대화의 교제가 되지 못하면 그는 지식의 말씀도, 지혜의 말씀도 없는 것입니다. 그래서 하나님의 뜻에서 벗어난 말들을 그같이 겁 없이 하는 거예요. 그렇기에 인간이 최고로 여기는 이성(理性)에 의해 나온 지식에 길들여진 머리로 말씀의 뜻을 해석하여 전하는 것이고 또 듣는 사람들은 그 말이 자기 이성에 맞느냐 맞지 않느냐로 듣는 것입니다. 그러나 하나님의 말씀은 인간 이성에 맞는 말이 아닙니다.

인간은 나면서부터 감각적인 것과 이성적인 것에 아주 길들여져 있기 때문에 말씀이 거기에 맞추어진 것이면 듣기에 거부감 없고 자기에게 맞는 것이니 좋다고 듣게 돼 있습니다. 그러니 성영님에 의해 믿는 것이 무엇인지도 모르고 성영님을 따르는 것이 무엇인지도 모르는 것이요, 성영님과 대화의 교제가 돼야 한다는 말 알아듣지도 못하고 알지도 못하는 것입니다(고전2:14). 말씀을 전하는 자, 말씀을 듣는 자 모두가 성영님으로 말미암은 이 같은 **지식의 말씀, 지혜의 말씀**이 없으면 곧 그 안에서 당을 짓게 되고 파를 가르게 되고 사람들의 소리로 시끄럽고 강도의 굴혈이 될 것밖에는 없는 것입니다.

그러나 지도자가 성영님으로 말미암은 **지식의 말씀과 지혜의 말씀**으로 세워지면 거짓 믿음과 악의 영에 조종으로 교회에 해를 끼치려고 들어온 가라지 같은 자들은 그 빛 앞에 견디지 못하고 스스로 떨어져 나갑니다. 자기 정체가 **지식의 말씀, 지혜의 말씀**의 강력한 빛 앞에 드러나기 때문에 견디지 못하고 떨어져 나가는 것입니다. 그렇지 않으면 얼굴을 마주 대하지 않으려고 피하기에 급급한 모습이 되는 것입니다. 또한, 성영님의 지혜가 있으면 어떤 문제가 있을 때 그 문제가 왜 왔는지를 알게 됩니다. 그 문제를 해결할 방법이나 힘도 성영님이 주시는 지혜로 아는 것입니다. 그래서 예수님을 믿는 것도 신앙생활 하는 것도 말씀을 바로 깨달을 수 있는 것도 다 성영님으로만 되는 것이기에 정말 성영님과 친밀한 관계가 돼야 합니다.

그다음은 **믿음**입니다. 이 믿음은 내가 하나님의 말씀을 믿으려고 애쓰는 것이 아니라 성영님께서 믿음을 주시는 것을 말합니다. 성경의 그 어떤 것도 의심 없이 믿어지는 것을 말합니다. 이 믿음은 예수님을 진심으로 믿기 원하는 자에게 주십니다. 마땅한 자에게 이 믿음을 주신다 말입니다. 그리고 말씀을 읽을 때 특별히 그에게 주어진 말씀 구절이 있습니다. 그것을 '레마의 말씀을 받았다.'라고 말하는데 그것은 초보적인 믿음에게 자신의 믿음을 세우도록 주시는 것으로써 반드시 그렇게 하실 것에 대한 개인을 향한 약속입니다. 그래서 주신 말쏨대로 행하여 믿고 나가면 자기에게 그대로 이루어지는 것입니다. 이 믿음은 신앙의 집을 짓는데 가장 중요한 받침대요. 또 집이 견고하게 세워지는 선물입니다. 그래서 이 믿음이 제일 중요하기 때문에 믿음을 주시라고 사모하고 기도해야 하는 사람도 있다는 것을 알고 기도하기를 바랍니다.

그다음 **병 고치는 은사**입니다. 이것은 필요할 때 성영님께서 주셔서 병을 치유시켜 주시는 것, 다른 것은 성영님의 나타남이라고 말했지 은사라고 하지 않았습니다. 이 병 고치는 것만 은사라 했습니다. 왜냐하면 그때그때 성영님이 치유를 나타내 주시는 것이기 때문에 그래서 은사라고 표현한 것입니다.

그 다음 **능력 행함**입니다. 인간의 상식을 뛰어넘는 초자연적인 일로 모세가 바로왕 앞에서 행한 일등입니다. 홍해바다를 가른 일, 물론 병 고치는 은사도 이 능력 행함과 같은 것입니다. 바울과 제자들에게서도 이 능력 행함이 많이 나타난 것을 보았지 않습니까?

그 다음 **예언**입니다. 예언은 첫째, 성경 말씀을 말합니다. 처음에 말씀드린 **지혜의 말씀, 지식의 말씀**에 의해서 나타나는 것으로써 말씀 안에서 깨닫고 알게 하신 계시와 비밀을 제가 여러분에게 이렇게 전하고 선포하는 것과 같은 것을 말합니다. 두 번째는 영감, 즉 영적 통찰력이 뛰어나 어떻게 할 것을 알고 공표하는 것을 말합니다, 그런데 점쟁이가 점치듯이 하면서 사사건건 하나님의 뜻에 결부시킨다거나 또 약점을 들추어내는 이런 것을 예언이라 말하는 것 아닙니다. 그러니까 사람들이 예언을 잘못알고 예언한답시고 사람들 속이는데다 갔다 써 먹고 있습니다. 특히 여자들이 말입니다. 예언 해준다고 기도원이라고 차려놓고 얼마나 복음을 방해하는 일을 하고 있는지 모릅니다.

오죽하면 예수 무당이라는 말까지 나오고 있잖습니까? 그러니까 삶이 답답하고 곤고하고 뭔가 자꾸 막히고 앞이 안 보이니까 그런 곳에 쫓아가서 예언기도 받는다고 머리 내미니 뭐라고 속입니까? 단골메뉴 있습니다. '아, 당신 하나님의 일해야 하는 사명이 있는 데 사명 감당 안하니까 이런 일이 생기지!' 이제 그 소리 듣고 와서 '맞아! 내가 목회자 사명이 있는데 진즉부터 감을 주셨는데 내가 미련하여 깨닫지 못했구나.'하고 목회자 사명 감당할 길로 가기 위해, 자기 신심 열심히 키우고 굳게 세우는 것입니다. 그러니까 자기를 친히 부르심이 전혀 없음에도 그 귀신에게 이용당하는 말 듣고 끌려서 목회자 되는 것이지요. 하나님 나라의 복음을 훼방하는 귀신 노릇 같이 하는 일 한다는 말입니다.

그런 류가 엄청나게 많다는 것 분명히 말합니다. 여러분은 그런 곳에 가는 일은 없으리라 보지만 그런데 가서 예언 받는다 하면 백 프로 그 영에 지배당하는 것입니다. 혹시나 하여 충고합니다. 만일에 그런 곳에 가겠거든 예수님의 교회는 아예 나올 생각 말고 그대로 나가십시오. 성영님의 사람은 절대로 그런데 따라다니지 않습니다. 그런 방향은 하나님께로 온 것이 절대로 아니라는 것 분명히 경고합니다. 이런 분별도, 옳은 예언인지 아닌지 분별하는 것도 지식의 말씀 지혜의 말씀이 있는 자가 하는 것입니다.

그리고 **영들 분별**인데 성영님의 역사인지, 악의 영들의 역사인지를 분별하는 것입니다. 영적 상태가 파악됩니다. 사람마음을 들여다보는 독심술이 아니라 영적 상태와 그 영을 분별하는 영의 능력입니다. 말씀을 알면, 그러니까 성영님에 의하여 **지혜의 말씀, 지식의 말씀**에서 나는 분별입니다. **지식의 말씀, 지혜의 말씀**이 있으면 다른 성영님의 나타남이 다 따라오는 것입니다. 영적 세계에 대해 밝음이 되니 다 분별하는 것입니다. 그런데 사실 제가 지금까지 분별의 능력 확실히 갖춘 영의 사람을 보지 못했습니다.

그러기에 하나님의 뜻과 말씀에 서지 못한 사람이, 하나님의 뜻을 알지도 못한 사람이 만일에 은사들을 구하게 되면, 내게 병 고치는 능력주세요. 예언하는 능력 주세요. 영분별 주세요. 한다면 악한 영들에게 자기에게 오라고 길을 내주는 것입니다. 그래서 기도원들 차려놓고 먹이 감 또 불러 모으는 거예요.

그렇다고 무조건 말씀만 알면 된다는 말이 아닙니다. 성경을 달달달 외우는 사람 많습니다. 매우 감탄할 정도의 대단한 암기력입니다. 그것을 믿음이 좋은 줄로 알면 큰 오산입니다. 그건 자기 기술일 뿐입니다. 성영님으로 말씀을 통해 하나님의 뜻을 알고 예수님을 아는 지식, 예수님을 아는 능력이 되어야 합니다. 성경을 다 외운다 해도 그 말씀에서 예수님 만나지 못하면, 예수님과 관계되지 않으면 예수님을 아는 바른 지식이 되지 못하면 그것은 그저 머리의 지식이고 하나의 자기 기술을 발휘 한 것뿐입니다.

그리고 거짓 영, 미혹하는 영을 아는 것도 위에 말씀과 다 같습니다. 성경 말씀을 확실히 알면, **지식의 말씀, 지혜의 말씀**이 주어졌다면 그런 거짓 영, 미혹하는 영들 훤히 드러납니다. 여러분이라도 거짓 영, 미혹의영 다 분별하잖습니까? 복음을 정확히 아는데 어떻게 미혹합니까? 어떻게 거짓을 넣습니까? 그러나 미혹의 영을 알 수 있는 가장 기본 되는 것은 아버지와 아들과 성영님의 삼위 되신 하나님을 인정하지 않고 예수님이 하나님이신 것을 부인하면 이것은 무조건 거짓 영, 미혹하는 영이기 때문에 말씀을 다 몰라도 이런 것쯤은 다 아는 것입니다.

그러나 사실 예수님 당시 제자들의 때는 예수님을 부인하는 이단이 성행했지마는 성경이 온 땅에 보급된 오늘날은 예수님을 부인하면 이단이라는 것 그 자리에서 즉시 드러나기 때문에 사단도 이것 가지고는 더 이상 속일 수 없다는 것 너무 잘 압니다. 그렇기 때문에 방향을 돌려 이제 세상 사랑하게 하는 것, 이것이 오늘날의 미혹입니다. 강단을 통해서 돈 있어야 복음도 전한다는 것으로 뿌려 넣어주고, 사람들도 그 말에는 백 프로 수긍하고 돈 있어야 예수도 믿을 수 있다는 것이 되어서 세상물질에다 마음을 두게 하는, 세상에 마음이 머물러 있게 하는 이것이 오늘날의 미혹입니다. 그래서 마음을 이 같은 방향으로 이끌면, 거짓 영, 미혹하는 영에 속했다는 것을 알라는 말입니다. 우리가 한 가지 유념할 것은 모르는 것하고 부인하는 것은 다릅니다. 모르는 것은 알려주면 되지만 부인하는 것은 고쳐보려고 할 것 없습니다. 오히려 말씀 잘 모르면 그들에게 붙잡힐 수 있습니다. 아셨습니까?

그 다음 **방언**입니다. 방언은 성영님이 혀를 잡아 하는 영의 언어입니다. 하나님께 영으로 말하는 것입니다. 고전14:2에 방언을 말하는 자는 사람에게 하지 아니하고 하나님께 하나니 이는 알아듣는 자가 없고 그 영으로 비밀을 말함이라 했습니다. 그리고 고전14:14-15에 내가 만일 방언으로 기도하면 나의 영이 기도하거니와 나의 마음은 열매를 맺히지 못하리라 그러면 어떻게 할꼬 내가 영으로 기도하고 또 마음으로 기도하며 내가 영으로 찬미하고 또 마음으로 찬미하리라고 했습니다.

사람은 영이 있고 정신과 육체를 가졌습니다. 그런데 정신, 이 혼은 앞의 것 미래의 것은 알 수 없어도 지나온 과거는 알 수 있습니다. 자기가 경험한 것들, 지난 것은 기억합니다. 그래서 마음으로 기도한다고 하는 것은 알고 있는, 기억하고 있는, 마음에 떠오르는 것으로 기도한다는 말입니다.

그러나 방언은 하나님만 알아듣는 성영님으로 하는 영의 언어요, 그러므로 영으로 기도한다는 것은 미래를 기도한다는 뜻입니다. 보이지 않는 영적인 미래의 것을 기도하는 것입니다. 혼, 우리 정신은 영적인 것 미래의 것은 모르지만 영은 다 압니다. 누가 아시는 것입니까? 하나님의 깊은 것까지 통달하시는, 진리가운데로 인도하시는, 시간을 초월해 계신 성영님이 아시는 것입니다. 보혜사 성영님이 오시면 장래일을 알리신다고 하셨으니 성영님이 임하시면 혀를 잡아서 기도하게 하십니다. 성영님으로 기도하게 되면 그 말은 혼(마음)이 알아듣지 못하기 때문에 마음이 알지는 못하지만 그러나 자기의 장래 일을 확실하게 알고 믿는 영적 복을 갖는 것입니다. 그래서 **바울은 내가 영으로 기도하고 또 마음으로 기도하며 내가 영으로 찬미하고 또 마음으로 찬미하리라** 라고 두 가지 기도를 한다고 했습니다.

성영님이 임하시면 그 혀를 붙잡아서 기도하게 하시는 데 성도에게 반드시 필요하기 때문에 주시는 것입니다. 그런데 문제는 그 방언을 받아서 잘못 사용하고 있으니 차라리 그 방언 안하는 것이 낫다고 말했습니다. 고전14장을 읽어보면 이해가 될 것입니다. 하나님의 모든 것을 통달하시는 성영님, 또한 우리 장래를 다 알고 계시는 성영님께서 우리 곁에 오셔서, 또는 우리 영에 오셔서 우리 혀를 잡아 기도하게 하신다는 것, 그래서 방언은 성영님이 주시는 선물입니다.

오늘 본문 11에 **이 모든 일은 같은 한 성영이 행하사 그 뜻대로 각 사람에게 나눠 주시느니라** 하셨으니 여러분 모두에게 성영님이 주시는 나타남의 일들이 있어야 하는 것이요. 그러므로 지금 나에게 무엇이 나타나고 있는가? 성영님으로 말미암은 것이 내게서 무엇이 있는가? 그것을 잘 깨달아서 그 나타나는 은사들로 자기의 믿음도 유익 되고 하나님의 나라 일에 참여하는 은사가 되기를 바랍니다. 오늘 이 말씀 안에서 성영님과 바른 교제를 하고 지도하심에 순종하고 계신지 자기를 진단해 보는 시간이 되었으리라 믿습니다. 성소의 말씀은 이것으로 마치겠습니다. 다음은 지성소 말씀입니다.

모든 영광 삼위 되신 하나님께 돌립니다. 아멘

지성소 법궤 8-1
하늘 아버지를 만나는 영광(1)

⁸내가 그들 중에 거할 성소를 그들을 시켜 나를 위하여 짓되 ⁹무릇 내가 네게 보이는 대로 장막의 식양과 그 기구의 식양을 따라 지을지니라 ¹⁰그들은 조각목으로 궤를 짓되 장이 이 규빗 반 광이 일 규빗 반 고가 일 규빗 반이 되게 하고 ¹¹너는 정금으로 그것을 싸되 그 안팎을 싸고 윗가로 돌아가며 금테를 두르고 ¹²금 고리 넷을 부어 만들어 그 네 발에 달되 이편에 두 고리요 저편에 두 고리며 ¹³조각목으로 채를 만들고 금으로 싸고 ¹⁴그 채를 궤 양편 고리에 꿰어서 궤를 메게 하며 ¹⁵채를 궤의 고리에 꿴 대로 두고 빼어내지 말지며 ¹⁶내가 네게 줄 증거판을 궤 속에 둘지며 ¹⁷정금으로 속죄소를 만들되 장이 이 규빗 반 광이 일 규빗 반이 되게 하고 ¹⁸금으로 그룹 둘을 속죄소 두 끝에 쳐서 만들되 ¹⁹한 그룹은 이 끝에 한 그룹은 저 끝에 곧 속죄소 두 끝에 속죄소와 한 덩이로 연하게 할지며 ²⁰그룹들은 그 날개를 높이 펴서 그 날개로 속죄소를 덮으며 그 얼굴을 서로 대하여 속죄소를 향하게 하고 ²¹속죄소를 궤 위에 얹고 내가 네게 줄 증거판을 궤 속에 넣으라 ²²거기서 내가 너와 만나고 속죄소 위 곧 증거궤 위

에 있는 두 그룹 사이에서 내가 이스라엘 자손을 위하여 네게 명할 모든 일을 네게 이르리라

(출25:8-22)

　그동안 하늘 성소의 모형으로 지은 구약의 성전을 통하여 하나님께서 우리 인간을 향하신 뜻이 무엇인지 성소 안의 모든 과정을 통해 깨닫게 되었습니다. 여러분께서 성경을 볼 눈이 열리는 기회도 되었고 또 바른 믿음이 되는 귀한 배움이 되었기를 바라는 마음도 간절합니다.
　오늘은 성소를 지나 그다음 장소가 어디입니까? 가장 깊은 지성소입니다. 지성소는 누가 계신 곳입니까? 영이신 하나님(아버지)이 계신 곳입니다. 그러면 우리에겐 어디에 해당될까요? 바로 영입니다. 지성소는 영이신 하나님이 계신 하늘의 처소입니다. 그리고 성소는 예수님이요. 땅의 인간이 하늘 성소에 계신 하나님을 아버지로 만날 수 있게 하는 곳입니다. 성소가 하늘의 하나님 아버지와 땅의 사람이 만날 수 있게 하는 곳이란 말입니다.
　성전 뜰은 예수님이 십자가 위에서 이루신 죄용서의 피와 구원을 받아들여 예수님 안으로 들어오기 위한 자격을 갖추어야 하는 것을 말씀한다는 것 다 알게 되었습니다. 성전 밖의 사람들이 복음을 듣고 성전 뜰에 들어와 예수님 안에 들어갈 자격을 갖추고 그다음 성소이신 예수님 안에 들어가 예수님과 사귐을 가짐으로써 지성소 하나님을 만나고 그 하나님 아버지께로 들어가는 것 이것이 인간이 하나님 아버지 나라에 들어가는 과정입니다. 그래서 예수님과 사귐이 깊어지면 깊어질수록 영이신 하나님 아버지와의 관계도 깊어져 잘 통하게 되는 것

입니다.

지성소라고 하는 것은 '지극히 거룩한 곳'이라는 뜻입니다. 어느 누구도 침범할 수 없는 영광으로 충만한 곳 생명으로 충만한 곳 빛으로 충만한 곳 오직 유일하신 참 하나님이 계신 하늘의 처소라는 뜻입니다.

하나님의 속성은 사랑과 의와 거룩함입니다. 하나님은 그 영광으로 충만한 가운데 계시기 때문에 하나님께 범죄하고 하나님을 떠나 어두움에 처한 인간은 어느 누구도 하나님의 그 영광과 빛 앞에 설 수 없게 돼 버렸을 뿐만 아니라 인간 스스로는 하나님을 찾을 수도 없고 하나님을 알 수도 없고 하나님을 만날 수도 없게 되었습니다. 그래서 하나님께서 자기의 지으신 인간을 그 죄와 죽음의 어둠가운데서 구원하여 하나님의 그 영광 안으로 들어올 수 있게 하시려고 친히 하늘로부터 인간을 찾아 내려오셨습니다. 그리고 인간이 하나님께로 나올 수 있는 길을 알리시고 하나님이 제시하신 그 길로 나오는 자는 누구든지 하나님과 영원히 산다는 것을 말씀하셨습니다. 하나님께서 인간을 만나시기 위해 땅으로 강림하셨을 때도 출19:13 출33:20에 **나를 보고 살 자가 없다**고 하셨습니다. 그래서 인간이 하나님의 위엄과 영광의 빛에 충돌하여 죽임을 당하지 않게 하시려고 **빽빽한 구름으로** 하나님 자신을 철저히 가리고 강림하셨습니다.

하나님이 땅에 강림하신 그때의 상황을 출애굽기 19장 20장 24장 33장에서 볼 수 있는데 그때에 하나님께서 불 가운데로 강림하셨다 했습니다. 강림하신 시내 산에 연기가 옹기점 연기같이 피어올랐고 나팔소리와 함께 뇌성과 번개와 흑암으로 온 산이 크게 진동했다고 했습니다. 하나님께서 천지에 일어나는 자연 조화들로 자신을 가리는 병풍으로 삼고 또한 하나님의 사명을 수행할 하늘의 모든 천군 천사들과 구름 기둥과 불기둥이 될 모든 천사들을 동원하여 하나님을 가리는 병풍으로 삼아 강림하셨습니다. 그럼에도 인간이 호기심에 하나님께 가까이 하려다가 하나님의 영광에 맞아 죽을까 하여 가까이 하지 못하도록 계속 경계를 시키셨습니다.

그래서 모세에게 지으라 하신 성소도 인간이 하나님을 보고 살 자가 없기 때문에 하나님께서 자기의 이름을 두시고 백성을 만나 죄를 사하시고 말씀을 주실 지성소도 성소와 구별하도록 휘장으로 가리라 하셨습니다. 또한 그 성소 안에 들어가 제사드릴 제사장들도 성소에 들어갈 때에 하나님의 법(규례)대로 하지 않고 들어가면 그대로 죽임을 당했습니다. 성소에서는 제사장들이 매일같이 제사를 집전(執典)했지만 가려놓은 휘장 뒤 구별된 지성소에는 하나님이 정하여 세우신 대제사장만 일 년에 한 차례 복잡하고 엄격한 규례를 거치고 하나님께 나올 수가 있었습니다.

대제사장은 오실 예수님을 예표 하여 세워졌기 때문에 지성소 하나님께 나올 때는 죄를 모르는 흠 없는 양을 잡아 흘린 생명의 피를 가지고 하나님께 용서를 청하는 피로 화해를 청하는 속죄제의 피로 가지고 나가게 하셨습니다. 대제사장이 일 년에 한 번 지성소에 들어가는 것은 영원히 들어간다는 의미였고 이제 참하늘 성소에 들어가실 대제사장이신 예수님께서 오시면 화해를 청하는 자기의 흘리신 피를 가지고 그처럼 단번에 하늘 성소 하나님께로 들어가신다는 것을 예표로 보이셨습니다. 대제사장이 지성소 하나님 앞에 속죄의 피를 가지고 들어갈 때는 하나님께서 정하신 방법대로 자신을 깨끗케 하는 복잡한 정결례를 치러야만 들어갈 수 있었습니다. 만일 정결케 하는 규례를 하나라도 소홀히 하여 범하게 되면 지성소로 들어가는 즉시 죽임을 당합니다. 그리고 속죄의 피를 가지고 지성소의 속죄소에 들어갈 때는 반드시 먼저 향로에다 번제단에서 불을 담고 그 위에 유향에 섞은 풍자향 나감향 소합향의 향기로운 향을 피우고 지성소 속죄소가 그 향 연기로 가득하여 가려지게 해야 죽음을 면했습니다(레16:12,13 민16:46 출40:27 출39:38). 인간은 하나님을 보고 살 자가 없기에 죄인인 인간이 하나님을 대한다는 것은 죽음밖에 없기 때문에 그 향기로운 향의 연기로 하나님의 얼굴에서 가림을 받아야 했고 그것은 곧 또 하나님과 인간 사이에 중보로 오신 예수님으로 가림을 받아야만 인간이 하나님께 나올 수 있게 된다는 것을 보이셨습니다.

구약 성전으로 예수님에 대하여 이같이 철저히 가르치고 보이시더니 마침내 그 예수님께서 오셔서 십자가에 달려 죽으실 때 성소와 지성소를 가려놓은 죄의 담인 휘장이 위로부터 아래로 찢어져 버렸습니다(마27:51). 하나님께 화해를 청하신 예수님의 피 흘리심을 통하여 성소 휘장 가운데를 찢으시는 것으로 하나님과 화해가 되었음을 보이셨습니다. 그렇게 예수님으로 인해 성소와 지성소가 하나로 통일이 되었고 사람이 예수님 안에서 하나님께로 당당히 나갈 수 있게 되었습니다.

그러므로 인간이 이 귀한 은혜와 은총을 받아들여 살겠다고 한다면 번제단을 거치고 물두멍을 거치고 예수님 안에 들어와서 예수님이 행하신 일과 예수님의 모든 말씀을 받아들여 사는 것으로 이제 자기의 정신 즉 인격이 온전히 예수님의 성품 그 인격으로 변화를 받는 것에 힘써야 하는 것입니다. 내가 바로 예수님의 흔적이 돼야 한다는 말입니다. 예수님의 성품이 곧 나의 성품으로 변화가 이루어지면 이루어질수록 안과 밖이 성영님으로 충만한 것이요 예수님의 생명이 풍성한 것이요 그러므로 영이신 하나님 아버지를 보고 아버지의 사랑을 깊이 경험하게 되는 것입니다. 예수님 안에서 얼마든지 영이신 하나님 아버지를 만나 무한한 복을 받는 그 엄청난 길이 열렸다는 말입니다. 예수님 안에서 참믿음을 소유한 그 사람 앞에 하나님은 아버지로 계시는 것을 보게 되고 그 하나님 아버지를 만나는 것입니다.

또한 우리의 예수님은 히9:12에 오직 자기 피로 영원한 속죄를 이루사 단번에 성소에 들어가셨느니라 하였고 요일2:1에 만일 누가 죄를 범하면 아버지 앞에서 우리에게 대언자가 있으니 곧 의로우신 예수 그리스도시라 하셨고 롬8:34에 누가 정죄하리요 죽으실 뿐 아니라 다시 살아나신 이는 그리스도 예수시니 그는 하나님 우편에 계신 자요 우리를 위하여 간구하시는 자시니라 하신 대로 예수님이 하늘 지성소에 들어가 하나님 보좌 우편에 계시면서 성도들을 변호해 주시는 일을 하신다는 것입니다. 예수님의 피로 죄 사함 받은 그 큰 은혜를 알고 예수님을 사랑하여 예수님과 화목을 위해 힘쓰는 자는 이제 예수님께서 그를 위해 하늘에서도 하나님께 끊임없이 변호해 주신다는 것입니다. 죄를 안 지으려고 함에도 불구하고 어찌할 수 없어서 죄를 범하게 되었을 때는 그 같은 자기의 죄와 죄성을 애통해 하며 고백하면 그 즉시 예수님이 나서서 '아버지 제가 그의 연약한 죄를 대신하여 피 흘려 깨끗하게 했습니다.' 하고 대신 변호해 주시니 깨끗하게 된다고 하는 것입니다. 하나님의 보좌가 있는 하늘 성소에 들어가 계신 우리 예수님이 지금도 우리를 위해서 변호해 주시니 우리가 예수님 안에 들어가 예수님과 연합된 삶을 살기만 하면 하나님을 아버지로 만난 이적과 함께 용서의 은혜가 차고 넘친다는 말입니다. 저는 이 성전에 대하여 말씀을 전하면서 듣는 모든 분들이 알아듣기 어렵다거나 낯선 말씀이 되지 않기를 진심으로 바라는 것입니다.

오늘 읽은 본문내용이 10-15까지는 법궤 제작에 관한 것이고 16과 21은 증거판을 그 궤 속에 넣으라 명하신 것이고, 증거판은 하나님께서 친히 쓰신 십계명 돌판입니다(출31:18). 그리고 16, 21에 증거판이라고 한 그 단어 옆에 숫자가 작게 표기되어 있는데 어느 성경은 증거판 옆에 '1' 또는 '2'로 표기해 놓았어요. 그러면 그 성서 맨 밑 하단에 보면 똑같은 수와 함께 증거판을 다른 말로 주를 달아놓았는데 뭐라고 돼 있습니까? '법'이라고 돼 있습니다. 하나님이 친히 돌에다 새겨주신 십계명으로 그 계명의 목록은 사단이 범한 죄들이요 인간이 사단의 범한 죄들을 받아들여 함께 그 죄 가운데 있다는 것이요 그러므로 하나님의 백성이 그 죄들에서 나와 삶을 얻기 위해 지켜야 하는 법이요 생명의 언약이 들어 있는 법이라고 한 것입니다.

하나님께서 자기의 백성에게 이 십계명을 강제로 지키라고 하신 것 아닙니다. 이 십계명을 주시기 전 백성과 언약식을 가졌습니다. 하나님과 백성 간에 언약을 맺은 것도 하나님께서 일방적으로 맺으신 것 아닙니다. 백성들이 하나님의 뜻을 동의하였기 때문에 쌍방 계약이 이루어진 겁니다. 애굽에서 노예처럼 사백여 년 동안을 종살이하던 아브라함의 후손인 이스라엘 민족이 견딜 수 없는 고역으로 시달려 탄식하며 부르짖는 소리를 하나님께서 하늘에서 들으시고 그 이스라엘 백성을 젖과 꿀이 흐르는 축복의 땅 가나안 땅으로 늘이시려고 모세로 하여금 애굽에서 구원하여 이끄셨습니다.

조상에게 나타나 언약하셨던 그 하나님이 누구이신지 확실하게 알지 못하던 이스라엘 백성에게 하나님께서 열 가지의 재앙을 애굽 땅과 애굽 사람에게 내린 것으로 하나님이 누구이신가를 보여 알리셨고 또 홍해 가에서 백성이 진퇴양난에 처했을 때 그 바닷물을 갈라서 길을 내어 건너게 하셨고 사흘 길을 행할 때 물이 없어 갈증으로 초주검이 되었을 때 마침내 물을 발견했으나 그 물이 써서 먹지 못하자 물을 단물이 되게 하여 먹게 하셨고 여행 중에 양식이 떨어져 떡과 고기를 먹지 못하여 원망하는 백성에게 매일 아침마다 하늘에서 만나를 내려 떡을 먹이시고 매일 저녁에는 메추라기 떼를 몰아 보내서 고기를 배불리 먹이셨고 광야에서 마실 물이 없자 모세로 하여금 지팡이로 반석을 치라 명하여 그 반석에서 물이 터져 나와 마음껏 마실 수 있게 하셨고 낮에는 구름 기둥을 세워 햇볕의 뜨거움을 막아 시원케 하셨고 밤에는 불기둥을 세워 추위를 막아 주시고 들짐승들의 습격을 막아 주셨고 전쟁에 능한 아말렉 족속이 싸움을 걸어왔을 때 백 퍼센트 패할 수밖에 없는 백성이 승리토록 하셨고……. 이 모든 일들은 바로 백성들로 하여금 하나님을 경험하게 하려는 것이었다. "나는 여호와 너희의 하나님인 줄 알게 하려했다."고 하셨습니다(출16:12).

하나님께서 행하신 이 모든 것은 백성에게 하나님이 누구시며 어떤 분이신가를 알게 하려 하심이요 그리고 하나님이 누구이신지를 말씀으로 이르실 때에 너희가 너희 하나님 나 여호와의 말을 청종하고 나의 보기에 의를 행하며 내 계명에 귀를 기울이며 내 모든 규례를 지키면 내가 애굽 사람에게 내린 모든 질병의 하나라도 너희에게 내리지 아니하리니 나는 너희를 치료하는 여호와임이라 하심으로써 하나님께서 얼마나 백성들과 밀접한 관계로 함께하셔서 영과 혼과 육에 복을 주시고 범사에 복 주시기를 원하시는지 그 하나님의 마음을 계속 드러내 말씀을 하셨습니다.

하늘에서 만나를 내려 먹이실 때 만나를 매일 거두되 제칠일은 안식일이니 안식일엔 내리지 않을 것이므로 제육일에 갑절로 거두라 하셨으나 백성 중에서 제칠일에 거두러 나갔으나 말씀대로 얻지 못했던 것과 또한 만나를 하루 먹을 양만 거두되 많이 거두어서 다음 아침까지 남기지 말라 하셨으나 개의치 않고 많이 거두어 아침까지 남겨둔 것에 벌레가 생기고 냄새가 나 먹지 못하는 그 같은 표적들을 행하심으로 백성들로 하여금 하나님께서 말씀하셨으면 그 말씀대로 행하신다는 것을 경험으로 알도록 하셨습니다.

　백성들은 이같이 하나님이 행하신 많은 기사들로 하나님을 경험한 자들이 되었습니다. 하나님을 아는 믿음이 되게 하시는 일을 하나님께서 열심히 행하셨다는 말입니다. 이처럼 백성들에게 경험으로 알게 하신 후 하나님께서 모세로 하여금 그들에게 물으라 하셨습니다. 출19:4-6에 나의 애굽 사람에게 어떻게 행하였음과 내가 어떻게 독수리 날개로 너희를 업어 내게로 인도하였음을 너희가 보았느니라 세계가 다 내게 속하였나니 너희가 내 말을 잘 듣고 내 언약을 지키면 너희는 열국 중에서 내 소유가 되겠고 너희가 내게 대하여 제사장 나라가 되며 거룩한 백성이 되리라 너는 이 말을 이스라엘 자손에게 고할지니라 모세가 여호와께서 자기에게 명하신 그 모든 말씀을 백성 앞에 진술하니, 그러니까 여호와 하나님께서 이같이 말씀하셨는데 너희가 이것을 아멘으로 받아들이겠느냐고 물었다는 말입니다. 그러자 백성이 일제히 응답하여 말하기를 여호와의 명하신대로 우리가 다 준행하겠다고 동의를 했습니다.

　그래서 서두에 언급했던 대로 언약을 맺음과 함께 하나님의 백성으로 사는 규율, 그 율법을 주시려고 시내산에 강림하신 하나님께서 모세를 불러올려서 육 일 동안(출24:16) 십계명과 함께 신앙적인 것과 생활규범들과 사회생활의 모든 규범 등등을 명하여 백성에게 들려주라 하셨습니다(출20장-23장). 오늘날 예수님을 믿는 우리에게도 십계명은 동일한 법입니다. 하나님께서 모세에게 명하신대로 모세가 백성에게 고하자 그들이 한 소리로 응답하여 가로되 여호와의 명하신 모든 말씀을 우리가 준행하리이다(출24:3)하고 일제히 아멘 한 것입니다.

그리하여 하나님과 백성이 피로써 언약을 맺게 되었어요. 피는 생명이라고 했잖습니까? 그 생명의 피로 언약식을 했습니다. 흠 없는 소를 하나님과 백성들과의 화목을 위한 번제의 제물로 드리고 그 피를 취하여 반은 소를 번제로 한 단에다 뿌려서 여호와의 명하신 모든 말씀을 준행하는 백성의 죄를 대신하여 하나님이 친히 오셔서 번제물이 되신다는 언약의 뜻이 되었고 또 반은 모세가 백성에게 뿌려 이는 하나님 자신이 오셔서 번제로 쓰인 제물처럼 생명을 내놓으심으로 백성과 세우신 언약을 반드시 이루어 사단과 사단의 죄에서 구원하여 하늘에 들이신다는 뜻이 되었습니다. 그래서 하나님과 이스라엘은 생명의 피로써 언약을 맺은 친밀한 관계가 되었습니다.

그 뒤 제칠일에 율법과 계명을 친히 기록한 돌판을 주리라 하시고 (출24:12) 모세를 시내 산으로 불러올리셨습니다. 그곳에서 사십 일 사십 야를 함께 하면서(출24:18 출34:28) 비로소 하나님께서 모세에게 성전을 어떻게 지을 것인지 일일이 지시하셨습니다. (오늘 우리가 읽은 본문 말씀을 비롯한 출애굽기 25장에서 31장까지의 내용이 바로 성전에 대하여 말씀하신 내용입니다.) 그리고 말씀하시길 이제 궤를 만들어서 그 계명의 돌판을 궤 속에 넣으라 하셨습니다.

조각목으로 만들어 금으로 싼 법궤의 의미는 첫째는 하나님과 언약을 맺은 이스라엘입니다. 열국 중에서 하나님의 소유가 되어 거룩한 백성으로 하나님께 대하여 제사장 나라가 되었고 말씀과 법을 받은 이스라엘을 의미합니다. 둘째는 법궤 속에 넣으신 하나님의 법과 언약을 온전히 이루신 하나님의 뜻이 되시는 예수님을 믿는 영적 이스라엘인 신약 성도를 의미합니다. 궤에 십계명을 넣은 것은 하늘 지성소에 계신 하나님께서 백성이 거룩케 되는 법, 삶을 얻고 생명을 얻게 되는 법으로 주신 계명임을 의미하고 이 계명을 사랑해서 존중하여 지키는 자만이 그 언약의 복을 얻게 된다는 의미입니다. 하나님의 소유가 된 것이요 세상 가운데 제사장 나라요 땅에서도 복 주시되 자손 천 대까지 신앙이 이어가는 복과 범사의 복과 영생을 얻게 되는 언약의 법이라는 것을 의미한다는 말입니다.

그다음 17에 정금으로 속죄소를 만들고 하셨습니다. 17- 22까지는 속죄소에 관한 것입니다. 속죄소를 정금으로 만들라는 것은 속죄소는 하나님께서 자기의 이름을 두신 하늘 보좌를 상징한 것이기에 정금으로만 만들라 하셨습니다. 18,19에 그룹을 쳐서 만들라 했습니다. 그룹은 천사의 무리를 말합니다. 하나님의 구원하시는 일을 위해서 사명을 수행하는 하늘의 천군 천사입니다. 이 그룹들을 금으로 속죄소와 연결하여 쳐서 만들라 하셨는데 속죄소는 법궤를 덮는 덮개입니다. 그래서 속죄소와 그룹이 한 덩이가 되게 하여 속죄소 양쪽 끝에다 쳐서 그룹을 만들되 서로 속죄소 중앙을 향해 마주 보는 모양으로 날개를 높이 펴서 속죄소를 덮도록 하라고 했어요. 하늘의 하나님께로부터 사명을 부여받아 수행할 천사들의 활약과 활동이 얼마나 클지를 보여주는 것입니다. 하나님의 구원하시는 일에 대한 메신저 역할임을 보인 것이라는 말입니다.

21에 속죄소를 궤 위에 얹고 내가 네게 줄 증거판을 궤 속에 넣으라 하시고 22에 거기서 내가 너와 만나고 속죄소 위 곧 증거궤 위에 있는 두 그룹 사이에서 내가 이스라엘 자손을 위하여 네게 명할 모든 일을 네게 이르리라 말씀하심으로써 바로 하나님께서 하나님이 정하신 사람(대제사장 예수님)을 만나는 곳, 하나님이 말씀을 주시는 곳, 죄를 사하시는 곳이 바로 속죄소요. 그곳이 하나님의 보좌라는 것을 알게 하셨습니다.

속죄라는 말은 죄를 사한다는 말입니다. 그리고 '속죄소'라는 단어

옆에 또 작은 숫자가 표기되어 있고 그 밑에 또 주가 있지요? 뭐라고 되어 있습니까? '시은좌(施恩座)'입니다. 속죄소를 다른 말로 시은좌라고 하는데 시은좌는 '하나님의 보좌에서 은혜를 베푼다.'는 뜻입니다. 무슨 은혜입니까? 죄를 사하시는 은혜라는 말입니다. 죄를 사하여 생명을 주시고 하나님 나라 보좌 앞으로 들이시는 은혜다 말이지요. 그러니까 인간의 죄는 세상 그 어떤 것으로도 용서받을 수 없다. 또한 어느 누구도 인간의 죄를 다룰 수 없다. 어느 누구도 인간의 죄를 용서해 줄 수 없다. 오직 하나님께서만이 용서하실 수 있는 분이요 하나님만이 용서의 방법을 가지신 분이요 하나님께서 용서하셔야만 용서가 되는 것이요 하나님께 용서를 받아야만 인간이 죄에서 자유케 된다는 것을 보이신 뜻입니다.

그래서 하나님께서 하나님의 백성의 죄를 사하신다는 그 언약의 예표로 일 년에 한 번 대속죄일에 최종적으로 양을 잡아서 피를 취하여 양은 번제로 드리고 그 피는 지성소 속죄소에 가지고 들어와 하나님께 그 피를 보이고 속죄소 위에다 일곱 번 뿌리고 그다음 속죄소 앞에다 일곱 번을 뿌리라고 하셨습니다. 속죄소 위에다 일곱 번 뿌리는 것은 하나님의 용서의 온전한 피 절대 무흠한 거룩한 피이므로 그 피를 기쁘게 받으신다는 것이요 속죄소 앞에다 일곱 번 뿌리는 것은 그 피를 받으신 하나님께서 죄를 깨끗이 용서해 버리시고 다시는 기억하지 않으신다는 뜻입니다. 그 피를 가진 자는 피로써 죄가 깨끗하게 되었다는 뜻입니다. 이 모든 뜻이 되시는 분이 바로 예수님이시라는 것 이제는 다 잘 알지 않습니까?

여러분이 알아야 하는 것은 이 지성소의 말씀은 앞으로 여러분에게 이뤄져야 하는 새로운 것을 말하는 것 아니라는 겁니다. 이미 성전 뜰의 번제단에서부터 물두멍 또 성소의 등대와 떡 상과 분향단에 대한 말씀이 바로 여기 하나님보좌가 있는 법궤와 속죄소의 말씀들입니다. 오늘 지성소의 말씀은 지성소와 법궤에 대한 분명한 지식을 가지고 자신이 참으로 성소의 믿음인가? 하는 것을 돌아보시도록 하는 부연 말씀입니다. 그동안 성전의 모든 과정을 통해 이루어진 믿음이면 지성소 하나님의 뜻이 이루어진 것이기에 오늘 이 말씀으로 자기의 믿음이 되었는지를 보아야 한다는 말입니다. 22에서 **내가 이스라엘 자손을 위하여 네게 명할 모든 일을 네게 이르리라** 하신 대로 모세가 이스라엘에 전한 말도 선지자들이 말한 모든 말도 다 지성소 이 법궤와 속죄소의 뜻에 대한 말씀입니다. 예수님께서도 자기의 말을 하는 것이 아니라 아버지께서 이르신 아버지의 말을 한다고 하셨습니다. 여러분께서 창2:10-15에 대한 말씀을 배우지 않았습니까? 바로 하늘 지성소 법궤 속죄소의 뜻을 말씀하는 것입니다. 그러므로 지성소의 말씀은 여러분 자신의 믿음을 비춰보는 것입니다. 아셨습니까?

그다음 또 그 궤에다 만나를 넣은 금 항아리를 넣으라 하셨습니다 (출16:33,34 히9:3,4). '만나'는 이스라엘이 사십 년 동안 광야생활을 할 때에 하나님께서 하늘에서 양식을 내려 먹이셨는데 이스라엘이 광야생활을 한 곳은 그야말로 아주 메마르고 척박한 곳이어서 농사를 짓거나 할 수 있는 곳이 아닙니다. 그래서 가나안 땅에 들어갈 때까지 하나님께서 하늘에서 만나를 내려 먹이셨습니다. 인간의 영혼은 그같이 메마른 광야와 같다는 것 그래서 하늘로부터 주시는 양식을 받아 먹어야 산다는 것을 깨닫게 하시는 뜻이었습니다. 하나님께서 농작물이 잘되는 비옥한 땅으로 백성을 들이실 줄 몰라서 광야에다 넣으신 것 아닙니다. 삶이 풍족해도 결국 인간은 육으로 사는 것도 육체만 위해서 사는 것도 아니요 하늘 생명을 위한 하나님의 말씀으로 살아야 하는 존재라는 것을 배우게 하시려고 그같이 광야에 몰아넣으시고 하늘에서 만나를 내려 먹이시는 것으로 바로 생명의 떡이 하늘로부터 내려오실 것임을 가르쳐 보이셨던 것입니다.

인간에게 생명을 주시는 영혼의 양식이 되시는 분 그분이 바로 하나님이 보내시는 하늘로부터 오시는 구주 예수 그리스도라는 것을 알게 하셨습니다. 하나님께서 자기의 백성과 피로 맺은 언약의 뜻이 되시는 그 생명의 떡이 하늘로부터 오실 것이라는 것 하늘에서 오시는 분만이 하늘의 생명을 얻게 하신다는 것 그 일을 반드시 이루실 것이라는 그 언약의 증표로 만나를 항아리에 넣어 대대로 간직하라 하신 것입니다.

그다음 법궤에다 넣은 것은 아론의 열매 맺은 지팡이입니다(민17장). 민수기 16장에 고라와 다단과 아비람이라고 하는 족장들이 모세를 향해 반역을 일으켰습니다. 광야의 생활이 매우 열악하니 모두가 지치고 희망이 보이지 않았을 것입니다. 하나님께서 축복의 가나안 땅을 주리라 하셨지만 그 일이 속히 이루어지지 않으니 급기야 모세가 이스라엘 백성을 속여서 이끌어냈다고 생각이 든 겁니다. 그래서 '우리를 여기다 두고 죽이려 하느냐? 왜 우리에게 젖과 꿀이 흐르는 가나안 땅을 주지 않느냐? 왜 우리에게 기업으로 땅을 주지 않느냐?'하며 고라와 다단과 아비람이 주동이 되어 모세를 향해 반역을 일으켰는데 그때 여호와 하나님께서 그 반역은 곧 자신에게 한 것이라 하시고 그 족장들과 그의 가족과 거기에 속한 모든 자들을 땅이 입을 벌려 산 채로 삼켜버리게 하셨습니다.

또 그 외에 다른 일로 인하여 250명이 죽임을 당했다고 했습니다. 그러자 회중들이 모세를 향해서 '너희가 이 백성을 이끌어 내어 모두 죽이려고 하느냐?'고 또다시 원망을 했습니다. 원망한 그 일로 인해 염병이 돌아 또 일만 사천칠백 명이 죽었습니다. 이후 그 일로 하나님께서 내가 택한 자가 누구인지를 모든 회중에게 알게 하리니 각 지파별로 족장들의 지팡이 12개를 준비하여 그 지파 족장들의 이름과 레위 지파는 아론의 이름을 지팡이에 쓰고 그것을 증거궤 앞에 두라 명하셨습니다. 그리고 내가 택한 자의 지팡이에는 싹이 나리니 하셨습니다. 모세가 명하신 대로 행하고 그 다음날 보니 말라버린 12개의 지팡이 중 아론의 지팡이에만 싹이 나고 꽃이 피고 열매가 맺혔습니다. 바로 하나님의 대제사장인 아론의 지팡이만 생명의 열매를 본 것입니다.

 그 같이 마른 지팡이에 움이 돋고 꽃이 피고 열매를 맺게 하심으로 아론과 그 지파만이 하나님께서 택하여 대제사장으로 세움을 받았다는 것을 확증하여 주시고 또한 이 표적은 죽은 자 가운데서 다시 살아나실 예수 그리스도만이 하나님께서 택하신 분으로 생명을 주시는 분이요 그분에게 붙은 자는 죽었으나 다시 산다는 것을 예표로 보이신 것이 되었습니다. 인류 중에서 죽었다가 다시 살아나셔서 하나님의 택함을 받은 분으로 증명된 분이 누구시라고요? 또한 하나님의 대제사장으로 택함을 받은 분이 누구십니까? 바로 예수님만이 죽음에서 영원한 생명으로 다시 살게 하시는 하나님의 택하신 분이시요 대제사장이십니다. 또한 그 예수님을 자기의 생명의 구주로 믿고 영접하여 모셔 들여 오직 예수님으로 사는 자도 하나님이 다시 살리실 하나님의 택한 자입니다. 그래서 하나님께서 죽은 지팡이에 생명을 넣어 열매를 맺게 하시고 택하신 자기 백성을 그같이 다시 살리실 것이라는 그 언약의 증표로 지팡이를 궤에 두라 하셨습니다.

 법궤에 대한 여러 명칭이 있는 것 여러분 다 알잖습니까? 법궤 여호와의 궤 하나님의 궤 언약궤 증거궤 등으로 불렸습니다. 여러 명칭이 있는 것은 그 명칭에 따른 각각의 의미가 있기 때문이라는 것도 여러분이 이미 배웠으니 아는 바입니다.

이와 같이 하나님께서 법궤를 만들어 그 속에 십계명과 만나를 넣으라 하시고 마른 막대기에 열매를 맺은 아론의 지팡이를 지성소 궤 옆에 두게 하셨습니다. 그것은 죽음에서 살리시고 거룩케 하시고 영생케 하시는 하나님의 법이 하나님께 있는데 그 법에 의하여 죄를 사함 받게 하시고 삶을 얻게 하실 것이라는 것을 의미한 것이요 하나님과 백성과의 피로 맺은 그 언약은 반드시 이루신다는 증표로 법궤에 두라고 하셨습니다. 아브라함과 언약을 맺은 하나님이 그 후손 이스라엘과 또다시 하나님은 이스라엘의 하나님이요 이스라엘은 하나님의 거룩한 백성이라는 언약을 맺으시고 하나님의 법(하나님나라 들어가는 법)을 받은 백성의 상징인 궤를 만들라 하시고 친히 쓰신 그 증거판과 40년 동안 하늘에서 친히 내려 먹이신 그 만나와 아론의 마른 지팡이에 생명을 넣어 열매를 친히 내신 것을 보이시는 것으로 하나님께서 그 같은 생명의 법으로 오셔서 사망의 법아래 있는 자기의 백성을 다시 살리신다는 증표가 되게 하시려고 그 세 가지를 궤 속에 넣으라고 명하셨다는 말입니다.

궤 속에 넣는 것은 이 세 가지의 뜻이 사람 안에 이루어져야 하고 또한 이루어질 것임에 대한 의미입니다. 그것은 하나님이 친히 사람 안에 들어오셔야만 완성되는 일입니다. 하나님이 친히 행하셨다는 것은 사람 안에 직접 들어오신다는 뜻입니다. 하나님께서 사람으로 하게 하신 일이 아니라 하나님이 친히 하시고 궤에 넣으라 하시므로 사람이 그 뜻을 깨달아 알도록 하셨습니다. 하나님께서 십계명도 돌판에다 친히 쓰셨고 만나도 하나님이 친히 내려주셨고 마른 막대기에 열매를 맺게 하신 것도 친히 하셨습니다. 그것은 하나님께서 친히 법을 완성하시고 생명과 영생을 가지고 사람 안으로 아주 들어오시겠다는 것을 보이신 뜻이요 그것을 궤 속에 넣으라 하신 것으로 친히 그 뜻을 사람 안에 이루어지게 하신다는 것을 의미한 것이라는 말입니다. 이것이 삼위 하나님이 일하실 뜻인 것입니다.

그러면 증표로 주신 이 모든 언약을 완성하신 분이 누구세요? 예수님입니다. 인간은 십계명을 온전히 범한 죄인입니다. 십계명을 범한 인간은 죄의 삯은 사망이라고 하신 하나님의 법에 걸려서 그 죄로 사망으로 떨어지게 되었는데 그 계명에 온전하신 사람으로 오신 예수님이 대신 죄의 값을 치러버리셨으므로 이제 그 사실을 믿고 예수님께 나와 예수님을 믿어 예수님이 가신 길을 따르는 자는 그 계명의 법에서 자유케 된 것입니다. 예수님께서도 나는 하늘로서 내려온 산 떡이니 사람이 이 떡을 먹으면 영생하리라(요6:51)고 예수님 자신이 생명의 떡이니 받아먹으라고 하셨습니다. 그러므로 그 떡을 믿음으로 받아먹는 자마다 예수님이 사람 안에 들어오신 것이 되어 생명을 얻게 된 것입니다. 롬8:11에 예수를 죽은 자 가운데서 살리신 이의 영이 너희 안에 거하시면 그리스도 예수를 죽은 자 가운데서 살리신 이가 너희 안에 거하시는 그의 영으로 말미암아 너희 죽을 몸도 다시 살리시리라 하셨으니 그와 같이 예수님을 죽은 자 가운데서 살리신 이의 영, 성영님이 예수님의 생명을 가지고 들어와 거하시면 그의 죽을 몸도 다시 살리신다는 것입니다.

하나님이 사람 안에 들어와 버리셨으니 몸으로 다시 부활하여 영생하는 것입니다. 예수님이 살리신다는 법을 완성하셨습니다. 예수님이 살리는 법입니다. 여러분이 믿는 예수님이 누구신지 이처럼 성경의 전 내용이 말씀하는 예수님, 성전과 성전의 모든 과정을 통해 말씀하는 예수님, 지성소 궤 안에 넣으라는 것으로 말씀하는 예수님, 이 예수님을 여러분이 믿고 사랑하고 따라야 하는 분이요 이 예수님을 알고 믿는 것이어야 하나님의 뜻대로 된 믿음인 것입니다. 우리 안에 예수님이 성영님으로 오신 성전이면 하나님의 계명을 당연히 사랑해서 기쁘고 즐겁게 지키는 것입니다. 예수님의 생명이 우리 안에 더욱 충만으로 자라는 것입니다. 천국이 저 멀리 하나님이 계신 하늘에만 머물러 있는 천국이 아니라 우리 안으로 들어와 버린 천국이기 때문에 그 천국으로 자라는 것입니다.

그래서 우리는 엄청난 권세를 가진 것이요 능력이 와 있는 것이요 엄청난 복을 받았습니다. 여러분이 성영님께서 이 믿음의 복을 주시는 그릇이 되기를 진심으로 바라고 소망합니다. 오늘은 여기서 말씀을 맺습니다. 지성소의 말씀을 다음에 한 번 더 할 것입니다.

"하나님 아버지! 이 모든 생명의 뜻의 말씀 곧 예수님을 제게 알리시고 제게 주심을 항상 영원히 감사합니다. 아멘"

지성소 법궤 8-2
내안에 오신 속죄소(2)

거기서 내가 너와 만나고 속죄소 위 곧 증거궤 위에 있는 두 그룹 사이에서 내가 이스라엘 자손을 위하여 네게 명할 모든 일을 네게 이르리라

(출25:22)

오늘 〈지성소와 법궤〉에 대한 두 번째 말씀입니다. 여러분이 믿음으로 받는 말씀이 되고 영적 능력이 되기를 바랍니다.

하나님께서 사람을 창조하신 목적은 하나님을 찬양하고 섬기게 하려는 것입니다. 사람이 하나님을 섬긴다 할 때 온갖 정성을 다하는 것도 아니요 온갖 방법을 동원하여 섬긴다 하는 것도 아니요 하나님은 사람이 온갖 정성을 다 쏟아도 온갖 방법을 다해 섬겨도 받으실 수가 없습니다. 하나님을 섬기는 것은 하나님께서 계시하신 방법을 따라 그 뜻대로 섬겨야 섬김을 받으신다는 것 이제 여러분이 잘 알게 되었습니다. 하나님의 방법과 하나님의 계시에 의한 것이 아닌 것은 다 인간 생

각에서 나온 것이요 자기의 신념을 굳게 하는 것으로 종교심만 자라는 것일 뿐 하나님과는 관계없습니다. 여러분이 이런 부분에 대해서 깨어나 확실한 이해가 있기를 참으로 바랍니다. 그래서 하나님의 계시가 있는 곳 하나님을 만나 섬길 수 있게 하신 곳 하나님의 방법을 알게 하신 곳이 어디라고 했습니까? 성경의 전 내용이라고 할 수 있는 하늘 성소의 모형으로 주신 곳 모세로 하여금 지으라 하신 성전입니다. 그러면 성전의 모든 뜻이 되시는 분이 누구십니까? 구약 성전은 바로 참성전이 되시는 예수님을 알도록 하신 계시로써 예수님을 예표 한 것이요 그러므로 예수님을 믿기 원하면 성전을 알고 성전의 뜻이 자기에게 이루어져야 하는 것이요 이루어진 자만이 참성전이신 예수님 안에서 하나님을 섬기고 하나님의 이름에 찬양과 영광을 돌리는 복이 있게 된 것입니다.

그리고 성서는 성소이신 예수님과 연합된 믿음을 성전이라고 했습니다. 성전이라 한 것은 참성전이 되시는 예수님 안에 들어가니 예수님이 대제사장으로 하나님의 보좌가 있는 지성소에 단번에 들어가셨으니 예수님 안에 들어간 나도 함께 지성소에 들어가게 되었음을 말합니다. 그러면 예수님 안에 들어간 것은 목숨이 죽은 뒤에 들어간다는 말입니까? 지금 현재 육체 안에 있는 이때에 들어가는 것입니다. 참 이거 너무 엄청난 뜻이요 복인데 이 복(믿음)을 가진 자가 없다 해도 절대로 과언 아닙니다. 제가 오늘 이 말씀을 준비하는데 저의 영감으로 무엇이 보였는가 하면 '이 복을 아는 자가 그리 없다.'하시며 하나님께서 고개를 저으시는 모습이 보였습니다. 저에게 아버지의 지성소까지 들어와 아버지를 보는 자가 아버지를 만난 자가 그리 없다는 표정을 하시며 고개를 저으시는 모습이 보였다는 말입니다. 그래서 제가 막 울었습니다. 늙은 할머니가 돼 가지고 그냥 아이처럼 막 울었습니다. '아버지 어떻게! 어떻게! 어떻게 해요.' 통곡하며 울었습니다.

구약의 예레미야라는 선지자가 있습니다. 그런데 그 선지자를 뭐라고 부르는지 아십니까? 눈물의 선지자라고 합니다. 하나님이 진노하여 견딜 수 없을 정도의 극심한 심판을 받게 된 이스라엘의 패역한 죄악상을 보고 예레미야가 얼마나 울고 울었는지 눈이 짓무르고 창자가 끓으며 간이 땅에 쏟아졌다고 했습니다. 극렬한 슬픔으로 인한 애통의 울음은 그의 온 장기들이 손상을 입어 피를 토하기까지 했다는 말입니다. 성경에 그 슬픔을 노래한 예레미야의 애가가 있습니다. 그런데 제가 어느 때부터인가 슬픔을 노래하고 있더라는 얘기예요. '슬프도다. 슬프도다. 어찌할거나! 어찌할거나! 아버지! 어떻게 해요 어떻게 해요!' 제가 울 수밖에 없는 그 영혼들의 상태가 영상처럼 보이니 가슴이 미어지는 아픔을 겪으면서 울고 울면서 저절로 노래가 되어 나오곤 했던 것입니다. 수년 그 이상을 그래 왔습니다. 그런데 며칠 전에 '내가 청승맞게 왜 이러는 거지? 내가 지금 청승 떠는 것 아냐?' 하는 생각이 불현듯 들었습니다. 그런데 잊고 있었던 예레미야와 예레미야애가가 언뜻 생각났습니다. 예레미야애가를 펼쳐 보았습니다. '아 예레미야가 민족의 그 비극을 보고 울면서 그 슬픔을 그렇게 노래했구나.' 나 또한 청승이 아니라 오늘날 예수님을 믿는다는 사람들의 망하게 생긴 영적인 모습들이 들여다보이니 어찌할 수 없는 탄식이 그같이 영혼의 아픔이 되어 애통으로 나올 수밖에 없는 것이었음을 이해하게 되었습니다.

제가 아는 어떤 두 사람이 있었습니다. 어릴 때부터 교회를 다녔고 일평생 신앙생활을 했습니다. 한 사람은 하나님을 위해 산다고 목사 사모로 온갖 고생 다 하며 가난한 삶을 살다가 십여 년 전 59세 때 갑자기 암에 걸려 서너 달 통증에 시달리다 죽음을 맞았습니다. 그의 죽음 앞에 비통해하며 제가 기도하기를 '하나님 아버지 시편 116편에 성도의 죽는 것을 귀중히 보신다 하셨으니' 하는데 성영님이 순간 기도를 막으시며 하신 말씀이 "그의 죽음을 내가 기뻐하지 않노라."고 전혀 생각도 못한 말씀을 하셨습니다. 그가 일평생 믿는다 하며 수고했으나 하늘에 들어가지 못한 영혼이 되었다는 것입니다. 또 한 사람은 수십 년 장로의 직분으로 교회 일에 충성하다(때로는 전도사 직임으로 예배인도와 설교도 했음) 인간이 보기엔 매우 신실했습니다. 어느 날 쓰러져서 병원 중환자실로 들어가 3년의 세월을 참담한 모습으로 입원하여 있다가 그도 죽음을 맞았고 저는 똑같이 그 죽음 앞에서 기도하기를 '오늘 하나님 아버지의 사랑하는 성도가 땅에서의 사명을 마치고 안식하러 아버지께로 들어갔으니 아버지가 영혼을……' 하는데 또 성영께서 기도를 막으시면서 "그의 죽음은 나의 기쁨이 되지 못하느니라. 내가 저를 사랑함이 없노라." 하셨습니다. 나의 무지함을 깨워주시기 위해 그들의 죽음이 어떤 죽음인지를 알도록 하셨던 것입니다. 저는 이들이 구원을 받았느냐 받지 않았느냐? 물어본 적 없습니다. 또한 당연히 하늘에 들어간 줄로 아는 것이지 물어볼 이유 없었습니다. 그런데 성영님께서는 이 일 뿐만이 아니라 알려주실 필요가 있는 것은 그렇게 일방적으로 제게 말씀하신 것들이 많았습니다. 그래서 이런 영적인 일에 대한 여러 가르침들을 통해 성경의 영적인 뜻을 더욱 깨닫는 계기가 되었고 예수님을 어떻게 믿어야 하는 것인지 믿음이 무엇인지를 알게 되어 말씀을 말하게 된 것입니다.

그런데 '지성소의 복을 아는 자가 그리 없다. 지성소까지 들어와 하나님을 아버지로 만나는 자가 아버지를 보는 자가 그리 없다.'하시는 것을 제가 영감으로 보게 되었다는 거예요. 고개를 저으시는 아버지 모습을 보게 되었다는 말입니다. 사람들은 죽어서만 하나님나라 천국에 들어가는 것인 줄 생각하고 있습니다. 그러나 앞에서 언급했던 대로 이 땅에서 육체 안에 있을 때 구원받지 못하면 죽음 뒤에는 구원 없습니다. 죽어봐야 아는 것이 아니라 지금 믿을 때에 구원을 받아야 하는 것입니다. 지금 자신이 구원받은 것인지를 알아야 합니다. 여러분이 예수님을 믿는 것도 지옥 갈까 봐서 지옥 가지 않으려고 믿는 것이 되서는 안 됩니다. 그것은 예수님을 믿는 것이 아닙니다. 그것을 믿음이라고 하는 것 아니에요. 지옥 갈까 봐 믿는 것은 지옥 가지 않으려고 예수님을 믿는 것이면 그것은 예수님을 이용하는 것이요 지옥 가지 않으려고 예수님을 수단으로 삼는 것이 되어 구원받지 못합니다.

하나님은 사람을 지옥 보내려고 지으신 것 아닙니다. 사람을 지으신 목적은 예수님을 위해서예요. 예수님에 의해 살게 하려고 지으셨습니다. 그것이 사람이 있는 이유예요. 지어진 이유! 우리를 지으실 때 예수님을 만나 예수님의 부활하신 생명으로 살게 하려고 지으셨습니다. 그래서 사람을 지으신 하나님의 이 같은 뜻을 알고 예수님을 당연히 믿고 예수님으로 사는 것입니다. 성영님의 도우심 가운데 예수님을 사랑하고 예수님을 따라 사는 것입니다. 그것이 사람에게 주어진 삶의 권리예요. 그러면 지옥이 어떤 것인지 몰라도 예수님 자신이 천국이시니 그 천국에 이미 들었으니 육체에서 떠나면 그냥 천국입니다. 이 차이를 여러분이 분명히 아십시오. 사실 성영님께서 이것을 경고하라고 하셨는데 지금 여기서 언급하는 것입니다. 지옥 가지 않으려고 믿는 예수님은 구원이 없거나 환난으로 다 들어갑니다. 지금 믿는다는 사람들 속에 이것이 다 갈라지고 있습니다. 여러분이 이 말씀을 새김질해 듣는 지혜가 있기를 바랍니다.

지성소는 하나님을 볼 수도 만날 수도 없는 인간이 예수님으로 말미암아 당당히 나가 하나님을 만나는 이적이 일어났습니다. 하나님을 만난 이적보다 더 큰 이적은 예수님 안에 들어가니 지성소에 들어간 것이 되어 거기 계신 하나님이 내 아버지시라는 이 엄청난 이적이 일어나 있는 것입니다. 하나님을 보고 살 자가 없다고 하신 그 하나님이 내 아버지시더라는 거예요. 그래서 이 모든 뜻을 받아가진 나를 또 성전이라고 하셨습니다. 하나님의 전 역사가 내 안으로 들어와 버린 성전이 되었다는 말입니다. 언약의 증거로 법궤 안에 넣으라 하신 증거판과 만나와 마른 지팡이에 열매 맺은 그 모든 생명의 뜻을 이루신 예수님이 내 안에 오시니 그 뜻이 내 안에 다 이루어지게 된 것입니다. 그래서 예수님과 또한 예수님이 이루신 구원과 생명과 영생과 능력이 내 안에 들어와 버렸고 지성소까지 들어와 버린 성전이 되었다고 하는 겁니다.

　신약성서에서 성전을 말할 때 두 가지의 뜻이 있는데 하나는 '히에론'으로 성전 전체를 포함한 것 그 성전을 말할 때는 '히에론'이라고 했고 또 하나는 '나오스'라고 했는데 '나오스'는 지성소를 말합니다. 성소와 통일된 지성소(휘장이 찢어져 하나로 된 성소)를 말합니다. 그래서 '나오스'한 것은 하늘 지성소 하나님의 뜻이 사람 안에 이루어져서 그 성전과 관계되었음을 말하는 것으로써 '나오스 지성소'인 것입니다. 그래서 '너희가 성전이니'하는 것은 '너희가 나오스니'라는 말입니다. 너희가 하나님의 나오스 즉 지성소인 것과 하나님의 성영이 너희 안에 거하시는 것을 알지 못하느냐고 해서 곧 성전의 뜻이 믿는 자 안에 들어와 이루어진 것을 말할 때 그렇게 지성소라고 했다는 말입니다. 그러므로 '너희가 하나님의 지성소다.'라고 하셨을 땐 '하나님의 복이 너희 안에 다 와 있다.'라는 말입니다.

　법궤 속에 넣으신 하나님의 전 뜻이 되시는 예수님이 내 안에 오시니 죄가 사해지고 구원이 이루어졌고 생명을 얻어 영생하게 된 이 엄청난 복이 내 안에 다 들어왔다는 말입니다. 그리고 속죄소 시은좌가 있는 지성소가 내 안으로 들어와 버렸기 때문에 이제 하나님을 어디서 만나는가? 바로 내 영이 지성소이기에 내 안에서 만남이 되는 것입니다. 여러분은 자기 자신이 삼위일체 하나님을 만나는 곳이 어디라고 알고 있습니까? 여러분은 여러분의 하나님을 어디서 만나고 계세요? 사람들은 하나님을 만나겠다고 높은 산으로 올라가기도 하고 또는 기도원으로 쫓아다니기도 합니다. 그러나 하나님께서는 구약 성전을 통하여 지성소 속죄소에서 만나주신다고 하셨고(민17:4 출25:22 출30:636 레16:2) 거기에서 말씀하시고 이르시겠다고 하셨습니다. 여러분이 잘 이해하고 들어야 합니다.

그다음 예수님께서 진짜 그 성전으로 오셔서 성전이신 예수님 안에 들어갔더니 나의 원죄와 함께 살면서 지은 죄까지 깨끗이 사해버리신 하나님을 지성소에서 만나는 이적이 일어났는데 더 큰 이적은 성전이신 예수님이 내 안으로 들어오시니 지성소 속죄소까지 들어오게 되었습니다. 이제 내 안에서 삼위일체 하나님을 만나고 내가 살면서 혹시라노 지은 쇠늘을 내 안 속죄소에서 용서받는 은혜가 매일매일 있게 된 그 엄청난 이적이 나에게 일어난 것입니다.

하늘의 성소 속죄소 시은좌에서는 예수님이 뿌린 속죄의 피로 나의 영적인 원죄와 살면서 지은 모든 죄가 사해졌고 내 안으로 들어온 속죄소 시은좌에서는 이제 날마다 실수하여 짓는 죄들을 용서받게 된 것입니다. 죄를 고백하면 내 안의 속죄소에 뿌려진 예수님의 피가 죄를 씻어 버리는 것입니다. 하늘의 속죄소 앞에 뿌린 피가 그대로 내 안에 와서 내가 죄를 지었을 때 그 피를 의지하여 고백하면 즉시로 예수님의 피로써 깨끗함을 받는 은혜가 날마다 있는 것입니다. 이처럼 너무나 귀하고 귀한 은혜가 우리 안에 와 있다는 말입니다. 예수님을 진실로 믿는 자 안에 믿음을 위해 자기의 목숨을 버린 자 안에 이 은혜가 넘치는 것입니다. 그래서 성영님이 감동케 하심도 성영님이 말씀하심도 다 자기 안의 지성소에서 있는 것입니다. 성영님의 말씀인지 영의 직감으로 확실히 아는 것입니다. 지성소의 믿음은 성영님과 교제하는 삶입니다. 하나님의 성전이 되었으면 하나님의 전 뜻이 예수 그리스도로 말미암아 내 안에 이루어진 것이니 세상과 마귀와 인간에게 지배받지도 당하지도 않는 것입니다. 오히려 지배해야 할 것들은 지배하는 능력이요 지배당해야 할 것에는 지배당하는 영적인 능력과 지혜가 있습니다.

요8:31,32에 너희가 내 말에 거하면 참 내 제자가 되고 진리를 알지니 진리가 너희를 자유케 하리라 하셨습니다. 진리가 무엇인가? 하늘의 참법이 진리입니다. 예수님이 바로 참법입니다. 예수님이 내 안에 오셨으면 하늘의 참법이 내 안에 들어온 것입니다. 그렇기에 나는 죄사함 받은 자요 구원받은 자요 모든 병에서 놓여나 자유케 된 자요 저주가 떠난 자요 하늘의 생명을 얻은 자요 하나님의 자녀의 권세가 있는 자요 세상을 이길 능력과 마귀를 지배할 능력이 있는 자요 하나님이 잘되게 하시는 복을 가진 자요 아버지께 들어가 영생하는 자인 것입니다. 예수님의 모든 말씀이 또한 진리요 진리의 말씀을 받아들여 그 말씀으로 나를 운영해 나가면 내 안에 엄청난 자유가 있는 것입니다. 그래서 '너희가 하나님의 지성소다.' 하는 것은 바로 천국의 참법으로 지배받는 자라는 말이요 하늘의 복이 내 안에 다 들어와 버렸다는 것을 말하는 것입니다.

그래서 성전 나오스 지성소가 되었으면 세상 것에서 만족을 찾거나 얻으려고 하지 않습니다. 사람에게서 사랑을 기대하거나 만족을 얻으려거나 하지 않습니다. 물질을 좇아 살지 않습니다. 필요 그 이상은 연연하지 않습니다. 하나님의 성전이 되었으면 참법이 되시는 예수 그리스도로 참만족을 얻었고 절대자이신 하나님의 사랑이 내 안에 충만하여 계신 그 엄청난 행복이 있는데 그러므로 하늘을 가진 자면 뭐 그리 갈증만 더해주는 세상 것을 붙잡으려고 하지 않습니다. 하늘의 복이 다 들어온 하나님의 지성소가 되었다면 또한 믿는 자의 가치는 세상 것이 아니라고 누가 말해주기 때문에 아는 것이 아니요 이미 성영님으로 알고 그 능력을 가졌음을 말합니다. 그래서 성전의 믿음이면 부정적인 것들을 명령하여 굴복시키는 능력입니다.

구약시대 때 법궤가 있는 곳마다 어떤 일이 일어났는지 여러분 알지 않습니까? 여호수아 3장에 보면 이스라엘이 하나님께서 약속하신 가나안 땅에 들어가기 위해서는 요단강을 건너야만 했습니다. 요단강을 건너야 할 그때는 우기였기 때문에 요단강 물이 불어서 강둑이 넘쳤습니다(수3:15). 우기 때라 강물이 불어 깊은 물이 되었고 또 물살이 몹시 빠르고 사나워서 사람으로서는 도저히 건널 방법이 없는 때입니다(사람으로서는 건널 수 없는 강임을 깨닫는 뜻이 되게 하려고 의도적으로 이때 요단강가로 인도하심). 그런데 하나님께서 법궤를 멘 제사장들이 맨 먼저 앞서 가서 물가에 이르러 요단에 발을 넣으면 흘러내리던 물이 끊어지고 쌓여 서게 되어 마른 땅 같이 길이 나 지나가게 하실 것이라고 말씀하셨는데 말씀대로 순종하니 말씀대로 되었습니다. 그런데 이때에 수3:11에 제사장들이 요단으로 들어갔다고 말하지 않고 **보라 온 땅의 주의 언약궤가 너희 앞서 요단으로 들어가나니** 해서 요단에 언약궤가 들어가는 것으로 말씀했습니다. 그러면 이것이 우리에게 주는 의미가 무엇인지 여러분은 깨달았습니까?

요단강은 사람의 힘으로 건너지 못할 세상을 말합니다. 다시 말해 예수님 안에 들어갈 수 없도록(천국에 들어가지 못하도록) 막는 세상입니다. 세상은 그렇게 강둑에 창일하고 범람하는 물과 같고 깊고도 깊어서 사람으로서는 건널 수 없는 강이라는 겁니다. 그래서 사람의 힘으로는 도저히 그 세상에서 나올 수 없습니다. 사람에게는 방법 없어요. 오직 방법은 누구에게 있습니까? 하나님께 있습니다. 하나님이 하신다는 것을 분명히 보여주신 사건입니다. 하나님의 말씀을 따라 순종하는 믿음은 세상이 붙잡아 둘 수가 없고 붙잡을 수도 없다는 것을 분명히 보이신 사건입니다. 그래서 하나님은 세상을 건너버릴 수 있는 우리의 능력입니다. 세상이 끊어지게 하시는 능력입니다. 말씀을 순종한 믿음만이 세상을 건널 수가 있는 것임을 보이셨습니다.

그런데 그 법궤 속에 넣으신 언약의 뜻 바로 그 언약이신 예수 그리스도가 우리 안에 오시니 하나님이 언약하신 뜻이 그대로 우리 안에 이루어졌습니다. 우리는 이스라엘이 메고 다니던 법궤보다 더 큰 성전 하나님의 지성소입니다. 우리가 성전의 믿음이면 이미 세상을 건넜다는 것이요 세상이 어떤 방법으로도 마음을 붙잡을 수 없게 되었다는 것이요 참으로 예수님을 사랑하여 믿는 예수님과 함께 있는(천국에 있는) 것임을 말하는 것입니다. 세상에서 나와 천국에 들어간 믿음이 되었음을 말합니다. 여러분이 지금 천국인지 자신을 들여다보세요.

세상에서 나와야만 예수님 안에 들어간 예수님과 함께 있는 천국입니다. 세상에서 나오지 않으면 천국은 들어가지 못합니다. 인간에게 세상 길과 천국 길 두 길밖에 없는데 세상 길에서 나와야 천국 길이지 않겠습니까? 그런데 우리 힘으로는 나올 수 없지 않습니까? 그래서 예수님 자신이 세상 길과 상관없는 천국 길이니 여러분이 그 예수님 안에 들어갔으면 함께 천국 길에 있을 것이요 또한 내가 성전으로서 이 세상에 머물러 있는 동안에도 세상이 나를 붙잡아 두지 못할 것임이요 그러므로 여러분이 지금 어느 자리에 있는지 자신을 보실 수 있지 않습니까? 세상이 나를 침몰시킬 수 없고 나도 세상을 사랑하지 않을뿐더러 붙잡히지 않는 것입니다.

그다음 여호수아 6장에 보면 이스라엘이 들어가서 살 가나안 땅에 여러 족속들이 살고 있었습니다. 그래서 이스라엘이 가나안 땅에 들어가 거주하기 위해서는 먼저 있는 그 거주민들을 다 몰아내야 했습니다. 그리고 그 땅에 여리고 라는 아주 견고한 큰 성이 있었는데 그 성을 무너뜨려야 했습니다. 그런데 그 땅 거주민들이 이스라엘의 행사를 다 듣고 보았습니다. 하나님이 함께하시는 행사들과 사십 년 광야생활 등 가나안 땅을 차지하려 한다는 것 여호와께서 요단강을 끊어서 땅을 말리고 자기 백성을 건너게 하신 것 등을 다 듣고 요단강을 건너 가나안에 들어온 그 이스라엘로 인하여 마음이 녹았고 정신을 잃었더라고 했어요(수5:1). 여러분 악한 영이 성영님이 내주하여 함께하는 자 앞에는 어떻게 한다고요? 마음이 녹았고 정신을 잃었더라 하신 것 아닙니까? 그러니 좀 이런 권세 있는 믿음이어야 하지 않겠습니까?

그러니까 가나안의 거주민들이 크고 견고한 그 여리고성으로 들어가서 성문을 꼭꼭 다 잠그고 출입하지 않았습니다. 그 성은 사람의 힘으로는 무너뜨릴 수 없는 성입니다. 그야말로 난공불락과 같은 요새이기 때문에 사람이 헐어버릴 방법이 없습니다. 그러나 반드시 성을 무너뜨리고 그 안에 들어가 꼼짝하지 않는 여리고의 왕도 용사들도 다 멸해야만 이스라엘이 가나안 땅을 차지할 수가 있습니다. 그러면 그 성이 무너졌습니까? 안 무너졌습니까? 분명히 무너졌지요? 누가 무너지게 했습니까? 하나님께서 그 여리고성과 왕과 용사들을 다 여호수아 손에 붙였다고 했습니다. 엿새 동안 궤를 메고 하루에 한 번씩 그 성을 돌다가 제칠일에는 일곱 번을 돌고 신호가 떨어지면 크게 외치라 하셨는데 이스라엘이 그대로 행하자 성벽이 한순간에 무너져 내렸고 그 속에 있는 왕도 용사도 백성들도 남녀노소를 불문하고 또 가축들도 다 칼로 쳐서 멸했습니다. 그러면 이 사건으로 하나님께서 우리에게 무엇을 가르쳐 주시는 것인지 여러분은 깨달아서 자신의 여리고성을 무너뜨렸습니까?

여리고성은 첫째 세상 권세 잡은 자 철벽 성 같은 사단의 권세를 의미합니다. 또한 사단의 권세 아래 하나님을 대적하는 사단의 종노릇 하는 악의 무리들을 의미합니다. 그러나 무너지지 않을 것 같았던 성 같은 사단의 권세가 궤에 넣으신 하나님의 언약의 뜻이 이루어지는 날 무너진다는 것을 보여준 사건입니다. 하나님이 사단의 권세를 깨뜨리실 때는 하나님의 주권에 의해 무력으로 또는 무기로 힘으로 행하시는 것이 아니라 하나님이 오셔서 십자가에 달리시는 그같이 사람을 사랑하신 방법으로 무너지게 하실 것임을 보이신 것입니다.

그다음 둘째 여리고성은 하나님의 나라 천국을 소유할 수 없게 하는 우리의 견고한 아집 즉 자아를 의미합니다. 하나님과 원수를 맺은 그래서 하나님을 거스르고 거역한 육의 본성 인본의 자아입니다. 사단의 속성들로 자라난 아주 고약한 우리의 성품입니다. 사단과 함께 멸망 받을 죄의 본성이에요. 이것을 한마디로 하나님과 원수 된 옛사람이라고 합니다. 그래서 이 육의 옛사람은 무너져야 하고 죽어야 합니다. 죽어야 하나님의 나라 천국을 소유하게 되는 것입니다.

그런데 내 힘으로는 무너뜨릴 수 없습니다. 내 능으로는 죽을 수가 없어요. 자기 안에 사단으로 자란 옛사람을 멸할 능력은 자기에겐 도저히 없습니다. 그러면 누가 무너지게 하고 멸할 수 있게 하셨습니까? 구약 때는 법궤와 함께 행차하신 여호와 하나님이 하셨습니다. 그런데 오늘날 우리는 십자가에서 죽으셨으나 다시 살아나신 예수님이 사단의 권세를 깨뜨리고 우리에게 성영님으로 오셨기 때문에 이제 성영님의 도우심으로 우리 옛사람은 죽음에 내줄 수가 있는 것입니다. 예수님이 내 안에 계시고 내가 예수님으로 사는 믿음의 생활이 되면 될수록 날마다 죽는 것이요 완전한 승리로 나가는 것입니다. 천국을 소유하여 누리는 천국이 되는 것입니다. 그래서 예수님만이 우리의 권세요 능력이요 천국이십니다.

사무엘상 5장에 사사시대 때 이스라엘이 블레셋과의 전쟁에서 패하여 하나님의 법궤까지 빼앗겼습니다. 이스라엘이 하나님의 말씀을 떠나 사는 죄악으로 인해 하나님께서 이스라엘을 블레셋에 붙여 패하게 하시고 법궤가 빼앗기도록 버려두셨어요. 블레셋 사람들이 이스라엘의 신과 같은 법궤를 빼앗아 좋다고 하며 자기들의 섬기는 신을 모신 신당에다가 가져다 놓았습니다. 그런데 뒷날 가서 보니 자기들의 신이 꼬꾸라져 있는 겁니다. 일으켜 세워놓고 그 이튿날 가보니 블레셋의 신이 이번에는 목도 떨어지고 두 팔 다 부러진 채로 꼬꾸라져 있는 겁니다. 블레셋 사람들이 법궤 때문에 자기네 신이 맥도 못 쓰고 갈가리 조각이 나니까 겁이 덜컥 났습니다. 또 사람들까지 염병이 들고 재앙으로 자꾸 죽고 망하니 그들이 무서워서 정신이 없었습니다.

그래서 법궤를 다시 이스라엘로 돌려보내기로 결정을 내리고 보내는 도중에 벳세메스라는 곳에서 머물게 되었는데 그곳 사람들이 블레셋에서 일어난 그 정황을 다 듣고는 '그 속에 무엇이 있기에 그런 무서운 일이 일어났는가?' 하고 호기심으로 그 법궤를 들여다본 고로 그 자리에서 오만 칠십 인이 죽었다고 했습니다(삼상6:19). 사람이 블레셋에서 일어난 그 엄청난 사건들을 다 듣고도 겨우 호기심만 발동해 법궤를 무슨 구경거리라도 되는 것처럼 들여다보았으니 하나님의 영광에 충돌하여 그 자리에서 즉사한 것입니다. 사실 오늘날도 교회 나오는 이유들이 대부분이 이와 같습니다. 하나님을 알고 진짜 믿음이 되기 위한 것보다는 병이 나았네, 어려운 일이 해결됐네, 응답해 주셨네, 사업이 번창해졌네, 이런 간증들이 주류이기 때문에 그것을 들은 사람들 또한 자기에게도 이루어지기 원하고 호기심과 요행을 바라고 교회에 나오는 것입니다.

삼상7:12에 그 법궤가 아비나답이라는 사람의 집에 이십 년 동안 있게 되었습니다. 사무엘하 6장에 보면 다윗이 왕이 되었을 때 이 법궤를 자기 궁으로 옮겨 오려고 했습니다. 그래서 아비나답의 아들 웃사가 소 마차에다 법궤를 싣고 몰고 가던 중에 소들이 뛰는 바람에 법궤가 떨어질 것 같으니까 웃사가 그것을 붙들려고 했습니다. 그런데 웃사가 거기서 죽었습니다. 성경에 여호와 하나님이 웃사의 잘못함을 인하여 진노하사 저를 그곳에서 치시니 저가 거기 하나님의 궤 곁에서 죽으니라고 했습니다. 법궤는 하나님의 제사장들이 메고 옮겨야 했고 법궤를 옮기는 일도 규례를 거치는 예를 갖추어야 했는데 다윗이 이 부분에서는 대단히 경솔하게 행동한 것입니다. 법궤는 아무나 옮기는 것도 아니지만 또한 법궤를 마차에다 실어 옮기는 것도 아니었기 때문에 무엇인가 웃사의 잘못함으로 인해 하나님이 진노하신 것입니다. 이 같은 사건들을 통해서 사람이 하나님을 위해 일한다 해도 하나님의 계시를 따라 하나님의 방법대로가 아니면 하나님이 받지 않으신다는 것을 분명히 깨달아야 합니다. 오히려 저주가 있다는 것 알아야 합니다.

　다윗이 그 일로 인해, 즉 자기의 경솔함으로 웃사의 죽은 것 때문에 자기 자신에게 화가 났습니다. 그리고 법궤를 잘못 다루면 하나님의 진노를 산다는 것을 알고는 가까이 두기가 무서워서 법궤를 옮기지 못하고 가드 사람 오벧에돔의 집에 가져다 놓았어요. 그런데 법궤가 무서운 것이라고만 생각하고 있던 다윗에게 법궤가 오벧에돔의 집에 석 달 있는 동안 하나님께서 범사에 복을 주셨다는 소식을 전해 들었습니다. 다윗이 법궤에 대하여 잘못 가진 자기 생각을 깨닫고 이번에는 하나님의 법대로 레위 사람들에게 법궤를 메워서 자기의 궁으로 옮겨 갔습니다(대상13장 15장).

　하나님의 방법대로 예를 갖추어 법궤를 옮기면서 이번엔 어떤 사고도 나지 않으니 다윗이 너무 기쁘고 신나서 왕이라는 자신의 신분도 체면도 잊어버리고 춤을 추며 법궤 뒤를 따랐습니다. 다윗이 에봇을 입었는데 에봇은 앞이 갈라진 옷이어서 춤을 추니 몸이 드러났습니다. 이 광경을 다윗의 부인 사울 왕의 딸 미갈이 창문으로 내다보다가 왕이 체통을 지키지 않고 계집종들 보는 앞에서 몸을 드러내며 방탕한 자처럼 그러느냐고 다윗을 업신여겨 비웃었습니다. 그러자 다윗이 이는 여호와 앞에서 한 것이니라 저가 네 아비와 그 온 집을 버리시고 나를 택하사 나로 여호와의 백성 이스라엘의 주권자를 삼으셨으니 내가 여호와 앞에서 뛰놀리라 내가 이보다 더 낮아져서 스스로 천하게 보일지라도 네가 말한바 계집종에게는 내가 높임을 받으리라 한지라고 미갈에게 말했어요. 그런 까닭에 미갈이 죽는 날까지 자식이 없었다고 삼하6:23이 말씀하고 있습니다. 바로 법궤를 가진 자를 업신여겨 비웃으니 그가 여자로서의 수치를 당하는 인생이 됐던 것입니다. 그때 당시 여자가 자식을 못 낳는 것은 저주로 여겼습니다. 하나님의 백성의 총회에서 끊어졌다는 말입니다. 이것이 바로 법궤를 진정으로 사랑하는 자의 권세입니다. 그러므로 하나님의 언약이 들어 있는 그 법궤가 있는 곳마다 법궤를 가진 자마다 어떤 일이 일어났는가? 생각해 볼 수 있어야 합니다. 오늘날 우리는 그 언약의 뜻이 되시는 예수님께서 아예 우리 안으로 들어오신 하나님의 성전입니다. 성전이 된 자는 마귀가 손댈 수 없고 마음대로 넘보지 못합니다. 마귀가 굴복하는 것이요 질병도 굴복하는 것입니다. 법궤가 있던 오벧에돔의 집에 범사에 하나님이 복을 주셨던 것처럼 삼위일체 하나님의 전 역사가 들어와 버린 지성소의 복, 영과 혼과 육 전인의 복인 것입니다.

저는 구약의 성전과 예수님이 성전이신 것과 또 내가 성전이라는 이 관계에 대한 진리를 깨닫고 얼마나 기뻤는지 그때 당시의 그 기쁨이라는 것은 말로는 표현할 수 없는 기쁨이었습니다. 너무 기쁘니까 몸에 소름이 돋으면서 숨이 멈추듯 하였고 떨렸습니다. 제가 예수님을 믿기 위해 교회에 나온 지 몇 년 되었을 즈음에 어느 날 예배 모임에서 기도하는 중에 '내가 너에게 천국 열쇠를 주리니'하는 음성이 내안에 있었습니다. 순간 하나님께서 말씀하셨다는 것을 직감으로 알았습니다. 그때 당시의 내 신앙 상태는 눈에 보이지 않는 구원이나 천국이 중요했던 것이 아니라 현재 물질적인 어려움이 컸기 때문에 열심히 교회생활하면 생활의 복 주신다는 그 하나님에 대한 말을 많이 듣다 보니, 내게 복 주시는 하나님이시니 나 좀 잘되게 해달라고 나 좀 잘살게 해주실 수 있지 않느냐고 능력이 많으시니 나 좀 도와달라고 애걸복걸하며 교회생활 열심히 하고 다녔던 때입니다.

그러나 한편으로는 바른 믿음이 되고자 성경을 깨닫기를 너무나 소원했고 하나님을 알고 싶어서 하나님을 만나고 싶어서(영적 체험이야

많았지만 하나님을 내 온 마음으로 만나고 싶어서) 정말 소원하는 마음 간절했기 때문에 나름 그 노력을 열심히 했습니다. 그런데 하나님께서 '내가 너 물질로 부자 되게 해주리니' 하신 것이 아니라 '내가 너에게 천국 열쇠를 주리니' 하신 겁니다. 그러나 천국 열쇠가 무엇인지는 몰랐습니다. 그 뒤로 그 말씀하신 것도 잊어버리게 되었는데 아주 까마득히 잊었습니다. 그리고 수년의 세월이 흐른 뒤 어느 날부터인가 기도할 때마다 계속 그 말이 떠올랐습니다. 그러던 어느 날 성영님께서 '그것은 잊어버려도 되는 것이 아니다.'는 말씀을 하셨습니다.

제가 성경을 읽다 보니 마16:18,19에 베드로의 신앙고백 위에 내 교회를 세우리니 음부의 권세가 이기지 못하리라 하시고 **내가 천국 열쇠를 네게 주리니 네가 땅에서 무엇이든지 매면 하늘에서도 매일 것이요 네가 땅에서 무엇이든지 풀면 하늘에서도 풀리리라**는 말씀이 있었습니다. 그땐 이 말씀에 대한 확실한 깨달음을 갖지 못했기 때문에 '내가 너에게 천국 열쇠를 준다.'하신 것이 예수님께서 천국 열쇠가 되는 분이라서 그것을 말씀한 것인가?' 라는 나름의 생각을 했었습니다. 마음에선 맞는 것이라 여겨지진 않았지마는 생각 속에서 그 말씀이 떠나실 않았기에 자연스럽게 내게 수신다는 그 천국 열쇠가 무엇인지 깨닫게 해달라고 기도를 하게 되었습니다. 이것을 기도 할 때쯤은 제가 세상의 요구들을 다 내려놔 버리고 예수님을 하나님의 아들이요 내 구주로 믿고 예수님의 말씀을 깨달아 그 말씀대로 내게 적용하기 원하고 참으로 말씀을 사랑해서 따르기 원하는 믿음을 가졌습니다. 어떤 경우에는 내 목숨을 내놓아야 할 일이면 내놓을 것으로 각오도 했습니다.

그러던 어느 날 말씀하시기를 '예수님이 바로 나에게 천국 열쇠가 되셔서 말씀이 열려 깨달을 수 있는 성영님의 지혜가 있게 하시고 하늘의 권세를 주셨다.'고 하셨습니다. 내 안에 예수님의 이름이 와 계신 성전이 되었다고 하셨습니다. 예수님의 이름을 알고 그 이름을 사랑하여 영접한 내게 성영님께서 그 이름으로 오셨다고 하셨습니다. 여호와 하나님이 지성소에다 이름을 두시고 이스라엘 백성을 만나 죄 용서하시고 말씀을 주시고 복을 주셨던 것처럼 지성소 시은좌 속죄소가 내 안에 이루어져 나를 만나시는 것이 되었다고 하셨습니다.

내게 예수님의 이름이 있고 삼위 하나님이 나와 대화하신다고 하셨습니다. 나에게 예수님 그 이름의 권세가 있어 예수님이 무화과나무에게 말라라 했을 때 무화과나무가 말라 버렸던 것처럼 그 같은 권세를 주셨다고 가르쳐 주셨습니다. 천국 열쇠가 내게 있으니 음부의 권세가 나를 이기지 못하리라 하셨습니다. 음부의 권세가 무엇입니까? 마귀의 권세를 말하는 것이요 마귀의 권세 아래 있는 세상입니다. 나를 세상으로 끌어내리고 세상으로 유혹해서 무너지게 하려는 그 모든 음부의 권세가 성영님이 나를 돕고 함께 계시니 나를 이기지 못하고 손들고 떠나더라는 말입니다.

이 음부의 권세가 오늘날 예수님을 믿는다는 사람들에게 무엇으로 행사하는지 아십니까? 세상 사람들과 같은 모임들로 즐거움을 삼도록 몰아가고 있습니다. 동창회니 동문회니 회식이니 단합대회니 가족 계니 등산모임이니 친목계니 하는 온갖 모임의 구실을 만들어 쫓아다니게 하고 예수님의 날에 그 모임들의 활동은 더 힘을 가지고 기세를 발하여 모이는 것에 거리낌도 없고 술 먹게 되면 술 먹고 농담하게 되면 농담하고 희롱하고 자랑하고 잘난 척하고 떠들고 싸우고 음담패설하고 그 음부의 권세가 잡고 있는 이런 모임들에 감각 없이 기꺼이 행하는 것입니다. 오늘날 교인들이 이런 일로 자신을 음부의 권세에 내주는 것에 감각도 없고 마귀에게 자기를 지배하도록 한다는 말입니다.

음부의 권세에 잡혀 도무지 영적인 것도 밝음도 없어 영혼이 혼미함으로 하나님의 복(영적 복)이 따르지 않으니 쭉정이가 되는 것입니다.

저는 이 성전, 지성소의 권위가 어떤 것인지 얼마나 큰지를 성경을 깨달으며 알게 되었고 또한 나 자신이 이 엄청난 권위를 가진 성전의 믿음이 되어 그동안 이 믿음을 여러분께 열심히 말하여 왔습니다. 물론 사단은 내 믿음을 무너지게 하려고 여러 시험을 가지고 덤비고 비방하고 비웃으며 많은 방해를 해 왔습니다. 제가 믿음이 장성하게 되기 전 어린 믿음 땐 철없어서 피눈물을 쏟을 때가 많았습니다.

지금은 음부의 권세가 나를 이기지 못하는 모든 것에 자유케 된 지성소(성전)의 믿음이 되었으니 그럴 일 없습니다만 그러나 이 지성소의 권위가 내게 있는 것을 알았기에, 지성소를 걸고 훼방하는 것은 하나님을 대적하는 것과 같아서, 혹여 하나님이 그들을 버리실까 심히 염려되어, 그 영혼들이 바로 서기를, 하나님의 은혜의 긍휼과 깨닫는 복이 있기를 소원하며 진심으로 기도했던 겁니다. 내 쪽에서 아버지께 용서를 구하지 않을 수가 없었습니다. 그러나 하나님 아버지는 그 기도를 들지 않으시는 경우도 있었습니다.

제가 왜 이 말을 하겠습니까? 어느 개인 한 사람에게만 신앙의 특권이 있는 것도 주시는 것도 아닙니다. 하나님의 뜻은 믿는 자가 다 성전(지성소)이 되는 것이요 그것이 하나님의 뜻입니다. 믿음은 '내가 예수님 안에 예수님이 내 안에'가 되는 것임을 말합니다. 그래서 이 나오스, 지성소는 사단이 건드리지 못합니다. 음부의 권세가 이기지 못한다는 말입니다. 악한 자가 감히 손댈 수 없고 해할 수 없습니다. 그러므로 성전으로 능력을 갖춰야 합니다.

오늘 지성소에 관한 두 번째 말씀이었습니다. 여러분이 구약의 법궤가 있는 곳에는 어떤 일이 일어났는가를 성경을 통해서 다 알지 않습니까? 이 법궤 시은좌에 계신 하나님께 물어보고 나갔고 하나님이 가라 하면 가고 있으라 하면 있고 전쟁에 나갈 때도 법궤에 물어보고 나갔고 법궤가 가는 곳마다 승리를 거두었고 이스라엘이 하나님께 죄 범하지 않는 이상 법궤가 있는 곳에는 평안의 복이 임했습니다. 안녕 속에서 살았습니다. 그들이 평안 속에 살게 되니 또 교만해져서 죄를 짓는 것이 문제였지 하나님께서 평안의 복으로 함께하셨습니다. 율법을 어기고 이방인들과 결탁하여 우상들을 섬기는 죄로 하나님께서 이스라엘을 깨닫도록 하시기 위한 도구로 이웃 나라를 들어 치시고 그 어려운 고통을 통해 또 죄를 깨닫고 도움을 구하면 하나님께서 그 백성을 감싸 안고 복을 주시는 이런 순환이 계속 되었던 것입니다.

그같이 이스라엘은 법궤가 있으므로 복을 받았지만 우리는 법궤 안에 넣었던 언약의 뜻이 되시는 예수님이 우리 안에 아예 들어와 버리셨기 때문에 지성소가 되었다는 것이요 그 지성소의 믿음은 삼위 하나님이 함께 계신 것으로 세상이 이길 수 없고 사단도 그 앞에 굴복하는 것임을 말씀하는 것입니다.

그동안 번제단에서부터 물두멍을 거쳐 성소에 들어와 등대 떡 상 분향단의 이 모든 과정을 거친 것은 다 이 지성소에서 나간 뜻이요 말씀이었다는 것을 이미 말씀드렸습니다. 그것을 오늘 재차 다룬 것이고 또한 지금까지 듣게 된 모든 말씀이 여러분의 믿음이 되고 지성소의 큰 권세와 복이 있기를 간절히 바랍니다. 오늘 하나님의 보좌이신 속죄소가 믿는 자 안으로 오셨으니 이 엄청난 복과 권세와 날마다 실수하여 짓는 죄들은 자기 안에서 용서하시는 은혜를 입게 된 이 엄청난 복을 얻었다는 것 여러분의 복이 된 줄로 믿습니다. 우리에게 깨닫게 하신 아버지 하나님께 무한 감사로 영광을 돌립니다. 아멘

세마포 장 9-1
성도들의 옳은 행실(1)

¹⁶뜰 사면의 포장은 세마포요 ¹⁷기둥 받침은 놋이요 기둥의 갈고리와 가름대는 은이요 기둥머리 싸개는 은이며 뜰의 모든 기둥에 은 가름대를 꿰었으며

(출38:16,17)

⁹너는 성막의 뜰을 만들찌니 남을 향하여 뜰 남편에 광이 백 규빗의 세마포 장을 쳐서 그 한 편을 당하게 할찌니 ¹⁰그 기둥이 스물이며 그 받침 스물은 놋으로 하고 그 기둥의 갈고리와 가름대는 은으로 할찌며 ¹¹그 북편에도 광이 백 규빗의 포장을 치되 그 기둥이 스물이며 그 기둥의 받침 스물은 놋으로 하고 그 기둥의 갈고리와 가름대는 은으로 할찌며 ¹²뜰의 옆 곧 서편에 광 오십 규빗의 포장을 치되 그 기둥이 열이요 받침이 열이며 ¹³동을 향하여 뜰 동편의 광도 오십 규빗이 될찌며 ¹⁴문 이편을 위하여 포장이 십오 규빗이며 그 기둥이 셋이요 받침이 셋이요 ¹⁵문 저편을 위하여도 포장이 십오 규빗이며 그 기둥이 셋이요 받침이 셋이며 ¹⁶뜰 문을 위하여는 청색 자색

홍색실과 가늘게 꼰 베실로 수놓아 짠 이십 규빗의 장이 있게 할찌니 그 기둥이 넷이요 받침이 넷이며 ¹⁷뜰 사면 모든 기둥의 가름대와 갈고리는 은이요 그 받침은 놋이며 ¹⁸뜰의 장은 백 규빗이요 광은 오십 규빗이요 세마포 장의 고는 오 규빗이요 그 받침은 놋이며 ¹⁹성막에서 쓰는 모든 기구와 그 말뚝과 뜰의 포장 말뚝을 다 놋으로 할찌니라

(출27:9-19)

그동안 성전의 모든 과정을 거치고 이제 마지막 단계인 성막 뜰을 둘러친 포장 즉 담에 오게 되었습니다. 오늘 출38:16에서 "뜰 사면의 포장은 세마포요." 했는데 무슨 말인가 하면 성소 건물을 둘러치고 번제단과 물두멍이 있는 뜰을 가려주는 담과 같은 역할의 포장을 말합니다. 그 사면 포장은 그 재료가 뭐라고요? 세마포. 그다음 출27:10에서 그 기둥이 스물이며 그 받침 스물은 놋으로 하고 했습니다. 기둥과 받침의 재료는 무엇이라는 겁니까? 놋이라 했습니다. 그다음 출38:17에서 기둥의 갈고리와 가름대는 은이요 기둥머리 싸개는 은이며 했습니다. 여기서는 재료가 은입니다.

성전 뜰의 포장을 칠 때 세마포와 은과 놋, 이 세 가지를 재료로 하여 번제단과 물두멍이 있는 뜰의 경계를 이루는 울타리를 쳤습니다. 그런데 성경은 이것을 울타리나 담장이나 담이라고 직접 말한 곳은 없습니다. 뜰의 포장이라는 정도로 표현하고 있습니다. 그러나 성전 뜰과 외부와의 경계를 이루기 위해서 세마포 장을 치라 하신 것이기 때문에 저는 그냥 울타리라고 부르고 이 울타리에 사용된 세마포와 은과 놋으로 우리에게 주시는 하나님의 뜻에 대해서 살펴보고자 합니다.

다. 다시 말해 너희가 하나님의 성전인 것과(고전3:16) 하신 그 성전이 되었다면 지금까지 우리가 성전에 대해 배우셨잖아요? 그 성전의 믿음이 되었으면 그 믿음에서 나는 것 곧 보여 지는 것이 바로 세마포요 은이요 놋이기 때문에 그것을 말씀드릴 것인데 오늘 다 말씀드릴 순 없고 해서 은과 놋은 다음에 다룰 것이고 오늘은 세마포에 대해서만 말씀합니다. 알아들으셨지요?

구약은 성전 지성소에다 하나님의 이름 곧 여호와의 이름을 두시고 이스라엘을 만나주셨어요 그런데 신약에서는 예수님을 믿는 사람들에게 성전이라고 하시고 이제 하나님이요 구주이신 예수님의 이름이 그 성전 된 자 안으로 아예 들어오셨습니다. (구약은 여호와 신약은 예수님) 그러므로 하나님의 복은 저 멀리 있는 것이 아니요 어디에 있나 찾아다녀야 하는 것도 아니요 이제 내가 성전이 되었으면 성전인 내 안에 와 있는 것입니다. 내가 그 복을 받을 수 있는 믿음 즉 하나님의 성전이 되었느냐? 에 있는 것이지 다른 데 있지 않다는 것 말씀드렸습니다.

'너희가 하나님의 성전' 즉 하나님의 '나오스'라고 하는 것은 바로 네가 성전이면 하나님의 뜻이 네 안에 이루어신 것이요 하나님의 복이 네 안에 와 있다는 것을 말하는 것이라고 말씀드렸습니다. 이제 내가 그 성전이면 하나님의 이름이 내 안에 있는 것이요 그 이름으로 나와 영원토록 함께 계시는 것이요 나에게 복이 와 있는 것이니 그러므로 나는 그 이름을 모시고 살면서 그 이름이 주시는 복을 경험하고 그 이름에 영광을 돌리고 그 이름을 드러내는 것이 바로 오늘 성전 뜰의 울타리인 것입니다.

우리 믿음이 참으로 하나님의 성전 하나님의 지성소가 되었으면 하나님의 복이 내 안에 있는 것이요 용서받은 은혜로 인하여 또한 날마다 용서받는 은혜가 내 안의 속죄소에서 있는 것이요 성영님으로 말미암은 말씀의 능력이 있는 것입니다. 그래서 성전 울타리의 세마포와 은과 놋에 대해서는 또 다른 것을 받아들여야 하는 것을 말하지 않습니다. 그동안 듣고 배운 성전의 것입니다. 성전을 통해 주신 믿음이 되었으면 세마포와 놋과 은이 주는 뜻이 그대로 나타나게 되어 있음을 말합니다. 그러나 세마포와 놋과 은의 뜻이 무엇인지 알아야 자기의 믿음을 볼 수 있지 않겠습니까? 자기의 믿음이 성전의 믿음인가 보는 것입니다.

자기가 하나님의 지성소면 세상을 따르거나 죄를 짓지 않습니다. 하나님께 용서받은 은혜의 경험을 영혼에 가졌다면 용서할 능력도 자기 안에 있습니다. 성영님이 함께하시니 사랑할 능력도 있습니다. 성소의 믿음은 성영님의 열매를 맺는 것이요 믿음의 결실이 있게 되기 때문에 그 성전 된 모습이 그대로 드러나는 것입니다. 그것이 울타리 세마포 장입니다.

번제단서부터 지성소까지는 하나님과 나와의 관계 회복입니다. 하나님의 뜻이 나에게 이루어지는 과정이고 성전을 둘러친 울타리 세마포장은 성전 안의 것이 내게서 드러나지는 것 사람과의 관계 회복입니다. 용서와 화해와 사랑과 복음을 주는 관계로 드러나 보이는 성전인 것입니다. 믿지 않는 세상 사람들은 하나님의 뜻에 대한 성전안의 일은 보지 못합니다. 또한 들여다보이는 것이 아니기 때문에 하나님의 뜻에 대해서는 전혀 알지 못합니다. 그러면 그들이 보는 것은 무엇이겠습니까? 성전 울타리입니다. 울타리를 보면서 성전 안의 일을 생각하는 겁니다. 다시 말해 하나님을 볼 수도 없고 알 수도 없기 때문에 예수님을 믿는다는 사람들을 통해서 하나님을 보는 통로로 삼는다는 말입니다.

율법을 통해서 하나님을 보면 거기에는 심판하시는 하나님이 보입니다. 그런데 예수님을 통해서 보면 하나님이 사랑의 하나님이신 것을 보는 겁니다. 하나님이 아버지이신 것을 보는 것입니다. 그와 같이 세상 사람들도 성전인 우리를 통해서 하나님을 보는 통로로 삼고 하나님에 대해서 판단하고 추측한다는 말입니다. '정말 하나님이 계신가? 그 하나님은 어떤 분인가?' 하며 하나님을 보는 안경으로 삼는 것입니다.

예수님이 말씀하신 산상수훈이 바로 성전의 말씀입니다. 예수님과 나와 맺은 관계로 성전의 믿음이 드러나지는 울타리까지의 말씀입니다. 마5:48에 그러므로 하늘에 계신 너희 아버지의 온전하심과 같이 너희도 온전하라 하셨습니다. '너희가 하나님의 성전 곧 지성소가 되라.'는 말씀입니다. '하나님의 성전으로 온전하라.'는 말씀입니다. 아셨습니까?

그러면 세마포가 무엇인가? 우리 계시록 19장 7,8을 보겠습니다. 우리가 즐거워하고 크게 기뻐하여 그에게 영광을 돌리세 어린 양의 혼인 기약이 이르렀고 그 아내가 예비하였으니 그에게 허락하사 빛나고 깨끗한 세마포를 입게 하셨은즉 이 세마포는 성도들의 옳은 행실이로다 하더라 성도들에게 입게 하신 옷이 무엇이라는 겁니까? '세마포를 입게 하셨는데. 그것은 성도들의 옳은 행실이라.'했습니다. 그러면 내가 성전이면 세마포 울타리가 있습니까, 없습니까? 하나님이 치라고 명하신 세마포장이 있어야 합니다. 세마포장은 구원받은 자에게 입게 하신 것입니다. 예수님과 온전히 연합된 믿음에게 나타나는 옳은 행실입니다.

옳은 행실이라는 것은 우리가 생각하는 것, 우리가 아는 것을 말하는 것, 절대 아니라는 것을 분명히 말합니다. 모두가 다 그렇게(자기 생각을) 말하고 있기 때문에 먼저 밝혀두는 것입니다. 그 빛나고 깨끗한 세마포를 입게 하셨은즉 했으니 그러면 세마포 입는 것을 내가 입을 수 있다는 것일까요? 입게 하셨다고 했습니다. 내게서 나온 것, 내가 행한 것으로 입어지는 것이 아니고 하나님께서 입게 하셨다는 것입니다. 바로 하나님의 옳은 것이 내게서 행실로 나타나는 것을 말합니다.

그런데 사람들이 하나님께서 입게 하신 세마포가 아니라 자기가 입은 자기 옷으로 거짓 성전임을 드러내고 있습니다. 또한 자기가 옳은, 자기 행실의 세마포를 입으려는 것에 얼마나 애쓰고 수고하는지 때로는 그 신앙생활이 힘겹고 족쇄처럼 여겨져 믿자니 괴롭고 안 믿자니 그것도 두렵고 편하지 않는 종교생활을 하고 있습니다. 그래서 홍수가 나고 바람이 불면 찢겨져 나가거나 무너집니다. 그러나 성도의 옳은 행실로 하나님이 입게 하신 세마포를 입었으면 절대로 무너지거나 찢겨나가거나 주저앉지 않습니다.

모세가 세운 성막 성전의 울타리의 세마포가 우리말로 하자면 광목과 같은 천입니다. 그 천으로 성막 둘레를 치는 울타리가 되었으니 여러분 한번 생각해보세요. 바람이 세게 불면 그 천이 바람을 타서 뽑히거나 날아가 버릴 수도 있습니다. 주저앉아 버릴 수도 있습니다. 더군다나 바람을 다 맞는 광야 한가운데입니다. 그러나 바람이 불어도 비바람이 쳐도 날아가거나 무너지거나 주저앉지 않았습니다. 모세가 하나님이 제시하신 방법을 따라 제작하여 세운 세마포 장은 그대로 제자리에 견고히 세워졌습니다. 그것은 온전하신 하나님께서 온전한 세마포를 입게 하셨으니 하나님이 입게 하신 온전한 세마포는 주저앉지도 무너지지도 않는 것임을 의미합니다. 절대로 무너질 수 없습니다. 무너지는 것은 자기가 자기를 세우기 때문에 무너지는 것입니다. 하나님이 세우시는 것은 무너지지 않습니다. 옳은 행실은 옳으신 하나님으로부터 나오는 행실이기 때문에 더욱 빛나고 깨끗한 온전한 성전으로 세워지는 것입니다.

옳은 행실을 헬라어로 '디카이오마'라고 합니다. 여기에는 여럿의 뜻이 포함 돼 있습니다. 성전을 통해 말씀드렸던 모든 것을 포함하는 겁니다. 성소의 믿음이 되었으면 믿음이 이루어진 그것이 드러나게 되어 있다고 했잖아요? 그것을 '세마포를 입게 하셨다.'라고 하는 겁니다. 그래서 **세마포를 입게 하셨은즉** 하는 것을 요약하여 말하면 바로 "하나님의 용서를 받은 자"라는 뜻입니다. 하나님의 용서를 받은 자라고 하니까 또 그 한 가지 뜻만 말한다는 것으로 들으면 안 된다는 것 방금 전에 들었지요? 하나님의 뜻이 이루어진 전체의 뜻을 담고 있는 겁니다. 예를 들어 '밥 먹었느냐?' 했을 때 그것은 단순히 그 밥만 먹는 것이 아니잖습니까? 여러 가지의 음식들이 따라 있는 것이지 않습니까? 그처럼 '용서를 받은 자'라는 것은 밥 먹었느냐와 같은 이치입니다. 이해됐나요? 바로 세마포는 하나님의 용서를 알고 용서를 받은 자라는 뜻이에요. 이것이 세마포를 입게 하셨은즉 입니다. 그래서 참으로 용서를 알고 용서를 받은 것이면 말씀으로 살게 되어 있습니다. 말씀이 그에게서 보이는 말씀이 된다 말입니다.

그래서 '하나님의 용서를 받은 자'라는 것을 크게 세 가지로 구분합니다. 첫째 하나님의 용서를 알고 용서를 받았으므로 용서가 드러나는 것 이것이 세마포 옳은 행실이에요. 두 번째 하나님의 용서를 알고 용서를 받았으므로 나타나는 영혼의 기쁨입니다. 그 기쁨이 겉으로까지 나타나는 것 이것이 하나님의 옳으신 것을 입은 세마포입니다. 세 번째는 하나님의 용서를 알고 용서를 받았으므로 하늘의 언어 하나님의 선한 말이 그 입의 언어가 되어 은혜를 끼치는 것으로 나타나는 것 이것이 하나님의 옳으신 것을 입게 하신 세마포 옳은 행실입니다.

그런데 이 용서는 우리 믿음에 대단히 중요한 것으로써 뼈대와 같습니다. 그렇기에 흘려보내듯 가벼이 드릴 수 있는 말씀이 아닙니다. 용서에 걸려 있으면 믿는 것은 다 허사입니다. 이 용서에 걸려 있으면 그것은 용서받지 못했고 용서할 수도 없습니다. 아무리 예수님의 죄용서의 피를 믿고 죄 사함을 받은 것을 믿는다 해도 용서에 걸려 있으면 하나님과 막히게 되어서 영이 자유를 얻지 못합니다. 그러니 사랑할 능력도 없는 겁니다. 영적인 행복 성영님의 기쁨을 그 안에 가질 수가 없습니다. 오늘 세마포에 대해서 다 다룰 수가 없기 때문에 용서에 대한 것은 다음에 하는 것으로 하겠습니다. 여러분이 주의 깊게 듣고 자기 안의 능력이 될 수 있도록 사모함이 있어야 성영님께서 도우실 수가 있으십니다. 아셨습니까? 여러분이 여기에 해당하는 말씀을 좀 읽고 오시면 좋겠습니다. 마18:21이하의 말씀과 마6:14,15의 말씀입니다. 말씀한 대로 용서에 걸려 있으면 두 번째 영혼의 기쁨도 세 번째 입의 말의 변화도 없는 것입니다. 그래서 용서에 대한 말씀은 다음으로 하겠습니다.

오늘은 두 번째 하나님의 용서를 알고 용서를 받았으므로 나타나는 영혼의 기쁨입니다. 하나님의 용서가 무엇인지 그 용서를 아는 자에게 영적 자유가 있게 되어 영혼의 기쁨이 있게 됩니다. 하나님의 용서받은 것에 대하여 영혼에 깨달아졌으므로 용서하는 능력도 있게 되었고 영이 자유케 되어 기쁨이 있다는 말입니다. 매였던 모든 것을 용서로 풀고 나가면 그것이 곧 영의 자유를 얻는 것이더라 말예요. 그런 자 안에 예수님이 성영님으로 와 계실 수가 있고 예수님의 기쁨이 자기 기쁨이 되어 세상에서 맛보지 못한 기쁨이 있는 것입니다. 세상에서 느껴보지 못한 평안과 행복함이 있게 되는 겁니다.

요15:11에 내가 이것을 너희에게 이름은 내 기쁨이 너희 안에 있어 너희 기쁨이 충만하게 하려 함이니라고 했습니다. 내가 아버지 안에 있는 것처럼 너희가 내 안에 있고 내가 너희 안에 있으면 내 기쁨이 너희 기쁨이 되어 그 기쁨이 충만하다는 말씀입니다. 그래서 성전의 관계로 이루어진 것이면 반드시 예수님의 기쁨이 내 기쁨이 되어 나타나게 되어 있습니다. 그래서 예수님을 믿는 자가 세상 것에서 기쁨을 찾는다면 그는 죽었다 깨어나도 예수님의 기쁨을 경험하지 못합니다. 믿음은 세상 것에서 기쁨을 찾는 것이 아니라 세상 것에서 돌이켜 영적인 기쁨을 찾는 것을 말합니다. 그래서 영적인 기쁨은 세상 것이 잘되었기 때문에 기쁘고 안 되었기 때문에 안 기쁘고 하는 것이 아닙니다. 세상 것과 상관없어요. 환경에 좌우되는 것이 아닌 거예요. 예수님이 주시는 기쁨은 세상 것으로 기쁜 일이 있든 없든 상관없이 빼앗기지 않는 무너지지 않는 영의 기쁨인 것입니다.

살전5:16에서도 **항상 기뻐하라**고 했습니다. 기쁠 일이 있으면 기뻐하고 기쁠 일이 없으면 기뻐하지 않는 그런 인간 자기의 감정적인 것이 아니라 성영님으로 믿는 영적인 믿음 성전의 믿음이면 자기 안에 예수님의 평안이 주장하고 있기 때문에 항상 기쁨이 있습니다. 내가 예수님 안에 예수님이 내 안에 예수님의 기쁨이 내 기쁨 하면서도 세상 것에서 기쁨을 찾고 있는 것이면 세상 것에서 기쁨을 얻고자 좇는 것이면 그것은 아직 성전의 관계가 되지 않았습니다. 구원받지 못했을 수도 있습니다. 예수님과 세상 사이를 왔다 갔다 하는 위태한 모습으로 예수님도 잡아보려 하고 세상도 잡아보려고 하는 자기 방식으로 믿고 있는 것일 뿐입니다.

인간은 자기가 가지고 싶은 것을 어렵게 소유하게 되면 기쁠 수 있습니다. 행복한 마음이 있을 수 있습니다. 그러나 그것은 인간 자기의 기쁨일 뿐이요 언젠가 사라질 기쁨이요 그런 인간의 기쁨을 얻으려고 예수님을 믿는다 하는 것이면 지금 길을 잘못 들었습니다. 지금 성전의 믿음과는 거리가 멀어요. 여러분은 참으로 믿는 성전의 믿음이 되고 옳은 행실의 세마포를 입어 하늘의 기쁨 하나님의 기쁨을 소유한 분들이 되었기를 바랍니다. 그 기쁨을 나타내는 세마포 옳은 행실이 있기를 진심으로 바랍니다.

그다음 세 번째 하나님의 용서를 받았으므로 하나님의 성전이 된 믿음에서 나는 말, 언어입니다. 하나님의 성전이면 성전이 말로 나오게 되어 있고 행실이 나오게 되어 있습니다. 마12:34,35에 독사의 자식들아 너희는 악하니 어떻게 선한 말을 할 수 있느냐 이는 마음에 가득한 것을 입으로 말함이라 선한 사람은 그 쌓은 선에서 선한 것을 내고 악한 사람은 그 쌓은 악에서 악한 것을 내느니라 하셨습니다. 이 말은 세상 사람을 대상으로 한 말씀 아닙니다. 인간이 생각하는 그런 선하고 착하기 때문에 그 속에서 선한 말이 나온다는 그런 말씀이 아닙니다.

마음에 있으면 입으로 말하게 되어 있는 것처럼 예수님이 바로 선이시니 예수님을 믿는다면 그에게서 선이신 예수님이 나오게 되는 것임을 말합니다. 참으로 예수님을 믿는 것이면 하나님의 말씀을 잘 듣고 깨달아 하나님의 마음 하나님의 뜻을 잘 알게 되었을 것이니 하나님의 생각에 맞는 하나님의 뜻에 맞는 그 선한 것을 내놓게 되어 있다는 것을 말씀하는 것입니다. 그 속에 쌓은 것이 무엇인가? 선인가? 악인가? 선이신 예수님을 내는 선한 사람인가? 예수님을 믿는다 하나 자기의 좋은 대로 자기의 기분대로 믿는 무익한 것을 내는 악한 사람이냐? 쌓은 것에서 나온다는 말씀입니다. "사람이 무슨 무익한 말을 하든지 심판 날에 이에 대하여 심문을 받으리니 네 말로 의롭다 함을 받고 네 말로 정죄함을 받으리라."는 것입니다.

그러면 여러분은 선입니까? 악입니까? '아 예수님은 정말 우리가 믿어야 하는 분인 것을 누가 뭐래도 믿지요' 하고 말은 하는데 그 속에는 성전의 뜻이 들어 있는 것이 아니라 바리새인이 들어 있고 사두개인이 들어 있고 서기관이 들어 있다면 그것은 악을 내는 것입니다. 자기주장 자기 사상을 말씀 위에 올려놓고 마음에는 세상에 대한 미련을 가득 담고 있다면 그의 속은 시끄럽고 자유가 없고 분쟁하는 마음만 있는 겁니다. 참으로 예수님만 계신 성전이면 그 입의 말은 예수님이 말씀하시는 것처럼 말하게 되어 있습니다. 예수님 믿는 것에 대하여 그 기쁨을 감출 수가 없는 것입니다. 그의 입에서 생명이 쏟아져 나오게 되어 있습니다. 사람을 살리는 말을 하게 되어 있습니다.

예수님이 분명히 새 방언을 말한다고 하셨습니다. 마가복음 16장에서 '새 방언을 말한다.' 하신 "새 방언"이라는 것은 하나님의 언어인 영이요 생명이 되는 예수님의 말씀 레마의 말씀 그것을 하나님의 언어라 하는 것이요 새 방언입니다. 하나님의 성전이면 그 입의 말은 새 방언의 언어가 되었다는 뜻입니다. 하나님의 옳은 것을 입었기 때문에 언어 행실로 나타나므로 성전을 둘러친 빛나고 깨끗한 세마포로 입은 것이 보인다는 말씀입니다.

엡4:29에 무릇 더러운 말은 너희 입 밖에도 내지 말고 오직 덕을 세우는 데 소용되는 대로 선한 말을 하여 듣는 자들에게 은혜를 끼치게 하라 했습니다. 네가 예수님을 믿는 선한 사람이면 하나님의 지성소이니 네 안에 복이 다 있는 것 아니냐. 그러므로 하나님의 용서와 화해와 생명의 선한 말을 하여, 듣는 자들에게 은혜를 끼치게 하라는 것입니다. 약1:26에 누구든지 스스로 경건하다 생각하며 자기 혀를 재갈 먹이지 아니하고 자기 마음을 속이면 이 사람의 경건은 헛것이라 했습니다. '나는 예수님을 믿고 구원받았다. 나는 믿음으로 산다.'고 자기 입으로 하늘의 말은 열심히 했는데 또 그 입으로 험담하고 상처주고 다투고 저주하고 원망하고 세상 걱정 염려 늘어놓고 싸우고 분쟁하는 것이면 '구원받았다'고 '믿음으로 산다.'고 말했던 것은 자기 마음에는 없는 것을 말한 것이다 하는 말입니다. 그가 믿는다고 하는 것은 헛것, 즉 거짓이라는 것입니다.

자기가 참으로 믿는 자요 복을 받은 자면 한 샘에서 쓴물 단물 낼 수 없듯이 성전에는 쓴물이 있지 않습니다. 세상이 있지 않습니다. 성전에는 바리새인 없습니다. 서기관 사두개인 없습니다. 거기에는 오직 예수님과 예수님 안에 들어간 내가 예수님과 함께하는 믿음만 있습니다. 믿음이 있다는 것은 자기 안에 하나님의 복이 와 있음을 확실히 아는 자가 되었다는 말입니다. 입의 언어는 그 복을 말하고 믿음을 말함으로써 세마포 옳은 행실을 드러내는 것이요 자기 안에 와 있는 복을 삶으로 이끌어 내는 것입니다. 입에 재갈 먹이지 않으므로 그 복을 차단해서는 안 된다는 말입니다.

아브라함은 자기가 하나님께 복을 받고 하나님의 복이 자기에게 있다는 것을 알았어요. 그래서 믿음은 자기에게 복이 있음을 보는 것입니다. 자기에게 하나님의 복이 와 있다는 것을 보지 못하면 믿음에 문제 있습니다. 아브라함은 우리에게 믿음을 보인 아버지요 조상입니다. 아브라함은 자기에게 하나님의 복이 와 있음을 알았고 자식에게 축복할 수 있는 권위가 있음도 알았습니다. 그래서 아들 이삭을 축복하고 또 이삭은 그 아들 야곱을 축복하고 또 야곱은 그 아들 요셉과 형제들을 축복하고 이스라엘을 축복했습니다. 이삭도 그 아버지 아브라함이 하나님의 복이 와 있는 권위를 알기에 아버지의 그 축복을 원했어요. 야곱도 요셉도 아버지의 축복을 원했습니다.

오늘날 우리 믿음이 하나님의 복이 다 들어있는 지성소가 이루어졌다면 자녀를 축복할 권위가 있습니다. 자식은 부모가 하나님의 복을 받은 축복의 권위가 있음을 존중하고 존경하여 부모의 축복을 사모할 수 있어야 합니다. 자녀의 복이라는 것이 바로 거기에 있습니다. 가족을 세우신 하나님의 영광이 그 가족과 함께 계신 것이요 세마포의 역할을 드러내는 복입니다. 그런데 실제로 이 같은 하나님의 복을 가진 부모가 몇이나 있을 것이며 그 부모의 신앙의 복을 보는 자녀가 몇이나 있을 것이며 부모에게서 신앙의 복을 보아도 그 부모의 신앙의 복을 유산으로 사모하여 축복을 원하는 자녀가 몇이나 있을까 생각해봅니다. 이 같은 복을 말하면서도 사람들의 마음이 믿는 것 같기는 해도 이기적이고 교만한 것은 여전하기 때문에 내가 지금 뭔 말을 하고 있는가 하는 생각이 듭니다.

그러나 당부하는 말은 있습니다. 여러분이 예수님을 믿는다면 혹 자녀에게서 자기 마음에 맞지 않는 일을 보아도 자기 속이 썩을 만큼 힘들게 한다 할지라도 절대 그것을 비판하거나 정죄하지 말고 믿음의 말로 끊임없이 축복하기 바랍니다. 성전의 믿음을 가졌으면 성전 안에는 비판이나 정죄가 없습니다. 어두움은 없습니다. 그 안에는 빛이요 생명이요 성영님으로 나타나는 열매로 옳은 행실만 있습니다. 참으로 하나님이 어떤 분인가를 믿는다면 자녀를 정죄하고 비판하고 비웃고 깎아내리므로 하나님의 역사를 막는 자가 돼서는 안 됩니다.

성전의 믿음을 가졌으면 하나님을 믿는 것입니다. 하나님의 말씀을 믿는 거예요. 비판하고 정죄하는 것은 자기 안에 하나님의 복이 없다는 것을 그대로 드러내는 것이요 하나님의 일하심을 방해하는 자에게 속한 것이요 자기와 함께 자녀를 저주 안에다 묶어두는 악한 자의 행실일 뿐입니다. 내가 성전이면 오직 생명과 축복이 나가는 것이지 거기에 악한 자 있지 않다는 말입니다. 오직 성영님의 열매만 있습니다. 자녀가 자기 맘에 들지 않는다고 하여 그 같이 자기에게서 어둠의 것들이 쏟아져 나온다면 그것은 오히려 자기 자신 때문에 자녀가 저주에서 놓여날 길이 없게 되어 함께 저주로 가는 행위가 되는 것일 뿐입니다.

세마포가 성전 밖의 것인데 맨 나중의 말씀이 되는 것은 세마포 안 곧 그 안에 있는 성전이 이루어진 믿음만이 정상적으로 세마포 옳은 행실을 드러내기 때문입니다. 내 가족이 되었든 내 이웃이 되었든 이 성전 밖의 사람들은 성전 안은 보이지 않기 때문에 울타리의 세마포와 은과 놋을 봅니다. 옳은 행실의 세마포와 놋과 은을 통해서 복음을 전하는 통로요 조건이 되는 것입니다. 우리가 복음을 전할 때 내 행실을 전하는 것은 아닙니다. 그러나 사람들은 예수 그리스도의 공로보다는 믿는 자들의 행실을 보고 즉 언행 심사를 보고 하나님을 알게 되는 겁니다. 믿는다는 사람들을 통해서 하나님을 보기를 원하고 어떤 하나님이신가를 평가하기 때문에 참으로 예수 그리스도로 지어진 성전을 보여주지 않으면 그들은 하나님을 잘못 알게 되고 잘못 평가할 수밖에는 없게 됩니다. 또한 천국을 소유한 믿음 안에는 두려움이 있을 수 없고 세상 염려에 매일 수 없고 불안이 있을 수 없기 때문에 만약에 믿지 않는 이들 앞에 그런 모습을 비추면 그들이 말하지 않겠습니까? '믿는 너나 잘 믿어라. 믿지 않는 내 삶이나 믿는 네 삶이나 다를 게 뭐 있느냐?' '믿는 너보다 내가 더 낫다.' 하지 않겠습니까?

참으로 예수님 때문에 죄 용서받았으니 내게 잘못하는 사람을 용서하여 화해를 이루고 예수님의 사랑으로 대하는 옳은 행실이 있고 예수님의 의를 입었으니 그 의를 나타내는 옳은 행실이 있습니다. 예수님 때문에 용서받았으므로 하나님의 지성소가 된 그 엄청난 기쁨을 말하고 예수님을 믿는 것이 얼마나 즐겁고 행복한지가 비쳐지는 옳은 행실이 있습니다. 믿지 않는 사람들이 볼 때 형편은 별 다를 바 없음에도 행복해하고 기뻐하며 사는 모습을 봄으로써 예수님 믿는 것을 추측하는 것입니다. 자기 안에 있는 기쁨을 말하고 소망을 말하고 생명의 말을 하면 어느 땐가는 예수님을 믿을 확률이 커지게 되지 않겠습니까?

그러나 사실은 믿는다는 사람들이 빛나고 깨끗한 세마포를 입게 하실 믿음에 있지 못하여 성전의 옳은 행실이 없습니다. 거짓 포장된 자기의 입은 옷들, 자기가 입고 있는 검은 옷들로 치장되어 있습니다. 자기의 입은 행실들이 되어 있어서 그것을 보는 세상 사람들도 예수님 믿는 것을 생명이라고 보지 않습니다. 구원이라고 보지 않아요. 영생이라고 보지 않습니다. 창조주 하나님께서 우리 인간을 지으시고 예수 그리스도를 보내셨다고 해도 믿으려하지 않습니다. 지옥이 예비 되어 있다고 해도 아무 감각이 없습니다.

믿는다 해도 예수 그리스도를 위해 믿는 믿음이 아니라 자신을 위해 믿는 것입니다. 정신적인 힘이나 얻고 마음의 위로나 얻고 잘살게 해주시고 자녀들 잘되게 해주는 하나님을 찾고 믿는다 하는 것이 되어서 복음이 종교처럼 여기게 하였고 사람들이 복음을 귀하게 여기지 않게 되어 버렸습니다.

저는 여기의 말씀을 접하신 분들에게 진심으로 당부하고 당부합니다. 기회는 육체에 있을 때뿐이니 성영님의 도우심을 구하고 구하시면서 참으로 예수님을 바로 믿는 믿음의 힘을 얻을 수 있도록 말씀을 계속 듣고 읽고 새김질함으로써 영이 열리는 은혜를 입기를 바랍니다.

오늘 세마포의 옳은 행실을 한마디로 요약하면 '하나님의 용서를 받은 자'라고 한다. 이것을 크게 세 가지로 구분하면 첫째는 용서를 받았으므로 용서가 드러나는 것 둘째는 용서를 받았으므로 영혼의 자유가 임한 기쁨이 드러나는 것 셋째는 용서를 받았으므로 입에 선한 언어 곧 하늘의 말로 은혜를 끼치는 것이라고 했습니다.

말씀을 맺습니다. 오늘도 우리에게 하나님의 능력을 입혀주시기 위해 말씀으로 가르치시고 양육하여주신 아버지 하나님께 무한 감사드립니다. 아멘

세마포 장 9-2
일흔 번씩 일곱 번이라도(2)

^{21}그때에 베드로가 나아와 가로되 주여 형제가 내게 죄를 범하면 몇 번이나 용서하여 주리이까 일곱 번까지 하오리이까 ^{22}예수께서 가라사대 네게 이르노니 일곱 번뿐 아니라 일흔 번씩 일곱 번이라도 할지니라 ^{23}이러므로 천국은 그 종들과 회계하려 하던 어떤 임금과 같으니 ^{24}회계할 때에 일만 달란트 빚진 자 하나를 데려오매 ^{25}갚을 것이 없는지라 주인이 명하여 그 몸과 처와 자식들과 모든 소유를 다 팔아 갚게 하라 한대 ^{26}그 종이 엎드리어 절하며 가로되 내게 참으소서 다 갚으리이다 하거늘 ^{27}그 종의 주인이 불쌍히 여겨 놓아 보내며 그 빚을 탕감하여 주었더니 ^{28}그 종이 나가서 제게 백 데나리온 빚진 동관 하나를 만나 붙들어 목을 잡고 가로되 빚을 갚으라 하매 ^{29}그 동관이 엎드리어 간구하여 가로되 나를 참아 주소서 갚으리이다 하되 ^{30}허락하지 아니하고 이에 가서 저가 빚을 갚도록 옥에 가두거늘 ^{31}그 동관들이 그것을 보고 심히 민망하여 주인에게 가서 그 일을 다 고하니 ^{32}이에 주인이 저를 불러다가 말하되 악한 종아 네가 빌기에 내가 네 빚을 전부 탕감하여 주었거늘 ^{33}내가 너를 불쌍히 여김과 같이

너도 네 동관을 불쌍히 여김이 마땅치 아니하냐 하고 ³⁴주인이 노하여 그 빚을 다 갚도록 저를 옥졸들에게 부치니라 ³⁵너희가 각각 중심으로 형제를 용서하지 아니하면 내 천부께서도 너희에게 이와 같이 하시리라

(마18:21-35)

지난 말씀에 이어서 성전 울타리로 쓰인 세마포 옳은 행실에 대한 말씀입니다. 오늘 무엇에 대한 말씀이라 했습니까? 용서입니다. 계 19:7,8에서 세마포는 성도의 옳은 행실을 말한다는 것 다 아는 것이지요? 너희가 하나님의 성전인 것과 하신 그 성전은 '옳은 행실' 세마포를 입었음으로 완성된 성전을 말하는 것이요 혼인 잔치에 들어가는 자격임을 여러분이 알게 됐습니다.

옳은 행실을 '디카이오마'라고 하는데 요약된 뜻은 '하나님의 용서를 받은 자'를 말한다. 하나님의 용서를 받은 자에게서 나타나는 것이 있는데 그것은 크게 세 가지로 구분 된다. 첫째가 용서하는 자로 나타난다. 둘째는 예수님으로부터 주시는 영혼의 충만한 기쁨이 있어 그 기쁨이 드러난다. 셋째는 하나님의 언어, 선한 말이 입의 언어가 되어 은혜를 끼친다고 했습니다.

그러므로 용서받았으므로 나타나는 첫째가 용서입니다. 이미 말한 대로 용서가 믿음이 되는데 있어서는 대단히 중요한 것으로써 반드시 깨닫고 용서의 능력을 갖춰야 합니다. 용서가 무엇을 말하는 것인지 영적 이해를 가져야 하고 용서의 믿음이 돼야 합니다. 영적인 것이 막히지 않을 수 있는 것이 바로 용서입니다. 만일에 용서가 걸려 있으면 영생을 얻지 못합니다. 믿음에는 용서의 문제가 해결 돼야만 영혼의

자유를 얻는 겁니다. 영적인 자유를 얻지 못하면 그 믿음은 실패입니다. 예수님이 십자가에 달리신 것은 바로 이 용서 때문입니다. 죄를 용서하시기 위해서 예수님이 십자가로 올라가셨다는 것을 알아야 합니다.

오늘 마18:23-35까지 우리가 읽은 말씀의 대강 내용이 어떤 임금에게 그 종이 일만 달란트를 빚졌는데 빚을 다 갚으라 하였으나 갚을 능력이 없는 고로 참아 달라고 절하고 빌기에 그 임금이 자기와 처자와 소유라는 것까지 다 팔아도 갚을 능력이 없는 그 종을 불쌍히 여겨 아예 그 빚이 없는 것처럼 탕감해줘 버렸다 그런데 탕감받은 그가 자기에게 백 데나리온 빚진 동료의 목을 잡고 갚으라고 했다 그러자 갚겠다며 참아 달라 했음에도 불구하고 그 빚을 갚도록 옥에다 가두었다 이에 임금이 그 소식을 듣고 노하여 그를 불러다가 탕감받은 그 빚을 다시 갚아야 하는 빚이 되어 그도 옥졸들에게 부쳐버렸다는 것이 내용입니다.

예수님의 이 비유는 우리들에게 이야깃거리를 주기 위해서 하신 말씀이 아닙니다. 소설 읽는 것처럼 재미로 읽어 보라는 말씀도 아닙니다. 예수님의 말씀은 인간이 만드시 깨달아 자신과 삶에 적용해야 하는 중대한 것입니다. 이 비유는 '용서가 천국'임을 말씀하고자 하심입니다. 우리 인간이 하나님 앞에 어떤 처지에 놓였는지 하나님께서 베푸신 은혜가 무엇인지 은혜를 입었으면 그 은혜입었음의 응답은 어떻게 나타나야 하는지를 일만 달란트 빚진 자에 대한 비유를 들어 말씀하신 것입니다. 그런데 믿는다는 사람들이 용서라는 단어의 뜻이 무엇인지는 다 알고는 있습니다만 하나님의 말씀하시는 용서의 뜻에 대해서는 자기 안에 능력이 되지 못하고 있는 것이 현실입니다. 그래서 오늘 예수님이 비유로 말씀하신 이 용서의 말씀을 통해 용서가 무엇인가? 하는 것을 확실히 알고 능력을 갖추길 바라는 것입니다. 여러분! 우리 모두 다 말씀으로 용서의 능력을 얻고 용서의 믿음이 되십시다! 아멘입니까?

성전 울타리로 사용된 세마포는 하나님이 입게 하신 것 하나님의 옳으신 것을 입게 하신 것으로써 그 옳은 것이 행실로 나타나 하나님께서 함께하시는 온전한 성전임을 드러내는 것이고 온전한 하나님의 성전이 되었음을 의미합니다. 그래서 성전 안에는 첫째 용서가 있습니다. 성전 뜰의 번제단이라는 것이 왜 있습니까? 하나님의 독생자 예수께서, 하나님께 범죄하고 사단을 주인으로 섬기며 살던, 사단과 함께 지옥으로 들어갈 죄악의 종자인 나를 그곳에서 구하시려고 속죄 제물이 되어 주셨다는 것 그것이 번제단이라는 것을 알게 되었잖습니까? 번제단은 예수님께서 자신을 번제물로 드린 십자가의 사건을 의미합니다. 우리를 죄에서 구원하여 주신 그 용서의 은혜를 베풀어 주셨음을 의미합니다.

그러므로 누구든지 하나님이 말씀하시는 죄인임을 절대적으로 인정해야 합니다. 그리고 고백하는 것입니다. 저는 여러분께서 하나님의 말씀 앞에 자기의 생각을 높이고 자기의 도덕적인 의를 가지고 자기 양심을 내세워서 하나님을 대하지 않기를 바랍니다. 하나님께서는 사람에게서 그것을 원하시지 않습니다. 하나님의 원하심은 인간 자기가 누구인가? 하나님이 말씀하시는 자기가 누구인가를 아는 것부터입니다. 그리고 지체치 말고 말씀을 깨닫고 순종하는 겸손을 가져야 합니다. 믿음은 반드시 구하고 찾고 두드리는 것입니다. 믿음은 반드시 훈련이 필요합니다. 믿음을 위해서 번제단 말씀부터 성전의 모든 과정의 말씀을 반복하여 자꾸 듣고 들어서 믿음을 세우는 훈련을 아끼지 않아야 할 것입니다. 바른 믿음이 되기를 원하는 진심만 있다면 믿음을 도와주는 말씀 설교가 충분히 나와 있으니 믿음의 큰 도움을 얻는 기회가 될 것입니다.

오늘 본문 21,22에 베드로가 예수님께 물어봅니다. '형제가 내게 죄를 범하면 몇 번이나 용서하여 줄까요? 일곱 번까지 할까요?' 그러자 예수님께서 네게 이르노니 일곱 번뿐 아니라 일흔 번씩 일곱 번이라도 할지니라 하시고 23에 이러므로 천국은 하셨습니다. 천국은 뭐냐? 바로 '일곱 번뿐 아니라 일흔 번씩 일곱 번이라도 용서하는 것이다.' '천국이 바로 용서다.'라는 말씀을 하신 것입니다. 천국이 죽은 다음에 가는 곳이 아니라 용서가 바로 천국임을 말씀하셨다는 말입니다. 천국이 뭐냐? 용서다 말이지요. 용서가 천국이라는 것입니다. 여러분이 이해가 돼야 할 텐데요. 자기에게 용서가 있으면 그것이 천국입니다. 자기에게 천국이 있으면 또한 용서가 있는 것입니다. 그러니까 천국이 멀리 있는 것이 아니요 자기 안에 있다는 말입니다.

'천국이 뭐냐?' 천국의 특성을 여러분이 잘 이해하십시오. 예수님께서 23에 그 종들과 회계라고 했습니다. 24에 회계할 때에 했습니다. 그러므로 천국의 특성이 회계하는 것이요 용서라는 것을 가르쳐 주신 것입니다. 회계가 무엇입니까? 죄를 회개한다는 그 회개가 아니고 계산하여 셈해본다는 뜻의 회계입니다. 그래서 여러분이 반드시 하나님과 회계가 이루어진 천국 즉 하나님의 나라가 여러분 안에 있어야 합니다. 지금 현재 천국이 자기 안에 와 있어야 한다는 말입니다. 23이하의 내용 줄거리가 뭡니까? 임금이 자기의 힘으로는 도저히 갚을 수 없는 빚을 탕감해 주었는데 자기 동관이 자기에게 빚진 작은 빚은 탕감해 주지 않아서 그 탕감받은 것이 무효로 돌아갔다는 것이지 않습니까? 그러니까 천국이 뭐냐? 지금 현재 네가 탕감(죄 용서)받은 은혜로 인하여 탕감(이웃을 용서)하는 것이면 그것이 천국이요 천국이 임하여 있는 것이라는 것을 말씀하시는 것입니다.

오늘 우리가 읽은 21에서 35까지의 내용은 용서가 주제입니다. '용서가 무엇인가?'에 대하여 말씀하시기 위해 빚진 것을 비유로 하신 겁니다. 비유말씀에선 탕감으로 표현했지만 실제를 말씀하실 땐 용서라고 하셨어요. 21에 용서에 대한 베드로의 질문에 22에 예수님의 답변과 함께 그 용서가 천국임을 말씀하고자 비유를 드셨고 35에 그 천국은 바로 용서다 하는 결론을 말씀하신 겁니다. 그러니까 탕감이나 용서나 같은 것을 말한다는 것으로 이해하면 됩니다.

그래서 천국은 용서를 말한다는 것과 또 '무엇이 용서인가?'하는 그 관계를 말씀하시기 위해서 23에서 **이러므로 천국은** 하시며 비유로 설명하셨습니다. '천국은 그 종들과 회계하려 하던 어떤 임금과 같다.'에서 임금은 하나님을 비유한 것이고 종들은 이스라엘(유대인)의 비유고 또 24에서 '빚진 자 하나를 데려오매' 하신 그 하나는 신약시대에 예수님을 믿고자 나온 모든 각 사람을 비유하신 것으로 이해하면 되겠습니다.

임금은 자기의 종들을 자기 뜻대로 다스립니다. 또한 종은 임금의 뜻을 헤아리고 마음을 살펴 임금에게 성실로 충성하면 임금이 상을 내려 칭찬하고 임금의 나라에 존귀한 직분을 내려 나라의 일을 맡깁니다. 그러나 불성실하고 불충한 자는 그에 응당한 벌을 내립니다. 그와 같이 하나님께서 종들과 즉 이스라엘과 회계할 것이요 예수님을 믿는다는 모든 각 사람들하고도 회계한다고 하시는 겁니다. 반드시 셈하신다는 말입니다. 왜냐? 자기가 하나님께 빚진 자라는 것을 아는 자, 하나님께 대하여 자신이 죄인임을 아는 자와 회계하는 것이 천국이기 때문입니다. 그러므로 하나님과 회계하여 탕감을 받은 것이 그의 천국입니다. 그러나 하나님의 회계에 탕감받지 못한 것은 하나님께서 옥졸들에게 부쳐버린다는 것입니다. 옥졸은 마귀를 비유한 것입니다. 사단에게 부쳐버린다는 거예요. 여러분이 예수님을 믿는다면 여러분 개개인과 반드시 회계하신다는 말입니다. 회계할 때 하나님은 빚진 것을 탕감해줬는데 탕감받지 않고 그대로 빚진 상태로 있으면 빚 갚으라고 옥졸들에게 부쳐버리겠다는 뜻입니다.

하늘의 생명을 얻게 하시고자 그 생명을 사모하는 영으로 지은바 된 사람은 온 곳으로 돌아가야 합니다. 그 생명을 사모하는 영의 소원을 따라 하나님께로 인도를 받아 나와 말씀을 들으니 자기를 지으신 하나님의 생명을 얻어야 살게 된 자기를 알게 됩니다. 그러나 자기는 자기를 지으신 하나님께 범죄한 죄인이라는 것도 알게 됩니다. 그 죄를 가지고는 생명을 얻어 온 곳으로 들어갈 수가 없다는 것도 알게 됩니다. 그런데 그 죄는 그냥 없어지는 것이 아니요 지워지는 것도 아니요 죄를 닦아 보겠다고 열심을 다해 수양을 하고 고행을 해도 해결되지 않는 것도 알게 됩니다. 내가 언제 죄를 지었느냐고 따져 본다고 해도 소용없는 것이요 자기가 자기의 죄의 값을 반드시 치러야 한다는 것입니다. 반드시 죄의 값을 치러야만 생명을 얻고 온 곳으로 돌아갈 수가 있는데 그러나 치르지 않을 방법이 인간 자기에게는 도무지 없다는 것입니다. 자기의 모든 소유를 다 팔아도 처와 자식을 일생 종으로 팔아도 도무지 갚을 수 없다는 것입니다. 결국 자기의 죄 값을 누군가가 치러서 그 죄에서 구원해주지 않으면 영원한 심판에 들어가야 하는 것임을 알게 된 것입니다.

그래서 '빚진 것이 일만 달란트'라고 하는 것은 그 죄의 값을 계산하고 셈을 해보니 도무지 인간이 갚을 수 없는 빚이라는 비유입니다. 25에 회계하려고 일만 달란트 빚진 자 데려오니 갚을 것이 없는지라 했잖습니까? 자기로서는 갚을 수도 없고 갚을 것이 없다. 갚을 것이 없다는 것은 이 세상 것으로는 없다 그 말입니다. 26에 내게 참으소서 다 갚으리이다 한 것은 갚을 수 있기 때문에 갚는다는 말이 아니라 갚아야 하는 빚이라는 것을 자기 영이 안다는 말입니다. 알기 때문에 참아 주시면 갚겠다고 호소한 거예요. 통사정하고 빌었다는 말입니다.

  25에 주인이 명하여 그 몸과 처와 자식들과 모든 소유를 다 팔아 갚게 하라 한 것은 다 팔면 갚을 수 있기 때문에 팔아서 갚으라고 한 것 아닙니다. 자신도 자기의 빚을 갚을 방법이 없듯이 처도 자식도 다 빚진 자라, 자기의 빚은 처가 대신 치를 수도 없고 자식이 대신 치를 수도 없다는 것을 말하는 뜻입니다 종이 진 빚은 곧 처도 같은 빚이요 자식도 같은 빚입니다. 어느 누구도 사람 중에는 빚을 갚을 자 없다는 것 똑같은 빚을 졌으니 하나님께 진 빚은 개개인이 회계할 빚이라는 것이요 또한 천하를 가져다 내놓는다 해도 갚을 수 없는 것을 말씀하시는 뜻입니다. 그래서 주인의 계산에는 종에게는 갚을 것이 없는 것을 알기에 또 갚을 수도 없는 것을 알기에 참아 달라고 비는 그를 불쌍히 여겨 빚을 아예 탕감해 주었다고 했습니다.
  이처럼 하나님께 범죄한 인간은 자기 힘으로 그 죄를 해결할 수 없기 때문에 하나님이 친히 죄를 대신 갚아주시는 은혜를 베풀어 아주 깨끗이 용서해 버리셨습니다. 지금 예배드리는 여러분은 예수님을 믿으시는 이유가 무엇입니까? 자기가 하나님이 말씀하시는 죄인인 것을 알기 때문에 그 죄를 용서해 주시고 구원해 주신 예수님을 자기의 구주로 믿어 말씀대로 살기 위해서 예배드리는 것입니까? 오늘 빚을 탕감받은 자는 자기가 빚진 자요 반드시 갚아야 할 빚임을 알고 주인에게 겸손히 엎드려 절하며 내게 참으시면 다 갚겠다고 했습니다. 그렇기에 그가 불쌍히 여김을 받고 빚이 없는 것처럼 깨끗이 탕감 받게 되었습니다. 물론 이것은 세상 것으로는, 세상에는 갚을 수 있는 것이 없고 방법은 하나님께 있기 때문에 하나님이 탕감해주셔야 하는 일입니다. 그러나 인간이 하나님께 탕감받지 않으면 그 빚은 영원히 있게 되어 영원한 옥에 갇힌다는 것을 알라는 뜻입니다.

 여러분도 '너는 네 죄로 인하여 네 본 곳으로 돌아갈 수 없는 죄인이니 사단이 들어갈 불못으로 함께 떨어지게 되었다'는 하나님의 진단을 절대로 인정하고 그 죄인임을 진심으로 고백하셨습니까? 예수님이 그 모든 죄에서 건지신 유일한 구주이신 것을 믿고 구주로 영접하여 모셔 들였습니까? 그러면 분명히 하나님께 죄 용서를 받았습니다. 자기가 하나님이 말씀하시는 죄인인 것을 진심으로 인정하고 고백하였기 때문에 용서받게 된 것입니다. 그래서 사람이 스스로 해결할 수 없는 것임을 알게 하신 하나님께서 우리가 죄를 알고 고백하니 예수님의 죄 용서의 은혜를 입게 하시고 깨끗이 용서해 버리신 것입니다.

 그런데 빚을 탕감받은 종이 자기의 큰 빚을 탕감받고 나가서 뭐했습니까? 자기에게 일백 데나리온 빚진 자를 만나 목을 잡고 빚 갚으라고 했다는 것입니다. 엎드려서 간절하게 참아 달라고, 그러면 갚겠다고 했지만 빚을 갚도록 옥에다 가두어 버렸다는 것입니다. 이 사실을 주인이 전해 듣고 노하여 그 빚을 다 갚도록 저를 옥졸들에게 부쳤다고 했습니다. 탕감해 주었던 것을 무효로 하고 빚진 것을 다 갚으라 했다는 말입니다. 무효가 됐다는 것입니다. 무효!

 자 그러니까 오늘 말씀에서 우리가 분명히 깨달아야 하는 것이 무엇입니까? 하나님과의 회계는 어디까지 말하는 것인지를 알 수 있지 않습니까? 답이 확실히 나온 것 아닙니까? 나와 같은 동관까지, 다시 말하면 나와 관계된 사람들의 잘못을 용서하는 것까지를 말하는 것입니다. 여기서 동관은 한 사무실에서 같이 일하는 사람 한 직장의 동료라는 그런 뜻이 아니고 나도 하나님께 용서받지 않으면 지옥 가는 죄인이요 그도 하나님께 용서받지 않으면 지옥 가는 죄인으로 저나 나나 하나님이 보실 땐 똑같은 처지에 있는 자라는 뜻입니다. 하나님께 용서받아야 할 같은 처지에 놓인 나와 관계된 사람이라는 말입니다.

그러니까 천국은 하나님께서 나와 회계하실 때에 죄인임을 고백하여 용서를 구하는 나를 불쌍히 여겨 무조건 용서해 주신 것처럼 나도 나와 관계된 사람들과 절대로 회계해야 하는데 회계할 때에 내게 잘못을 범하여 해를 끼친 사람, 도저히 용서할 수 없는 원수와 같은 동관들이 있어 내 마음에 두고 있는 용서하지 못하는 것이 있다면 용서부터 해야 하는 것입니다. 내가 용서해야 할 일이면 내 용서가 필요한 사람이면 무조건 용서해야 하는 것이요 사람과의 관계에서 용서를 받아야 할 것이면 용서를 청하여 그가 나를 원수로 여기지 않는 관계로 나가야 합니다. 나와 관계된 동관들과 용서하고 용서를 받는 것으로 화해를 이룸으로써 자기가 하나님께 용서받은 자인 것을 드러내는 것이 곧 천국이요 세마포를 입게 하신 옳은 행실입니다. 여러분! 아셨습니까?

우리가 죽어도 용서 못할 것 같은 사람도 나를 영원한 지옥에서 건져 용서하시고 천국을 주신 하나님의 은혜가 얼마나 큰지를 안다면 내게 주신 은혜가 너무 크기 때문에 그런 것쯤이야 용서 못할 것 없습니다. 하나님께 내가 용서받은 이 은혜의 크기를 안다면 용서받은 이 은혜가 얼마나 큰 복인가를 안다면 그래서 내가 하나님께 용서받았다는 그 기쁨이 영혼에 있다면 내게 능력 주시는 자 안에서 나에게 해 끼친 사람을 용서할 능력도 함께 있는 것입니다.

오늘 말씀 30에서 **빚을 갚도록 옥에 가두거늘** 하니까 여러분께서 또 생각하기를 저런 건물로 지어진 곳 죄지은 사람을 가두어 놓는 눈에 보이는 그런 감옥을 말하는 줄로 생각하면 안 됩니다. 30에서 말씀하는 옥은 바로 자기 마음을 말합니다. 용서하지 못하는 원한의 마음을 말하는 것입니다. 용서하지 못하는 그 원한을 마음에 두거나 꽁꽁 묶어놓은 것을 바로 옥이라 하는 겁니다. 풀지 않는 자기 마음, 원수를 맺고 있는 자기 마음, 용서하지 못하는 마음, 미움을 품고 있는 자기 마음이 바로 옥입니다. 자기 마음에 옥을 두고 미움과 원한으로 가두어 놓고 내가 죽어도 용서할 수 없다고 내가 어떻게 그것을 용서하겠느냐고 한다면 그것은 자기가 하나님의 용서를 거절하고 하나님의 심판을 받아들이겠다는 것을 말하는 것입니다.

'내가 저 사람 때문에 얼마나 상처를 받았는데요. 그냥 용서해 버린다면 내가 너무 억울해요.' 그래도 용서해 버리십시오. 마음의 옥을 허물어 버리십시오. 그래야 자기 영혼이 자유를 얻고 천국이 자기의 것이 되는 것입니다. '내가 저 사람 때문에 내 인생을 망쳤는데 그런데 용서가 되나요?' 아니, 인생망치지 않았어요. 영원한 불지옥에 가야할 것에 비교하면 아무것도 아닙니다. 하나님의 용서를 거절할 용기 있으면 용서하지 않아도 됩니다. 천국을 버리고 그냥 사단을 따라 지옥으로 떨어지겠다면 용서가 뭐 필요하겠습니까. 하나님께서 나 같은 죄인을 용서해 주시고 그 지옥의 심판에서 건져 영생의 나라를 주셨다는 이 감사를 아는 자만이 용서하는 것인데 이 엄청난 용서의 은혜를 모른다면 어떻게 용서가 되겠습니까? 은혜입은 자는 그것을 용서 못할 이유 없는 것입니다. 용서하지 못하는 옥을 자기 마음에 두고 있다면 그것은 자기 자신을 파멸로 이끄는 것입니다. 지옥으로 들어가겠다고 자청하는 일입니다. 다 망할 육 죽은 육에서 난 것이요. 자기에게서 난 육의 싸움이요. 이기심에서 난 것이요. 이기려는 데서 난 마귀요. 사단의 것입니다. 예수님이 십자가에 못 박아 다 죽음에 내줘버린 것입니다. 사단의 것이니 사단의 것으로 돌려줘버린 것들입니다.

요일3:15에 그 형제를 미워하는 자마다 살인하는 자니 살인하는 자마다 영생이 그 속에 거하지 아니하는 것을 너희가 아는 바라 했습니다. 마음에다 옥을 두고 있으면 미움이나 원한으로 용서하지 않고 자기 마음에 품고 있으면 그곳엔 천국이 없다는 것입니다. 천국은 용서에 있다는 것입니다. 그러므로 우리 마음에 어떤 옥도 허락해서는 안 됩니다. 마음에서 깨끗이 헐어버리고 천국의 영생으로 지배받아야 합니다. 천국의 영생을 채워가야 합니다. 천국이 자기 안에 있어야 하는 거예요. 기뻐야 합니다. 자유케 돼야 합니다. 누구하고도 스스로 원수 맺는 일이 없어야 합니다. 그래서 하나님의 용서를 받은 증거는, 성전으로 세마포를 입었다는 증거는 바로 용서로 나타나는 것입니다. 자기 마음에 지어놓은 옥을 헐고 용서가 나타나야 그가 하나님께 용서받은 것입니다. 하나님의 용서의 완성 용서받은 증거는 용서가 드러나는 것에 있습니다. 그것이 천국입니다.

마6:14,15에 사람끼리의 잘못을 범한 것은 과실이라고 표현했습니다. 과실이라는 것은 저 사람이 나에게 큰 잘못을 했어도 그것 때문에 저 사람이 지옥 가는 것은 아니라는 뜻입니다. 또한 내가 저 사람에게 큰 해를 입혔어도 그것 때문에 지옥 가는 것은 아니라는 겁니다 (이것은 예수님 믿기 전에 해당입니다.). 그러나 하나님께 지옥으로 들어가게 된 죄를 용서받은 내가 사람끼리의 상대적인 이 과실들은, 다시 말하면 저 사람이 내게 잘못한 과실을 하나님께 용서받은 내 쪽에서 깨끗이 용서해야만 그것이 하나님과의 관계에도 용서의 관계로 열리게 되고 하나님께서 내 과실도 용서하시게 된다는 것입니다. 그래서 용서가 완전해야 천국입니다. 하나님께 용서받은 그 기쁨 때문에 자기 마음에 세운 옥을 헐어버리고 용서하면 자기에게 너무나 큰 자유가 되고 기쁨이 샘솟는 것입니다. 영적으로 대단한 자유를 얻으니 아주 가벼운 것입니다. 만약에 자기 마음에다 누군가를 가두어 놓고 미워하고 원한을 가진 옥을 두고 있으면 그것은 하나님과 아직도 원수 관계로 있게 되는 것입니다. 원수 관계! 예수님을 믿는 증거가 뭡니까? 세마포가 나타나야 증거입니다. 그 증거가 없으면 성전이 이루어지지 않았다는 것이니 그에게는 천국이 없습니다. 영생이 없습니다.

그러니 나타나는 증상들이 있습니다. 마음이 우울감에 사로잡혀있고 매사를 비관적으로 봅니다. 자기 고집의 완고함이 있습니다. 자기가 지금 고통 받는 것은 다 누구 때문이라는 과거에 상처들을 껴안고 자기 연민에 빠져있습니다. 육체에 질병들이 들어와 고통을 받습니다. 봄이 특별한 승상도 없는데 아프고 질병에 시달림이 있는 것은 용서의 문제가 걸려 있기 때문입니다. '용서했는데요.' 아니요! 무의식 속에다 잘 가둬 놓았습니다. 그 속에다 놔뒀어요. 그리고 어느 날 또 못마땅한 것을 만나면 자기 속에서 올립니다. 그 때문에 저 때문에 내 인생이 이렇게 힘들어 아주 잠잠히 있다가도 편안하고 좋을 땐 안 올라오지요. 뭐가 힘들다 싶으면 용서하지 못한 것을 무의식 속에다 묶어 깊은 옥에 넣어 놨기 때문에 아닌 것처럼 하고 있다가 어떤 계기가 되면 올라오는 것입니다. 옥의 요새를 단단히 붙잡고 있는 것입니다.

시109:17,18에 저가 저주하기를 좋아하더니 그것이 자기에게 임하고 축복하기를 기뻐 아니하더니 복이 저를 멀리 떠났으며 또 저주하기를 옷 입듯 하더니 저주가 물같이 그 내부에 들어가며 기름같이 그 뼈에 들어갔나이다 했습니다. 마음에 미움과 원한이 차 있으면 저주가 그 속에 있게 되니 자동으로 저주가 나가게 되어 있습니다. 그런데 그것이 상대에게 들어가는 것이 아니라 자기에게 돌아온다는 것입니다. 마음의 품고 있는 것과 입의 말이 독소가 되어 물같이 자기 내부로 들어가고 그다음 기름처럼 그 뼈로 들어간다는 겁니다. 마음이 병들고 육체가 병들고 뼈까지 병이 든다는 겁니다. 복이 저를 멀리 떠났다고 했으니 생활이 다람쥐 쳇바퀴 돌듯 바쁘고 분주하기만 했지 생활에 복이 없습니다. 그래서 결국 자기 자신을 불행하게 만들 뿐만 아니라 주변의 모든 관계까지도 같이 불행을 겪게 하는 자가 되는 것입니다.

그리고 이 용서가 해결되지 않고 마음에 옥을 두고 있으면 기도의 능력은 없는 것으로 말씀하셨습니다. 기도를 못 한다는 것이 아니라 하나님이 듣지 않으신다는 말입니다. 막11:25에 서서 기도할 때에 아무에게나 혐의가 있거든 용서하라 하셨습니다. 그래서 어느 누구라도 마음에서 용서 못하는 것들 미움과 원한의 마음들을 다 깨끗하게 청소해 버려야 합니다. 깨끗하게 비워야 합니다. 아주 자유케 돼야 합니다. 그것은 다 육이 맺는 원수 마귀의 것일 뿐입니다. 믿음의 사람으로 하나님의 성전이면 용서받았으므로 또한 깨끗이 용서하는 것으로 드러나는 것이지 성소는 용서하지 못한 것이 없습니다.

성소에는 옥이 없습니다. 그래서 예수님의 은혜를 입었다고 예수님 믿고 구원받았다고 하는 사람이 성전에 없는 육에서 맺은 것들로 용서에 걸려 있으면 그것은 용서받은 것을 거절하는 뜻이 되어서 임금이 어떻게 한다는 것입니까? 34에 **주인이 노하여 그 빚을 다 갚도록 저를 옥졸들에게 부치니라** 용서받은 그 큰 은혜를 안다면 용서 못할 이유가 없는 것이니 그러므로 용서에 걸렸으면 그것은 하나님의 용서를 받지 않겠다는 것이니 마귀의 손에 넘겨지게 된다고 하는 말씀입니다. 하나님이 우리를 용서하신 것은 완전한 용서입니다. 그 완전한 용서가 각 사람에게 완전케 되는 것은 나와 관계되는 사람들과 잘못 맺은 것들을 다 용서하는 것으로 되는 것입니다. 그것이 예수님을 드러내는 것이 되고 천국이 저에게 있다고 하는 것입니다.

그 용서의 깊이가 얼마만큼 인가? '일곱 번뿐 아니라 일흔 번씩 일곱 번이라도' 하라 하셨습니다. 숫자에 의미가 아니에요. $7 \times 70 = 490$ 이것을 말씀하는 것이 아니다 말입니다. 수학 공식에 대한 것이 아니에요. 하나님의 용서가 완전하시니 너도 용서에 완전하라는 말씀입니다. 예수님은 '용서에 완전하라'는 말씀을 일흔 번씩 일곱 번이라는 것으로 말씀하셨습니다. 완전함을 말씀하신 것이라는 것 다시 강조합니다. 그까짓 육체의 것들, 육에서 나는 것들을 두고 영생을 버릴 것이 뭐 있습니까? 천국은 이런 원수 맺는 것 없습니다. 천국은 원한의 관계가 없습니다. 아무리 내게 해 끼쳤어도 내가 용서받은 이 은혜 때문에 용서로 마음을 깨끗이 하여 천국이 되어야 합니다. 참으로 영생을 택하는 지혜가 되기를 바랍니다.

용서에 대해서 이 정도만 말씀드려도 깨닫지 못할 이유 없다고 생각합니다. 어느 누구의 용서의 간증을 듣는 것이 필요한 것이 아닙니다. 그런 간증 들으면서 감성적인 눈물이나 흘리는 것 가지고 능력 되는 것 아니에요. 용서에는 방법론이라는 것도 필요치 않아요. 네가 죽을 죄인으로 영영한 지옥의 불구덩이로 떨어질 자가 아니었더냐? 더럽고 추하고 교만하고 이기적인 죄의 정욕으로 가득한 그 흉악한 죄인인 너를 예수님의 피로 씻어 죄 없다 하시고 의롭다 하셔서 영생의 복된 나라에 들이시는 그 용서의 은혜로 인하여 용서 못할 것이 아무것도 없더라 하는 것일 뿐입니다. 아셨습니까? 지금까지 이 용서에 대한 말씀은 성막 뜰의 일, 번제단과 물두멍에 관계되는 말씀이었습니다. 용서를 받았으므로 용서에 걸리지 않는 자가 성소에 들어갈 수 있는 것이요. 하나님의 용서가 완전하니 내게서도 용서가 완전하게 나타나는 것이 곧 세마포를 입은 것이요 옳은 행실인 것입니다. 그러므로 그 하나님의 용서가 여러분이 입은 용서가 되었고 그 은혜로 인하여 마음에 옥을 두지 않는 천국이 되기를 진심으로 바라면서 말씀을 맺습니다.

여러분 천국이 되십시오. 오늘도 말씀으로 우리에게 가르쳐 이르시고 하늘의 귀한 영광의 큰 능력을 입게 하신 아버지와 예수님과 성영님께 무한한 감사를 올려드립니다. 아멘

은과 놋 10
예수님을 비추는 빛이라

⁹그가 또 뜰을 만들었으니 남으로 뜰의 남편에는 세마포 포장이 백 규빗이라 ¹⁰그 기둥이 스물이며 그 받침이 스물이니 놋이요 기둥의 갈고리와 가름대는 은이며 ¹¹그 북편에도 백 규빗이라 그 기둥이 스물이며 그 받침이 스물이니 놋이요 기둥의 갈고리와 가름대는 은이며 ¹²서편의 포장은 오십 규빗이라 그 기둥이 열이요 받침이 열이며 기둥의 갈고리와 가름대는 은이며 ¹³동으로 동편에도 오십 규빗이라 ¹⁴문 이편의 포장이 십오 규빗이요 그 기둥이 셋이요 받침이 셋이며 ¹⁵문 저편도 그와 같으니 뜰 문 이편 저편의 포장이 십오 규빗씩이요 그 기둥이 셋씩 받침이 셋씩이라 ¹⁶뜰 사면의 포장은 세마포요 ¹⁷기둥 받침은 놋이요 기둥의 갈고리와 가름대는 은이요 기둥머리 싸개는 은이며 뜰의 모든 기둥에 은 가름대를 꿰었으며

(출38:9-17)

오늘 이 말씀으로 성전의 모든 말씀은 마치게 됩니다. 수 개 월 동

안 20편 정도의 분량으로 성전의 말씀을 다뤄드렸고 한주에 한편씩 하게 되었으니 여러분이 한주동안 되새김질 할 수 있었을 것이라 생각합니다. 여러분 믿음에 큰 유익이 되었기를 바랍니다.

오늘 읽은 본문은 성전 담에 대한 것으로써 이제 자기의 믿음이 하나님의 뜻대로 된 믿음인가 하는 것을 사람들이 보고 평가하는 곳입니다.

울타리의 재료는 세마포장인데 기둥은 놋으로 되었고 그 기둥의 머리는 은으로 쌌다하였고 또 세마포장을 양 기둥에 연결하려면 기둥 사이에 갈고리가 있어야 하겠지요? 그 갈고리는 은이고 갈고리를 연결하는 가름대도 은이라고 했습니다. 그래서 오늘은 이 세마포장에 사용된 놋과 은에 대해서 함께 살펴보겠습니다. 여러분이 이해를 잘 해야 합니다. 기둥과 다음 기둥까지 연결하는 것은 세마포장이고 위에 그것을 연결하는 가름대는 은으로 되어 있고 그 기둥머리도 은으로 싸라 해서 세마포장을 제외하고는 다 은과 놋입니다. 이해되었지요?

복음이라고 하는 것은 사람이 하나님께 범한 죄악으로 '죄의 삯은 사망'이라는 하나님의 법에 걸려서 영원한 형벌에 처해졌는데 예수님께서 그 형벌을 대신하여 심판을 받아 주셨으므로 죄가 사해졌다는 것 그 죄에서 용서받고 이제 사람이 지옥 가지 않게 됐다는 것 하나님 나라에 들어가 영생하는 생명을 얻게 됐다는 이것을 복음이라고 합니다.

하나님께서는 모든 사람이 이 복된 복음 안에 들어오게 하시기 위해 이스라엘을 들어 하나님께서 인간을 찾아 내려오신 것을 알리는 통로가 되게 하셨고 예루살렘 성전을 통해 하나님의 뜻을 가르쳐 보이신 것이 되었습니다. 그러므로 이제는 온 세상에 이 사실이 알려진 바가 되어 구주 예수님의 소식을 듣지 못한 곳이 없게 되었습니다. 하여 듣는 자는 살 것이요 듣지 않는 자는 말씀대로 영 죽음으로 들어갈 것입니다.

이제 우리는 성전의 말씀을 들으면서 그 성전의 뜻이 우리 안에 이루어져 우리로 성전이 되게 하는 데 있음을 잘 알게 되었습니다. 그런데 하나님의 뜻은 구원에 머무르라는 것이 아니라 삶으로 하나님의 영광을 드러내고 이름에 영광을 돌리는 것까지인 것을 성전 울타리의 기둥을 세우고 포장을 치게 하신 것으로 알게 하셨습니다. 그렇기에 성도는 삶의 목적이 자신의 것에 있는 것이 아니라 하나님의 이름에 영광을 돌리는 것에다 둔 것임을 의미합니다.

믿는 사람들이 자칫 자기 기분에 치우쳐서 자기에게 기쁨이 있으면 하나님이 나와 함께하신다고 좋아했다가 기쁨이 없으면 하나님이 나와 함께하시지 않는다고 생각하고 있습니다. 그러나 신앙은 내 감각과 기분과는 상관없는 것이요 그것들을 초월한 것임을 말합니다. 그 신앙만이 성영님의 기쁨을 가진 성도입니다.

수십 년 신앙생활을 한 사람이 저에게 말하기를 주일날 예배드리러 갈 때 자기가 하나님께 잘한 것이 있다는 생각이 있거나 또는 헌금을 좀 넉넉히 내서 뇌넌 하나님에서 자기 예배를 기쁘게 빌으실 것 같다는 생각이 든다고 했습니다. 그럴 때는 자기 마음이 아주 기쁘고 평안한데 그런데 자기가 하나님께 한 것이 없는 것 같아 하나님이 기쁘게 안 받으실 것 같다는 생각이 들 때면 자기 마음이 틀림없이 편하지 않으니 하나님이 예배를 안 받으시는 것으로 느낀다는 것입니다. 그런 때는 자꾸 졸음만 쏟아져서 비몽사몽으로 하나님이 받지 않으신 예배 드리고 온다고 했습니다.

그것을 자기가 깨달았다는 듯이 자랑처럼 내게도 그럴 때 있지 않으냐고 물었습니다. 여러분은 어떻습니까? 지금 이 같은 것이 하나님을 아는 것입니까? 하나님 뜻에 합당한 예배 생활입니까? 아닙니다. 절대로 아닙니다. 그것이 자기만족이요 자기감정이요 자기도취입니다. 자기 공로 가지고 자기가 하나님께 나가는 것입니다. 분명히 아십시오. 이것은 가인의 제사입니다. 자기 속에 하나님 계시지 않는 종교인입니다. 자기가 자기기분으로 나오는데 그것이 믿음입니까? 이것이 수십 년 아주 큰 교회라 하는 곳에서 신앙생활 한 사람에게서 나온 말입니다.

하나님께서는 사람이 하나님께 잘한 것이 있기 때문에 만나주신 것 아닙니다. 잘한 것과는 전혀 관계없이 예수님의 피 흘리신 십자가 대속의 은혜를 입고 그 은혜로 말미암아 구원 얻은 자의 그 믿음의 예배를 받으시는 것입니다. 절대로 자기의 잘한 것과는 상관이 없습니다. 예수님 때문에 받는 것이란 말입니다. 참으로 많은 사람들이 예수님으로 예배 나오는 것이 아니라 자기가 나오고 있습니다. 분명히 예수님 믿는다고 말들은 하지만 자기 방식의 믿음들이 되어 있습니다. 하나님께 예배하러 나오는 것은 예수 그리스도의 피 흘려주신 그 은혜 때문입니다. 자기 기분과 상관없이 예수 그리스도로 말미암아 예배드리는 능력으로 온전히 세워져야 합니다. '예수님의 십자가의 피 흘려주신 공로와 부활하신 생명의 은혜를 입고 예수님의 이름으로 예배드립니다.'하면 그 예배에 영광을 받으시는 것이지, 자기 기분 따르는 것 아닙니다.

예수님은 믿는다면서도 자기 기분으로 자기가 나와 예배한다고 하니 자기가 잘한 것이 있으면 기쁜 것 같고 자기가 잘못한 것 같으면 기쁘지 않는 것 그것은 하나님과 관계없는 완전히 종교인입니다. 만약에 하나님께서 우리의 잘한 것 가지고 나와야 우리를 만나시겠다고 했다면 가인의 제사가 실패할 이유도 없고 예수님이 오셔야 할 이유도 없고 하나님은 세상의 신들과 같은 신에 속할 것밖에는 없습니다.

　하나님께서 만약에 저에게 말입니다. 너의 잘한 것 가지고 나오라 하셨다면 나는 아무 것도 내놓을 것이 없는 불쌍한 자라서 큰일입니다. 나는 날이 갈수록 나를 보니 내게서 보이는 것은 다 무가치한 것뿐이더라는 겁니다. 그래서 예수님이 얼마나 감사한지 모릅니다. 오늘도 저는 예수님의 십자가의 '다 이루었다.' 하심을 내 능력으로 가지고 기쁘게 예배드립니다. '아버지 예수님의 공로 그 피가 내게 있으니 나는 오늘도 예수님의 피로 내 죄를 씻어 주셨고 허물이 있고 마음으로 지은 죄 알고도 지은 죄 부지중에 지은 모든 죄들을 예수님의 피가 깨끗이 씻어주시니 어엿이 예수님의 이름으로 아버지께 나와 이렇게 예배드리니 너무나 감사합니다.'하고 예배드리는 것입니다. 그러니 여러분도 다 여기에 아멘이지 않겠습니까? 여러분이 자기 잘한 것 가지고 나온다면 하나님은 절대로 볼 수 없습니다. 아시겠어요?

　그러므로 예배에 대한 믿음을 분명히 하기 바랍니다. 참으로 믿음을 똑바로 가져야 합니다. 우리가 성전이신 예수 그리스도 안에 들어가려면 또 성전이 이뤄지려면 제일 먼저 예수 그리스도의 흘리신 피를 만나서 그 귀하신 내 죄 사해주신 피를 만나고 가져야 한다고 분명히 말씀드렸습니다. 예수님의 피는 안중에 두지 않고 관심 없고 다른 것들을 붙들고 있다면 예수님 안에 들어갈 수 없습니다. 병 나음을 얻었어도 기도의 응답을 수십 번 수백 번 받았어도 그것으로 예수님 안에 들어가는 조건은 아닙니다. 예수님 안에 들어가 하나님을 만날 수 있는 조건은 먼저 예수 그리스도의 피를 만나서 죄 용서받은 증거로 예수님의 피를 가져야 합니다. 하나님이 우리를 사랑하신다는 그 증거는 예수님으로 피 흘리게 하셨다는 것을 말합니다. 그래서 신앙생활의 첫

걸음 예수님을 만날 수 있는 이것부터 확실히 깨닫고 믿음이 되어야 합니다.

그다음 말씀을 통해 자신을 비추어 죄를 버리고 하나님께서 기뻐하시는 모습으로 바뀌어 가려고 하는 결단과 소원과 몸부림의 수고가 있어야 합니다. 그리고 성영님을 인정하여 모셔 들이고 성영님의 인도를 받으며 성영님의 소원을 따라서 움직여 나가야 합니다. 그러나 말씀에 비추어 자신을 거룩케 하는 데 힘쓰지 않는 것은 세상과 죄와 짝하며 육을 위해 살기를 원하기 때문일 것이니 성영님의 인도를 받을 수 없을뿐더러 음성도 들을 수 없습니다. 믿음을 위해 거룩함에 들고자 성영님의 도우심을 구하여 힘쓰는 자가 성영님의 음성을 들을 수 있습니다. 성영님의 인도를 받고 성영님을 따르는 것이 곧 예수님과 화목 하는 것이요 예수님 안에서 하나님께 십일조의 믿음이 되고 하나님의 뜻을 구하여 기도함으로 능력을 힘입고 예수님과 화목으로 연합을 이루는 이것이 하나님의 뜻이요 믿음입니다. 그러므로 세마포의 옳은 행실로 성전을 드러내는 것이 하나님께 영광 돌리는 삶인 것입니다.

그래서 하나님의 뜻이 무엇인지 알려고 기도 받겠다고 여기저기 다니는 것은 무당 쫓아다니는 것과 똑같습니다. 그것은 어리석은 일입니다. 나를 향하신 하나님의 뜻이 무엇인가? 내가 왜 고난을 받는가?는 각자 자기 신앙에서 문제를 찾아야 합니다. 자기를 지으신 하나님을 참으로 인정하여 믿는가? 자기가 하나님이 말씀하시는 죄인임을 진정으로 인정하는가? 예수님의 피를 믿음으로 가졌는가? 하나님의 말씀을 통해 나를 비추어 보고 회개하며 버릴 것은 버리고 있는가? 말씀대로 살고자 하여 죄라고 하는 것들을 버리고 있는가? 성영님의 인도함을 받고 있는가? 하나님께 화목제물을 드리고 기도하며 화목하고 있는가? 하는 이 성전의 과정에서 자기의 잘못된 것이 무엇인가를 찾아야 하고 성영님의 도우심을 구하여 기도하는 것입니다. 자기 문제는 자기가 알아야지 누구에게 물어보러 다니겠습니까? 그럴 때 성영님께서 그것을 깨닫게 하시고 '아 이렇게 살면 안 되겠구나. 이것을 하나님께서 원하시는구나. 내게 주신 사명이 이것이구나.'를 알게 되기 때문에 성전으로 능력을 갖춰가는 것입니다. 성영님과 교제 교통하며 영적 경험을 갖게 되므로 믿음을 확실히 하고 나갈 수 있는 밝음의 능력이 되는 것입니다.

그러면 성전 기둥머리를 은으로 입히고 그 가름대와 갈고리를 은으로 만들고 기둥을 놋으로 사용하신 것을 통하여 가르쳐 주시는 뜻이 무엇인지를 살펴보겠습니다. 성경을 보면 예루살렘 성전에 갈 때마다 '예루살렘에 올라간다.' '성전에 올라간다.'고 표현했습니다. 하나님께서 솔로몬에게 성전을 예루살렘 정중앙 해발 760m 정도 되는 곳에다 지으라 하셨기 때문에 사방에서 성전을 볼 수가 있을 정도의 높은 위치에 있었습니다. 그래서 사람이 '성전에 올라간다. 예루살렘에 올라간다.'고 표현한 것입니다. 그것은 하늘의 하나님께서는 땅에 내려오셨고 사람은 그 하나님께로 올라가야 한다는 것을 의미합니다.

하나님께서 모세에게 성막 뜰의 포장을 치라 하시고 기둥머리와 기둥 가름대를 은으로 싸라 하신 것은 여러분! 은이 뭡니까? 저 길에 굴러다니는 것입니까? 순은을 만들기 위해서는 광산에서 채집하여 풀무불에 몇 번 들어갔다 정제되어 나오는 것입니다. 그럼 세마포는 뭡니까? 광목과 같은 것인데 옷을 짓기 위해 삼이라는 일년초 식물의 대를 쪄서 껍질을 채취하여 그것을 계속 잿물에 담갔다 넣었다 반복합니다. 그러면 짙은 누런색이 점차 연하게 바래집니다. 그것을 가늘게 찢어서

실을 삼아 베틀에서 천을 짭니다.

그런데 그 천으로 옷을 지으면 누리끼리하고 좀 거칠기 때문에 그냥 옷을 지어 입기도 하지만 볼품이 없습니다. 그 상태는 내다 팔아도 큰 값을 받지 못해요. 그것을 고가품의 천이 되게 하려면 누리끼리한 색을 빼고 깨끗한 하얀색이 나오게 해야 합니다. 그러기 위해서는 또다시 잿물에 담갔다 햇빛에 널었다 하는 일을 계속 반복해주어야 점차 하얗게 바래집니다. 이 과정을 통해 마침내 흰옷을 지어 입을 수 있게 되는 겁니다. 제가 왜 이 은과 세마포의 제조를 이야기하는가 하면 은은 풀무 불에 몇 번 들어갔다가 나와야 순은이 나오고 세마포는 잿물에 넣었다 건졌다 반복해야 희고 깨끗한 세마포가 되는 이런 어려운 공정을 거쳐서 나오는 것이기에 그것처럼 하나님의 백성에게 이런 신앙의 연단이 있다는 것과 그 연단을 거쳐 비로소 순은이 되듯 그 신앙의 빛이 드러나고 빛이 누구예요? 예수님 흰옷을 입게 되는 것임을 그같이 세마포로 뜰의 포장을 치고 은을 씌우는 것으로 뜻을 깨닫도록 하셨다는 것을 말하기 위해서입니다.

모세가 포장을 칠 때는 연단되지 않은 세마포로 사용이 되었지만 계시록에서는 "빛나고 깨끗한 세마포를 입게 하셨은즉"해서 잿물에 세마포가 희게 되어 나오듯이 신앙의 연단을 통해 나온 성도들은 그렇게 빛나고 깨끗한 세마포를 입게 하셨다는 것을 알 수가 있습니다. 큰 영광에 들어간 것입니다. 시편66편에 **우리를 시험하시되 우리를 단련하시기를 은을 단련함같이 하셨다고** 했습니다. 신앙을 단련하시는 그 시험을 은을 단련함같이 하셨다고 하셨어요. 죄의 노예가 되고 사단의 종이 된 그 근성을 뿌리째 뽑아내고 육의 찌꺼기까지도 다 걸러내시기 위한 연단을 하신다는 뜻입니다. 그러니까 여러분이 첫째는 세마포와 은이 이런 연단의 뜻을 가졌고 그다음 연단으로 희고 깨끗한 세마포를 입게 하신다는 것과 연단으로 단련되어서 나온 순은, 즉 성전의 관계가 되어 예수님을 비추게 하시는 의미라는 것을 전제로 하고 이 성전 울타리의 말씀을 들으라는 말입니다.

오늘날 이방인들은 예수님이 오시게 하시기 위한 이스라엘이 받은 이런 연단은 사실은 받지 않습니다. 왜냐면 예수님이 오셨고 십자가의 승리로 구원을 이루셨기 때문에 이제 그 예수님을 믿음으로 받아 예수님과 연합을 이루기 위한 성전의 믿음과 행함을 온전히 순종하여 따르면 되기 때문입니다. 번제단으로 또 물두멍으로 가르치시는 뜻을 받아들여 행하고 예수님의 말씀대로 따르는 것이면 그대로 영적인 복을 받는 것입니다. 영의 복을 받으면 삶도 따라서 복 있는 것입니다. 말씀이 가르치는 대로 버리라면 버리고 행하라 하면 행하고 떠나라면 떠나고 있으라 하면 있는 그 같은 분명한 태도를 가진 신앙 인격의 믿음이면 이스라엘이 받은 그 같은 연단은 받을 이유가 없다는 말입니다. 알아듣습니까?

그런데 사람들이 자기들 육체의 욕심을 따라가면서 그런 것 채움 받기 위하여 믿는다고 했다가 큰 낭패를 만나 어려움을 겪는 것 가지고 연단 받는다고 말합니다. 그런 것은 하나님과 관계없습니다. '성경이 아니다.'라고 말씀하심에도 '자기가 맞다.'하고 스스로 미혹되어서 쫓아가다가 오는 실패고 겪는 자기 어려움이지 하나님이 허락하신 연단은 아니에요. 이해를 잘하세요.

그래서 햇빛에 은이 반사되어 반짝거리므로 멀리서도 하나님이 하늘로부터 오셔서 은같이 단련하실 자기 백성과 함께 계신다는 것 하나님이 계신 성전이라는 것을 주변 이방 족들에게 알려지게 하셨습니다. 하나님께서 솔로몬에게 지으라 하신 성전 담은 놋 기둥이나 은이나 세마포를 재료로 한 것은 아니지만 놋과 은과 세마포의 그 의미는 변할 수 없는 겁니다. 사방에서 보이는 곳에다 성전을 짓게 하셨기 때문에 오히려 점진적으로 나타내시는 하나님의 뜻을 더 깊게 높게 알 수가 있는 것입니다.

　이스라엘이 가나안 땅에 안주할 때 예루살렘 정중앙 높은 곳에 성전을 짓고 성전 담이 사방 멀리서도 볼 수 있게 하여 성전임을 알게 하신 뜻의 의미를 그대로 연결되게 하셨습니다. 사방에서도 성전이 보일 수 있게 하신 하나님의 의도는 바로 땅의 사람들에게 하나님이 계신 것을 알리고 하늘의 하나님께서 땅에 사람 가운데 오셨다는 것을 알리시는 뜻이었습니다. 세상 이방 사람들에게 하나님이 계신 것과 하나님이 인간을 죄에서 구원하시기 위해 오셨다는 것을 알게 하시는 뜻이었다는 말입니다. 그래서 구약 성전의 역할이 이같이 멀리서도 성전을 봄으로써 하나님을 믿지 않는 이방 사람들에게 하나님의 존재를 알리는 역할을 하게 한 것입니다.

　그 반사되는 빛을 보고 높이 지어진 성전을 보고 이방 사람들이 그 곳이 오직 유일하신 참 하나님이 계신 성전임을 알게 하고 여호와 하나님께서 이스라엘 백성 자기 백성에게 크고 놀라운 일들을 행하신 것 등과 하나님께서 자기의 백성을 어떻게 지키고 보호하셨는가? 하나님은 자기의 백성을 그 은같이 단련하고 비로소 하늘의 하나님이 땅에 사람들 가운데 오시게 하고 하늘에 들게 하시는 하나님이시라는 그 유일한 하나님에 대한 풍성을 먼데 사람들도 듣고 여호와 하나님이 계신 그 성전을 향하여 나올 수 있도록, 여호와의 총회에 들어올 수 있도록 하는 그 역할이 되게 하셨던 것입니다.

　예루살렘 정중앙 높은 곳이라고 하는 것은 세상 가운데 인류중심에 하나님이 오셨다는 뜻이기도 합니다. 그곳이 지구 중심이라는 말입니다.

그렇기에 구약 성전은 사람이 예수님을 만나야 살게 되는 것임을 알게 하셨고 또 그 예수님을 예표한 것이기 때문에 예수님이 참성전이요 진짜 성전으로 오셔서 오늘날은 성영님으로 믿는 자 안에 들어오심으로써 그것을 성전이라고 하셨으니 구약 성전의 의미가 그대로 성전인 내게서 드러나야 하는 것 이제 다 알게 되었지 않습니까? 신약 성서가, 또 요한복음 1장에 예수님을 빛이라 했습니다. 그러므로 예수님이 계신 성전이면 예수님을 반사하는 것입니다. 빛을 반사함으로써 하나님이 계신 것과 예수님이 인간의 죄를 사하시고 구원하시려고 오신 분임을 나타내는 것입니다. 그래서 예수님께서 마5:14,15에 너희는 세상의 빛이라고 하셨습니다. 산 위에 있는 동네가 숨기우지 못할 것이요 사람이 등불을 켜서 말 아래 두지 아니하고 등경 위에 두나니 이러므로 집안 모든 사람에게 비취느니라 하셨습니다.

구약의 성전이 사방의 사람들에게 보이게 된 것처럼 산 위에 있는 동네가 숨겨질 수 없고 훤히 보이는 것처럼 그같이 예수님 안에 있고 예수님이 계신 성전이면 세마포 옳은 행실로 비쳐진다는 것입니다. 사람이 등불을 켜는 것은 감추어 두려는 것이 아니라 높은 곳에 있는 등경 위에 놓아 집 안을 밝게 비추려는 것이듯이 너희가 예수님을 믿는 성전이면 숨겨지지 않는다는 것입니다. 예수님의 빛이 반사한다는 것입니다. 숨겨질 수도 없고 감춰질 수도 없어 그대로 반사되어 비추는 것이라고 했습니다. 그래서 "너희가 하나님의 성전"하신 그 지성소면 세마포 옳은 것이 그대로 나오는 것입니다. 자기가 성전인지 아닌지 그냥 진단되는 것입니다. 성전인지 아닌지 자신도 알고 다른 사람에게도 비쳐짐으로써 다 보고 아는 것입니다. 예수님께서 다 보이는 것이라 하셨잖습니까? 예수님을 믿는 것은 이제 산 위에 있는 숨기우지 못하는 동네와 같은데 다 보여 안다는 것 아닙니까? 그러니까 그 사람이 믿음인지 아닌지 훤히 보여 아는 거예요. 그러므로 성전이면 **너희는 세상의 빛이라** 말씀하신 대로 세마포 옳은 행실로 빛이 되어 나올 것이요 그것이 성전이요 성전의 역할이요 영광에 들어간 성도입니다.

엡5:8-11에서 너희가 전에는 어두움이더니 이제는 주 안에서 빛이라 빛의 자녀들처럼 행하라 빛의 열매는 모든 착함과 의로움과 진실함에 있느니라 했습니다. 그다음에 너희는 열매 없는 어두움의 일에 참예하지 말고 도리어 **책망하라** 했습니다. 그래서 자신이 성전이면 어두움에 속하지 않았다는 태도를 세상을 향해 분명히 하는 것입니다. 자기 안에 예수님이 계시면 분명한 태도가 나오게 되어 있습니다.

예수님 믿지 않는 사람은 자기가 싫든 좋든 상관없이 다 사단의 지배하에 있습니다. 성경이 사단을 어두움의 세상 주관자 사망의 권세 잡은 자라고 했습니다. 그래서 빛은 생명이요 천국이고 어두움은 사망이요 지옥이기 때문에 빛의 일과 어두움의 일은 절대로 함께할 수가 없습니다. 도무지 함께 섞일 수가 없는 거예요. 단지 빛을 어두움에 비추는 것입니다. 옳은 행실로 비추고 예수 그리스도의 생명을 말하는 것입니다. 빛을 비추고 생명을 줌으로써 어둠에서 나올 수 있게 하는 것입니다. 성전의 믿음은 믿지 않는 사람들 앞에서 소속을 분명히 합니다. 믿지 않는 사람들에게 끌려다니지 않는다는 말입니다. 사단은 믿지 않는 사람들을 통해서 온갖 방법을 동원하여 어둠의 일에 끌어들이려고 수고를 절대로 아끼지 않습니다. 그러니까 믿는다는 사람들이 어쩔 수 없이 끌려다녀야 하는 이유가 분명하다는 구실을 들어 변명합니다. 저는 그런 모습들을 보면 진짜 믿는 자로 보지 않습니다. 롬13:12이하에 말씀하기를 예수님의 재림이 가까웠으니 그러므로 우리가 어두움의 일을 벗고 빛의 갑옷을 입자 낮에와 같이 단정히 행하고 방탕과 술 취하지 말며 음란과 호색하지 말며 쟁투와 시기하지 말며 오직 주 예수 그리스도로 옷 입고 정욕을 위하여 육신의 일을 도모하지 말라 했습니다.

그러므로 믿음은 분명히 하는 것입니다. 자신이 불못에 던져질 죄인으로 예수님께서 십자가에 달려 생명을 내놓아 피흘려 자기의 죄를 대속하신 구주이신 것을 진짜 믿는다면 이 세상 믿지 않는 사람들이 믿음을 비웃듯이 세상으로 잡아 끌어들이려는 그 속임수 앞에 끌려다니지 않는 겁니다. 인간적인 체면도 버리게 되어 있고 당당하고 솔직하게 되는 것입니다. '예수님 믿고 보니 세상 것의 쾌락이나 세상 것들로 인해 즐거움을 얻으려고 하는 것이 얼마나 가치 없는 것인 줄 알게 되었노라.' '그런 것과는 비교도 할 수 없는 아주 크고 귀한 것을 갖게 되었노라.'는 믿음의 분명하고 단호한 태도가 있게 되는 것입니다. 태도가 분명하면 사람을 통한 마귀도 더 이상 세상에 끌어들이지 않습니다. 분명치 않는 태도를 보이기 때문에 세상 사람들이 유혹의 말을 자꾸 하면서 세상으로 끌어들이려고 하는 것이지 태도가 분명하면 소용없다는 것을 인정하게 되고 타협 없는 믿음에 마귀도 더 이상 끌어들이지 않습니다.

어두움의 일에 끌려다니지 않는 단호함의 태도가 바로 세상에 비추는 옳은 행실입니다. 간혹 그런 말을 듣습니다. '지나치지만 않으면 되는 것이지 신이 아니고 사람인데 그 정도야 뭐 죄가 되겠어? 하나님께서도 이해하시겠지.'라는 말들입니다. 이같이 믿음 없는 인간적인 자기 생각을 앞세우고 세상과 타협하겠다는 그것은 성전이 아닌 껍데기요 언제까지나 세상에 질질 끌려다니는 종교인입니다. 버려질 것밖엔 없습니다. 전도하려고 그런다는 이유로 적당히 타협하는 것을 예사로 행하지만 그런다고 전도되는 것 백 프로 아니요 하나님께서는 증거 받지도 않으실뿐더러 그런 태도로 전도하라고 하신 적 없습니다. 오히려 복음을 종교로 알게 하는 역할일 뿐입니다.

세상은 무조건 예수님이 싫습니다. 예수님을 제대로 알지 못하면서도 무조건 싫어합니다. 이유를 모르면서 그냥 싫어하는 것입니다. 그러나 그것은, 죄는 구원이 원수이기 때문에 그렇습니다. 계12:11에 마귀를 어떻게 이겼는가? 그들은 죽기까지 자기 생명을 아끼지 않고 어린양의 피와 자기의 증거(證據)하는 말 즉 예수님의 피로 죄 사함 받고 구원받았다는 자기의 증거를 확실히 가지고 죽음을 두려워하지 않았다. 목숨을 아끼지 않았다고 했습니다. 그러므로 믿은 지 한 달이든 두 달이든 일 년이든 간에 믿지 않는 자들이 세상으로 끌어들이기 위해 간계를 부릴 때 자신의 신앙을 분명하게 밝힘으로써 태도를 분명히 하는 것입니다. 명예 좀 있다고 돈 좀 있다고 금은보석 패물 몸에 지녔다고 값진 옷 몸에 걸쳤다고 그런 것이나 자랑하고 있는 세상에 속하여 함께 드러내 뽐내려 하는 것이 아니라 자기 영혼에 들어있는 하나님의 생명, 하나님의 능력을 기뻐하고 간증하는 것이 되어야 그것이 빛을 나타내는 것이요 세상과 타협하지 않는 것이요 영광을 돌리는 것입니다.

그다음 '빛으로 나타나는 것은 모든 착함'입니다. '의로움'입니다. '진실함'입니다. 우리 속에 거짓 없는 진실함. 예수님이 선이요 의요 참이시기 때문에 바로 빛이신 예수님이 함께하는 자에게서 당연히 그 빛의 열매인 착함과 의로움과 진실함이 나타나는 것입니다. 예수님의 선하심이 나의 선함이 되어 사람들 속에 그 선하심을 나타내고 예수님의 의를 힘입어 살아감으로 죄와 악을 이기고 의를 나타내고 예수님의 참이 나를 지배하심으로 진실 됨을 나타내 사람들이 나를 볼 때 믿는 자의 모습을 보게 되는 것 이것이 오늘 은장식의 의미입니다. 내게서 예수님을 보는 것 그것이 세상에 비추는 빛이요 하나님 아버지께서 영광을 받으시는 일입니다. 에베소서가 이것을 말하고 있습니다.

그다음 예수님께서 너희는 세상의 빛이라 ……이같이 너희 빛을 사람 앞에 비취게 하여 저희로 너희 착한 행실을 보고 하늘에 계신 너희 아버지께 영광을 돌리게 하라(마5장)고 성전 울타리의 말씀을 하셨습니다. 착한 행실과 옳은 행실은 같은 뜻을 가졌습니다. '착한 행실로 빛을 비추라.'는 것은 사람들에게 칭찬 듣는 좋은 일하라는 말씀이 아닙니다. 은과 놋과 세마포의 일로 예수님이 비쳐지게 하라는 것입니다. 성전에 계신 하나님을 알 수 있도록 비추어 주므로 저희로 구원 안으로 들어올 수 있게 하라는 말씀입니다. 행10:38에 예수님께서 **두루 다니시면서 착한 일을 행하시고** 하셨습니다. 예수님의 착한 일이 뭐냐? 하나님 나라를 전파하여 가르치고 사람들을 죄에서 마귀에게서 병에서 구원하신 일을 말씀합니다. 그 예수님의 일을 또한 우리가 세상에 나타내 비추고 구원으로 들어오게 하는 것을 말하는 것이요 그것이 바로 세마포의 옳은 행실로 착한 행실입니다.

여러분 성막 울타리의 기둥이 놋이지요? 울타리가 서 있게 하는 버팀목이 바로 기둥이지요? 이 놋 기둥이 바로 세상에 빛을 비추는 일의 중심이 되는 것임을 말합니다. 놋은 심판을 상징하지요? 그러므로 예수님이 심판받으신 십자가가 우리가 믿는 증거요 그 증거의 흔적 즉 예수님이 달려 죽으신 십자가에 나도 같이 달려 죽었음을 나타내는 나의 십자가를 지고 십자가의 죽으심과 사셨음을 전하는 것입니다. 심판에 놓인 믿지 않는 사람들에게 피할 수 없는 지옥의 심판이 있다는 것을 알리는 것입니다. 그리고 예수님이 우리를 대신하여 심판을 받아 주셨으니 예수님을 구주로 믿고 회개하도록 전하는 것입니다. 우리가 예수님을 전하는 목적은 심판 아래 놓인 인간을 예수께 돌아서게 하여 은혜를 입게 하는 것에 있습니다. 그 책임이 먼저 복음을 받은 성전 된 우리에게 있다는 것을 말합니다.

예수님께서 마가복음 16장에 너희는 온 천하에 다니며 만민에게 복음을 전파하라 믿고 침례 받는 사람은 구원을 얻을 것이요 믿지 않는 사람은 정죄를 받으리라(죄로 정하여 심판을 받으리라)고 말씀했습니다. 복음을 전해 듣고도 그들이 받아들이지 않으면 하나님께서는 믿지 않는 것을 죄로 정해서, 죄지은 것이 죄가 아니라 바로 예수님 믿지 않는 것을 죄로 정하여 심판하신다 하셨습니다. 그러므로 우리의 이 복음 전함의 착한 행실로 사람들이 하나님께 영광을 돌리게 하라고 하신 겁니다. 이 구원을 등한시하고 좋은 일 한다고 구제나 사람들을 돌보는 그런 일들만을 앞세워 행하는 것을 보고 믿지 않는 세상 사람들이 '하나님 믿는 사람들 참 좋은 사람들이야. 참 고마운 사람들이야.'하는 칭찬들을 한다고 해서 하나님이 그것으로 영광 받으시는 것 아니라는 말입니다.

복음의 중심 복음의 핵심은 죄를 회개하고 구원받게 하는 것이기 때문에 그래서 울타리의 중심이 되는 것이 바로 이 십자가의 복음입니다. 이 십자가 사랑 예수님을 전하는 것과 구원의 길로 이끄는 것 이것을 통해서 그들이 구원을 받을 때 하나님이 영광을 받으신다는 말씀입니다. 이것이 아니면 그 외의 것은 하나님과 상관없습니다. 하나님께서는 믿지 않는 사람들에게서는 어떤 경우라도 영광 받지 않으십니다. 대통령이 되어 국민을 잘 먹이고 입혔어도 영광 받지 않으십니다. 믿지 않는 자는 다 죄인인데 어떻게 하나님께 영광을 돌릴 수가 있겠습니까? 죄인이 하나님께 영광 돌릴 수도 없을뿐더러 영광을 받지 않으십니다. 바로 복음을 듣고 그 복음 때문에 구원 얻은 자가 '하나님 아버지 나 같은 죄인을 죄에서 구원해 주셔서 감사합니다. 제가 ○○를 통해서 또는 ○○가 그렇게 핍박을 받으면서도 복음을 내게 전해 주어서 제가 교회 나오게 되었지만 이제 말씀 듣고 깨닫고 보니 제가 죄인이고 예수님이 구주시라는 것을 알았습니다. 그래서 저는 ○○ 때문에 예수님을 믿게 되었습니다. 복음을 듣게 하셔서 저를 살게 해 주시니 감사합니다.' 하는 이러한 고백을 통해서 하나님께서 영광을 얻으신다는 것을 말씀하는 것입니다. 여러분, 오늘 은과 놋의 의미에 대해서 가르치시는 뜻을 다 들었으니 다 알게 된 것이지요? 여러분에게서 나타나는 말씀이 되길 바랍니다.

그동안 우리가 몇 주간에 걸쳐서 구약 성전으로 가르쳐 주신 하나님의 뜻을 잘 알아보았습니다. 우리 믿음을 잘 알려주신 귀한 가르침을 듣게 되었는데 과연 배우신 여러분이 얼마나 마음을 다하고 성품을 다하고 목숨을 다하여 믿음의 힘을 써 각자의 신앙이 되었는가는 하나님과 본인 자신이 아는 것이겠지요. 이번에 성전의 모든 과정을 통해서도 하나님께 창조된 우리 인간은 하나님께서 제시한 길을 따라 살아야 한다는 것 하나님의 뜻에다 맞히는 것이 우리 인간이 사는 길이요 우리를 지으신 하나님의 뜻이라는 것 그것이 복이라는 것 절대로 거부할 수 없는 것임을 다시 한 번 깨닫는 기회가 되었으리라 믿습니다.

성전에 대한 말씀은 이로써 다 마칩니다. 성전으로 보이신 아버지의 뜻을 성영님으로 알게 하시고 예수님의 구원을 온전히 전하게 하신 삼위 하나님께 모든 영광을 온전히 돌립니다. 아멘